U0369647

战略性新兴领域"十四五"高等教育系列教材

智能网联汽车构造原理

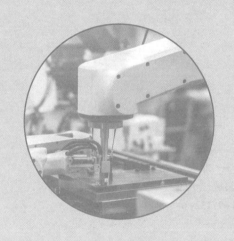

主编　杨善林　张　强　莫杭杰　高新华

参编　彭张林　朱克毓　陆效农　刘玉乾

　　　杨淳泽　任　刚　王安宁　王婉莹

全书知识图谱

机 械 工 业 出 版 社

本书结合智能网联汽车的最新研究进展，介绍智能网联汽车的主要系统构成，内容包括绪论、智能网联汽车的构成、智能网联汽车的智能动力系统、智能网联汽车的智能座舱系统、智能网联汽车的智能控制系统、基于感知-理解-决策-控制的自动驾驶系统、基于大模型的端到端无人驾驶系统、智能网联汽车的服务系统。

本书结构合理、由浅入深，理论联系实际，可以作为高等学校车辆工程、管理科学与工程、交通工程、电子信息、计算机等相关专业本科生、研究生学习智能网联汽车知识的教材，也可以作为从事智能网联汽车领域相关工作的管理人员、技术人员和研究人员的参考书籍。期望通过本书的学习能够有力支持智能网联汽车领域卓越工程师的培养，牵引未来科技领军人才与战略性科学家的诞生。

图书在版编目（CIP）数据

智能网联汽车构造原理／杨善林等主编 . -- 北京：机械工业出版社，2024. 11. -- （战略性新兴领域"十四五"高等教育系列教材）. -- ISBN 978-7-111-77132-6

Ⅰ . U463

中国国家版本馆 CIP 数据核字第 2024SQ4683 号

机械工业出版社（北京市百万庄大街 22 号　邮政编码 100037）
策划编辑：刘元春　　　　　　　责任编辑：刘元春
责任校对：牟丽英　薄萌钰　　　封面设计：王　旭
责任印制：任维东
河北鹏盛贤印刷有限公司印刷
2024 年 12 月第 1 版第 1 次印刷
184mm×260mm · 23.75 印张 · 590 千字
标准书号：ISBN 978-7-111-77132-6
定价：78.00 元

电话服务　　　　　　　　　　网络服务
客服电话：010-88361066　　　机　工　官　网：www.cmpbook.com
　　　　　010-88379833　　　机　工　官　博：weibo. com/cmp1952
　　　　　010-68326294　　　金　书　网：www.golden-book.com
封底无防伪标均为盗版　　机工教育服务网：www.cmpedu.com

为了深入贯彻教育、科技、人才一体化推进的战略思想，加快发展新质生产力，高质量培养卓越工程师，教育部在新一代信息技术、绿色环保、新材料、国土空间规划、智能网联和新能源汽车、航空航天、高端装备制造、重型燃气轮机、新能源、生物产业、生物育种、未来产业等领域组织编写了一批战略性新兴领域"十四五"高等教育系列教材。本套教材属于高端装备制造领域。

高端装备技术含量高，涉及学科多，资金投入大，风险控制难，服役寿命长，其研发与制造一般需要组织跨部门、跨行业、跨地域的力量才能完成。它可分为基础装备、专用装备和成套装备，例如：高端数控机床、高端成形装备和大规模集成电路制造装备等是基础装备，航空航天装备、高速动车组、海洋工程装备和医疗健康装备等是专用装备，大型冶金装备、石油化工装备等是成套装备。复杂产品的产品构成、产品技术、开发过程、生产过程、管理过程都十分复杂，例如人形机器人、智能网联汽车、生成式人工智能等都是复杂产品。现代高端装备和复杂产品一般都是智能互联产品，既具有用户需求的特异性、产品技术的创新性、产品构成的集成性和开发过程的协同性等产品特征，又具有时代性和永恒性、区域性和全球性、相对性和普遍性等时空特征。高端装备和复杂产品制造业是发展新质生产力的关键，是事关国家经济安全和国防安全的战略性产业，其发展水平是国家科技水平和综合实力的重要标志。

高端装备一般都是复杂产品，而复杂产品并不都是高端装备。高端装备和复杂产品在研发生产运维全生命周期过程中具有很多共性特征。本套教材围绕这些特征，以多类高端装备为主要案例，从培养卓越工程师的战略性思维能力、系统性思维能力、引领性思维能力、创造性思维能力的目标出发，重点论述高端装备智能制造的基础理论、关键技术和创新实践。在论述过程中，力图体现思想性、系统性、科学性、先进性、前瞻性、生动性相统一。通过相关课程学习，希望学生能够掌握高端装备的构造原理、数字化网络化智能化技术、系统工程方法、智能研发生产运维技术、智能工程管理技术、智能工厂设计与运行技术、智能信息平台技术和工程实验技术，更重要的是希望学生能够深刻感悟和认识高端装备智能制造的原生动因、发展规律和思想方法。

1. 高端装备智能制造的原生动因

所有的高端装备都有原始创造的过程。原始创造的动力有的是基于现实需求，有的来自潜在需求，有的是顺势而为，有的则是梦想驱动。下面以光刻机、计算机断层扫描仪（CT）、汽车、飞机为例，分别加以说明。

光刻机的原生创造是由现实需求驱动的。1952年，美国军方指派杰伊·拉斯罗普（Jay W. Lathrop）和詹姆斯·纳尔（James R. Nall）研究减小电子电路尺寸的技术，以便为炸弹、炮弹设计小型化近炸引信电路。他们创造性地应用摄影和光敏树脂技术，在一片陶瓷基板上沉积了约为 $200\mu m$ 宽的薄膜金属线条，制作出了含有晶体管的平面集成电路，并率先提出了"光刻"概念和原始工艺。在原始光刻技术的基础上，又不断地吸纳更先进的光源技术、高精度自动控制技术、新材料技术、精密制造技术等，推动着光刻机快速演进发展，为实现半导体先进制程节点奠定了基础。

CT 的创造是由潜在需求驱动的。利用伦琴（Wilhelm C. Röntgen）发现的 X 射线可以获得人体内部结构的二维图像，但三维图像更令人期待。塔夫茨大学教授科马克（Allan M. Cormack）研究辐射治疗时，通过射线的出射强度求解出了组织对射线的吸收系数，解决了 CT 成像的数学问题。英国电子与音乐工业公司工程师豪斯费尔德（Godfrey N. Hounsfield）在几乎没有任何实验设备的情况下，创造条件研制出了世界上第一台 CT 原型机，并于 1971 年成功应用于疾病诊断。他们也因此获得了 1979 年诺贝尔生理学或医学奖。时至今日，新材料技术、图像处理技术、人工智能技术等诸多先进技术已经广泛地融入 CT 之中，显著提升了 CT 的性能，扩展了 CT 的功能，对保障人民生命健康发挥了重要作用。

汽车的发明是顺势而为的。1765 年詹姆斯·瓦特（James Watt）制造出了第一台有实用价值的蒸汽机原型，人们自然想到如何把蒸汽机和马力车融合到一起，制造出用机械力取代畜力的交通工具。1769 年法国工程师居纽（Nicolas-Joseph Cugnot）成功地创造出世界上第一辆由蒸汽机驱动的汽车。这一时期的汽车虽然效率低下、速度缓慢，但它展示了人类对机械动力的追求和变革传统交通方式的渴望。19 世纪末卡尔·本茨（Karl Benz）在蒸汽汽车的基础上又发明了以内燃机为动力源的现代意义上的汽车。经过一个多世纪的技术进步和管理创新，特别是新能源技术和新一代信息技术在汽车产品中的成功应用，使汽车的安全性、可靠性、舒适性、环保性以及智能化水平都产生了质的跃升。

飞机的发明是梦想驱动的。飞行很早就是人类的梦想，然而由于未能掌握升力产生及飞行控制的机理，工业革命之前的飞行尝试都是以失败告终。1799 年乔治·凯利（George Cayley）从空气动力学的角度分析了飞行器产生升力的规律，并提出了现代飞机"固定翼+机身+尾翼"的设计布局。1848 年斯特林费罗（John Stringfellow）使用蒸汽动力无人飞机第一次实现了动力飞行。1903 年莱特兄弟（Orville Wright 和 Wilbur Wright）制造出"飞行者一号"飞机，并首次实现由机械力驱动的持续且受控的载人飞行。随着航空发动机和航空产业的快速发展，飞机已经成为一类既安全又舒适的现代交通工具。

数字化网络化智能化技术的快速发展为高端装备的原始创造和智能制造的升级换代创造了历史性机遇。智能人形机器人、通用人工智能、智能卫星通信网络、各类无人驾驶的交通工具、无人值守的全自动化工厂，以及取之不尽的清洁能源的生产装备等都是人类科学精神和聪明才智的迸发，它们也是由于现实需求、潜在需求、情怀梦想和集成创造的驱动而初步形成和快速发展的。这些星星点点的新装备、新产品、新设施及其制造模式一定会深入发展和快速拓展，在不远的将来一定会融合成为一个完整的有机体，从而颠覆人类现有的生产方式和生活方式。

2. 高端装备智能制造的发展规律

在高端装备智能制造的发展过程中，原始科学发现和颠覆性技术创新是最具影响力的科技创新活动。原始科学发现侧重于对自然现象和基本原理的探索，它致力于揭示未知世界，拓展人类的认知边界，这些发现通常来自于基础科学领域，如物理学、化学、生物学等，它们为新技术和新装备的研发提供了理论基础和指导原则。颠覆性技术创新则侧重于将科学发现的新理论新方法转化为现实生产力，它致力于创造新产品、新工艺、新模式，是推动高端装备领域高速发展的引擎，它能够打破现有技术路径的桎梏，创造出全新的产品和市场，引领高端装备制造业的转型升级。

高端装备智能制造的发展进化过程有很多共性规律，例如：①通过工程构想拉动新理论构建、新技术发明和集成融合创造，从而推动高端装备智能制造的转型升级，同时还会产生技术溢出效应。②通过不断地吸纳、改进、融合其他领域的新理论新技术，实现高端装备及其制造过程的升级换代，同时还会促进技术再创新。③高端装备进化过程中各供给侧和各需求侧都是互动发展的。

以医学核磁共振成像（MRI）装备为例，这项技术的诞生和发展，正是源于一系列重要的原始科学发现和重大技术创新。MRI技术的根基在于核磁共振现象，其本质是原子核的自旋特性与外磁场之间的相互作用。1946年美国科学家布洛赫（Felix Bloch）和珀塞尔（Edward M. Purcell）分别独立发现了核磁共振现象，并因此获得了1952年的诺贝尔物理学奖。传统的MRI装备使用永磁体或电磁体，磁场强度有限，扫描时间较长，成像质量不高，而超导磁体的应用是MRI技术发展史上的一次重大突破，它能够产生强大的磁场，显著提升了MRI的成像分辨率和诊断精度，将MRI技术推向一个新的高度。快速成像技术的出现，例如回波平面成像（EPI）技术，大大缩短了MRI扫描时间，提高了患者的舒适度，拓展了MRI技术的应用场景。功能性MRI（fMRI）的兴起打破了传统的MRI主要用于观察人体组织结构的功能制约，它能够检测脑部血氧水平的变化，反映大脑的活动情况，为认知神经科学研究提供了强大的工具，开辟了全新的应用领域。MRI装备的成功，不仅说明了原始科学发现和颠覆性技术创新是高端装备和智能制造发展的巨大推动力，而且阐释了高端装备智能制造进化过程往往遵循着"实践探索、理论突破、技术创新、工程集成、代际跃升"循环演进的一般发展规律。

高端装备智能制造正处于一个机遇与挑战并存的关键时期。数字化、网络化、智能化是高端装备智能制造发展的时代要求，它既蕴藏着巨大的发展潜力，又充满着难以预测的安全风险。高端装备智能制造已经呈现出"数据驱动、平台赋能、智能协同和绿色化、服务化、高端化"的诸多发展规律，我们既要向强者学习，与智者并行，吸纳人类先进的科学技术成果，更要持续创新前瞻思维，积极探索前沿技术，不断提升创新能力，着力创造高端产品，走出一条具有特色的高质量发展之路。

3. 高端装备智能制造的思想方法

高端装备智能制造是一类具有高度综合性的现代高技术工程。它的鲜明特点是以高新技术为基础，以创新为动力，将各种资源、新兴技术与创意相融合，向技术密集型、知识密集型方向发展。面对系统性、复杂性不断加强的知识性、技术性造物活动，必须以辩证的思维方式审视工程活动中的问题，从而在工程理论与工程实践的循环推进中，厘清与推动工程理念与工程技术深度融合，工程体系与工程细节协调统一，工程规范与工程创新互相促进，工程队伍与工程制度共同提升，只有这样才能促进和实现工程活动与自然经济社会的和谐发展。

高端装备智能制造是一类十分复杂的系统性实践过程。在制造过程中需要协调人与资源、人与人、人与组织、组织与组织之间的关系，所以系统思维是指导高端装备智能制造发展的重要方法论。系统思维具有研究思路的整体性、研究方法的多样性、运用知识的综合性和应用领域的广泛性等特点，因此在运用系统思维来研究与解决现实问题时，需要从整体出发，充分考虑整体与局部的关系，按照一定的系统目的进行整体设计、合理开发、科学管理与协调控制，以期达到总体效果最优或显著改善系统性能的目标。

高端装备智能制造具有巨大的包容性和与时俱进的创新性。近几年来，数字化、网络化、智能化的浪潮席卷全球，为高端装备智能制造的发展注入了前所未有的新动能，以人工智能为典型代表的新一代信息技术在高端装备智能制造中具有极其广阔的应用前景。它不仅可以成为高端装备智能制造的一类新技术工具，还有可能成为指导高端装备智能制造发展的一种新的思想方法。作为一种强调数据驱动和智能驱动的思想方法，它能够促进企业更好地利用机器学习、深度学习等技术来分析海量数据、揭示隐藏规律、创造新型制造范式，指导制造过程和决策过程，推动制造业从经验型向预测型转变，从被动式向主动式转变，从根本上提高制造业的效率和效益。

生成式人工智能（AIGC）已初步显现通用人工智能的"星星之火"，正在日新月异地发展，对高端装备智能制造的全生命周期过程以及制造供应链和企业生态系统的构建与演化都会产生极其深刻的影响，并有可能成为一种新的思想启迪和指导原则。例如：①AIGC能够赋予企业更强大的市场洞察力，通过海量数据分析，精准识别用户偏好，预测市场需求趋势，从而指导企业研发出用户未曾预料到的创新产品，提高企业的核心竞争力。②AIGC能够通过分析生产、销售、库存、物流等数据，提出制造流程和资源配置的优化方案，并通过预测市场风险，指导建设高效灵活稳健的运营体系。③AIGC能够将企业与供应商和客户连接起来，实现信息实时共享，提升业务流程协同效率，并实时监测供应链状态，预测潜在风险，指导企业及时调整协同策略，优化合作共赢的生态系统。

高端装备智能制造的原始创造和发展进化过程都是在"科学、技术、工程、产业"四维空间中进行的，特别是近年来从新科学发现、到新技术发明、再到新产品研发和新产业形成的循环发展速度越来越快，科学、技术、工程、产业之间的供求关系明显地表现出供应链的特征。我们称由科学-技术-工程-产业交互发展所构成的供应链为科技战略供应链。深入研究科技战略供应链的形成与发展过程，能够更好地指导我们发展新质生产力，能够帮助我们回答高端装备是如何从无到有的、如何发展演进的、根本动力是什么、有哪些基本规律等核心科学问题，从而促进高端装备的原始创造和创新发展。

本套由合肥工业大学负责的高端装备类教材共有12本，涵盖了高端装备的构造原理和智能制造的相关技术方法。《智能制造概论》对高端装备智能制造过程进行了简要系统的论述，是本套教材的总论。《工业大数据与人工智能》《工业互联网技术》《智能制造的系统工程技术》论述了高端装备智能制造领域的数字化网络化智能化和系统工程技术，是高端装备智能制造的技术与方法基础。《高端装备构造原理》《智能网联汽车构造原理》《智能装备设计生产与运维》《智能制造工程管理》论述了高端装备（复杂产品）的构造原理和智能制造的关键技术，是高端装备智能制造的技术本体。《离散型制造智能工厂设计与运行》《流程型制造智能工厂设计与运行》论述了智能工厂和工业循环经济系统的主要理论和技术，是高端装备智能制造的工程载体。《智能制造信息平台技术》论述了产品、制造、工厂、供应链和企业生态的信息系统，是支撑高端装备智能制造过程的信息系统技术。《智能制造实践训练》论述了智能制造实训的基本内容，是培育创新实践能力的关键要素。

编者在教材编写过程中，坚持把培养卓越工程师的创新意识和创新能力的要求贯穿到教材内容之中，着力培养学生的辩证思维、系统思维、科技思维和工程思维。教材中选用了光刻机、航空发动机、智能网联汽车、CT、MRI、高端智能机器人等多种典型装备作为研究对象，围绕其工作原理和制造过程阐述高端装备及其制造的核心理论和关键技术，力图扩大学生的视野，使学生通过学习掌握高端装备及其智能制造的本质规律，激发学生投身高端装备智能制造的热情。在教材编写过程中，一方面紧跟国际科技和产业发展前沿，选择典型高端装备智能制造案例，论述国际智能制造的最新研究成果和最先进的应用实践，充分反映国际前沿科技的最新进展；另一方面，注重从我国高端装备智能制造的产业发展实际出发，以我国自主知识产权的可控技术、产业案例和典型解决方案为基础，重点论述我国高端装备智能制造的科技发展和创新实践，引导学生深入探索高端装备智能制造的中国道路，积极创造高端装备智能制造发展的中国特色，使学生将来能够为我国高端装备智能制造产业的高质量发展做出颠覆性创造性贡献。

在本套教材整体方案设计、知识图谱构建和撰稿审稿直至编审出版的全过程中，有很多令人钦佩的人和事，我要表示最真诚的敬意和由衷的感谢！首先要感谢各位主编和参编学者们，他们倾注心力、废寝忘食，用智慧和汗水挖掘思想深度、拓展知识广度，展现出严谨求实的科学精神，他们是教材的创造者！接着要感谢审稿专家们，他们用深邃的科学眼光指出书稿中的问题，并耐心指导修改，他们认真负责的工作态度和学者风范为我们树立了榜样！再者，要感谢机械工业出版社的领导和编辑团队，他们的辛勤付出和专业指导，为教材的顺利出版提供了坚实的基础！最后，特别要感谢教育部高教司和各主编单位领导以及部门负责人，他们给予的指导和对我们的支持，让我们有了强大的动力和信心去完成这项艰巨任务！

由于编者水平所限和撰稿时间紧迫，教材中一定有不妥之处，敬请读者不吝赐教！

合肥工业大学教授
中国工程院院士
2024 年 5 月

前言 ●●●

为了加强卓越工程师培养，教育部组织编写了一批战略性新兴领域"十四五"高等教育系列教材。我们有幸承担了《智能网联汽车构造原理》教材的编写任务。本书隶属高端装备制造领域系列教材，系统介绍了智能网联汽车构成的基础知识、基本理论、关键技术和实践成果。

汽车作为推动技术创新、产业发展的载体，从最初的蒸汽机动力汽车到内燃机汽车，再到电子化、智能化的现代汽车，不仅加快了人类活动速度，更是在社会经济变革和生产管理变革中扮演了关键角色。在汽车产品百年演进的历程中，汽车制造管理实践和管理理论相伴而生、相互影响、彼此促进，引发了世界范围内一轮又一轮的汽车管理变革和产业变革，例如，泰勒的科学管理与福特的流水线，德鲁克的管理实践与通用汽车事业部制，戴明的全面质量管理与丰田精益生产。

当前，汽车正迎来它的智能网联时代——智能网联汽车。数字化、网络化、智能化技术不仅扩展了传统汽车在智能化和网络化方面的功能，还为汽车这一运输工具带来了全新的结构、形态和功能，赋予汽车作为移动数据平台和智能化生活空间的新价值、新内容和新生态。与此同时，智能网联汽车的规模化效应也对数字化、网络化、智能化技术提出了更高的要求，从而加快其技术演进速度。这种双向的互动发展将形成强烈的技术溢出效应，推动通用人工智能、人形机器人等颠覆性科技创新，成为发展新质生产力的重要抓手。

发展智能网联汽车的最佳载体是新能源汽车，而发展智能网联汽车的关键则是自动驾驶技术。本书以新能源汽车作为智能网联汽车载体，以汽车关键技术演进过程的历史脉络为牵引，通过对智能网联汽车总体和构成的分析，使从事智能网联汽车领域的学者、工程师等能够深刻理解汽车产品的每一次革命性变化都顺应了科学技术的发展规律，从而使智能网联汽车在安全性、可靠性、舒适性、节能性以及智能化水平上不断飞跃。自动驾驶技术作为智能网联汽车最为核心的技术，成为当前汽车产业领域最为前沿、最引人关注、讨论最为激烈的领域，同时也涌现出多种技术路线。本书以"感知-理解-决策-控制"自动驾驶系统和端到端无人驾驶系统两种技术路径为核心，力图让学者、工程师等能够辨析当前自动驾驶技术的发展路径，充分理解和掌握底层技术及其集成方案，进而创建具有原创性的自动驾驶技术方案。

为了实现上述目标，本书总结了当前智能网联汽车领域的相关理论和实践成果，结合编写组成员的研究成果和实践经验，以智能网联汽车的构成为主线，首先介绍了智能网联汽车的发展和相关概念；接着总述了智能网联汽车的总体架构；然后在第3章~第5章着重阐述了智能网联汽车的智能动力系统、智能座舱系统和智能控制系统；第6章、第7章紧跟自动驾驶、无人驾驶的最新进展，介绍了基于"感知-理解-决策-控制"的自动驾驶系统和基于大模型的端到端无人驾驶系统的关键技术和发展趋势；第8章则结合汽车服务发展前沿介绍了汽车服务系统相关知识。

为了实现理论教学与实践教学的融合融汇，在内容安排上，本书以实践问题引入，通过基本理念和方法的分析，以扩展阅读、案例分析、实践训练、参考研究论文等形式将智能网联汽车的自主可控技术、真实产业案例、典型解决方案等融入教材。这些内容设计力图让读者在系统地了解智能网联汽车的架构全貌和主要构成的相关理论、技术的基础上，能够实际开展基于真实数据的实践教学活动，从而掌握智能网联汽车的关键技术。

本书由合肥工业大学杨善林教授、合肥工业大学张强教授、合肥工业大学莫杭杰副教授、奇瑞汽车股份有限公司高新华博士任主编。杨善林教授拟定了本书的学术思路，主持了本书的结构体系与知识图谱设计，组织并指导了各章节的撰写，为本系列教材写序。主要分工如下：第1章由张强、王婉莹负责编写；第2章由彭张林负责编写；第3章由朱克毓负责编写；第4章由任刚负责编写；第5章由陆效农负责编写；第6章由莫杭杰、刘玉乾、杨淳泽负责编写；第7章由莫杭杰、高新华负责编写；第8章由王安宁负责编写。

本书可以作为高等学校车辆工程、管理科学与工程、交通工程、电子信息、计算机等相关专业本科生、研究生学习智能网联汽车知识的教材，也可以作为从事智能网联汽车领域相关工作的管理人员、技术人员和研究人员的参考书籍。期望本书能够有力支持智能网联汽车领域卓越工程师的培养，牵引未来科技领军人才与战略性科学家的诞生。

本书的编写参考了大量的国内外研究成果和行业的发展动态，在此对本领域的所有研究者和工作者表示衷心感谢。本书的编写还得到了很多老师和同学的帮助，在此谨向他们表示诚挚的感谢。

智能网联汽车作为一个新兴产业，新理论、新技术、新模式、新见解不断出现，本书尽力把该领域最新进展介绍给读者，但疏漏、不妥之处在所难免，恳请广大读者批评指正。

编　者

目录 ●●●

第1章

绪 论

章知识图谱

说课视频

1.1 引言

智能网联汽车是指搭载先进的车载传感器、控制器、执行器等装置，并融合现代通信与网络技术，实现车与X（车、路、人、云等）的智能信息交换、共享，具备复杂环境感知、智能决策、协同控制等功能的新一代汽车。智能网联汽车的发展是一个跨越多个阶段的长期过程。从最初的实验阶段到技术不断完善，再到汽车工业的迅速发展，直至今日的智能网联化阶段，每一步都表现出了科技进步和汽车工业的快速发展。当前，智能网联汽车行业正朝着高度自动化、智能化和个性化的方向发展，这不仅体现了科技的不断进步，也标志着汽车行业的未来发展趋势。

在未来，随着自动驾驶技术的发展和车联网的普及，智能网联汽车将更加深入地融入我们的生活，成为智慧城市建设的重要组成部分。在智能网联汽车相关的传感器、车联网通信技术、数据处理与分析技术、人工智能与机器学习等技术不断发展迭代的大背景下，本章紧密结合智能网联汽车发展趋势和技术发展前沿，主要介绍如下内容：

首先，系统介绍汽车的发展历史，主要包括汽车发明前期实验阶段、汽车技术不断完善阶段、汽车工业迅速发展阶段和汽车智能网联化阶段四部分内容。

其次，系统介绍智能网联汽车的基本内涵，主要包括概念定义、等级划分、技术体系和发展现状四部分内容，帮助读者进一步深入了解智能网联汽车的关键技术。

最后，在熟悉智能网联汽车制造原理的基础上，结合学科前沿进一步从个性化定制和数字化生产的角度深入分析智能网联汽车的制造模式，详细介绍智能网联汽车个性化定制和数字化生产原理。

为了进一步巩固本章内容的学习，在本章的1.3部分，还专为读者设计了关于典型智能网联汽车的扩展阅读，有助于读者进一步掌握智能网联汽车的内涵和技术发展现状。此外，为了使读者更加深入地了解智能网联汽车的制造模式，本章在1.4部分专门设计了关于个性化定制背景下汽车企业产品开发流程改革和大众汽车MQB平台的案例分析。

通过本章的学习，读者可以全面了解智能网联汽车的发展历程、基本内涵和制造模式。基于这些基础知识，读者能够进一步探索智能网联汽车制造的创新应用，思考汽车产业的未来发展方向。

1.2 汽车的发展历史

早些时候，人们主要是靠步行来相互走访联系的。因此，那时候的科技、政治、经济等都很不发达，毕竟相对距离较远的两地的人们无法很好地沟通，不能相互交流融合，各方面的发展也极其缓慢。汽车的出现极大地提高了人们的出行效率，促进了城市扩张和郊区化。汽车使得人们可以轻松到更远的地方，参与更多的社会活动和休闲娱乐。在现代交通工具中，汽车已经成为人们生活必不可少的交通工具。装备轻便动力、自行推进的轮式道路车辆——汽车，在发明之初并非这个样子的。汽车的发展经历了一个漫长的过程，经过 200 多年的不断改进、创新，凝聚了人类的智慧和匠心，并得益于石油、钢铁、铝材、化工、塑料、机械设备、电力、道路网、电子技术与金融等多种行业的发展，汽车逐渐成为具有多种形式、规格，广泛用于社会经济生活多个领域的交通运输工具。

1.2.1 汽车发明前期实验阶段

1. 蒸汽汽车

尽管人们普遍将 1886 年 1 月 29 日视为现代汽车诞生的日子，但实际上，早在这之前，诸多基于蒸汽机的"无马马车"就已经被发明探索了。蒸汽机的诞生和发展对汽车行业产生了深远的影响。1705 年，第一台实用的蒸汽机问世，尽管其蒸汽效率不高，但对后世的积极影响却是不可忽视的。

随着时间的推移，各种改进型蒸汽机相继问世，其中最著名的当数"瓦特蒸汽机"。人们逐渐认识到蒸汽动力在交通运输领域的巨大潜力，蒸汽机的应用范围不断扩大，从火车、轮船到其他交通工具，极大地提高了人们的出行效率。然而，这些交通工具的使用受到一定限制，需要依赖特定的道路（如铁路或水路），且不能自由行驶。因此，一些发明家开始研究以蒸汽机为动力的汽车。

1776 年，工程师詹姆斯·瓦特对蒸汽机进行了改进，发明了高压蒸汽机。与瓦特的常压蒸汽机相比，高压蒸汽机体积更小、重量更轻，效率也得到了显著提高。这一创新为工业革命提供了强大动力，并为汽车的发明奠定了技术基础。

1801 年，英国工程师理查德·特里维希克发现了高压蒸汽机在汽车制造领域的潜力，制造出了世界上第一辆高压蒸汽汽车。这辆汽车利用高压蒸汽产生的动力，实现了自行运行。这标志着从传统马车向蒸汽动力的转变，开启了汽车技术的新篇章。特里维希克的高压蒸汽汽车在当时引起了广泛关注，人们对这种新型交通工具充满好奇和期待。虽然这种汽车在当时并未大规模生产和应用，但它为后来汽车技术的发展奠定了基础。

1804 年，德威迪克设计并制造了一辆蒸汽机车，该车能在铁路上牵引 10t 重的货物行驶 15.7km。1825 年，英国人斯瓦底·嘉内制造了一辆蒸汽公共汽车，这辆汽车有 18 个座位，时速为 19km，开启了世界上最早的公共汽车运营。1831 年，美国的史沃奇·古勒将一辆蒸汽汽车投入运输，运输距离为 15km。

然而，蒸汽汽车在发展过程中遇到了与锅炉相关的技术难题。锅炉占据了汽车总重量的很大一部分，使得汽车变得沉重。此外，还需要在汽车后部配备一名"司炉"来照看锅炉。

尽管后来出现了可以自动加煤或加油的自动锅炉，但仍然需要消耗大量水，车辆必须携带水箱并经常加水，这给汽车驾驶和使用带来了诸多不便。

2. 内燃机汽车

正是在这个背景下，内燃机的发明成为推动汽车发明的关键因素。内燃机的发展始于19世纪中叶，德国工程师尼古拉斯·奥托和卡尔·本茨等人对内燃机进行了改进和应用。1876年，奥托发明了第一个四冲程内燃机，这一发明被认为是内燃机史上的重要里程碑。

1885年，卡尔·本茨成功制造了世界上第一辆内燃机汽车"本茨三轮车"，这辆汽车采用了内燃机驱动，具有自主行驶的能力，标志着内燃机的应用进入了汽车领域。1886年，本茨申请了汽车专利，这被认为是现代汽车的诞生之始。戈特利布·戴姆勒和威廉·迈巴赫则将内燃机安装在一辆四轮马车上，在1886年，世界上第一辆四轮汽车被制造出来。这辆名为"戴姆勒汽车"的车辆标志着现代汽车的诞生。

随着内燃机技术的不断改进和成本的降低，汽车开始从实验性项目转变为商业产品。1890年代，出现了多家汽车制造商，如标致、雷诺、福特等，它们开始生产并销售汽车。1893年，法国制造商潘哈德和莱瓦索尔推出了一款具有创新设计的四轮汽车，它采用了前置发动机和后轮驱动的布局，这种设计成为后来汽车的标准配置。

1896年，戈特利布·戴姆勒的公司正式更名为戴姆勒汽车公司，开始大规模生产内燃机和汽车。戴姆勒汽车公司的汽车因其可靠性和良好性能而受到市场欢迎。随着技术的进步和生产成本的降低，四轮汽车开始进一步普及。

1.2.2 汽车技术不断完善阶段

1. T型车的出现

在T型车问世之前，汽车仅是少数人的昂贵玩物。1908年，福特公司推出了T型车，其一体化的四缸设计与三档变速系统（含倒车档）在当时颇为先进。尽管T型车并非市场上最经济的选择，但它结合了创新、可靠与经济实惠等优点，成为市场上的独特车型存在。T型车的设计简洁，缺少许多现代汽车视为标准的配件，这种简约风格反而赋予了车主更多的个性化空间。

因为能够轻松应对各种恶劣路况，T型车的坚固悬架系统使其在农村地区尤为受欢迎。到1909年，T型车的销量已突破万辆大关，福特不得不暂停接单以满足源源不断的需求。福特决定专注于T型车的生产，放弃其他车型，并通过降低成本将价格从825美元降至575美元，使其成为普通工人也能负担得起的交通工具。

T型车的普及标志着汽车从奢侈品转变为大众商品，它不仅在美国市场占据了49%的份额，在全球范围内也取得了巨大成功。到1921年，T型车在全球新车市场的份额高达60%。福特的经销商网络遍布美国各地，成为全球最大的汽车销售网络。

T型车之所以能够实现低价销售，关键在于其革命性的生产方式。1913—1914年，福特在海兰帕克工厂引入了流水线生产，极大地提高了生产效率。这一创新不仅减少了装配时间，还降低了劳动力需求。福特进一步加快生产速度，通过限制汽车颜色和采用全钢车身简化了生产流程，同时引入钒钢材料，提升了汽车的质量和性能。T型车的出现推进了世界汽车工业的发展，使世界汽车工业的发展中心从欧洲转向美国。

2. 内燃机的发展

气缸是汽车的"心脏"（动力产生），而其核心则是燃烧室，或者说是爆炸室。在这里，汽油或柴油不是简单地燃烧，而是经历了一场爆炸。燃油与空气在气缸内混合后，通过火花塞点火或压缩至自燃点，引发化学反应。为了实现燃油的快速、充分、完全燃烧，内燃机技术不断创新。这些创新都聚焦于燃烧的三个基本要素：燃料、氧气和热量。目标是提高动力输出、提升燃油效率和减少污染。通过优化这些要素的组合和条件，现代内燃机技术不断改进，以满足更高的性能和环保标准。

（1）基本结构：从单缸到 W18 缸　威廉·迈巴赫在 1892 年开发了双缸直列发动机，并在 1894 年设计出四缸发动机，引入了喷雾嘴化油器和管式散热器。1898 年，他改良了四缸发动机至 8 马力（1 马力 = 0.735kW），1900 年通过凸轮轴控制气门将动力提升至 35 马力。为改善散热，迈巴赫还发明了蜂窝式散热器，显著提高了冷却效率。

亨利·福特的 T 型车采用整体式气缸设计，简化了发动机制造，降低了成本并提高了可靠性（图 1-1）。这种紧凑轻便的设计降低了生产成本，是福特大规模生产并降低汽车价格的关键。整体式气缸设计被广泛采用，对后续发动机设计产生了深远影响，同时也帮助福特实现了制造普通人负担得起的汽车的愿景。

沃尔特·宾利在 1912 年研发了铝合金活塞，并于 1913 年至 1914 年使用该技术在英国布鲁克兰兹赛道刷新纪录。铝合金活塞技术提升了发动机的整体性能，助力了宾利在 1927 年至 1929 年连续赢得勒芒 24h 耐力赛。

为提升动力，早期制造商虽然通过增加气缸数量来提升汽车动力，但发动机长度的限制难以突破，V 型排列的气缸设计应运而生。凯迪拉克在 1930 年推出了 V16 缸发动机，巩固了其豪华轿车地位。布加迪则开发了 W18 和 W16 发动机，其中 W16 发动机配四个涡轮增压器，使威航超跑能输出 1001 马力，极速 407km/h，2.5s 破百，7.3s 达 200km/h，确立了其超跑领域领先地位（图 1-2）。

宝马在 2004 年采用复合铝镁合金缸体，显著减轻了发动机重量，这一创新使得搭载该发动机的车辆动力提升了 12%，燃油效率也改善了约 10%。宝马主要将这种复合材料应用于水冷缸体和气缸盖。随着涡轮增压技术的应用，宝马转而使用铝合金缸体以确保可靠性和耐久性（图 1-3）。福特在 2015 年摒弃了传统的铸铁缸套，采用"等离子电弧喷涂"技术提升了气缸内壁的耐磨性。"等离子电弧喷涂"技术的应用不仅使每个气缸的重量减轻了近 0.5kg，还有助于减少发动机运行中的敲击和摩擦，进而降低热能损失和排放。

图 1-1　福特 T 型车发动机　　图 1-2　布加迪 W18 缸发动机　　图 1-3　宝马复合铝镁合金缸体

（2）燃油喷射：从化油器到电控双喷 19 世纪末，化油器的发明标志着汽车燃油供应系统的重大变革，基于文丘里效应，可以通过物理原理实现燃油的雾化和吸入。杜里埃的喉管型化油器是现代汽车化油器的"鼻祖"，虽然具有低成本和高可靠性等特点，但对空燃比的控制不够精确，导致高油耗和环境污染问题。

机械式燃油喷射最早应用于第二次世界大战末期的飞机上，后被德国博世公司改进并用于赛车和高性能跑车。1954 年，梅赛德斯-奔驰 300SL 成为首款配备机械式燃油喷射系统的量产跑车（图 1-4）。

本迪克斯公司在 1957 年开发出电子控制燃油喷射系统，但由于技术不成熟，最终将该技术卖给博世公司。博世公司在 1967 年成功研制

图 1-4　梅赛德斯-奔驰 300SL 机械式燃油喷射

并量产了电子燃油喷射系统，首先将其应用于大众 1600 车型，并在 1973 年推出了改进型的 L 型电子喷射系统。名字中的"L"源自德语"Luft"，意思是"空气"。在该系统中，由一个运动叶片式的空气流量计测量空气流量，再根据发动机转速计算进气量，进而根据理想空燃比计算所需燃油量。其对空燃比的控制精度比 D 型电子喷射又提高了不少。

乔纳斯·赫塞尔曼在 1925 年研制的赫塞尔曼发动机首次采用燃油缸内直喷技术，提升了燃烧效率并减少了排放和油耗。相比之下，传统的进气歧管燃油喷射由于设计限制，无法完全适应发动机的多变工况，导致效率降低和油耗排放增加。精确控制燃油喷射量并直接喷入燃烧室的燃油缸内直喷（Gasoline Direct Injection, GDI）技术因此被采用（图 1-5）。博世在 1952 年尝试将 GDI 系统应用于德国车型，但因技术和成本问题未能普及。1996 年，三菱推出了采用电子控制技术的 GDI 发动机，并被广泛使用。

2002 年，奥迪推出了可以根据工况自动选择燃烧模式的"燃油分层喷射"（Fuel Stratified Injection, FSI）发动机。FSI 技术在低负荷时采用稀薄燃烧，在高负荷时实现均质燃烧。2004 年，奥迪进一步开发了结合 FSI 和涡轮增压技术的"涡轮增压燃油分层喷射"（Turbocharger Fuel Stratified Injection, TFSI）技术，有效降低了油耗和排放量。以奥迪 A4 为例，新旧发动机的比较显示了 TFSI 技术在提升动力的同时降低油耗的效果。

丰田在 2005 年提出燃油双喷射（图 1-6）概念，通过结合缸内直喷和进气道燃油喷射，提升了发动机的燃油经济性和动力输出。大众在 EA888 发动机上使用双喷射系统，现在丰田、奥迪和大众的多款发动机上采用了这一技术。

图 1-5　燃油缸内直喷示意图

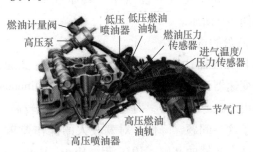

图 1-6　燃油双喷射发动机构造图

（3）**从转子发动机到氢动力** 德国工程师菲利克斯·汪克尔在 1926 年发明了转子发动机，并在 1929 年获得专利。1954 年，汪克尔与 NSU 公司合作完成设计，1960 年宣布转子发动机研制成功。NSU Spider 成为首款量产的转子发动机汽车，但随后因耐用性和高油耗问题，销量下降，到 1977 年停产。1961 年，马自达获得转子发动机（图 1-7）专利的授权，并解决了关键问题，推出了 Cosmo Sport 和 Familia Rotary Coupe 等车型。1973 年，马自达的转子发动机汽车通过了美国《清洁空气法》测试，1978 年马自达公司推出 RX-7 跑车，1982 年该车型在勒芒 24h 耐力赛中获胜。尽管技术上取得了突破，但环保法规的加强导致转子发动机市场逐渐萎缩。

宝马在 2006 年推出了基于宝马 7 系的氢动力车型 Hydrogen 7（图 1-8），该车型可以使用液氢和汽油，具有氢动力与汽油动力两种运行模式。但因市场反馈不积极，宝马最终停止了氢燃料内燃机项目，转而开发纯电动汽车和氢燃料电池汽车。

图 1-7　马自达转子发动机构造

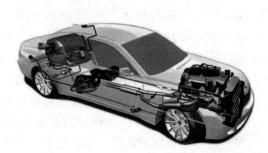

图 1-8　宝马氢动力车型 Hydrogen 7

动能回收系统（Kinetic Energy Recovery Systems，KERS）最早应用在 F1 赛车上，它将制动能量暂储在超级电容中，需要时再释放出来，以增强动力。马自达在 2012 年将 i-ELOOP 动能回收系统应用到量产车上，该系统将超级电容作为储能器，回收制动能量以增强动力。

尤金·胡德里在 1952 年发明了催化转化器，目的是减少汽车尾气中的污染物。1975 年，美国法规强制所有汽油车安装催化转化器，从而使这项技术得到了普及。三元催化转化器通过氧化和还原作用，将尾气中的一氧化碳、碳氢化合物和氮氧化物等有害物质转化为无害的二氧化碳、氮气和水，提高了尾气处理效率，其原理示意图如图 1-9 所示。

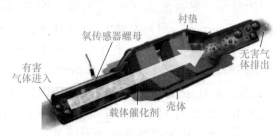

图 1-9　三元催化转化器原理示意图

3. 底盘的进化

（1）**变速器：从手动变速到无级变速** 变速器技术的发展体现了汽车工业的进步，即从手动变速器逐步进化到无级变速器（Continuously Variable Transmission，CVT）。手动变速器最初由于缺乏同步器，对驾驶人操作要求较高，直到 1922 年同步器式手动变速器的发明，才改善了这一问题，降低了对驾驶人的操作要求。1929 年，凯迪拉克引入同步器技术，奠定了自动变速器的基础。1939 年，Hydra-Matic 变速器的推出实现了全自动换档，优化了驾驶体验。CVT 的概念虽然早在 1896 年就提出，但直到 1958 年达夫汽车公司才首次将 CVT

应用于汽车。随后，技术的进步使得 CVT 可用于更大功率车型，如奥迪的 Multitronic CVT。保时捷在 1991 年推出了 Tiptronic 手自一体式变速器和全球首款 7 速手动变速器，提供了更多的驾驶选择和更佳的燃油经济性。大众汽车集团与博格华纳合作开发的直接换档变速器（Direct Shift Gearbox，DSG）——双离合变速器，则结合了手动和自动变速器的优势，通过两个交替工作的离合器实现快速平顺换档，提升了驾驶的乐趣和效率。

（2）**转向系统：从液压助力到线控转向** 1926 年，弗朗西斯·戴维斯发明了液压助力转向系统，减轻了驾驶人的转向力度，提升了驾驶舒适性。电子液压助力转向系统通过电子控制，实现了助力的动态调整，提高了响应速度和精准度。电动助力转向系统摒弃了液压系统，通过电动机直接提供助力，提高了能效和维护便利性。可变齿比转向系统在不同速度下提供不同的转向角度，优化了驾驶的灵活性和稳定性。主动转向系统通过电子控制自动调整转向比率，提升了驾驶舒适性和安全性。

（3）**传动方式：从直接传动到智能四驱** 潘哈德-莱瓦索尔公司首次实现了前置发动机、后轮驱动的设计，优化了车辆重心分布和稳定性。路易斯·雷诺的直接传动系统利用齿轮变速器和传动轴替代了链条或皮带，提升了动力效率。雪铁龙 Traction Avant 车型引领了前纵置发动机和前轮驱动的设计，提高了空间利用率和牵引力。亚历克·伊希戈尼斯设计的 Mini 车型采用前横置发动机和前轮驱动，最大化了空间利用。四轮驱动设计如世爵 60HP 和奥迪 quattro 提升了车辆的通过性和牵引力，扩展了四驱技术的应用。法拉利 FF 的四驱创新，以及电子辅助系统的应用如奔驰 4ETS 与奥迪运动型差速器，提高了驾驶性能和安全性。

（4）**制动系统：从鼓式制动到电子机械制动** 从最初的木块制动到路易斯·雷诺的鼓式制动器，再到盘式制动器的应用，制动系统不断革新。液压助力制动系统减轻了驾驶人的制动负担，为防抱制动系统（Anti-lock Braking System，ABS）等先进技术的发展奠定了基础。保时捷引入了内部通风式制动盘和陶瓷复合制动盘，提升了制动性能和可靠性。ABS 通过电子控制单元监控车轮速度，避免车轮锁死，提升了安全性。布加迪威航的尾翼空气制动系统则展示了制动技术与车辆设计的创新结合。

（5）**悬架系统：从钢板弹簧到电磁悬架** 从早期的钢板弹簧到现代的电磁悬架，悬架技术的进步显著提升了汽车的操控性、稳定性和乘坐舒适性。1931 年，奔驰 170 型轿车引入了四轮独立悬架系统，成为高性能汽车设计的标准。雪铁龙在 1934 年推出前驱车型，首次采用双叉臂式悬架，提高了行驶稳定性和操控精确度。液压气动悬架、麦弗逊式悬架、空气悬架、多连杆式悬架、主动车身控制系统、电磁悬架、自适应液压减振器和电子式主动稳定杆等技术的创新，不断优化了悬架性能，以适应不同的行驶条件和提升驾驶体验。

（6）**轮胎：从充气轮胎到防爆轮胎** 1887 年，约翰·邓禄普发明了世界上第一个自行车充气轮胎，显著提高了骑行舒适性并减少颠簸。胎压监测系统的发展，使得胎压的实时监控和及时报警成为可能。目前胎压监测系统现已成为汽车的标配。宝马在 2001 年推出的防爆轮胎，即使在完全失压的情况下也能支持车辆安全行驶一定距离，提高了紧急情况下的安全性。

4. 车身的设计

不可否认，汽车造型设计是紧跟潮流的。每个时代都有其独特的流行风格，如早期的马车样式、大方盒子，以及后来的船形车身、尾鳍造型设计、"折纸"造型、流线设计、大嘴前脸等。从威廉·迈巴赫开启现代式汽车设计，到哈利·厄尔的尾鳍设计、汉斯·莱德温卡的流线型设计、甘迪尼的楔形设计，再到乔治亚罗的"折纸"设计，都是里程碑式的创新设计。

（1）整车设计：从马车样式到楔形车身　1900 年 11 月，全新戴姆勒 35HP 车型，也是第一款"梅赛德斯"汽车（图 1-10），一经亮相即轰动车坛。其设计特征包括发动机前置、底盘降低、轮径统一、充气橡胶轮胎和前照灯的配置，奠定了现代汽车的基本特征。通用汽车公司造型设计部主管哈利·厄尔将航空设计元素引入汽车设计，特别是尾鳍造型，首次在 1948 年的凯迪拉克车型上采用，并在 1959 年款凯迪拉克 EI Dorado（图 1-11）上达到高潮，但随后逐渐消失。

图 1-10　威廉·迈巴赫设计的戴姆勒 35HP 车型

图 1-11　1959 年款凯迪拉克 EI Dorado

甘迪尼的楔形设计最出名，其为兰博基尼设计了"米拉"（图 1-12）和"康塔什"（图 1-13）等车型，后者以其楔形车身和剪刀式车门成为兰博基尼的标志性设计，从此兰博基尼被认为是法拉利的真正对手。

图 1-12　兰博基尼"米拉"

图 1-13　兰博基尼"康塔什"

乔治亚罗的"折纸"设计手法以其简洁的线条和分明的棱角而闻名，对 20 世纪 70 年代的汽车设计产生了深远影响，代表作包括第一代大众高尔夫（图 1-14）。乔治亚罗将此设计手法应用于多款车型。

图 1-14　1973 年第一代
大众高尔夫

1984 年，吉普切诺基作为第一辆真正意义上的运动型多用途汽车，以其四轮驱动、高离地间隙、承载式车身和两厢设计而著称（图 1-15）。该车型搭载 2.5L 直列四缸发动机，最大动力 122 马力，车长 4.2m，轴距 2.576m，后由北京吉普汽车公司引进组装生产。同年，克莱斯勒的道奇 Caravan（图 1-16）和雷诺的 Espace 作为多用途汽车的先驱，推动了多用途车辆的流行。这些车型采用前置发动机、前驱或全轮驱动，配备滑动侧门和可变座椅。

图 1-15 1984 年款吉普切诺基

图 1-16 道奇 Caravan

（2）车身空气动力学设计 奥地利人汉斯·莱德温卡设计的捷克太脱拉 T77 型轿车（图 1-17）被认为是流线型汽车的鼻祖，其流线型尾部设计最初是为了放置发动机，后来感觉车尾太"秃"了，就设计了一个纵向尾翼。这也使得太脱拉 T77 成为那个时代非常酷炫、极有科技感的车型。

1930 年，克莱斯勒汽车公司的四位工程师，创建了风洞试验室来开发新车型。他们利用风洞测试来设计汽车外观，以减少空气阻力并提升空气动力学效率。经过至少 50 个模型的测试，克莱斯勒推出了"气流"车型，这是第一款利用风洞测试塑造外观的量产车。该车型在 1934 年上市，命名为"气流"（Airflow），突显了其卓越的空气动力学特性（图 1-18）。

图 1-17 太脱拉 T77 型轿车

图 1-18 克莱斯勒"气流"车型

恩佐·法拉利称赞捷豹 E 型为"有史以来最漂亮的汽车"，其设计结合了空气动力学和数学计算，通过精确计算车身曲面和线条来降低空气阻力并提升外观。基于此，捷豹在 1952 年推出了 D 型赛车（图 1-19），该车型虽搭载较小发动机，但其空气动力学优化的车身设计使其连续三年（1955—1957 年）赢得勒芒 24h 耐力赛。D 型赛车的跑道最高速度达到 309km/h，优秀的性能归功于马尔科姆·塞耶的空气动力学设计。

2010 年，奔驰在其 E 级敞篷车型上首次引入了全球独创的自动挡风系统 AIRCAP（图 1-20）。该系统通过自动调节导风板和挡风板，有效减少了车内乱流，提高了驾乘舒适性。AIRCAP 由前窗框架上的导风板（可伸出约 6cm）和后排座椅间的挡风板组成，旨在防止乱流进入车内，过滤风噪，并减少逆流。该系统在车速 160km/h 以下均可启用，并能在任何车速下发挥作用。启用 AIRCAP 不仅能提升舒适性，还能减少气流和车内噪声，使乘客交流更轻松。

图 1-19 捷豹 D 型赛车

图 1-20 奔驰 E 级敞篷轿车自动挡风系统

高性能跑车常采用车身气流通道设计，用以增强下压力和提升冷却效果。例如，2014年宝马 i8 插电混合动力超级跑车通过车身气流通道引导气流，降低空气阻力（图 1-21）。2015 年的法拉利 488GTB 超级跑车的气流通道能增强 50% 的下压力。2016 年布加迪凯龙跑车利用"布加迪线"设计气流通道，以冷却系统并增强下压力。根据伯努利定律，汽车行驶时车底部的气流速度若低于顶部会产生升力，影响行驶稳定性。奥迪 e-tron 纯电动汽车采用车底板"酒窝"设计，通过产生小涡流减少湍流，提高车底气流速度，减少升力，增强行驶稳定性（图 1-22）。

图 1-21　宝马 i8 车身气流通道设计　　　　图 1-22　奥迪 e-tron 车底板"酒窝"设计

（3）车身个性设计　　1954 年，鸥翼式车门设计首次应用于梅赛德斯-奔驰 300SL 跑车（图 1-23）。为了确保车架的刚性，管阵式结构的车身侧方的管阵式结构经过了加固，导致驾驶舱门槛较高且宽，给乘员上下车带来了不便，因此设计了鸥翼式车门可以方便乘员上下车。1968 年由甘迪尼为阿尔法·罗密欧 Carabo 概念车设计了剪刀式车门，后将其应用于1971 年的兰博基尼康塔什超级跑车，此车型成为首款量产剪刀式车门车型（图 1-24）。1992年迈凯伦 F1 超级跑车推出，其采用蝶翼式车门设计，具有独特的视觉效果和轻量化碳纤维车身（图 1-25）。1997 年柯尼赛克 CC 原型车首次亮相，其采用旋转式车门设计，具有大开口和节约侧面空间的优点，但结构复杂。

图 1-23　梅赛德斯-奔驰　　　　图 1-24　兰博基尼康塔什　　　　图 1-25　迈凯伦 F1
　　　　300SL 跑车　　　　　　　　　　超级跑车　　　　　　　　　　超级跑车

2015 年特斯拉 Model X 车型采用鹰翼式车门设计（图 1-26），提高了后排乘客的进出便利性。布鲁诺·萨科在奔驰汽车公司时设计了世界上第一款硬顶敞篷跑车 SLK 级，并在1993 年获得设计专利，为现代跑车设计树立了新标准。克里斯·班戈在宝马工作期间，特别是在 2002 年的宝马 Z4 跑车上，采用了具有立体感和运动感的"火焰曲面"设计（图 1-27），体现了车身冲压技术的进步。

这些设计不仅体现了汽车工业设计的创新和多样性，也反映了汽车制造商对提升车辆性能、美观和实用性的不断追求。这些标志性的设计已成为汽车历史上的经典，影响了后续车型的设计趋势。

图 1-26 特斯拉 Model X

图 1-27 2002 年宝马 Z4 跑车

（4）车身结构与安全设计 蓝旗亚 Lambda 在 1922 年引入了一体化车身结构和全金属承载式车身，奠定了现代轿车设计的基础（图 1-28）。承载式车身直接装配总成部件，具有行驶平稳、低振动、低噪声、轻量化和燃油经济性的优点，但底盘强度较低。非承载式车身配备刚性车架，能提供更高的底盘强度和抗颠簸性能，但车身更重、体积更大。贝拉·巴恩伊被誉为被动安全设计之父，他提出的车身安全设计理念包括溃缩区安全车身技术（图 1-29）。该技术将车身分为坚固的驾乘舱和可吸收碰撞能量的前后溃缩区，旨在保护驾乘人员的安全。巴恩伊的发明还包括自动断开式方向盘柱和加强式车身侧柱，他的设计理念和发明至今仍是汽车安全设计的重要基础。

图 1-28 1922 年蓝旗亚 Lambda 车身结构

图 1-29 溃缩区安全车身技术示意图

第一辆完全应用溃缩区车身设计专利的是 1959 年款梅赛德斯-奔驰 S 级（W111）轿车（图 1-30）。在这款轿车上，还率先应用了巴恩伊的另一项重大发明：自动断开式方向盘柱。当遇到正面碰撞时，方向盘柱会自己断开，从而避免方向盘柱像一根"长矛"那样刺向驾驶人。后来又经过不断改进，完整的安全转向系统在 1976 年 S 级（W123）轿车上首次亮相。

巴恩伊的被动安全技术发明有很多，比如：隐藏式前风窗玻璃刮水器，率先应用在奔驰 S 级（W126）轿车上；加强式车身侧柱（A 柱、B 柱和 C 柱），率先应用在 1963 年款奔驰 SL 级（W113）硬顶轿跑车上（图 1-31）。1966 年，巴恩伊与梅赛德斯-奔驰研发经理汉斯·舍伦伯格，共同提出了主动安全和被动安全的概念和确切定义，这一定义一直沿用至今。根据这个定义，主动安全包括驾驶安全、心理安全、操作安全等，是防止事故发生的安全驾驶行为；被动安全是指为了保护车辆乘员和其他道路使用者免受意外伤害而采取的措施。

图 1-30 1959 年款梅赛德斯-奔驰
S 级（W111）轿车

图 1-31 1963 年款奔驰 SL 级（W113）
硬顶轿跑车车身结构

1.2.3　汽车工业迅速发展阶段

在第二次世界大战结束后，由于经济需求的驱动，各国大力发展汽车，汽车的相关技术被进一步完善。

1. 汽车产品的多样化

在第二次世界大战期间，欧洲的汽车工业主要集中在军用车辆和装备的生产上。战争结束后，得益于经济的快速恢复和政府的大力支持，欧洲汽车工业迎来了迅猛发展。到 1960年，年产量激增至 205.5 万辆，年增长率达到 21%。

第二次世界大战前，欧洲对美国汽车的主导地位已有所不满，但由于生产规模有限，汽车生产成本较高，难以与美国汽车竞争。为此，欧洲汽车制造商通过技术创新，如发动机前置前驱、后置后驱以及微型节油车型等，结合对本土道路条件和消费者偏好的深入理解，成功开发出多样化的新车型，如甲壳虫、MINI 和法拉利等，逐渐形成了与美国汽车工业相抗衡的力量。

这种产品多样化的战略不仅满足了不同消费者的需求，还实现了规模经济。1966 年，欧洲汽车产量首次超过 1000 万辆，比 1955 年增长了 5 倍，年均增长率达到 10.6%，超越了北美，成为世界第二大汽车生产中心。到了 1973 年，欧洲汽车产量进一步提升至 1500 万辆，标志着世界汽车工业的重心从美国重新转移到欧洲。

2. 制造方式的变革

在 20 世纪初至 80 年代，汽车制造业主要采用流水线生产模式。这种生产方式起源于 20世纪初，它取代了之前的手工作坊式生产。手工作坊式生产的成本高昂，且生产出来的每辆车都是独一无二的，难以实现标准化。1907 年，福特汽车公司为了生产 T 型车，创新性地引入了流水线生产技术，将复杂的汽车组装过程分解为一系列简单的子任务，工人只需在固定工位上完成特定工序。这一变革大幅降低了生产时间、人工成本和汽车售价，推动了汽车的普及。福特的流水线将原本需要 728h 手工组装的时间缩短至 12.5h，汽车价格也随之从5000 美元降至 1914 年的 360 美元，这种生产模式一直沿用至 20 世纪 80 年代。

在 20 世纪 50 年代，丰田汽车公司面临严重的资源限制和市场竞争，迫切需要一种能够提高效率、降低成本并提升产品质量的生产方式。在这样的背景下，丰田的工程师们，特别是大野耐一，开发了一系列创新的生产和管理工作流程，这些最终形成了丰田生产方式。随后，这种生产方式在全球范围内被诸多汽车制造商采纳，并根据汽车行业的特点进行了相应的调整和优化，形成了适用于汽车行业的精益生产体系。

进入 20 世纪 80 年代，汽车工业开始经历一场生产方式的变革，其中平台式生产逐渐取代了传统的标准化流水线生产。这一转变的背景是市场竞争的日益激烈和汽车产品生命周期的缩短，导致车型更新换代的速度加快。由于流水线生产方式只能适应单一车型的生产，每当新产品推出时，就需要构建全新的流水线，这不仅增加了生产成本，也难以满足车型多样化和快速换代的需求。因此，从 20 世纪 80 年代开始，汽车制造商开始转向更加灵活、高效的平台式研发生产模式。

汽车平台涵盖了汽车从设计、开发到生产制造的整个过程，包括设计方法、设备基础、生产工艺、制造流程，以及汽车的核心零部件和质量控制等方面。这种平台可以看作是汽车制造商在设计多个车型时所使用的一个通用性较强的整体设计框架。基于这一公共架构，制造商可以开发和生产出外形各异、功能不同的各类车型。同一平台上的车型通常具有一些共同的结构要素，例如发动机舱、底盘、悬架、电气系统、传动及制动系统等，如图1-32所示。通常情况下，那些可以在多个车型之间共用的零部件，以及用于不同车型的生产工艺和研发模板，都被归入同一汽车平台的范畴。这种生产方式不仅提高了生产效率，降低了成本，还加强了不同车型之间的技术共享，为汽车工业的发展带来了新的活力。

图 1-32 汽车平台

一体化压铸是一种将铸造和加工工序整合的先进制造工艺，它在同一设备中完成铸造和加工，提升生产效率和产品质量。该技术起源于20世纪初，顺应工业化和汽车工业的快速发展，为满足市场对高效、精密生产工艺的需求而诞生。自20世纪80年代起，为应对汽车行业轻量化、节能化和环保化的趋势，一体化压铸技术开始应用于汽车制造，取代了传统的铸造和加工方法。通过高温高压铸造成型后立即对其进行精密加工，实现了生产流程的高效和生产产品精密。随着技术的不断进步，一体化压铸在现代汽车制造中应用广泛，用于生产发动机缸体、变速器壳体、悬架部件等多种零部件，既提高了生产效率和降低了成本，又显著提升了产品质量和性能。

3. 我国汽车工业的发展

中华人民共和国成立后，我国汽车工业经历了从无到有、从弱到强的发展历程。半个多世纪以来，我国汽车工业经历了创建、成长、全面发展和高速增长四个阶段，形成了种类齐全、生产能力强大、产品水平不断提升的汽车工业体系。

1953年7月15日，长春一汽打下第一根桩，标志着新中国汽车工业的筹建工作正式开始。1956年7月14日，国产第一辆"解放牌"载货汽车驶下生产线，结束了我国不能制造汽车的历史。初期，我国汽车工业以中型载货车、军用车和其他改装车为主，形成了"缺重少轻"的产业结构。1957年，一汽开始自行设计轿车，1958年成功试制"东风牌"小轿车和"红旗牌"高级轿车。同年，上海诞生了"凤凰牌"轿车。1958年后，国家实行企业下放，各地纷纷仿制和拼装汽车，形成了我国汽车工业发展史上的第一次"热潮"。到1960年，汽车制造厂发展到16家，维修改装车厂发展到28家。这一时期，汽车工业的投资和生产能力得到了初步发展，但也存在投资分散、布局混乱等问题。

1964年，国家决定建设第二汽车制造厂（以下简称"二汽"），主要生产越野汽车。二汽的建成标志着我国汽车工业进入了自主设计产品、确定工艺、制造设备、兴建工厂的新阶段。20世纪60年代中后期，国家提出"大打矿山之仗"的决策，矿用自卸车成为重点装备。1966年以前，汽车工业共投资11亿元，形成了一大四小5个汽车制造厂及一批小型制造厂，年生产能力近6万辆、9个车型品种。到1965年底，全国民用汽车保有量近29万辆，国产汽车17万辆。

改革开放后，汽车工业进入全面发展阶段。老产品升级换代，商用车产品结构调整，轿车工业开始建设，引进资金和技术，国产轿车形成生产规模。行业管理体制和企业经营机制进行改革，汽车品种、质量和生产能力大幅提高。这一时期，我国汽车工业发生了重大变革，成为新时代的开始。

进入21世纪，我国汽车工业尤其是轿车工业技术进步迅速，新车型层出不穷。科技新步伐加快，整车技术特别是环保指标大幅提高，电动汽车的开发初见进展。随着与国外汽车巨头的合作步伐加快，引进资金、技术和管理力度的不断加深，企业组织结构调整稳步前进。经过十几年的发展演变，形成了"3+X"的格局，其中"3"指以一汽、东风、上汽3家企业为骨干，"X"指广汽、北汽等一批企业。同时，新能源汽车企业和互联网造车新势力也加入汽车产业的创新中。目前，我国已经成为世界三大汽车生产国之一。

1.2.4　汽车智能网联化阶段

进入21世纪以来，随着移动通信、大数据、云计算、人工智能等新一轮高科技的快速发展，汽车正发生从内到外的系统变革，逐渐向智能网联化发展。汽车智能网联化是指通过互联网技术和智能化技术，将汽车与互联网相连接，实现车辆之间、车辆与道路基础设施之间、车辆与用户之间的信息交流和互动。汽车智能网联化的发展经历了多个阶段，每个阶段都有其特点和发展趋势。

在2000年之前，汽车智能网联化的概念尚未明确，主要聚焦于发展车载通信和导航系统。车载电话系统允许车辆与外界进行通信，而车载导航系统则提供了基本的导航和定位服务。尽管这些系统为智能网联化奠定了初步基础，但它们的功能相对有限，尚未实现车辆间的数据交换和信息共享。在这一时期，汽车制造商开始尝试将信息技术整合到车辆设计中，例如引入了车载全球定位系统（Global Positioning System，GPS）和基础车载信息娱乐系统。车辆逐渐配备了基础电子设备，如CD播放器和自动空调控制系统。同时，车辆诊断系统通过车载自动诊断系统（On-Board Diagnostics，OBD）接口实现了对车辆电子系统的监控和故障诊断，进一步提升了车辆的智能化水平。

随着2000年互联网和移动通信技术的飞速进步，汽车智能网联化迈入了初级阶段。在这一时期，汽车开始集成更多智能化功能，例如车载娱乐和信息系统，极大地丰富了驾驶体验。车辆也开始具备基础网络连接能力，能够接入互联网以获取实时交通和天气更新等信息。同时，基本的驾驶辅助系统如自动泊车和自适应巡航控制系统开始出现，提升了驾驶的便利性和安全性。通过蓝牙和Wi-Fi等无线技术，车辆能够与外部设备连接，实现手机同步和流媒体播放等功能。此外，一些高端车型还开始提供基于4G/5G网络的远程服务，包括远程车辆监控和紧急呼叫服务（eCall），进一步增强了汽车的智能网联化特性。

随着2010年后的技术进步，汽车智能网联化进入了中级阶段，引入了一系列先进的智能化技术。车联网技术的应用促进了车辆间的实时通信和数据交换，显著提升了汽车的智能水平。同时，智能辅助驾驶技术的发展让车辆能够执行部分驾驶任务，增强了行车安全并提高了驾驶便利性。在这一时期，诸如特斯拉的Autopilot和谷歌的Waymo等智能网联汽车产品开始进入市场，引领行业创新。智能网联功能逐渐融入汽车的核心系统，例如动力和底盘控制等，进一步推动了车辆智能化的发展。车辆装备了更先进的传感器和控制器，支持自适应巡航控制、自动紧急制动和车道保持辅助等高级辅助驾驶系统。此外，车辆的操作系统和用户界面也变得更加复杂和用户友好，提供更加直观和便捷的交互体验。

自2020年起，汽车智能网联化步入了高级阶段，技术发展和应用范围均得到显著扩展。在这一阶段，部分汽车已开始配备高级智能辅助驾驶功能，例如特定场景下完全自动驾驶和自动泊车技术。同时，车辆间的通信和数据共享能力得到加强，为更高效的交通管理和更加智能化的驾驶体验奠定了基础。新兴技术，如人工智能和大数据分析，也开始在汽车智能网联化中发挥作用，为汽车智能化开辟了新的道路。汽车不仅能够实现自动驾驶，还能通过车联网技术与周围环境和其他车辆进行交流，实现了更高级别的智能网联化。此外，自动驾驶辅助系统得到了进一步的发展，包括交通拥堵辅助和自动泊车等功能。车辆间通信和车辆与基础设施间通信的应用也开始普及，进一步提升了道路安全和交通效率。

1.3 智能网联汽车的基本内涵

1.3.1 智能网联汽车的概念定义

智能网联汽车（Intelligent and Connected Vehicles，ICVs）是一种跨技术、跨产业领域的新兴汽车概念，各国对智能网联汽车的定义各有不同。我国对智能网联汽车做出了如下定义：智能网联汽车是指搭载先进的车载传感器、控制器、执行器等装置，并融合现代通信与网络技术，实现车与 X（车、路、人、云等）的智能信息交换、共享，具备复杂环境感知、智能决策、协同控制等功能，可实现"安全、高效、舒适、节能"行驶，并最终实现替代人来操作的新一代汽车。

智能网联汽车是自主式智能驾驶汽车与网联式汽车的结合。这里的自主式智能驾驶汽车指的是不依靠网联信息的自主驾驶汽车，又可被称为无人驾驶汽车或自动驾驶汽车；网联式汽车指的是在普通汽车的基础上增加网联通信设备，融合现代通信与网络技术，能够实现信息交换，但并不一定具备自动驾驶功能的汽车。

广义上的智能网联驾驶所包含的概念非常广泛，包括主动安全、辅助驾驶、自主式自动驾驶、网联式自动驾驶等各个方面。其中，主动安全是比较基础的功能，它是为预防和避免车辆发生事故而设计的安全系统，包括防抱制动系统、电子制动力分配装置、车身电子稳定控制系统等；辅助驾驶能够有效增加汽车驾驶的舒适性和安全性，如前向碰撞预警、车道偏离预警、自适应巡航控制、车道保持辅助等，基于上述功能开发的高级辅助驾驶系统已被广泛商业化；自主式自动驾驶是智能网联汽车发展的高级形态，在没有网联信息的情况下可以做到一定程度的自动驾驶；网联式自动驾驶则是智能网联汽车的重要发展方向，其目标是借助网联手段实现更好、更全面的自动驾驶功能。

同时，智能网联汽车不仅指民用领域的汽车，还包括军事领域的无人平台、特种用途的地面无人车辆等。它也包括各种不同形式的行走机构，如轮式、履带式、足式行走机构等。因此，从广义上来说，智能网联汽车也可以是在地面行驶的具有一定汽车性能的移动机器人。

1.3.2 智能网联汽车的等级划分

智能网联汽车技术包括智能化与网联化两个技术层面，其可对应地按照智能化与网联化两个层面进行等级划分。

1. 智能化层面

按照驾驶自动化技术让汽车达到的智能化程度，美国汽车工程师协会（Society of Automotive Engineers，SAE）、美国道路安全管理局和中国汽车工程学会分别对智能网联汽车智能化等级进行划分，各组织划分的原则和内容基本相同，这里以中国汽车工程学会的划分为例进行说明。

中国汽车工程学会将驾驶自动化技术分为0~5共六个等级，其中0代表应急辅助，5代表完全自动驾驶，数字越大代表驾驶自动化程度越高，具体等级划分见表1-1。

表1-1　中国汽车工程学会对驾驶自动化的等级划分

分级	名称	车辆横向和纵向运动控制	目标和事件探测与响应	动态驾驶任务接管	设计运行范围
0	应急辅助	驾驶人	驾驶人及系统	驾驶人	有限制
1	部分驾驶辅助	驾驶人和系统	驾驶人及系统	驾驶人	有限制
2	组合驾驶辅助	系统	驾驶人及系统	驾驶人	有限制
3	有条件自动驾驶	系统	系统	动态驾驶任务接管用户（接管后成为驾驶人）	有限制
4	高度自动驾驶	系统	系统	系统	有限制
5	完全自动驾驶	系统	系统	系统	无限制

如表1-1所示，中国汽车工程学会对驾驶自动化的等级划分主要考虑的内容包括车辆横向和纵向运动控制、目标和事件探测与响应、动态驾驶任务接管和设计运行范围（Operational Design Domain, ODD），并依据这些内容的差别进行划分。其中，动态驾驶任务是指在道路上正常行驶所需的所有实时操作和决策，包括感知周边环境、做出相应决策、实施动作规划、进行转向灯提示转向、加减速等，但是不包括行程安排、目的地和途经地的选择等任务规划功能。车辆横向和纵向运动控制是动态驾驶任务中的一个子任务，它包括通过方向盘来对车辆进行横向运动操作和通过加速、减速控制车辆纵向运动。目标和事件探测与响应也是动态驾驶任务中的子任务，它包括对车辆周边环境物体和事件的探测、识别、分类等感知任务，以及针对周边环境做出对应的决策。动态驾驶任务接管是指当驾驶自动化系统失效或者出现超出系统原有的运行设计范围的情况时，最小化驾驶风险的操控策略。设计运行范围是指驾驶自动化系统被设计的、起作用的条件及适用范围，其具体内容包含多个维度，包括但不局限于天气环境、地理环境、工作时间、交通和道路特征等。

基于以上要素，中国汽车工程学会对驾驶自动化的等级进行了划分。

0级驾驶自动化（应急辅助）。系统具备持续执行部分目标和事件探测与响应的能力，当驾驶人请求驾驶自动化系统退出时，能够立即解除系统控制权。

1级驾驶自动化（部分驾驶辅助）。系统具备与车辆横向或纵向运动控制相适应的部分目标和事件探测与响应的能力，能够持续地执行动态驾驶任务中的车辆横向或纵向运动控制。

2级驾驶自动化（组合驾驶辅助）。系统具备与车辆横向和纵向运动控制相适应的部分目标和事件探测与响应的能力，能够持续地执行动态驾驶任务中的车辆横向和纵向运动控制。

3级驾驶自动化（有条件自动驾驶）。系统在其设计运行条件内能够持续地执行全部动态驾驶任务。

4级驾驶自动化（高度自动驾驶）。系统在其设计运行条件内能够持续地执行全部动态驾驶任务和执行动态驾驶任务接管。

5级驾驶自动化（完全自动驾驶）。系统在任何可行驶条件下持续地执行全部动态驾驶任务和执行动态驾驶任务接管。

2. 网联化层面

按照网联通信内容的不同，将网联化等级划分为网联辅助信息交互、网联协同感知、网联协同决策与控制三个等级，见表1-2。

表1-2 网联化等级划分

等级	名称	定义	控制	典型信息	传输需求
1	网联辅助信息交互	基于车-路、车-后台通信，实现导航等辅助信息的获取以及车辆行驶数据与驾驶人操作等数据的上传	人	地图、交通流量、交通标志、油耗、里程等信息	传输实时性、可靠性要求较低
2	网联协同感知	基于车-车、车-路、车-人、车-后台通信，实时获取车辆周边交通环境信息，并与车载传感器的感知信息融合，作为自车决策与控制系统的输入	人与系统	周边车辆/行人/非机动车位置、信号灯相位、道路预警等信息	传输实时性、可靠性要求较高
3	网联协同决策与控制	基于车-车、车-路、车-人、车-后台通信，实时并可靠获取车辆周边交通环境信息及其他车辆决策信息，将车-车、车-路等各交通参与者之间的信息进行交互融合，形成车-车、车-路等各交通参与者之间的协同决策与控制	人与系统	车-车、车-路间的协同控制信息	传输实时性、可靠性要求最高

从智能网联汽车的等级划分可以看出，智能网联汽车的发展并不是一蹴而就的，要想真正实现像人类一样随心所欲地行驶，可能至少还需要数十年时间，甚至可能永远无法实现。正因为如此，在智能网联汽车的发展过程中，人们通常采用设计运行范围管理的方式来限定智能网联汽车的行驶条件（如时间、地点、道路类型、光照、天气等），让它们在规定范围内行驶。

《国家车联网产业标准体系建设指南（智能网联汽车）》中描述了智能化和网联化分级方式，在网联化层面提出了网联辅助信息交互、网联协同感知、网联协同决策与控制三个等级，并在一个坐标系中呈现智能化与网联化的关联。汽车智能化与网联化的等级划分及发展过程如图1-33所示。

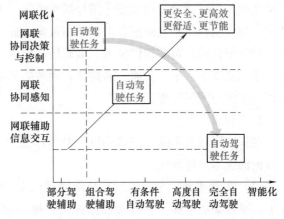

图1-33 汽车智能化与网联化的等级划分及发展过程

1.3.3 智能网联汽车的技术体系

智能网联汽车涉及汽车、信息通信、交通等多领域技术，其技术架构较为复杂，可划分为"三横两纵"式技术架构，如图1-34所示。

1. "三横"

"三横"是指智能网联汽车主要涉及的车辆/设施、信息交互与基础支撑三大领域技术。具体可以细分如下：

（1）车辆/设施关键技术 车辆/设施关键技术主要包括环境感知、智能决策和控制执行三个方面。环境感知技术涉及图像识别、雷达障碍物检测、多源信息融合以及传感器冗余设计。智能决策技术包括危险事态建模、预警控制、群体决策协同、轨迹规划以及驾驶人行为分析。控制执行技术则涵盖驱动/制动的纵向控制、转向的横向控制、底盘一体化控制以及车用无线通信（Vehicle to Everything，V2X）和车载传感器支持的车队列和车路协同控制。

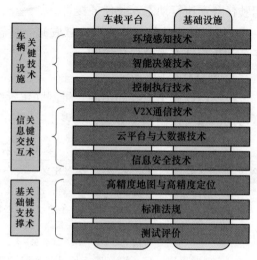

图 1-34　智能网联汽车"三横两纵"式技术架构

（2）信息交互关键技术 信息交互关键技术包括 V2X 通信技术、云平台与大数据技术和信息安全技术。V2X 通信技术涵盖车内通信（如蓝牙、Wi-Fi、以太网）、车际通信［专用短程通信技术（Delicated Short Range Communications，DSRC）、车间长期演进技术（Long Term Evolution-Vehicle，LTE-V）］和广域通信（如4G、5G），可以使车载系统能高效获取并整合驾驶人、车辆和环境信息。云平台与大数据技术包含云平台架构、数据交互标准、云操作系统、数据存储检索技术以及大数据分析挖掘技术。信息安全技术则囊括汽车安全建模、数据安全体系、安全测试方法和应急响应机制，以确保在大量信息交互中车辆的安全。

（3）基础支撑关键技术 基础支撑关键技术包括高精度地图与高精度定位技术，以及标准法规与测试评价。高精度地图包括车道线、人行道、红绿灯等信息。高精度地图与高精度定位技术包括高精度地图数据模型与采集式样、交换格式和物理存储的标准化技术、基于北斗地基增强的高精度定位技术、多源辅助定位技术等。标准法规包括智能网联汽车整体标准体系以及涉及汽车、交通、通信等各领域的关键技术标准。测试评价包括智能网联汽车测试评价方法与测试环境建设。

2. "两纵"

在智能网联汽车的"三横两纵"技术体系中，"两纵"指的是车载平台和基础设施这两个纵向的技术发展轴线。

（1）车载平台 车载平台是智能网联汽车的核心技术之一，包含硬件和软件系统。硬件上，平台集成多种传感器（如摄像头、超声波雷达、激光雷达）感知环境，配备先进控制器和执行器精确控制车辆。软件上，平台需要运行包括先进驾驶辅助系统（Advanced Driver Assistance Systems，ADAS）、自动驾驶系统和信息娱乐系统的复杂算法和决策系统。此外，车载平台需具备强大的计算能力，支持大数据分析、人工智能和机器学习技术，实现智能化驾驶和决策。

（2）基础设施 基础设施是智能网联汽车技术体系中的另一个重要轴线，它涉及道路、交通信号、通信网络等的建设和优化。建设智能交通基础设施旨在提高道路智能化，通过安装智能信号灯、监控摄像头、车辆检测器等设备，以及部署 V2X 通信技术，实现车与基础设施间的实时信息交互。此外，基础设施还包括数据中心和云服务平台，用于存储处理车辆数据，支撑快速增长的车联网数据的采集和车载系统、应用、算法的研发、迭代升级等，并提供远程监控。这些基础设施支持智能网联汽车融入智能交通系统，提升交通效率和安全性。

1.3.4　智能网联汽车的发展现状

国外对智能网联汽车的研究相对较早，比如美国、欧盟、日本等，它们对智能网联汽车的研究依托于智能交通系统的整体发展。总体来看，美国、日本等智能网联汽车的发展受到各自政府的高度重视。国内则从政策层面、产业标准体系建设、开放道路测试和示范应用推广方面发力，促进智能网联汽车的创新应用。

1. 国外智能网联汽车的发展现状

(1) 美国　美国在智能网联汽车领域处于领先地位，主要以车端感知为主。政府通过发布一系列战略性指导文件，如《美国智能交通系统（Intelligent Transportation System，ITS）战略规划》和《自动驾驶汽车政策指南》等，确保了美国在全球自动驾驶技术开发和集成方面的领导地位。加利福尼亚州作为自动驾驶汽车测试的热点地区，已有多家公司在此进行大规模的路测，行驶里程迅速增加。美国整车制造商和科技公司（如 Cruise 和 Waymo）在高级别自动驾驶技术上取得了显著进展，并在 Robotaxi 等商业化应用方面进行了积极探索。

(2) 欧盟　欧盟通过统一的 ITS 网络计划和法律文件（如《ITS 发展行动计划》）推动智能网联汽车产业的发展。欧盟委员会发布的白皮书提出了减少温室气体排放和提高道路安全的目标，并强调了交通系统建设、技术创新的重要性。通过"Horizon 2020 研究计划"，欧盟在智能汽车产业相关领域进行了重点项目研发，并在多个国家开展了智能网联汽车的示范项目，如 L3Pilot 和 AVENUE，以验证自动驾驶汽车的安全性和效率。

(3) 日本　日本凭借其先进的 ITS 技术和稳步推进的智能网联汽车技术，已经成为该领域的领先国家之一。日本政府通过《E-JAPAN 战略》和《智能道路计划 Smart Way》等政策，推动了智能交通系统的发展。日本已安装大量 ITS 基站，并在全国范围内部署了道路交通信息通信系统（Vehicle Information and Communication System，VICS），提供实时交通信息服务。此外，日本政府还制定了自动驾驶汽车商用化的时间表和 ITS 技术发展路线图，旨在建设世界上最安全的道路系统。

2. 国内智能网联汽车的发展和创新应用

我国的智能网联汽车发展和创新应用体现在以下几个方面。

首先，智能网联汽车已被提升至国家战略层面，通过一系列政策文件如《汽车产业中长期发展规划》等，明确了发展方向和目标。政府的高度重视为产业发展提供了坚实的政策基础。

其次，我国正在构建车路协同的中国方案，制定智能网联汽车的标准体系。《国家车联网产业标准体系建设指南（智能网联汽车）》的发布，标志着我国在智能网联汽车领域的标准化工作正在稳步推进，以适应新技术带来的机遇和挑战。

在技术测试方面，我国正处于自动驾驶开放道路测试阶段，通过《智能网联汽车道路测试与示范应用管理规范（试行）》等规范，促进了技术的规范化发展。同时，全国多个城市已经发放了自动驾驶测试牌照，测试总里程超过 1000 万 km。此外，我国已建成 10 个国家级智能网联汽车示范区，这些示范区不仅推动了新技术研发，也为项目的验证和推广提供了重要平台。

在创新应用方面，我国发挥市场与体制优势，积极开展智能网联汽车的创新应用。多部门相继发布法律法规，推动产业的试点应用、示范应用、先导应用和市场化应用。我国计划到 2025 年使部分自动驾驶车辆渗透率达到 50%，2030 年实现高度自动驾驶在高速公路和部分城市道路的广泛应用。

在商业化方面，自动驾驶技术在自动泊车、物流运输等场景逐步商业化，限定区域内中低速车辆商用潜力大，城市 Robotaxi 是商业化重点。百度等企业积极参与道路测试，推动技术商业化。

尽管取得了显著进展，智能网联汽车在技术成熟度、法规支持、基础设施建设以及商业模式等方面仍面临挑战。我国正通过政策引导、技术研发和基础设施建设，共同推动智能网联汽车产业的发展和应用。

3. 智能网联汽车的发展趋势与挑战

智能网联汽车目前面临着技术发展与应用、法律法规与政策环境、基础设施、测试环境与技术及商业化应用方面的挑战。

尽管智能网联汽车的感知技术已能识别多种交通元素，但在恶劣天气和复杂场景下仍存在局限性。决策与控制系统面临城市交通的快速准确决策挑战，需理解并预测其他交通参与者行为，并确保极端情况下的安全性。V2X 通信技术虽增强了车辆感知，但通信网络的覆盖范围的稳定性和实时性尚未完全达到高级自动驾驶的要求。同时，自动驾驶车辆的软硬件安全性是关键挑战，软件漏洞或硬件故障都可能引发安全事故。车辆对外部数据和通信网络的依赖使其面临网络攻击风险，如数据篡改和恶意软件攻击，威胁着车辆运行安全。

自动驾驶技术的发展面临法律法规、政策支持、社会接受度和伦理问题等多方面的挑战。在法律法规方面，需要明确无人驾驶车辆事故责任的归属，并制定统一的测试与认证标准以确保车辆安全。在政策支持方面，有效的政策、财政激励和基础设施建设对技术研发和商业化至关重要。同时国际协同和标准化则有助于技术的全球发展。在社会接受度方面，提高公众信任需通过教育和宣传。在伦理问题方面，自动驾驶车辆在面临伦理困境时的决策制定，如在事故中如何最小化伤害，需要综合考虑技术、道德和伦理因素。

基础设施建设对自动驾驶车辆至关重要，但面临资金和技术挑战，需建设智能化道路设施（如路侧单元）和更新高精度地图。统一的数据共享平台也需建立，以促进跨部门协作和数据交换。此外，自动驾驶车辆的测试验证体系需多样化，包括模拟、封闭场地和开放道路测试，这不仅依赖技术进步，还需政策和法规支持。

技术开发在自动驾驶领域面临重大挑战，关键技术的进一步突破（如机器学习算法、感知和决策系统）对实现高级别自动驾驶至关重要。同时，降低成本、提升性能和可靠性是商业化的关键。在商业模式探索方面，创新盈利模式以满足用户需求并确保可持续盈利是另一个挑战，可能涉及服务订阅、按需出行和数据服务等多元化盈利途径。

 扩展阅读：典型智能网联汽车。

扩展阅读 1：特斯拉无人驾驶系统。

特斯拉是一家实现了自动驾驶核心领域全栈自研自产的科技公司，在数据、算法、算力等层面打造了一套包含感知、规控、执行在内的全链路自动驾驶软硬件架构。

特斯拉的自动驾驶架构，简单来说，是采用纯视觉方案实现对世界的智能感知，并基于原始视频数据通过神经网络构建出真实世界的三维向量空间。然后，在向量空间中通过传统规控方法与神经网络相结合的混合规划系统实现汽车的行为与路径规划，生成控制信号，并传递给执行机构。最终，通过完善的数据闭环体系和仿真平台实现自动驾驶能力的持续迭代。

在智能感知方面，通过车身周围部署的八个摄像头采集数据，并通过名为 HydraNet 的神经网络架构处理这些图像和视频数据，构建出真实世界的三维向量空间。向量空间包含动态和静态的交通参与物及其属性参数。特斯拉的视觉感知网络还包括数据校准层、空间理解层和短时记忆层，以提高感知的准确性和鲁棒性。

特斯拉的规划与控制系统旨在基于感知网络输出的三维向量空间，规划汽车的行为和行车路径，确保行车的安全性、效率性和舒适性。特斯拉采用混合规划系统，结合传统规划控制方法和神经网络算法，通过粗搜索和优化步骤生成最优的时空轨迹。

特斯拉通过大规模的汽车运行数据和仿真平台，实现了数据的高效获取、标注和训练。特斯拉的仿真系统能够创建各种虚拟场景，以训练和验证自动驾驶算法。仿真环境的多样性和真实性对于提升自动驾驶的性能至关重要。

为了支撑大规模的数据训练和算法迭代，特斯拉自主研发了名为 Dojo 的超级计算机，以及配套的人工智能（Artificial Intelligence，AI）训练芯片 D1。Dojo 超级计算机具有极高的计算能力和可扩展性，为特斯拉的自动驾驶算法提供了强大的算力支持。

随着技术的发展，特斯拉在 2021 年的 AI Day 活动上宣布了一项重大的技术突破——端到端（End-to-End）自动驾驶技术。这项技术的核心在于使用深度学习网络直接从原始传感器数据（如摄像头的视频流）到最终的驾驶决策和控制指令，而无须进行复杂的中间数据处理。

扩展阅读 2：Drive.ai 自动驾驶系统。

Drive.ai 是一家致力于自动驾驶技术的创新型公司，成立于 2015 年，其核心目标是开发和部署安全、可靠的自动驾驶系统。该公司的自动驾驶系统结合了先进的机器学习算法、深度学习技术和传感器融合技术，旨在为乘客提供安全、高效的出行方案。

Drive. ai 的自动驾驶系统采用了一种多层次的技术架构，包括感知、决策和控制三个主要部分。感知层负责收集和解释车辆周围的环境信息，决策层则根据感知数据制订行动计划，控制层执行这些计划，确保车辆平稳、安全地行驶。感知层是自动驾驶系统的眼睛，通过集成多种传感器，如超声波雷达、激光雷达（LiDAR）、摄像头和超声波传感器，来检测车辆周围的物体、行人和其他车辆。传感器收集的数据则被送入深度学习算法中，用于识别道路标志、交通信号、车道线以及其他重要的环境特征。决策层是自动驾驶系统的大脑，使用先进的机器学习模型来预测其他车辆和行人的行为，并规划车辆的最佳行驶路径。而且，决策层还包括路径规划和避障算法，确保车辆在遵守交通规则的同时，能够有效应对复杂的交通情况。控制层负责将决策层的指令转化为实际的车辆控制动作，如转向、加速和制动。控制层依赖精确的控制算法来确保车辆的平稳行驶，并在各种道路条件下保持稳定性。

Drive. ai 的自动驾驶系统核心技术包括以下几个方面。①多传感器融合，Drive. ai 的系统采用了多种类型的传感器，包括摄像头、超声波雷达、激光雷达等，以获取车辆周围环境的信息。通过传感器融合技术，系统能够更准确地感知周围物体的位置、速度和轨迹。②深度学习，Drive. ai 利用深度神经网络来处理和解析传感器数据，实现对道路标志、交通信号、行人和其他车辆的识别。深度学习算法使得系统能够从大量数据中学习并不断优化其性能。③路径规划与决策制定，系统通过高级路径规划算法来确定车辆的行驶路线，并根据实时交通状况和环境变化做出决策，包括车道变换、避障、速度调整等。④模拟和测试，Drive. ai 在实际部署之前，通过模拟器进行大量的测试和验证。模拟器能够复现各种道路条件和交通场景，帮助系统在安全的环境中学习和适应复杂多变的驾驶情况。

扩展阅读3：百度无人驾驶出租车。

百度的无人驾驶出租车项目是百度在自动驾驶领域的重要举措，也是其"Apollo计划"的一部分。Apollo计划是百度推出的一个开放、完整的自动驾驶平台，旨在通过与汽车行业及自动驾驶领域的合作伙伴共享资源和技术，加速自动驾驶技术的发展和商业化应用。

百度的无人驾驶出租车项目，也被称为"阿波罗出租车"（Apollo Taxi），提供了一种全新的出行服务，乘客可以通过手机应用程序召唤一辆无人驾驶的车辆，然后在没有驾驶人的情况下完成出行。这项服务的推出，标志着百度在将自动驾驶技术推向商业化方面迈出了重要一步。

百度Apollo自动驾驶平台自2013年起开始研发，旨在提供一个全面的自动驾驶解决方案，包括硬件、软件、云服务和大数据。Apollo平台的开放性鼓励了全球开发者和合作伙伴的参与，共同推动自动驾驶技术的发展。百度在人工智能、深度学习、计算机视觉和传感器融合等领域拥有强大的研发实力，这些技术是无人驾驶出租车得以实现的关键。

在技术层面，百度的无人驾驶出租车基于Apollo平台进行应用落地。该平台集成了多种传感器，包括摄像头、超声波雷达、激光雷达等，以及高精度地图和定位系统，确保车辆能够准确感知周围环境并做出正确决策。同时，百度利用其在人工智能领域的强大研发能力，开发了先进的深度学习算法，使得无人驾驶出租车能够识别和处理复杂的交通情况，如交通信号、行人、其他车辆的行为预测等。在安全系统领域，百度的系统包括多重安全机制（如冗余的制动和转向系统），以及实时监控和远程控制功能，确保在任何情况下都能保障乘客和行人的安全。在云平台支持层面，百度的无人驾驶出租车通过云平台进行数据传输和处理，实现车辆之间的信息共享和协同工作，提高整体运行效率和安全性。

百度在多个城市进行了 Apollo Robotaxi 的测试，以验证其在不同交通环境和天气条件下的性能。测试包括封闭场地测试、模拟环境测试和开放道路测试。通过这些测试，百度不断优化自动驾驶算法，提高系统的稳定性和安全性。百度已经开始在某些城市提供无人驾驶出租车服务。乘客可以通过手机应用程序预约 Robotaxi，并在指定的地点上下车。这些服务目前主要在限定的区域内提供，以确保安全性和合规性。百度还与地方政府和交通部门合作，推动无人驾驶出租车的法规制定和政策支持。

无人驾驶出租车的推广将对社会产生深远的影响。它不仅能够减少交通事故，提高道路安全，还能够缓解城市拥堵，降低环境污染。此外，无人驾驶出租车还将改变人们的出行习惯，为老年人和残障人士提供更多的出行便利。

1.4 智能网联汽车的制造模式

1.4.1 智能网联汽车的个性化定制

随着消费者对汽车的需求从单一的交通工具转变为智能移动空间，智能网联汽车的个性化定制应运而生。技术的进步，尤其是互联网、大数据、人工智能的发展，使得智能网联汽车制造商能够更好地理解消费者需求，实现快速响应和精准定制。同时，市场竞争的加剧也推动了智能网联汽车制造商寻求差异化竞争策略，个性化定制成为其中的关键。

汽车的个性化定制是依据消费者需求，提供专属设计和制造的独一无二的汽车。消费者可参与设计，挑选配置、颜色等，体现个性和品位。核心在于以消费者为中心，通过灵活生产满足其需求。在智能网联汽车中，这表示车辆除提供传统运输功能外，还能根据用户习惯和需求，提供定制智能服务和互联体验。智能网联汽车个性化定制流程是一个涉及用户需求识别、设计、制造、交付和售后服务的复杂过程。

（1）用户需求识别与咨询 个性化定制的第一步是理解客户的需求和偏好。这通常通过在线调查、客户访谈或经销商的定制咨询来完成。关键技术包括数据分析和客户关系管理（Customer Relationship Management，CRM）系统，这些系统可以收集和分析客户信息，帮助制造商更好地理解市场需求。同时，智能网联汽车制造商利用大数据分析消费者行为和市场趋势，以预测需求和优化库存管理。即，通过分析消费者的定制偏好和购买模式，制造商可以更准确地预测哪些配置将受欢迎，从而提高生产效率和减少库存积压。

（2）**汽车产品定制设计** 一旦需求被识别，设计师将根据用户的规格要求设计汽车，包括外观颜色、内饰材料的选择，以及性能配置等。关键技术包括计算机辅助设计（Computer Aided Design，CAD）软件，它允许设计师创建详细的 3D 模型，并模拟不同的配置选项。除了外观和舒适性配置，消费者还可以选择车辆的性能配置，如发动机类型、驱动方式、悬架系统、制动系统等。此外，随着汽车变得越来越智能化，软件和系统的定制也成为可能。消费者可以根据自己的需求选择不同的软件包，如实时交通更新、在线地图、远程控制应用等。同时，一些汽车还支持通过空中下载技术（Over-The-Air，OTA）更新来增加新功能或改进现有功能。

（3）**产品配置和报价** 用户可以通过在线配置器或与销售顾问合作来选择各种定制选项。通过虚拟现实（Virtual Reality，VR）和增强现实（Augmented Reality，AR）技术，消费者可以在虚拟环境中体验汽车的内部和外部设计，甚至在实际购买前进行试驾。这些技术提供了更加沉浸式的定制体验，帮助消费者更好地理解和评估他们的选择。报价系统则需要集成到 CRM 和企业资源计划（Enterprise Resource Planning，ERP）系统中，以确保准确计算成本和交付时间。CRM 系统帮助制造商跟踪每个客户的定制需求、订单状态和交付时间，提供个性化的客户服务。通过维护良好的客户关系，制造商能够提高用户满意度和忠诚度，同时收集宝贵的用户反馈来改进产品和服务。

（4）**产品生产计划** 定制设计的确认将触发生产计划的制定。这需要高度灵活的生产系统和先进的供应链管理。关键技术包括生产执行系统（Manufacturing Execution System，MES）和供应链协同平台，它们能够实时调整生产计划和物料供应，以适应定制需求。汽车制造商采用精益生产原则来提高生产效率，减少浪费。通过优化生产流程和减少不必要的库存，制造商能够更快地响应定制需求。同时，通过精确的需求预测和库存管理，可以确保及时供应所需的零部件和材料，从而减少生产延迟。

（5）**柔性制造** 在制造过程中，汽车制造商需要能够快速切换生产线，以生产不同的定制汽车。这通常涉及模块化设计和自动化技术，如机器人、自动化装配线和快速换模系统。数字孪生技术也在这一阶段发挥作用，通过虚拟仿真来优化生产流程。同时，智能制造系统利用先进的自动化技术和机器人，根据定制需求快速调整生产线。这种灵活性使得生产线能够快速适应不同的定制订单，减少了生产准备时间和转换成本。

（6）**质量控制** 定制汽车在生产过程中需要经过严格的质量控制。关键技术包括自动化检测设备、传感器和机器视觉系统，它们能够确保每个部件和整车符合质量标准。

（7）**产品交付和售后服务** 在定制车辆的生产和交付过程中，制造商提供透明的进度更新和沟通渠道。消费者可以实时跟踪自己的车辆生产状态，甚至在某些情况下，可以要求对生产中的车辆进行修改。定制汽车完成后，将交付给用户。这通常涉及个性化的交付体验和定制化的售后服务计划。关键技术包括车辆追踪系统和远程诊断工具，它们能够提供实时的车辆状态信息和支持。即使是在车辆交付后，消费者仍然可以参与到汽车的后续定制中，如通过软件更新来增加新的功能或改进现有功能。制造商也可能提供定期的客户反馈调查，以收集消费者对定制车辆的使用体验和改进建议。

案例分析：个性化定制背景下的汽车企业产品开发流程改革。

面对汽车产业未来发展的三大革命（能源革命、智能革命、互联革命），造车新势力带来的颠覆性影响，以及对用户需求的极致性满足等，站在未来智能交通社会和智能交通系统的视角，传统车企急需打造用户共创、敏捷迭代的产品开发流程体系。

在个性化定制背景下，产品开发流程建设的核心目标在于深化对汽车产品开发业务逻辑的理解，并通过明确、显性、结构化和标准化的方式表达业务流程，以满足用户不断变化的需求。这要求企业进行产品开发流程的建设与优化，不是从线下到线上的简单复制，而是对现有的产品开发业务和流程进行深入的改革。

为了实现用户共创、敏捷迭代的产品开发流程建设和优化，汽车企业必须通过精心设计的流程架构，实现业务协同、数据协同和组织协同的三个层面的整合。业务协同要求不同业务单位和团队在产品开发理念上达成共识，使用统一的语言和目标导向，确保整个开发周期的一致性和协调性。数据协同则依赖于对不同来源数据的整合和分析，为产品开发提供准确的信息支持，使决策建立在实证基础之上，并能够迅速适应市场变化。组织协同旨在打破内部壁垒，促进跨部门和层级的合作，集中资源和专业知识以推进产品从概念到市场的全过程。通过三管齐下的协同方法，产品开发流程能够以高质量、低成本、高效率为目标，同时强化产品的市场竞争力。这种流程体系的建设是一个动态且持续的过程，需要不断地根据用户反馈和技术进步进行调整和优化，以确保产品能够满足甚至超越用户的期望，如图1-35所示。

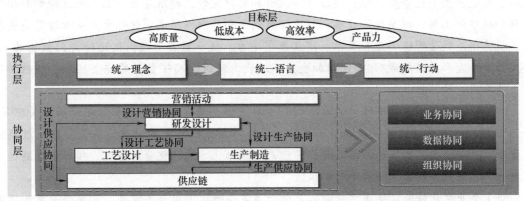

图1-35 用户共创和敏捷迭代背景下的产品开发流程创新

在具体的流程开发和建设方面，为了实现个性化定制背景下的用户共创、敏捷迭代的产品开发流程，汽车企业需要重点关注以下几个方面：

（1）用户共创与产品开发 在汽车产品的开发过程中，将用户参与作为一个核心环节，并通过数字工具的辅助，对传统的开发阶段和时间节点进行优化重构。这种策略旨在确保产品不仅能够准确满足市场需求（"产品做对"），而且在质量和性能上达到高标准（"产品做好"），如图1-36所示。即用户参与不仅限于市场调研或反馈收集，而是要将用户的直接反馈和需求整合到产品设计和开发的每个阶段。利用数字工具，如在线调查、虚拟原型测试、社交媒体互动等，可以更高效地收集和分析用户数据，从而指导产品开发决策。

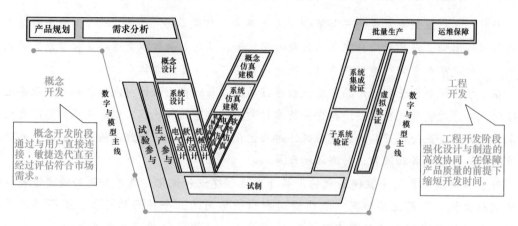

图1-36　面向产品开发的全过程营销实施策略

（2）开发任务与细分流程　在汽车产品开发领域中，一系列专业化的开发任务构成了整个流程的核心。这些任务不仅要求细致入微的规划，还需要严格的执行标准，通过对各阶段、流程、任务标准的制定，实现用户需求的满足、产品性能的提升和开发成本的降低，如图1-37所示。

（3）协同内容与协同方式　智能网联汽车的产品开发流程改革主要体现在两个方面：协同内容的拓展和数据协同方式的改革。产品开发不再仅限于设计和制造，而是扩展到营销、设计、制造、供应链等全流程。通过市场调研和客户反馈，精准定位产品；通过跨学科团队合作和数字化工具，提高设计效率；利用智能制造和物联网技术，优化生产；通过区块链技术，提高供应链管理透明度和效率。建立数字平台，统一数据管理，促进跨部门数据共享，使用敏捷开发和持续集成/部署流程加快产品迭代。同时，确保数据的安全性和合规性，保护企业和用户的隐私，如图1-38所示。

（4）协同流程和支撑流程　协同流程与支撑流程如质量管理、成本管理和项目管理等，如图1-39所示，通过明确接口和协同内容，实现与主流程的无缝对接。质量管理通过实时监控和先进分析工具确保高标准。成本管理采用精细化方法优化资源分配。项目管理则运用敏捷方法，通过系统监控项目进度和风险。

（5）企业文化转变　企业文化的转变对于满足个性化需求至关重要，需要企业更加注重创新和客户导向，同时战略规划要灵活，企业结构可能需要扁平化以提高决策和响应速度。投资于先进的制造技术和信息技术，如数字化工厂、云计算和物联网，对于提高生产效率、数据处理能力和生产监控至关重要，这些技术的融合将支持企业做出更准确的市场预测和生产计划。同时，企业产品开发流程改革过程中可能会涉及责任分配、利益协调等敏感问题，尤其是当变革跨越多个部门和业务范围时，需要从组织高层到基层的全面推动、协调和支持。

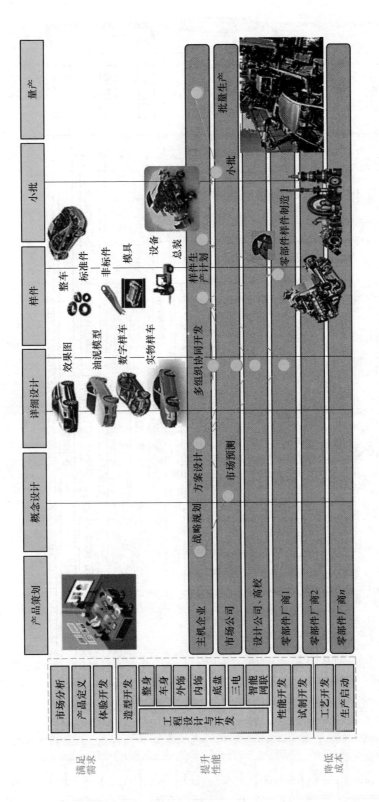

图 1-37 面向产品开发的任务框架图

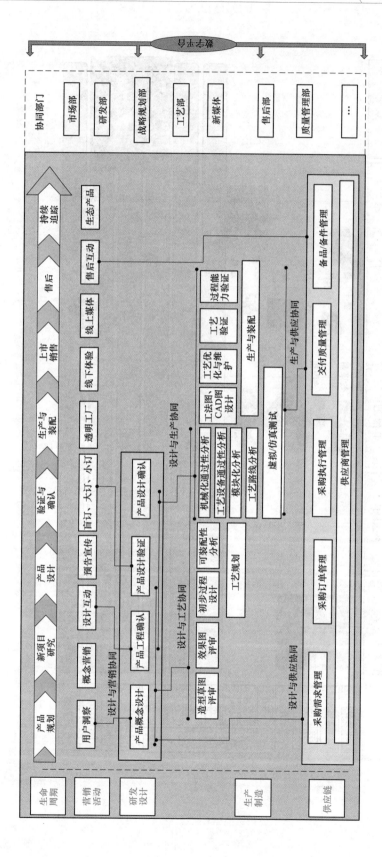

图 1-38　面向产品开发的协同内容和协同方式

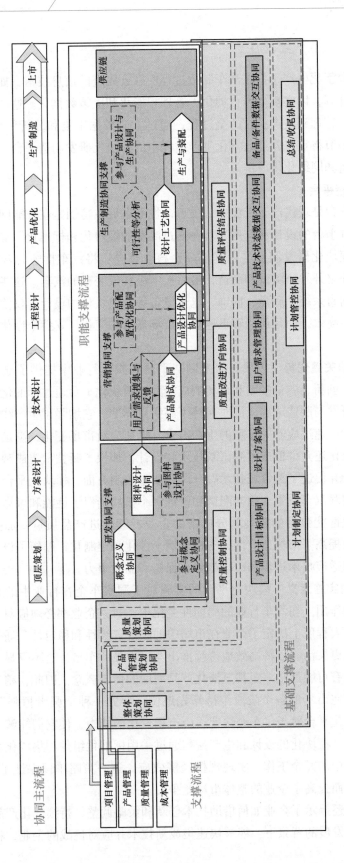

图 1-39　面向产品开发的协同流程和支撑流程

1.4.2 智能网联汽车的数字化生产

智能网联汽车的数字化生产是指在汽车制造过程中融合先进的信息技术，如物联网、大数据、人工智能和云计算，以实现生产自动化、管理智能化和决策数据化。这一概念涵盖了从设计、工程、供应链管理到生产执行的全过程，通过实时数据采集和分析优化生产流程，提升效率和质量。本小节将重点介绍数字化生产过程中的模块化研发制造平台、智能化生产设备、协同化设计制造和网络化供应链。

1. 模块化研发制造平台

模块化研发制造平台是现代汽车工业中一项革命性的进展，特别是在智能网联汽车的数字化生产领域中。这种平台的设计和应用，旨在通过高度的模块化和标准化，实现汽车设计和制造过程的优化。模块化研发制造平台基于一个核心理念：将汽车拆解为若干模块或组件，每个模块都可以独立开发、测试和制造，最后按需组装成完整的汽车。这些模块覆盖汽车的各个方面，包括动力系统、底盘、内饰、电子设备等。模块化的设计不仅使得汽车的设计和制造过程更加灵活高效，而且还能够迅速适应市场需求的变化，支持个性化定制和按需生产。

（1）模块化平台的关键优势 模块化研发制造平台在汽车行业中提供了显著的成本效益、生产灵活性、技术创新、质量控制和市场响应能力。模块化平台通过标准化零件和共享生产流程有效降低了研发与制造成本，同时保持了高质量标准。它增强了生产线的调整和重配置能力，使制造商能快速适应不同车型的生产需求，迅速应对市场变化，满足消费者个性化和多样化需求。模块化还允许低成本测试新技术和设计，加快了新技术集成和市场化，简化了设计和测试流程，并促进了跨领域技术融合。在质量控制方面，模块化平台通过标准化生产过程提升了智能网联汽车质量，独立测试和验证每个模块确保了性能和可靠性，提高了整车质量一致性。模块性能数据的收集和分析帮助企业持续改进产品质量，加强供应链管理。最后，模块化平台提高了市场适应性，支持车辆个性化和定制化，缩短了设计到市场的时间，使制造商能快速适应技术进步和市场趋势，保持产品竞争力。

（2）模块化平台的实施意义 模块化平台的实施对于洞察车企在行业中的长期核心竞争力发挥着至关重要的作用。在汽车行业的周期性变化中，每家企业都必须应对自身产品的投放周期，这个周期很大程度上决定了企业在市场中的表现连续性和稳定性。通过强化模块化平台能力，车企可以更灵活和经济高效地持续推出竞争力强的车型。这不仅显著缩短了产品的市场响应时间，也有可能逐步缩短甚至淡化产品周期的传统概念。因此，精通模块化平台运作的企业往往能够在市场的各个阶段维持领先地位，形成一种"强者恒强"的竞争态势。进一步而言，模块化平台赋予了车企快速适应市场变化的能力，使它们能够及时推出新车型以满足消费者需求。模块化的设计和生产流程通过采用标准化组件和集成化系统，大幅减少了研发和制造过程中的冗余工作，实现规模经济效应。这一策略不仅保证了产品质量，还显著降低了成本，从而提高了企业的整体市场竞争力。

此外，模块化平台还揭示了企业如何借助技术创新和策略调整，持续优化产品线和市场表现。在当下技术迅速发展的背景下，能够快速集成新技术并应对挑战的企业，将更有可能在激烈的市场竞争中占据优势地位。因此，模块化平台的加强不只是对企业短期市场表现的提升，更关乎其长期竞争力和行业地位的塑造。

2. 智能化生产设备

智能网联汽车数字化生产中的智能化生产设备包括：工业机器人、数字化生产线、柔性制造系统、智能物流系统、智能检测与质量控制系统、数控机床、物联网技术等。通过智能化生产设备的应用，汽车制造业能够实现高效、灵活的生产，满足市场对高质量、个性化汽车的需求。

（1）工业机器人　工业机器人是智能网联汽车制造中的关键，以其高效、精准操作提升生产效率和质量，广泛应用于焊接、喷漆、组装等环节。它们自动化程度高，能在恶劣环境下稳定运行，提升安全性，且具有高度灵活性和可编程性，能快速适应生产变化，支持定制化生产。随着 AI 和物联网技术融合，工业机器人智能化水平不断提高，优化了生产流程，推动着汽车制造业自动化、智能化转型。

（2）数字化生产线　在智能网联汽车生产中，数字化生产线通过自动化和实时监控优化生产流程，快速响应订单变化，支持个性化生产。数据分析还有助于预测维护，减少停机时间，提高效率和质量。生产线的智能化，得益于物联网、大数据和 AI 技术的进步，这将为汽车制造业带来革命性变化，推动行业朝着更绿色、更高效的方向发展。

（3）柔性制造系统　柔性制造系统（Flexible Manufacturing System，FMS）是制造业自动化和灵活性提升的关键技术，它通过可编程设备和信息技术实现生产的高度适应性，快速响应市场变化。FMS 能够快速重新配置生产线，适应新产品生产，降低准备时间和成本，确保小批量和定制化生产，保持高效率和低成本。系统通过严格监控提升产品质量，确保高精度和重复性。集成的数据分析和机器学习算法使 FMS 能不断学习和优化生产过程，提高效率，降低成本。

（4）智能物流系统　智能物流系统融合了自动化和信息技术，极大地提升了物流和供应链的效率。自动识别和搬运技术如条形码、射频识别（Radio Frequency Identification，RFID）、自动导向车（Automated Guided Vehicle，AGV）和无人机，确保了物料流转的快速和准确。系统通过实时数据的分析优化库存，降低成本，提高对市场变化的响应速度。这为企业在激烈的市场竞争中提供了优势，使生产更灵活，更好地满足客户需求。随着物联网等技术的发展，智能物流系统将进一步提升自动化和智能化水平，为企业带来更多价值。

（5）智能检测与质量控制系统　智能检测与质量控制系统利用高精度传感器、图像处理技术和数据分析软件，为制造业提供了一种创新的质量保障方法。这些系统能在生产线上实时监控和分析生产细节及产品质量，确保操作符合标准。实时监控功能可快速发现并警报生产问题，减少废品和返工，提升效率和质量。此外，系统通过生产数据分析，识别优化点，促进生产流程改进。随着机器学习和 AI 技术的发展，这些系统的识别和分析能力将进一步提升，推动制造业自动化和智能化，帮助企业在市场竞争中保持优势，满足消费者对高质量产品的需求。

（6）数控机床　数控机床（Computer Numerical Control，CNC）通过计算机程序控制，为制造精密部件提供高精确度和灵活性。它们能高效执行复杂操作，超越传统加工方式，提高生产效率和产品质量。CNC 技术还适应了市场对个性化产品的需要，使得单件和小批量生产更具成本效益。技术进步使 CNC 机床功能更强，能处理更复杂的设计，加工更精准快速。未来，CNC 机床将更智能化，能自主优化加工和预测维护，为制造业带来新发展。

（7）物联网技术 物联网（Internet of Things，IoT）技术在智能网联汽车的生产中起到了革命性的作用，通过连接生产线智能设备和系统，实现数据无缝收集与分析，优化生产过程。IoT 使生产设备能实时交换信息，远程监控设备状态，减少停机时间。此外，IoT 技术通过提高供应链透明度和可追踪性，实现供应链自动化管理，减少库存和运营成本。大数据分析还能预测市场需求和风险，优化生产决策。总体而言，IoT 技术提升了智能网联汽车生产的效率、透明度、可控性和灵活性，使企业能快速响应市场变化，增强行业竞争力。

3. 协同化设计制造

汽车生产过程中的设计制造协同是指在汽车产品的设计和制造阶段，通过跨部门、跨团队的紧密合作，实现信息共享、流程对接和资源整合，以提高产品开发的效率和质量，缩短产品从概念到市场的时间。设计制造协同的目标是确保设计阶段的决策能够充分考虑制造的可行性和成本效益，同时制造过程能够及时反馈实际问题，促进设计的优化和迭代。

实现设计制造协同通常涉及以下几个关键方面：

（1）跨部门沟通与协作 跨部门沟通与协作是提高汽车制造设计和生产协同效率的基础。关键策略包括：组建多功能团队，从项目开始就整合设计师、工程师、生产人员和供应链专家等不同领域的专业知识，以优化产品和流程；定期进行会议、工作坊和实时沟通，以促进信息共享和团队合作；确立共享目标和明确责任，增强团队成员的责任感和合作精神，以确保项目顺利进行。

（2）集成的产品设计和生产系统 集成的产品设计和生产系统通过技术平台实现设计到制造的无缝对接，核心策略包括：使用产品生命周期管理（Product Lifecycle Management，PLM）等集成软件平台统一管理设计和生产数据，确保信息的一致性和准确性；实现计算机辅助设计（Computer Aided Design，CAD）和计算机辅助制造（Computer Aided Manufacturing，CAM）软件的无缝对接，直接将设计转换为制造指令，减少转换时间和错误率；在设计阶段运用数字化模拟工具进行产品性能和工艺的预测分析，提前发现问题，减少原型需求，缩短开发周期，降低成本。

（3）数字孪生技术 数字孪生技术是工程领域的创新工具，它通过创建与实体设备完全一致的虚拟模型来优化生产。工程师能在虚拟环境中模拟生产流程，提前发现并解决设计和制造问题，节省成本和时间。同时，该技术还能实时监控生产线和产品性能，帮助制造商根据实时数据分析及时调整策略，进行持续优化。此外，它还能预测维护需求和故障，减少停机时间，提高服务效率和产品可靠性。

（4）模块化设计和标准化 模块化设计和标准化是提高汽车生产效率和灵活性的关键。模块化让汽车由易于生产、管理和升级的标准组件构成，支持定制化。标准化生产流程减少设计差异，提高零件兼容性，降低成本，提升生产和维护效率。

（5）快速原型和迭代开发 快速原型技术和迭代开发流程提高了汽车设计和制造的灵活性，使车企能快速响应市场需求。3D打印等技术使得企业在设计初期就能快速制作出实体模型，验证设计并进行性能测试，缩短了开发周期并提高了设计可变性。迭代开发则让设计团队根据市场反馈不断优化产品，促进创新，满足用户需求。

（6）实时数据和反馈机制 实时数据和反馈机制的引入，旨在建立一个透明且互动的生产环境，增强设计和制造团队间的即时沟通与协作。通过在生产线部署传感器和数据采集系统，可以实时监控生产过程、设备状态和产品质量，并通过数据分析揭示关键洞察，识别瓶颈和优化机会。此外，建立高效的反馈循环，确保生产现场的数据和反馈能迅速传达给设计团队，使他们能够快速调整设计，解决生产问题或提升产品质量，设计团队也能立即测试和验证新的设计理念或改进措施。这种方法促进了持续改进和精益生产，减少了浪费，提高了生产过程的灵活性和适应性，更好地满足客户需求。

（7）持续的教育和培训 在汽车行业的快速变化中，持续的教育和培训对于保持团队竞争力极为关键。这包括定期进行技能提升和知识更新，让团队成员掌握最新的设计、制造技术以及新兴趋势。同时，培养团队的创新和问题解决能力，鼓励创新思维和跨学科合作，以有效应对挑战和推动改进。此外，强化团队建设和企业文化，建立一个促进开放交流、合作的工作环境，对跨部门协作和持续创新也至关重要。

4. 网络化供应链

面对全球经济的迅速扩张及市场需求的持续演变，企业正遭遇空前的挑战。在此背景之下，传统的供应链管理模式已难以满足企业增长的需求。数字化生产的网络化供应链，借助包括物联网、云计算、人工智能、区块链在内的尖端技术整合，赋予了现代企业前所未有的能力，以便企业适应快速变动的市场需求并提升竞争力。这场变革不仅仅在技术层面上取得了显著进步，更关键的是，它通过技术创新提高了管理效率，优化了供应链操作流程，并实现了供应链管理的信息化、集成化、自动化、智能化以及灵活性。

（1）网络化供应链的关键技术 物联网、云计算、人工智能和区块链技术正在革新供应链管理。物联网通过连接智能设备和传感器，实现供应链的实时监控和管理，提高物流效率并确保商品存储条件。云计算提供计算和数据存储能力，支持大数据分析，促进信息共享，提高决策效率。AI技术，特别是机器学习和深度学习，帮助企业分析数据，识别模式，预测市场变动，自动化计划和调度，提升操作效率。区块链技术通过去中心化、不可篡改的记录机制，增强供应链透明度和安全性，实现产品全生命周期追踪，保障信息真实性，预防欺诈，强化版权保护。

（2）网络化供应链的管理方法 数字化技术赋能供应链管理，通过数字化平台实时监控供应商表现，评估供应风险，建立战略合作伙伴关系，增强供应链的灵活性和韧性。物联网和AI技术的应用使库存管理自动化和智能化，实现实时监控和精准预测市场需求，自动优化库存水平，降低成本，提高客户满意度。数字化技术还提高了生产计划的灵活性和效率，企业能够实时分析市场和供给状况，自动调整生产计划，快速适应市场变化，缩短产品上市时间。此外，物联网和大数据分析帮助企业实时监控运输，优化路线，预测到达时间，降低成本，提高交货准时性，并通过深入分析物流数据，不断提升物流效率。

案例分析：大众汽车MQB平台。

　　大众汽车的模块化横向横置组件（Modular Querbaukasten，MQB）平台是汽车行业模块化研发制造和数字化生产的杰出代表。它通过高度的模块化设计，实现了生产成本的显著降低，提高了生产效率和市场响应速度。同时，智能化生产设备的应用、协同化设计制造的推进、数字化生产管理的优化以及网络化供应链的整合，共同构建了一个高效、灵活、响应迅速的生产体系。MQB平台不仅为大众汽车带来了直接的经济效益，而且还提高了其在全球汽车市场中的竞争力，为汽车行业的数字化转型和智能化升级提供了宝贵的经验和启示。通过不断优化和升级这一平台，大众汽车能够持续提高其产品的市场竞争力，同时为汽车行业的未来发展趋势提供方向。

　　（1）模块化研发制造的革命　　MQB平台的最大创新之处在于其模块化设计理念。在该平台上，大众汽车将汽车分解为多个独立的模块或组件，如动力系统、底盘、内饰等。每个模块都可以独立开发、测试和制造，然后根据不同车型的需求进行组装。这种方法的优点在于它极大地提高了设计和制造过程的灵活性和效率，使得大众可以迅速适应市场需求的变化，支持个性化定制和按需生产。

　　（2）智能化生产设备的应用　　在生产过程中，大众利用了先进的信息技术和智能化生产设备，如自动化机器人、实时监控系统和人工智能算法。这些技术的应用使得生产自动化程度大大提高，同时实现了生产过程的管理智能化和决策的数据化。通过实时数据采集和分析，大众可以实时监控生产线的状态，预测维护需求，减少停机时间，提高生产效率。

　　（3）协同化设计制造的推进　　MQB平台还实现了设计、工程和生产等不同阶段的紧密协同。通过数字化工具和平台，设计师、工程师和生产线工人可以实时共享数据和信息，有效促进了跨部门之间的沟通和协作，加速了从设计到生产的整个过程。这种协同化设计制造不仅加快了新车型的开发速度，而且还提高了生产过程的精确度和效率。

　　（4）数字化生产管理的优化　　通过利用大数据和云计算技术，MQB平台能够实现生产过程的实时监控和管理。这包括生产计划的优化、物料供应的自动调度以及质量控制的精确实施。数字化生产管理系统确保了生产效率的最大化和成本的最小化，同时提高了产品的质量一致性。

　　（5）网络化供应链的整合　　成功的模块化平台不仅依赖于内部的设计和制造过程，还需要有一个高效、灵活的供应链系统作支撑。MQB平台的实施得益于高度网络化和灵活的供应链管理。大众通过数字化供应链系统，实现了对供应商的实时监控和管理，保证了材料供应的及时性和质量，同时降低了库存成本和风险。

　　本章深入探讨了智能网联汽车的发展历程、基本内涵及其制造模式，旨在为读者提供一个全面而深入的视角。首先，本章回顾了汽车从发明初期的实验阶段到技术不断完善，再到

工业迅速发展，直至智能网联化阶段的演变历程。这一历史脉络不仅展示了汽车工业的辉煌成就，而且揭示了技术进步如何推动产品变革。在基本内涵部分，本章详细阐述了智能网联汽车的概念、等级划分、技术体系，以及当前的发展现状。这些内容可帮助读者理解智能网联汽车的基本概念，以及发展趋势和挑战。进一步地，本章还探讨了智能网联汽车的制造模式，包括个性化定制和数字化生产。个性化定制反映了消费者对汽车功能和设计的个性化需求，数字化生产则展示了现代制造业如何利用先进技术提高生产效率和产品质量。

通过本章的学习，读者将能够对智能网联汽车的发展历程、基本特征及其制造过程有一个系统性的认识。这不仅为进一步探索智能网联汽车的构造打下了坚实的基础，而且为理解这一领域未来的发展趋势提供了宝贵的视角。

💡 思考题

1. 智能网联汽车是如何体现信息技术与汽车工业深度融合的产物的？请讨论这种融合为汽车性能和用户体验带来的主要变化。

2. 考虑到智能网联汽车的发展趋势，预测未来 10 年内交通领域可能出现的三种变革，并讨论这些变革对社会和环境的潜在影响。

3. 智能网联汽车采用了模块化和个性化的设计，这在制造模式上意味着什么？请讨论这种设计方法如何促进绿色制造和可持续发展。

参 考 文 献

[1] 冈野浩，小林英幸. 丰田产品开发与成本设计［M］. 金大一，邹素雅，译. 上海：上海交通大学出版社，2019.

[2] 比泽. 汽车产品开发［M］. 马芳武，译. 北京：机械工业出版社，2020.

[3] 中国汽车工程研究院股份有限公司，车联网安全联合实验室. 智能网联汽车蓝皮书：中国智能网联汽车产业发展报告（2022）［M］. 北京：社会科学文献出版社，2022.

[4] 陈新亚. 汽车创新简史：改变汽车的关键技术与设计［M］. 北京：机械工业出版社，2023.

[5] 巴黎西恩. 汽车 250 年史：从蒸汽三轮到飞行汽车［M］. 牛小婧，译. 杭州：浙江人民出版社，2023.

[6] 国家智能网联汽车创新中心. 智能网联汽车创新应用路线图［M］. 北京：机械工业出版社，2022.

[7] 李骏，李克强，王云鹏. 智能网联汽车导论［M］. 北京：清华大学出版社，2022.

[8] 李克强，王建强，许庆. 智能网联汽车［M］. 北京：清华大学出版社，2022.

第2章

智能网联汽车的构成

章知识图谱

2.1 引言

随着汽车工业的迅速发展，汽车结构发生了显著变化，从传统的机械驱动和简单电气系统逐步演变为智能化、网联化模式。智能网联汽车不仅集成了先进的电气化、智能化和网联化技术，还在提升驾驶安全性、提高交通效率、改善用户体验以及促进能源节约和环境保护等方面展现出显著优势。这种演变不仅推动了汽车工业的转型升级，也深刻影响了我们日常的生活方式和出行方式。本章将结合智能网联汽车的发展趋势和技术前沿，系统介绍其构成，主要包括以下内容：

首先，本章将系统介绍智能网联汽车的构成，主要包括智能网联汽车的总体架构、底盘系统、动力系统、智能座舱和自动驾驶系统五部分内容。在总体架构部分，我们将从产品定位的角度出发，介绍智能网联汽车的设计理念，涵盖基于共享的第三生活空间、移动终端、以人为本的智能出行生态，以及人车路一体化的智能交通社会四个方面，突显智能网联汽车的重要价值和积极意义。同时，本章还将围绕云、网、车端详细介绍智能网联汽车的"云-网-端"体系架构，这一架构为智能网联汽车的发展提供了更多可能性，带来了更极致和丰富的用户体验。

其次，在熟悉总体架构的基础上，本章将详细介绍智能网联汽车的四个主要子系统，阐述其结构、核心功能和工作原理，帮助读者理解关键系统的内部构造和机理。对于底盘系统，本章将从其子系统的分类、基本结构、工作原理和特点四个方面展开，详细阐述其构成和特点，帮助读者全面了解其主要结构和工作原理；动力系统的智能化升级是提升汽车性能的重要手段，本章将详细探讨动力系统的定义、组成原理和分类，帮助读者全面了解其技术变革和内在原理；驾驶座舱的智能化改造对于提升用户体验至关重要，本章将介绍驾驶座舱的四个主要子系统，从整体架构、工作原理和主要特点三个方面展开，提供全面视角，帮助读者深入了解其技术细节和创新之处。

最后，本章将介绍自动驾驶系统，这是车辆智能化发展的核心。通过阐述其各类子系统的定义、组成和工作原理，帮助读者全面理解高级辅助驾驶系统的功能和技术特点，了解这一前沿技术的发展趋势。

通过本章的学习，读者将全面了解智能网联汽车的构成，掌握其核心子系统的整体架构、工作原理和主要特点等。这些基础知识将帮助读者将理论应用于实际工程中。此外，本章还将通过案例分析，展示智能网联汽车在实际应用中的成功实践，帮助读者理解这些技术在现实中的作用。这些知识将为读者在智能网联汽车领域的未来研究和工程实践奠定坚实的基础，提升解决复杂工程问题的能力，推动智能交通系统的发展。

2.2 智能网联汽车的总体架构

2.2.1 智能网联汽车的产品定位

汽车从最早的机械产品发展成为机电产品、新能源产品，现在又发展成为智能网联产品。汽车产品的设计取决于其定位，它基于对行业、市场、用户需求、技术等领域的深入研究，系统性地选择可供发展的产品方向，并创新探索产品功能等特性。

智能网联汽车是"智能汽车"发展到新阶段的完整表达，是汽车与移动通信、人工智能、云计算等新一代电子信息技术相互结合、融合创新的重要载体。智能网联汽车重新定义汽车的产品形态和技术架构，改变了汽车的产品属性和使用模式，它不仅具有运载功能，还成为一个"移动的智能空间"，是一个移动的信息载体和处理单元。同时，智能网联汽车技术的应用，为从安全、高效、节能、环保等多个角度解决交通事故、道路拥堵、能源消耗、环境污染等社会问题提供了创新途径。此外，智能网联汽车带来的跨产业融合，将扩展汽车产业链生态，产生新的商业模式、盈利模式，形成新的技术链和价值链。

（1）基于共享出行服务的第三生活空间　以高度成熟互联化、智能化为基础，以用户体验为核心，智能网联汽车从实际场景出发，研究每个功能如何为用户创造价值，即解决谁（用户）在什么场合（场景）用车、使用什么功能（功能清单）、解决什么问题（任务）、期待什么感受（体验）的问题。这意味着汽车具备了交通工具之外的附加价值——从单纯提供出行到围绕用车生活提供全方位按需柔性服务，包括但不限于社交、娱乐、家庭、工作等多个方面和通勤、物流、商品零售等多个场景。如2019年广州车展，广汽集团概念车Magic Box首创智能移动服务概念，将移动空间变身"移动健身房""移动咖啡厅""移动非遗博物馆""移动试衣间""迷你科技馆"等多种生活场景，由AI后台驱动资源匹配与供需对接，进而实现"服务找人"的新体验，如图2-1所示。

图 2-1　广汽 Magic Box 智能移动服务概念车

（2）移动终端　车联网和物联网技术的快速发展和应用，正在将汽车打造成为人生活中一个重要的智能、开放的移动终端。汽车作为一个"连接器"，连接人、车与出行场景中的一切，通过车辆的人机接口以及软件开发、测试与迭代，为用户连接各类型的出行、消费场景和服务产品，实现千人千面、常用常新。中国移动依托全球最大的移动通信网络和强大的信息服务能力，面向大交通出行领域打造车路协同解决方案，依托 BASIC6（Big Data、AI、Security、Integration Platform、Computility Network、6G）能力，搭建三张网（移动通信网、高精度定位网、蜂窝车联网），以智慧交通平台 OneTraffic 为底座，打造智能网联示范区、5G 网联无人车、低速网联远程驾驶等 N 个场景应用，全面支撑"连接+权益+应用"增值运营，已为国内几乎所有的主流汽车企业提供服务。

（3）以人为中心的智能出行生态　智能网联汽车秉持以人为本的开发理念，从驾控、智享、安全三个方面构建人与车互相理解、高效沟通的伙伴关系，实现人畅其行、人享其行、人悦其行。在驾控方面，以用户体验和运营为中心，打造更加符合驾驶需求的智能驾驶技术；在智享方面，通过远程软件实时更新，使车辆实现更紧密的互联和自动化；在安全方面，对于车辆的每种驾驶场景提供最佳的驾驶支持和系统保障。例如特斯拉始终坚持以人为本，科技为辅的理念，致力于创造更智能、更环保、更高效的汽车产品，其 Autopilot 自动驾驶模式可以提供多种辅助驾驶功能，且安全性高出人类驾驶 10 倍以上。智能座舱具有多种模式，领先车辆智能化市场，此外，还首创了 OTA 升级，不仅可以升级车载娱乐系统、应用程序等，还可以实现对电子控制单元进行软件更新，例如电池管理系统、电驱控制单元、整车控制单元等，实现软硬件生命周期的最大化。

（4）人车路一体化的智能交通社会　沿着开放协同的路径，智能网联汽车能够实现人、车、路、网、云的泛在连接、智能网联与城市基础设施和数据的互联互通。在此基础上，积极利用云、图、AI 和实时数字孪生等技术，充分激活数字资产效能、释放数据信息价值，能够打通客流、物流、能源流和信息流，从而显著提升城市运行效率并实现节能减排的目标，同时，可以使汽车更舒适、安全地应对各种复杂场景，如高效跟车、占道主动避让、自主起停等，有效减少交通事故的发生。以丰田为例，为了建立安全舒适、交通便捷的汽车社会，丰田不断推进智能交通系统(Intelligent Transport Systems，ITS)，旨在构建人、汽车、道路、社区一体化的智能交通社会，如图 2-2 所示。智能交通系统由新一代车载通信系统、协调型 ITS、新型能源管理系统和新型城市交通系统四方面构成，其中，新一代车载通信系统可以有效地将汽车与人紧密连接；协调型 ITS 促进汽车与道路相连，实现交通事故为零的目标；新型能源管理系统促成汽车与城市连接，助力社会节能环保；新型城市交通系统可以将汽车与社会连接，构建和谐畅快的交通社会。

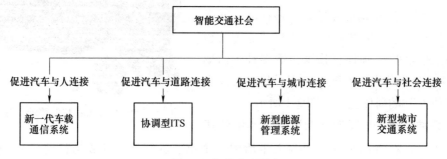

图 2-2　智能交通社会

2.2.2 "云-网-端"体系架构

从汽车产品体系架构的发展历程来看，汽车原先是相对封闭的终端。随着互联网、大数据、云计算、人工智能等信息技术的发展和普及，算力与数据向端迁移、应用走向容器化与无服务器化，从而形成了"云-网-端"融合的新体系架构。这意味着，在云端，应用将不受过去装置资源的限制，释放更多的可能性，带来更极致、更丰富的用户体验；在网侧，由网连接的分布式算力将促进更多低延时的边缘计算应用；在端侧，云网端进行协同与交互，催生更多的新型应用。智能网联汽车采用的就是这种"云-网-端"的结构，如图2-3所示。

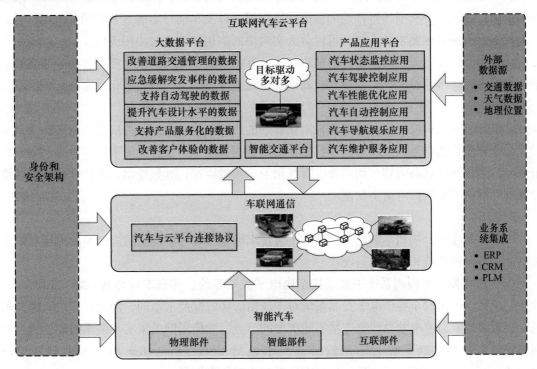

图 2-3　智能网联汽车"云-网-端"体系架构

1. 云端

云端是智能网联汽车架构中的核心部分，它由云控基础平台和云控应用两大核心部分组成，呈现出一个独特的"1+N"拓扑结构，主要负责数据的存储、处理、分析和服务提供。

（1）云控基础平台　在层级结构上，云控基础平台由边缘云、区域云、中心云三级组成，形成了物理分散、逻辑协同的云计算中心，以满足产业链不同用户对实时性与覆盖范围的感知、决策、控制、交通管制与数据赋能服务的不同要求。

①边缘云是云控基础平台中最接近车辆和道路等端侧的运行环境，主要面向车辆提供增强安全出行、提升行车效率及降低运行能耗等高实时性与弱实时性云控应用基服务。在组成结构上，主要包括轻量级基础设施、虚拟化管理平台、边缘云接入网关、计算引擎和高速缓存、边缘云领域特定标准件和标准化分级共享接口等组成部分。②区域云主要面向交通运输和交通管理等政府职能部门提供弱实时性或非实时性交通监管、执法等云控应用基础服务，面向行驶车辆提供改善出行效率和提升车辆安全等弱实时性服务，是多个边缘云的汇聚点。在组成结构上，主要包括基础设施和虚拟化管理平台、区域云接入网关、计算引擎和存储分析引擎、区域云领域特定标准件和标准化分级共享接口等组成部分。③中心云面向交通决策部门、车辆设计与生产企业、交通相关企业及科研单位，基于多个区域云数据的汇聚，为其

提供多维度宏观交通数据分析的基础数据与数据增值服务。从组成结构上，主要包括基础设施和虚拟化管理平台、中心云接入网关、计算引擎和数据仓库与大数据分析引擎、中心云领域特定标准件和标准化分级共享接口等组成部分。

（2）云控应用 云控应用主要包括增强行车安全、提升行车效率与节能性的智能网联驾驶应用，以及提升交通运行性能的智能交通应用，以及车辆与交通大数据相关应用。云控应用根据对传输时延要求的不同，可以分为实时协同应用和非实时协同应用。

云控应用是企业云控应用平台的核心功能。有的企业云控应用平台多为各类企业或相关单位根据各自需求建设而成，而在云控基础平台之上建设的云控应用平台是面向智能网联汽车有效整合人-车-路-云信息，结合 V2X 和车辆远程控制技术，通过"车-路-云"协同，实现车辆行驶性能提升与运营全链路精细化管理的协同管控平台。云控应用平台可获取最全的、标准化的智能汽车相关动态基础数据，为企业提供基于产业各类需求的差异化、定制化服务，以支持网联式高级别自动驾驶、盲区预警、实时监控、远程控制、远程升级、最佳路径规划、网络安全监控等诸多功能。

2. 网端

网络作为连接云端和车辆端的桥梁，可实现车辆与外部环境的通信。汽车的网联通信系统可分为车内网系统和车联网系统。

（1）车内网 车内网系统主要连接车内电子控制系统，实现车内各传感器与控制单元的数据交互。由于汽车各个电子控制系统对于通信的实时性要求不同，因此，车内网络结构通常采用多条不同速率的总线来连接不同类型的节点，并使用网关来实现整车的信息共享和网络管理。目前，汽车普遍采用的总线技术包括 CAN（Controller Area Network）、LIN（Local Interconnect Network）、FlexRay、MOST 和汽车以太网等。

CAN 总线，即控制器局域网络，是 ISO 国际标准化的串行通信协议。CAN 总线主要由 CAN 高线和 CAN 低线组成，高速 CAN 主要连接发动机、自动变速器、ABS/ASR、ESP 等实时性要求较高的系统，而低速 CAN 则主要服务于灯光、电动车窗、自动空调以及信息显示系统等，满足那些实时性要求不高但设备数量众多的电动机和开关量器件的通信需求。二者通过网关实现连接，从而使汽车内的各个系统能够高效、可靠地交换数据，提高了车辆的性能和安全性。此外，由于 CAN 总线技术的广泛应用，当汽车发出与 CAN 通信相关的故障时，可以直接检测到该故障，便于维修和诊断。

LIN 总线，即局部连接网络，也被称为局域网子系统，是一种基于通用异步收发器/串行接口（UART/SCI）的低成本串行通信协议，特别适用于对网络带宽、性能或容错功能没有过高要求的应用场景。在实际应用中，LIN 总线并不单独存在，而是通常与上层的 CAN 网络相连，形成 CAN-LIN 网关节点。在智能网联汽车中，LIN 总线主要用于智能传感器和制动装置等关键部件，实现这些部件间的经济高效通信。

FlexRay 总线是一种高速、实时、分布式总线系统，提供了传统车内通信协议不具备的大量特性，具有高速、可靠、灵活、容错能力等特点。具体来说，它通过周期性通信和时间触发与事件触发机制，确保了信息传输的同步性和可预测性；最大数据传输速率可以达到 10Mbit/s，这使得它在处理大量实时数据时具有显著优势；双通道架构提供冗余和带宽，具备出色的故障容错能力，支持多种拓扑结构，从而可以根据不同的应用需求进行灵活配置。在智能网联汽车中，FlexRay总线被广泛应用于各种关键系统，如发动机控制、变速器控制系统以及主动安全系统。例如，在主动安全系统中，FlexRay能够确保各个系统之间实现实时的数据交换和控制指令传输，提高行车安全性。

MOST网络作为一种专门针对车内应用开发的数据总线技术，旨在满足汽车多媒体应用的需求。它不仅可以提供高带宽和高速率的数据传输，还具有较好的抗干扰能力和稳定性，可以支持声音和压缩图像的实时处理、数据的同步和异步传输，以及多种网络连接方式。MOST网络在智能网联汽车上的应用广泛，可以实现声音和视频的实时传输，以满足高端汽车娱乐装置的需求，主要用于车载电视、车载电话、车载CD、车载互联网、DVD导航等系统的控制中，也可以用在车载摄像头等行车系统。

以太网（Ethernet）是一种由全球众多公司共同开发的基带局域网规范，现已成为局域网通信中最广泛使用的协议标准。汽车以太网，作为以太网技术在汽车领域的优化应用，同样沿用了开放系统互连模型的分层架构，并采用了以太网的大量协议。它旨在实现汽车内部不同电气设备之间的高效、稳定、可扩展和实时的数据通信。在智能网联汽车的发展过程中，以太网的应用将经历多个阶段。初期阶段，以太网可能主要用于车载诊断系统和电子控制单元软件刷新等任务，以提高诊断和刷新的效率。随着技术的不断进步，以太网将逐步扩展到信息娱乐系统和驾驶人辅助系统等领域。最终，以太网有望成为车载网络的骨干，集成动力总成、底盘、车身、多媒体和辅助驾驶等多个系统，形成一个域级别的汽车网络，进一步提升了汽车的智能化水平。

（2）车联网　车联网系统通过车用无线通信（V2X）技术连接交通系统中的人、车、路、云等各个元素，实现人、车、路、云之间的实时高效信息交互，催生了一系列用于提升交通安全水平、提高交通运行效率、提高车辆信息服务能力的应用场景。V2X是指实现V（车辆）与任何信息交互的对象X之间的协调感知和互联互通，具体可以细分为车与车（Vehicle to Vehicle，V2V）、车与路（Vehicle to Infrastructure，V2I）、车与人（Vehicle to Pedestrian，V2P）以及车与云平台（Vehicle to Cloud/Network，V2C/N）的通信，如图2-4所示。

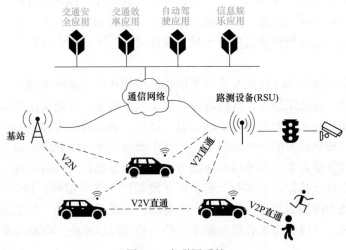

图2-4　车联网系统

在具体通信技术上，V2X 主要包含由 IEEE 标准化的专用短程通信（DSRC）和由第三代合作伙伴计划（3rd Generation Partnership Project，3GPP）标准化的蜂窝车联网（Cellular V2X，C-V2X）两大类技术。相较于 DSRC，C-V2X 更具优势。与 DSRC 不同，C-V2X 不依赖于网络基础设施服务，因此可以减少全面部署的时间和成本，C-V2X 可使用现有的蜂窝网络基础设施，提供更好的安全性、更长的通信范围，以及从 4G 到 5G 甚至更高的技术进化路径。

DSRC 是一种高效的短程无线通信技术，它可以实现在特定小区域内对高速运动下的移动目标的识别和双向通信，其通信系统主要由车载单元（On Board Unit，OBU）、路侧单元（Road Side Unit，RSU）以及 DSRC 协议三部分组成。作为一种车载通信手段，DSRC 技术具有传输速率高、延迟短等特点，支持点对单点、点对多点的通信，相比于 Wi-Fi 等技术通信距离更长，更加适用于车载网络中高速移动环境。DSRC 车联网通信标准主要基于 5.9GHz 频段，目前该技术的发展较为成熟，国外多个标准化组织对 DSRC 相关标准进行了制定工作，且为避免工作内容重复，各组织的侧重点各不相同且内容相互补充。欧洲电信标准化协会主要关注车车之间的多跳通信模式；美国电气电子工程学会主要强调物理层使用 5.9GHz 频率 802.11p 协议；国际标准化组织则侧重对物理层多种接入媒介的管理。

蜂窝移动通信技术，即通常的陆地移动通信技术，是指采用蜂窝组网方式实现频率复用，在移动终端和基站设备之间通过无线通道连接，实现用户在移动过程中的语音、数据、视频图像等通信业务。其主要特征是用户终端的移动性，并具有越区切换和跨网全球漫游功能。移动通信技术的发展始于 20 世纪 80 年代，已经由 1G 发展到 5G。目前，全球开始 6G 的关键技术研究，6G 标准计划在 2030 年完成，开始商用。6G 将在 5G 的基础上进一步增大带宽、拓展连接和全球部署，支撑智慧城市、高清传输、自动驾驶、无人机、空间通信、触觉互联网、智能交互等新应用的部署。3GPP 对 C-V2X 技术的标准化可以分为 LTE-V2X 与 NR-V2X 两个阶段，二者相互补充，在设计中充分考虑了前向与后向的兼容性。LTE-V2X 主要面向道路安全类应用和提供中低速自动驾驶中的协同交互能力，NR-V2X 主要面向增强型车联网应用和高级驾驶的协同交互能力。

3. 车端

迈克尔·波特在探讨智能互联产品时，指出所有的智能互联产品，从家电到工业设备都具备三个共同的核心元素：物理部件、智能部件和互联部件。他认为智能部件能加强物理部件的功能和价值，而互联部件进一步强化智能部件的功能和价值，并让部分价值和功能脱离物理产品本身存在，这就使得价值提升形成了良性循环。这一概念在智能网联汽车领域同样适用。

智能网联汽车的物理部件指的是构成车辆实体结构和机械系统的部分，包括但不限于动力系统、智能底盘、智能座舱等，这些部件确保了汽车的基本行驶功能和结构稳定性。汽车动力系统是指将发动机或动力电池产生的动力，经过一系列的动力传递，最后传到车轮的整个机械布置过程。按照动力能量来源的不同，汽车动力系统可以分为燃油动力系统、纯电池动力系统、油电混合动力系统和燃料电池动力系统。智能底盘由转向系统、制动系统、驱动系统和悬架系统组成，其作用是支承、安装汽车发动机及其各部件，构成汽车的整体造型，并接受发动机或动力电池的动力，使汽车产生运动，保证正常行驶。智能座舱作为连接用户与车的最直接载体，可以分为车载信息娱乐系统、抬头显示系统、座舱安全舒适系统、车载声学系统。

　　智能部件则是智能网联汽车中负责感知、决策和执行的关键部分。它主要包括传感器、车载计算平台、高级驾驶辅助系统（ADAS）、执行器等。在传感器中，雷达用于测量车辆周围物体的距离和相对速度；激光雷达（LiDAR）提供 360°的 3D 环境扫描，用于精确测距和物体识别；摄像头用于捕捉道路视觉信息，进行车道检测、交通标志识别等。车载计算平台负责处理信息、执行智能算法并提供决策支持。在 ADAS 中，自动紧急制动（Automatic Emergency Bralce，AEB）能够在检测到碰撞风险时自动制动；车道偏离警告（Lane Deviation Warning，LDW）能够在车辆无意识偏离车道时发出警告；自适应巡航控制（Adaptive Cruise Control，ACC）可以根据前车速度自动调整车速，保持安全距离。执行器主要包括电子控制单元（Electronic Control Unit，ECU），控制动力系统、变速器等关键部件的运行，以及电动助力转向（Electric Power Steering，EPS）系统，其根据需要提供转向助力，提高操控性。

　　互联部件实现车辆与外部世界的通信和数据交换，它主要包括网联通信系统、云控系统等。网联通信系统可以分为车内网系统和车外网系统，前者主要连接车内的各种电子控制系统，实现车内各传感器与控制单元的数据交互，后者通过车用无线通信实现人车路云之间的实时高效信息交互。云控平台由云控基础平台和云控应用两大核心部分组成，其中云控基础平台是云控系统的中枢，是汽车由单纯的交通运输工具逐步转变为智能移动空间和应用终端的产业化核心所在。

　　智能网联汽车通过这些部件的协同工作，不仅提高了自主性和智能化水平，还实现了与外部环境的智能交互，为实现自动驾驶和智能交通奠定了基础。

 扩展阅读：丰田e-Palette Concept——未来出行的解决方案。

　　丰田汽车公司（以下简称"丰田"）在美国内华达州拉斯维加斯召开的 2018 年国际消费电子展（International CES）上，丰田章男社长宣布丰田汽车公司将转型为移动出行公司，作为超越传统汽车的定义，为顾客提供全新价值的移动出行服务的象征，正式展出了采用电动化、互联化、自动驾驶等先进技术，可用于移动、物流、产品销售等多用途的移动服务（Mobility-as-a-Service，MaaS）专用新一代电动汽车（Electric Vehicle，EV）"e-Palette"。严格来说，它不是一款车，而是一个平台，一个未来出行的解决方案，如图 2-5 所示。

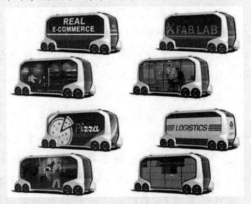
图 2-5　不同规格的 e-Palette

　　为更好理解这一概念，设想以下这样的场景。小王一大早要去机场接客户，出门就可以登上早已预约好的 e-Palette 共享汽车，由于他昨晚熬夜，没有来得及洗澡，他预订的是一台旅馆版的 e-Palette。这样，在去机场的一个半小时里，他舒舒服服地洗了个澡，还在床上休息了片刻。小王容光焕发地接到客户后，他们上了一台移动办公室版的 e-Palette，在回公司的路上，他就把方案给客户讲得一清二楚了。中午，他们在餐厅版 e-Palette 上边享用美食，边欣赏城市美景。晚上送走客户后，小王刚到家就拿到了快递版 e-Palette 送来的晚餐和包裹。吃完饭打扫房间后，小王出门把垃圾扔进垃圾车 e-Palette，结束了忙碌的一天。

为了满足人们对上述场景的需求和期待，基于"在必要的时间，准时到达要去的地点"以及"在必要的时间，准时提供必要的服务和物品"这一"Just In Time"的服务理念，在丰田生产方式（Toyota Production System, TPS）指导下，丰田研发了 e-Palette 的运行管理系统。该运行管理系统作为丰田移动出行服务平台（Mobility Services Platform, MSPF）的全新系统，由车辆端的"Autonomous Mobility Management System（AMMS）"及乘客端的"e-Palette Task Assignment Platform（e-TAP）"构成。通过该系统，可以减少乘客的等候时间并避免拥挤，从而为乘客提供安全、安心、舒适的移动出行服务。其中，AMMS 可以根据实际的出行需求，实时灵活调整运行计划，自动实现车辆上线运行及回库，避免临时增减车辆造成的车辆间隔差异，实现同等间隔的平稳运行。当车辆发生故障时，系统可以自动让故障车辆回库，并及时调配替换车辆，从而确保线路运行稳定。此外，当发生紧急情况时，可以通过远距离操作，控制车辆停车或再运行，通过双重安全管理，确保乘客的乘车安全。e-TAP 基于"自动化"理念，导入"可视化管理"，通过将"异常状态可视化"，打破一人监管一台车辆的传统工作模式，实现一人同时监管多台车辆，从而以更少的工作实现更加高效的运行管理。e-TAP 还能够向车辆运行人员、维修保养人员自动发出工作提示，通过任务进度管理缩短维修保养时间，以较少的工作人员确保高品质的服务。此外，丰田智能互联公司总裁山本圭司表示："通过运行管理系统而实现了升级的 e-Palette，将在不断建设、不断成长的智慧城市'Woven City'（编织之城）中得到锻炼，共同持续进化。"

e-Palette 的商业化运行还依赖以下几个方面：

1. 低底盘和箱式设计带来更大车内空间

根据行李舱单元数量，共设计了车长各不相同的车型，通过低底盘、箱式的无障碍设计，获得平坦宽敞的车内空间，并可按照分享乘车式、酒店式、零售店式等服务伙伴的不同用途的需求，搭载各类设备。

2. 开放车辆控制接口

向自动驾驶组件开发公司开放基于其多年积累的、高度安全性能的、车辆控制技术研发的车辆控制接口，可通过丰田 MSPF 上公开的应用程序接口（Application Program Interface, API）获得开发所需的车辆状态和车辆控制等信息，并将开发出来的自动驾驶组件（自动驾驶控制软件、摄像头、传感器等）搭载于车顶等部位。此外，可利用在 MSPF 上建立起来的 OTA 环境，随时将自动驾驶组件中的软件更新到最新状态，如图 2-6 所示。

3. MSPF 为业务提供支持

搭载于车辆上的数据通信模块采集到的车辆信息，通过全球通信平台，将数据汇集到丰田大数据中心（TOYOTA Big Data Center, TBDC）。基于这些车辆信息，提供与租赁、

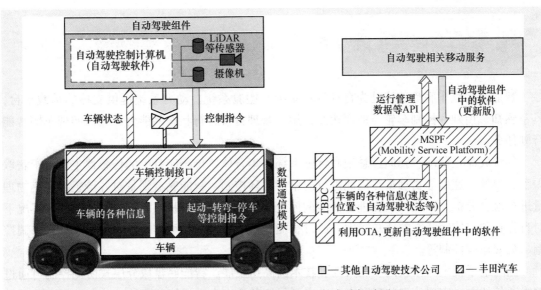

图 2-6 开放车辆控制接口时展示的自动驾驶原理

保险等各类金融服务商以及经销店相互协同的高水准等服务。在 MSPF 中，公开车辆状态、动态管理等服务提供商所需 API，并应用于移动服务。自动驾驶组件开发公司提供自动驾驶组件的使用、软件的维护更新等自动驾驶相关移动服务，从而使服务提供商能够使用安全的移动工具，并能够自行选择自动驾驶组件，如图 2-7 所示。

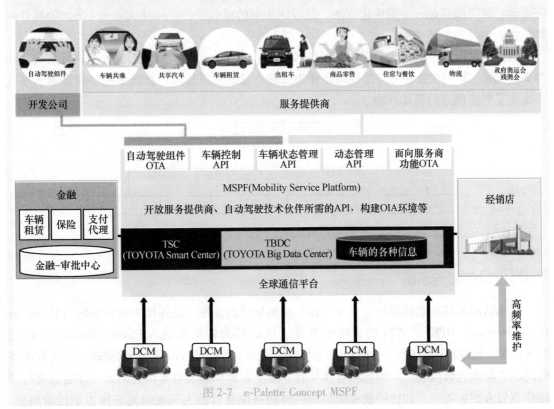

图 2-7 e-Palette Concept MSPF

2.3 智能网联汽车底盘系统

智能网联汽车底盘系统是为自动驾驶系统、座舱系统、动力系统提供支撑的承载平台，具备感知、预判和控制车轮与地面相互作用和管理自身运行状态的能力，具体实现车辆智能行驶任务。

传统底盘是制动、转向、悬架和行驶系统的集合体，传统底盘中的传感器主要用于获取振动、温度、速度等物理量并依此进行简单的闭环控制。智能底盘则是对各传感器采集物理量进行融合分析并以此对系统进行精准调控，从而具备对地面状态的感知能力和极限工况下对自身行驶与控制状态的感知能力。通过智能底盘线控系统，可实现对底盘域的综合协调控制、失效运行控制等。

随着电子技术、车联网和无人驾驶技术的高速发展，智能底盘域分层式协调控制可通过网络通信的方式实现信息共享和交互，也可保证各个底盘电子控制系统的独立性，在一定程度上可以做到多个系统的协调控制。智能底盘集成了底盘域控制和线控执行系统，它的发展具备线控执行系统标准化和底盘运算控制平台化两大趋势。对于这两大趋势而言，它具备了完整的模块化结构方案，有比较清晰的电子电气架构，因此，对于线控转向、线控制动、线控驱动和线控悬架四大线控系统来说，智能底盘可以提供模块化的解决方案。底盘域控制运算平台大，为软件集成运算提供了可能。它不仅具备成熟的软件架构，也具备更多的软、硬件资源。智能底盘是一个模块化方案，是智能生态的承载平台，同时也是一个更大的软件运算平台。

智能底盘线控系统包含线控转向、线控制动、线控驱动、线控悬架等智能执行系统，如图 2-8 所示，其中线控转向与线控制动作为智能底盘的支撑技术，其技术进步和性能水平直接决定了智能底盘的整体性能。

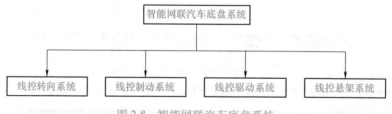

图 2-8 智能网联汽车底盘系统

2.3.1 线控转向系统

汽车转向系统的发展经历了多个阶段，从机械转向系统、液压助力转向系统（Hydraulic Power Steering，HPS）、电液助力转向系统、电动助力转向系统（Electric Power Steering，EPS）发展到线控转向系统（Steering by Wire，SBW），如图 2-9 所示。线控转向系统取消了传统的方向盘与转向轮之间的机械连接装置，完全依靠供能装置提供转向力，并通过电信号传输驾驶人控制指令。相比传统系统，线控转向系统在驾驶人驾驶时无直接力矩传输路径，故需要具备失效冗余备份机制。

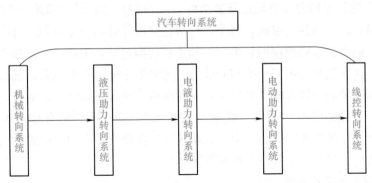

图 2-9　汽车转向系统发展阶段

1. 线控转向系统分类

线控转向系统依据失效冗余备份方式的不同可分为机械备份式线控转向系统和完全线控转向系统。完全线控转向系统通过电控单元冗余实现失效冗余备份。本小节主要针对完全线控转向系统进行阐述。

2. 线控转向系统基本结构

线控转向系统主要由转向器和手感模拟单元构成，手感模拟单元通过转矩转角传感器识别驾驶人的驾驶意图，并根据驾驶意图控制转向器，实现对车辆横向运动的控制。完全线控转向系统包括前轮线控转向系统、后轮线控转向系统、线控四轮独立转向系统。

（1）手感模拟单元构成及其功能　手感模拟单元由多个组件组成，包括机械管柱、电动四向调节机构、减速机构、手感模拟电机和转矩转角传感器，其主要功能包括：①监测方向盘的旋转，以识别驾驶人的驾驶意图，并通过控制转向执行单元来调整车轮的转向角度。②使用角度传感器和转矩传感器测量方向盘的旋转量、方向和驾驶人施加的力矩。③通过车辆的通信网络，将驾驶人的驾驶意图传输给转向执行单元和车辆控制单元。④根据当前车速、方向盘转角、方向盘转速、方向盘转动加速度以及转向执行单元反馈的路感信息，控制路感电机的输出力矩，从而实现对转向手感的模拟。

（2）前轮线控转向系统构成及其功能　前轮线控转向系统（FW-SBW）包含机械传动机构、减速机构、转向执行电机和齿条位置传感器，其主要功能包括：①响应手感模拟单元的转向角度请求，控制车轮转向，以满足驾驶人的转向期望。②响应其他整车控制系统，如LKA、LCC 等的转向请求。③根据前转向器齿条位置传感器信息，对车辆转向角度进行闭环控制。④感知路面信息，并将有效信息传递至手感模拟单元，使驾驶人能够感知路面状况。⑤部分整车稳定性控制功能由前轮线控转向系统承担，但需受整车中央集成控制单元或车身稳定控制系统控制。

（3）后轮线控转向系统构成及其功能　后轮线控转向系统（RW-SBW）由机械传动机构、减速机构、转向执行电机和直线位移传感器构成，其主要功能包括：①根据方向盘转角、车速等信息，控制后轮转角或执行来自控制器的后轮转向指令。②在低速情况下，使后轮转向与前轮方向相反，以减小转弯半径，增强转弯的灵活性。③在高速情况下，使后轮转向与前轮方向相同，以扩大转弯半径，提高车辆的稳定性。

（4）线控四轮独立转向系统构成及其功能　线控四轮独立转向系统（4WS-SBW）采用独立机械传动机构及转向执行电机，每个车轮可独立进行转向角度控制，可实现车辆原地转向，同时增加车辆行驶姿态控制的自由度，其主要功能包括：①系统可以独立地控制每个车轮的转向角度，使车辆具备更灵活的转向能力。②根据车辆横向动态参数进行实时调整，以提高车辆在高速行驶或急转弯时的稳定性。③传感器系统实时监测车轮的转向角度，并将信息反馈给 ECU，以便系统做出适当的调整。④通过调整每个车轮的转向角度，减少车辆在转弯时轮胎的磨损，延长轮胎使用寿命。⑤系统可以根据驾驶人的操作或路面情况，实时调整车辆的转向角度，提高车辆的操控性和驾驶体验。

3. 线控转向系统工作原理

通常 SBW 系统功能支持 L3 级及以上自动驾驶，能够接受自动驾驶控制器指令来改变或保持车辆行驶方向，同时 SBW 系统为了使用户有驾驶体验感和适应更多应用场景，也应具备驾驶人模式。驾驶人模式下的工作原理如下：当驾驶人转动方向盘，转角传感器和力矩传感器会发出信号，并通过数据总线传输给 SBW 系统控制器。SBW 控制器根据预设的转角控制算法生成前轮转角控制信号，然后传送给转向电机驱动转向器，以控制转向车轮输出目标转角。SBW 控制器还可以通过转向电机的助力电流确定转向回正力矩，将其传递给路感电机，以提供驾驶人所需的路感反馈，如图 2-10 所示。

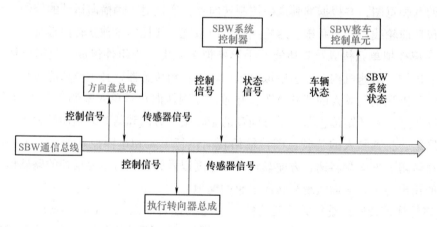

图 2-10　线控转向系统在驾驶人模式下的工作原理

线控转向系统的冗余技术：

SBW 系统使用电子信号进行方向盘和转向车轮之间的解耦，因此系统的可靠性和安全性变得尤为关键。常见的故障包括电机、传感器和通信总线故障。为增强系统的冗余，通常采用硬件和软件两种方案。硬件冗余通过备份关键部件如传感器、控制器、电机和电源来应对故障。软件冗余则通过设计相关软件并实施故障诊断策略来提高系统的冗余度。

硬件备份技术与软件容错技术相辅相成：硬件备份技术提高了容错控制技术在硬件层面上的可靠性，而软件容错技术则降低了由硬件冗余带来的空间体积等方面的需求。未来的线控转向系统将集成硬件备份和容错算法，成为智能化水平更高的系统。

4. 线控转向系统特点

线控转向系统通过其特殊的结构及电气连接方式，对比传统转向系统，具有以下优点：①智能驾驶升级，支持多种自动驾驶等级需求，增强用户交互体验。②灵活布置形式，取消传统中间轴，使得车辆布置更加多样化，提高驾乘舒适性。③稳定驾驶操纵，通过模拟器生成驾驶路感，实现可变转向速比，提高驾驶稳定性。④模块化设计，可适用于多个车型平台，降低开发成本。⑤提高安全性，具有主动转向功能，在紧急碰撞工况下实现智能主动转向。⑥多场景应用，支持不同驾驶模式设置，使驾驶体验更加个性化，同时支持车内娱乐功能，增加多样化的使用场景。

线控转向系统有以下缺点：①硬件和软件要求高，包括功率较高的电机和复杂的算法实现。②安全性和可靠性有待提高。③冗余设备会增加额外的成本和重量。④一些驾驶人可能更喜欢传统的机械连接转向系统，电子控制可能会使其感觉与车辆的联系较弱。⑤受电磁干扰影响，可能影响系统性能和可靠性。

2.3.2　线控制动系统

线控制动系统是智能底盘的重要组成部分之一，它负责通过电子控制单元和传感器来实现对车辆制动系统的精确控制。与传统的机械液压制动系统相比，线控制动系统采用电子控制，能够更加精准地调节制动力度和分配制动力，并实现智能化的制动功能。通过线控制动系统，车辆可以实现更快的制动响应、更稳定的制动性能，并且可以与其他智能底盘系统实现协同工作，提升整车的安全性和性能。

1. 线控制动系统分类

线控制动根据不同的制动形式分为两种制动系统：一种为电子液压制动（Electronic Hydraulic Braking，EHB）系统，EHB 保留车上原有的传统制动线路，使用另外的控制结构主动增压完成线控制动，另外一种为电子机械制动（Electronic Mechanical Braking，EMB）系统，EMB 将传统的油液制动更改为电制动。

（1）电子液压制动系统　线控制动（Brake by Wire，BBW）系统被认为是弥补传统液压制动系统缺陷的根本方案，因此，线控制动系统在当前市场车辆上的应用愈加广泛。电子液压制动系统是 BBW 系统的典型形式之一，除 EHB 之外，EMB 及不同于 EMB 的分布独立式制动系统也在稳步发展。

EHB 替代了真空助力器，当助力器 booster 与车身电子稳定控制（Electronic Stability Control，ESC）系统配套使用时，会产生两种结构上的组合，即"Two-box"与"One-box"形式。

"Two-box"方案需要同时布置 booster 和 ESC 两个部件，所需空间较大，提高了整车布置的难度，系统集成度低。"One-box"方案是将 booster 和 ESC 集成到一个体积与 1.5 个 ESC 相当的液力块中，从而缩小了体积，并且降低了泄漏的可能性，同时将二者的控制器集成，集成度大大提高，给整车布置带来了较大的便捷性，因此该方案又叫集成式制动系统方案。

（2）电子机械制动系统　EMB 系统是一种全新型式的制动系统，其性能提升的潜力远高于 EHB 系统。EMB 系统完全取消了液压部件，能量来源于更清洁的电能。相较于 EHB 系统，EMB 系统拥有纯机电系统的诸多优势，但由于缺少用于备份的其他形式的制动系统，EMB 系统的可靠性变得尤为重要，这也正是当前 EMB 系统商业化应用受限的主要障碍。

2. 线控制动系统基本结构

（1）电子液压制动系统的结构 "One-box" 线控电子液压制动系统主要由制动踏板、集成制动控制器总成、制动管路和制动器等组成。"Two-box" 线控电子液压制动系统主要由制动踏板、booster 总成、ESC 总成、制动管路和制动器等组成。

（2）电子机械制动系统的结构 EMB 系统主要由以下 3 个部分构成：EMB 执行机构、中央控制器和制动踏板模块。

3. 线控制动系统工作原理

（1）电子液压制动系统的原理 One-box 线控集成制动控制器可实现车辆两部分制动：线控制动部分（电控制动）、机械备份制动部分。

电控制动工作原理：当驾驶人踩下制动踏板时，传感器检测到制动请求，并将其传送至集成制动控制器控制单元；控制单元将制动意图信号化，并通过内部运算控制电磁阀组和无刷电机的运转；制动主缸与制动轮缸之间的电路分离阀关闭，防止液压管路相通；制动主缸与制动踏板力模拟器之间的模拟分离阀打开，使制动主缸内的液压进入踏板力模拟器；控制单元通过转子位置传感器和压力传感器对无刷电机的运转进行精准控制，以实现设定制动压力的输出；压力单元与制动轮缸之间的柱塞分离阀打开，释放制动压力至制动轮缸，产生制动力，实现整车的制动减速，如图 2-11 所示。

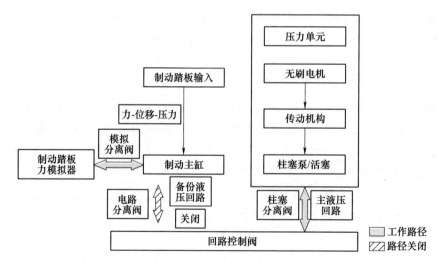

图 2-11　电控制动工作原理

机械备份制动工作原理：当驾驶人踩下制动踏板时，模拟分离阀关闭，阻止液压进入踏板力模拟器，因此不会反馈踏板感觉给驾驶人；制动主缸与制动轮缸之间的电路分离阀打开，使制动主缸的制动液进入制动轮缸，制动压力完全取决于驾驶人施加在制动踏板上的力；压力单元与制动轮缸之间的柱塞分离阀关闭，避免制动液进入压力单元系统，如图 2-12 所示。

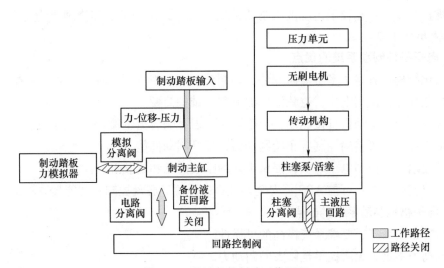

图 2-12　机械备份制动工作原理

（2）冗余方案介绍

1）"Two-box"方案：电子助力器取代传统真空助力器，提供常规制动助力功能，电子助力器与电子稳定程序（Electronic Stability Program，ESP）均有主动建压功能。可实现协调再生制动系统功能。电子助力器、ESP 均可以集成应用程序软件及轮速信号采集功能备份，具备单通道 ABS。当电源失效后，还可以保留纯机械制动。

2）"One-box"方案+RBU（冗余制动单元）方案：考虑到 L3 级以上等级自动驾驶要求，制动系统需要具备冗余备份，目前主流方案是"One-box"+RBU。当系统正常时由"One-box"系统进行制动，RBU 只起到通路作用；当"One-box"系统发生故障时，由 RBU进行制动，RBU 可进行主动建压。当电源失效后，还保留有纯机械制动。

（3）电子机械制动系统的原理　驾驶人在进行制动操作时，制动踏板信息将传递到车载计算机 ECU 进行分析和处理计算，获得这个时候最佳的目标制动夹紧力。电子机械制动系统接收到制动信号后，其控制驱动电动机迅速进行响应，并将初始的电动机转动转换为螺母最终的直线运动，推动制动衬块压紧制动盘完成制动的操作，达到车辆的有效制动效果。

（4）系统冗余设计　制动系统作为与车辆安全强相关的系统，需要保证其至少具备一套冗余系统。一般采用双电源、双通信模块、控制器冗余、传感器冗余、双绕组电机冗余设计，当一路失效时，另一路仍能工作，保证车辆可以安全停车。

4. 线控制动系统特点

（1）电子液压制动系统的优点

1）集成化：整合了多个部件，如真空源、ESC、液压控制单元等，使得系统更紧凑、轻便。

2）快速响应：响应速度比传统 ESC 快 3 倍，满足 AEB 行人保护要求。

3）性能稳定：采用无刷电机，不依赖真空系统，不受海拔变化影响。

（2）电子液压制动系统的缺点

1）成本较高：EHB 系统的设计和制造相对复杂，涉及精密的电子元件和软件算法，因此其成本通常高于传统液压制动系统。

2）维护难度大：相较于传统液压制动系统，EHB 系统的维护和修理更为复杂，需要专业的技术人员和工具。

（3）电子机械制动系统的优点

1）简化结构：省略了多个液压部件，如制动主缸和液压泵，减轻重量，节省空间。

2）绿色环保：使用电能，避免液压油泄漏，维护简便。

3）快速响应：电动机直接驱动，消除液压延迟，响应更迅速。

4）精确控制：可精确控制各车轮制动力，提升制动性能。

5）简化踏板：使用电子踏板，提供更好的踏板感觉和驾驶舒适性。

6）集成安全功能：可与 ABS 等安全系统集成，便于底盘控制和智能驾驶辅助。

（4）电子机械制动系统的缺点

1）缺乏备用系统，要求系统极高的可靠性。

2）制动力不足，无法提供足够大的制动力。

3）电动驻车制动系统的永磁体无论采用烧结还是黏结，都难以承受强烈的振动。

2.3.3　线控驱动系统

线控驱动系统是通过线控来实现动力传递和操控的系统。在线控驱动系统中，电线或电缆用作传输动力和操控信号的介质，通过拉力或旋转力的作用来驱动执行器或执行设备。

1. 线控驱动系统分类

线控驱动系统主要有集中电机驱动系统、分布电机驱动系统。集中电机驱动系统又分为单电机驱动结构和双电机驱动结构；分布式电机驱动系统又分为轮边电机驱动系统和轮毂电机驱动系统。

（1）集中电机驱动　单电机驱动结构主要由电动机、减速器、传动半轴和差速器等结构组成，无须离合器和变速器，因此机舱空间可以压缩到非常小。双电机驱动结构主要由电动机、减速器、传动半轴等结构组成，通过驱动单元来驱动两侧车轮，可以提供较大转矩。

（2）分布电机驱动　分布电机驱动是指将电机置于车轮轮毂内/轮边，取消了如传动轴、差速器、半轴等大量复杂传动部件的颠覆性驱动形式。轮边电机驱动系统通过电机加减速器组合对驱动轮单独驱动，且电机不集成在车轮内。电机与固定速比减速器一起安装在车架上，减速器输出轴通过万向节与车轮半轴相连驱动车轮。轮毂电机驱动系统分外转子式与内转子式，外转子式采用低速外转子电机，无减速装置，车轮的转速与电机相同；内转子式则采用高速内转子电机，在电机与车轮之间配备固定传动比的减速器。

2. 线控驱动系统基本结构

线控驱动系统是线控底盘系统中的主要执行机构，主要由驱动电机、电机控制器、减速器三部分组成。

（1）驱动电机　驱动电机是线控驱动系统中的核心部件，可以将电能转换为机械能，常见的驱动电机有直流电机、交流异步电机、交流永磁同步电机和开关磁阻电机。

（2）电机控制器　电机控制器是电机驱动及控制系统的核心，是连接动力电池与电机的电能转换单元，是控制主牵引电源与电机之间能量传输的装置，由外界控制信号接口电路、电机控制电路、驱动电路组成。

（3）减速器　一般将减速器与驱动电机作为一体或直接相连，取消传统变速器。减速器按照传动级数不同可分为单级减速器和多级减速器；按照齿轮形状可分为圆柱齿轮减速器、锥齿轮减速器和圆锥-圆柱齿轮减速器；按照传动的布置形式又可分为展开式减速器、分流式减速器和同进轴式减速器。

3. 线控驱动系统工作原理

在车辆行驶时，控制器首先根据加速踏板和制动踏板传感器的信号，确定车辆的当前运行状态。接着，控制器利用这些信息，调节混合电源和双向 DC/DC 变换器的工作方式，以控制母线电压和电机电流。这样做可以使电机的输出转速和转矩随着母线电压和电流的变化而调整，最终将动力传递到车轮，推动车辆前进。同时，控制器通过传感器实时监测混合电源和电机的电压、电流和转速等参数的变化，将这些数据显示在 LCD 屏幕上，如图 2-13所示。

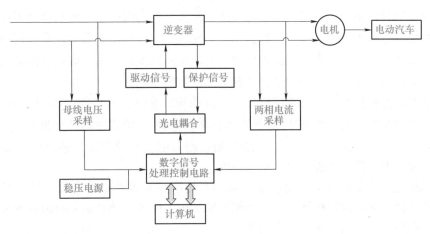

图 2-13　线控驱动系统工作原理

4. 线控驱动系统特点分析

（1）集中式驱动系统的优点

1）结构紧凑，便于处理电机冷却、振动隔振以及电磁干扰等问题。

2）整车总布置形式与内燃机接近，前舱热管理、隔声处理以及碰撞安全性与原车接近或者容易处理。

（2）集中式驱动系统缺点　对电机性能要求高，具有传动链长、传动效率低等缺点。

（3）分布式驱动系统的优点

1）布置的灵活性和造型设计的自由度较大，易于实现同底盘不同造型产品的多样化。

2）机械传动系统部分减少或全部取消，可简化驱动系统。

3）电机驱动力矩响应迅速，灵活切换，驱动力矩瞬时响应快，恶劣工况的适应能力强。

4）更容易实现电气制动、机电复合制动及再生制动，经济性更高，续驶里程更长。

5）在行驶稳定性方面，通过电机力矩的独立控制，更容易实现对横摆力矩、纵向力矩的控制，从而提高整车的操纵稳定性及行驶安全。

（4）分布式驱动系统缺点

1）分布电机驱动为满足各车轮运动协调，对多个电机的同步协调控制要求高。

2）电机的分散安装布置带来了结构布置、热管理、电磁兼容等多方面的技术难题。

2.3.4 线控悬架系统

线控悬架系统是一种使用线控驱动技术来控制车辆悬架系统的创新解决方案。线控悬架系统是能够根据车身高度、车速、转向角度及速率、制动等信息，由电子控制单元控制悬架执行机构，使悬架系统的刚度、减振器的阻尼力及车身高度等参数得以改变，从而使汽车具有良好的乘坐舒适性和操纵稳定性的一个系统。

1. 线控悬架系统分类

线控悬架系统根据工作原理可以分为空气式、液压式、电磁式等。其中，空气式悬架系统通过改变各空气弹簧中压缩空气的压力和体积来改变汽车减振系统的软硬和车身高度。液压式悬架系统根据车辆行驶速度、车身振动、车轮跳动以及倾斜状态等信号，调节四个执行液压缸中液压油的量，以实现对减振器软硬程度及车身高度的调整。电磁式悬架系统通过改变电流来改变电磁场的强度，进而达到控制阻尼系数的目的。

线控悬架系统根据外力介入程度可以分为被动悬架系统、半主动悬架系统和全主动悬架系统。目前主动悬架主要分为液压/空气主动悬架和电磁/电液式主动悬架两大类。

1）液压/空气主动悬架。带有液压或气动致动器的主动悬架系统通过电驱动器进行操作，并且电源由电池源或常规发电机本身提供。

2）电磁/电液式主动悬架。电磁主动悬架系统由弹簧致动器和电磁致动器组成，所述电磁致动器以并联配置设置在簧上质量和簧下质量内。电液主动悬架主要由特殊液体或特定压力输出机构与电机或电磁铁相结合构成。

2. 线控悬架系统基本结构

线控悬架系统主要由模式选择开关、传感器、ECU和执行器组成。其中，模式选择开关的功能是驾驶人根据汽车的行驶状况和路面情况选择悬架的运行模式，从而决定减振器的阻尼力大小。传感器主要包括车身加速度传感器、车身位移传感器、车速传感器、方向盘转角传感器、制动压力开关、制动灯开关、节气门位置传感器，以及门控制开关等。执行器根据ECU的控制信号，准确、快速和及时地做出动作反应，实现对弹簧刚度、减振器阻尼或者车身高度的调节。

3. 线控悬架系统工作原理

线控悬架系统工作原理如图2-14所示，当汽车在道路上行驶时，传感器将道路状况和汽车的速度、加速度、转向、制动等工况的电信号传递给电子控制单元，电子控制单元对传感器发送的电信号进行综合处理，输出控制信号到执行器，进而调整减振器阻尼系数、控制弹性元件刚度和车身高度。其中对于车身高度的控制，可根据车内乘员人数或汽车装载情况自动调节车身高度，以保持车身具有稳定的行驶姿态。

4. 线控悬架系统特点分析

（1）线控悬架系统的优点

1）刚度可调，可改善汽车转弯以及制动和加速等引起的侧倾、点头和后坐等问题。

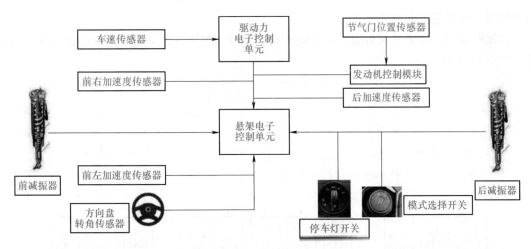

图 2-14　线控悬架系统工作原理

2）汽车载荷变化时，能自动维持车身高度不变。

3）碰到障碍物时，能瞬时提高底盘和车轮、越过障碍，从而提高汽车的通过性。

4）可充分利用车轮与地面的附着条件，提高车轮与地面的附着力，增加汽车抵抗侧滑的能力，并且加速制动过程，缩短制动距离。

（2）线控悬架系统的缺点

1）结构复杂，故障发生的概率和危害远高于传统悬架系统。

2）线控悬架没有备份，一旦出现严重泄漏事故，行车姿态会出现剧烈变化。

3）线控悬架增加了电机、控制器、传感器、储气罐等配置，重量和能耗有所提升。

4）恶劣天气以及不良路面均会对自动控制系统产生不良干扰。

5）线控悬架系统的维修可能需要更专业的技术和设备，维修周期也可能较长。

2.4　智能网联汽车动力系统

人类社会的演进与能源利用方式息息相关。从古代依赖畜力的交通到工业革命的到来，能源利用方式的转变推动了交通工具的发展。1774 年詹姆斯·瓦特（James Watt）的蒸汽机标志着工业革命的到来，但其体积大、效率低限制了其应用。直到奥托（Otto）的四冲程内燃机的出现，内燃机在汽车领域的应用才取得成功。但 21 世纪以来，环保压力和能源危机使得内燃机面临挑战。

随着电池技术的突破和快速充电技术的引入，纯电动汽车的续驶里程得到增加，充电时间减少，成本也随之降低。油电混合动力系统结合了传统内燃机和动力电池系统，既兼顾动力性能也满足节能减排需求，被认为是新能源汽车的未来发展方向。而燃料电池动力系统，以其高效和环保的特点，逐渐成为电动汽车领域的另一重要选择。

随着能源与环保问题的不断凸显，纯电池动力系统、油电混合动力系统和燃料电池动力系统等新型动力系统的研究和发展将成为未来的重要方向，推动着人类社会的能源利用方式向更环保、高效的方向发展。

智能网联汽车动力系统可以分为纯电池动力系统、油电混合动力系统和燃料电池动力系统，如图 2-15 所示。

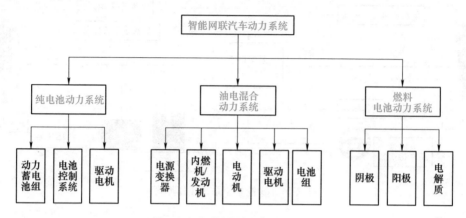

图 2-15 智能网联汽车动力系统

2.4.1 纯电池动力系统

1. 纯电池动力系统定义

纯电池动力系统作为纯电动汽车的核心动力来源，以动力蓄电池作为能量存储单元，通过电动机驱动产生机械能，满足汽车行驶的能量需求。当动力蓄电池存储的能量不足时，可以通过外部充电设施对电池组进行充电，以补充能量。与传统内燃机相比，纯电池动力驱动系统仅消耗电能，在工作过程中不会产生有害气体，具有显著的环境友好性。

纯电动汽车的发展经历了多个阶段，展现出持续的技术演进和市场发展：

（1）**早期实验与原型车（20 世纪 90 年代）** 在这一阶段，各大汽车制造商开始积极投入纯电动汽车技术的研发。各种实验性的原型车和概念车陆续出现，旨在探索纯电池动力驱动系统的可行性和性能。

（2）**商业化推广（21 世纪初）** 进入 21 世纪，一些汽车制造商开始推出商业化的纯电动汽车。初期车型主要采用镍氢电池或锂离子电池作为动力存储设备。然而，由于高成本、续驶里程短和充电基础设施不完善等问题，纯电动汽车的销量并不理想。

（3）**电池技术突破（21 世纪 10 年代）** 随着技术的进步，锂离子电池能量密度和循环寿命显著提高。这使得纯电动汽车的续驶里程增加，成本降低。主流车企推出更有竞争力的车型，提升了消费者接受度。快速充电技术的推广缩短了充电时间，新一代快速充电标准如 CHAdeMO、CCS、Tesla Supercharger 为长途出行提供便利。

（4）**技术不断进步和成本下降（21 世纪 10 年代至今）** 当前，再生制动、能量回收、轻量化和车载智能系统等技术的应用进一步提高了纯电动汽车的性能和能效。与此同时，电池成本逐年下降，使得纯电动汽车的性价比不断提高。

2. 纯电池动力系统组成

纯电池动力系统是由动力蓄电池组、电控系统和电动机三个主要部分构成。然而，由于某些情况下需要额外的动力输出，一些动力蓄电池驱动系统除了动力蓄电池组之外，还包括超级电容等物理电池形式。为了满足对更大驱动转矩的需求，动力蓄电池驱动系统可能还需要配备变速器等传动装置。典型的动力蓄电池驱动系统组成如图2-16所示。

图 2-16　典型的动力蓄电池驱动系统

电池组（Battery Pack）：作为纯电池动力系统的核心组件之一，电池组负责储存和提供能量，以支持电动机的运行。它由多个电池单体串联或并联组成，影响着整个驱动系统的续驶里程和性能。常见的电池类型包括铅酸电池和锂离子电池。铅酸电池通常用于低速电动车，因为其能量密度低、成本低。而锂离子电池主要分为磷酸铁锂电池和三元锂电池两类。磷酸铁锂电池具有成本低、循环寿命长、安全性高等优点，但低温性能差、能量密度低；而三元锂电池则具有能量密度和功率密度高的优势，但高镍三元锂离子电池的热稳定性较差，成本也较高。

电控系统（Power Control Unit，PCU）：作为纯电池动力系统的智能控制核心，电控系统包括电池管理系统（Battery Management System，BMS）、电机控制单元（Motor Control Unit，MCU）和车辆控制单元（Vehicle Control Unit，VCU）。VCU 是整车控制和管理的中枢，负责整合和协调车辆各个子系统，包括动力系统、制动系统、转向系统等，实现对整车的综合控制和动力分配。电控系统监测和控制着电池组的状态、温度、电量以及电动机的工作状态和控制参数。它需要根据外部功率需求合理控制电动机输出电流，并考虑电池荷电状态来确定输出电流限值，同时平衡电池组内部不同单体电池的放电和充电，以提高电池组的寿命和性能。

电动机（Electric Motor）：电动机是纯电池动力系统的动力输出装置，将电能转化为机械能驱动车辆。在纯电动汽车中，常见的驱动电机主要有永磁同步电机和交流感应电机两种。

永磁同步电机具有功率密度大、结构紧凑、调速范围广等优点，适用于频繁起停以及空间受限的中小型电动车。因此，目前大多数纯电动乘用车采用永磁同步电机。然而，其成本相对较高，而且在运行温度大幅变化时容易引起稀土永磁体退磁等问题。

交流感应电机具有成本低、可靠性高等优点，适用于在高速路况行驶的中大型电动车。相比永磁同步电机，交流感应电机没有退磁问题，但工作效率稍低一些，功率密度和调速范围较小，电机体积相对较大。

3. 动力蓄电池性能指标介绍

电压是衡量动力蓄电池性能的重要指标，通常包括电动势、开路电压、工作电压和终止电压等。其中，电动势是正负极之间的电压差，仅取决于正负极材料和电解液的性质。开路电压是动力蓄电池没有工作时正负极之间测得的电压，几乎与电动势相等。工作电压是指正常工作时动力蓄电池的输出电压。而终止电压是指动力蓄电池放电过程中，随着内阻增大，工作电压降低到一定程度时的电压。为了保证电池的寿命和持续工作能力，放电时的最低工作电压不应低于一定范围。

容量是动力蓄电池另一个重要性能指标，代表着电池所具有的能量。通常用于描述动力蓄电池容量的指标有实际容量、标称容量和额定容量。实际容量是指在实际工作时电池所能释放的能量，由于工作状况的不同，实际容量会有所变化。标称容量是厂家宣称的电池容量，通常会给出一个容量范围。而额定容量是在特定放电条件下的容量，通常以10h放电率情况下的容量作为额定容量。

功率是指动力蓄电池在一定放电条件下，在单位时间内释放的能量，它直接影响着车辆的最高车速和加速度，即决定了车辆的动力性。常用指标包括比功率和功率密度。比功率表示单位质量的电池所具有的功率，通常以W/kg为单位。功率密度则表示单位体积的电池所具有的电能功率，通常以W/L为单位。

4. 纯电池动力系统分类

纯电池动力系统可以根据不同的分类方式进行归类，其中最常见的分类方式包括按照动力蓄电池种类分类和按照动力传动系统的拓扑结构分类两种方式。

（1）按照动力蓄电池种类分类　根据使用的电池类型的不同，纯电池动力系统可以分为：①铅酸电池驱动系统，具有成本较低的优势，主要用于低速电动车。②镍镉电池驱动系统，在过去曾经被广泛应用，但现在逐渐被淘汰。③钠硫电池驱动系统，具有较高的能量密度，但目前仍在研究和发展阶段。④飞轮电池驱动系统，利用飞轮进行能量存储和释放，常用于混合动力车辆。⑤太阳能电池驱动系统，通过太阳能电池板收集太阳能并转化为电能，用于辅助车辆动力系统。

（2）按照动力传动系统的拓扑结构分类　根据动力传动系统的拓扑结构，纯电池动力系统可以分为：①集中式驱动系统，类似于传统内燃机机构，包括变速器、传动轴、主减速器和差速器等结构，但变速器结构更加简单。②分布式驱动系统，根据电机位置的不同，分为轮边电机驱动和轮毂电机驱动。轮毂电机直接驱动车轮，取消了传统的机械传动结构，具有结构简单、传动效率高、控制自由度大等优点，但也存在成本高、控制复杂、可靠性差等缺点。如图2-17所示为动力传动系统的拓扑结构。

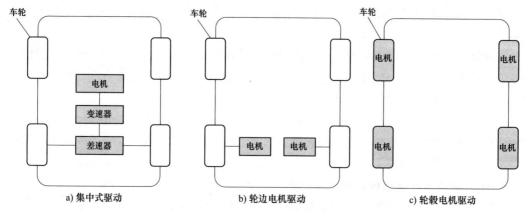

图2-17　动力传动系统的拓扑结构

目前，主流的纯电池动力系统主要采用集中式驱动系统。

2.4.2 油电混合动力系统

1. 油电混合动力系统定义

油电混合动力系统是一种集成了传统燃油内燃机和动力蓄电池的复合动力系统。根据车辆使用工况的不同，它可以采用动力蓄电池单独输出功率，或者与燃油内燃机共同输出功率的形式。这种设计旨在满足节能减排的需求，同时兼顾动力性能和续驶里程，因此被广泛认为是能够快速普及的新型能源汽车动力系统。

这种系统既集成了传统内燃机的优点，如强劲的动力、快速的响应和长时间的工作能力，又具有动力蓄电池的优势，如无污染和低噪声等。相较于传统的内燃机和纯电动力系统，油电混合动力系统增加了动力系统部件的种类和组合方式，并根据不同的使用工况对这些部件的工作方式进行了优化组合。这样可以使各部件，特别是作为主动力源的内燃机，在最优工况下工作，从而提高燃油的经济性，减少尾气排放，达到节能减排的目的。

2. 油电混合动力系统组成

油电混合动力系统通常由内燃机、电动机、驱动电机、电池组、电源变换器和控制装置等组成。

（1）内燃机（发动机） 传统内燃机是目前汽车最主要的动力装置，也是油电混合动力系统的重要组成部分。但在混合动力汽车中，内燃机的工作特点和模式与传统汽车的有显著不同。

内燃机可分为奥托循环发动机、米勒循环发动机和阿特金森循环发动机。其中，奥托循环发动机主要用于常规燃油汽车；米勒循环发动机既可用于常规燃油汽车，也可用于混合动力汽车；阿特金森循环发动机主要用于混合动力汽车。

（2）电动机 混合动力系统的发电机同时也是电动机。发动机运转时带动发电机发电，为电池充电；在车辆加速或爬坡时，电动机直接参与部分车辆的驱动，为车辆提供辅助动力；在车辆制动时，电动机切换为发电机，提高制动效能的同时回收部分能量，并将回收能量转化为电能储存在电池中。

（3）驱动电机 驱动电机用于纯电动驱动、混合驱动和制动能量回收。常见的驱动电机类型包括交流异步电机、永磁电机和开关磁阻电机等。感应异步电机，又称交流感应电机，由定子、转子、机座和散热部件等构成。工作时，通过给定子通电，与转子感应电流相互作用产生电磁转矩，驱动转子转动。在运行时，转子的转速总是小于旋转磁场的速度，因此称为异步。永磁同步电机具有带永久磁场的转子，在稳态运行时，转子的旋转速度与磁场的旋转速度同步。

（4）电池组 电池组作为混合动力系统中的关键组件，为车辆提供储能和动力输出，并直接影响着车辆的续驶里程和性能表现。动力蓄电池是混合动力汽车的能量来源，主要有锂离子电池和金属氢化物镍蓄电池两种类型。

（5）电源变换器 DC/DC（直流/直流，Direct Current/ Direct Current）变换器用于在直流电路中将一个电压值的电能转换为另一个电压值的电能，实现电压升压或降压、电源适配、功率转换以及稳压和过载保护等功能。DC/AC（直流/交流，Direct Current/Alternating Current）变换器将直流电转换为交流电，也称为逆变器。在混合动力汽车中，使用交流电机时必须通过 DC/AC 变换器将动力蓄电池的直流电转换为交流电。AC/DC（交流/直流，Alternating Current/ Direct Current）变换器将交流电转换为直流电，并提供给电子设备所需要的稳定直流电压。在混合动力汽车中，AC/DC 变换器将发动机产生的交流电转换为直流电，用于供电设备或充动力蓄电池。

3. 油电混合动力系统分类

油电混合动力系统可以按动力系统结构、油电混合度、外接充电能力等进行分类。

（1）按照动力系统结构划分 根据动力系统结构的不同，油电混合动力系统可以分为以下三种主要类型：

1）串联式混合动力系统。在串联式混合动力系统中，内燃机和电动机位于同一动力传动路线上，串联连接。内燃机主要用于驱动发电机产生电能，电能再通过电动机驱动车轮提供动力。内燃机的运行不直接提供动力给车轮，而是用于给电池充电或提供电力以驱动电动机，从而驱动车辆。内燃机在其最佳工作点工作，提高了燃油利用率；电动机可以提供辅助动力，提升了动力性和燃油经济性。但是由于内燃机转速与车速无关，可能会导致车辆在一些情况下的动力输出不稳定，如图 2-18 所示。

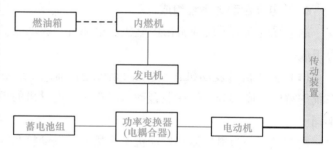

图 2-18　串联式混合动力系统

2）并联式混合动力系统。在并联式混合动力系统中，内燃机和电动机分别驱动车轮，互不干扰，各自独立工作。车辆可以由内燃机、电动机或两者同时驱动，根据需要灵活切换。内燃机和电动机可以分别根据工况提供动力，提高动力输出的稳定性和灵活性；电动机可以通过回收制动能量实现能量回收。该系统缺点在于复杂度较高，成本也相对较高，如图 2-19 所示。

3）混联式混合动力系统。混联式混合动力系统结合了串联式和并联式混合动力系统的特点。

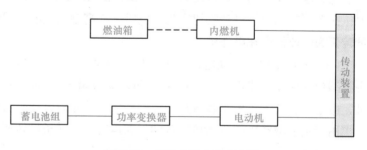

图 2-19　并联式混合动力系统

力系统的特点。它可以根据具体的驾驶工况和能量需求，在串联和并联两种模式之间自动切换，以达到最佳的燃油经济性和动力性能。该系统缺点在于复杂度较高，维护和修复成本可能较高，如图 2-20 所示。

（2）按照油电混合度划分 混合度定义为混合动力汽车中电动机峰值功率与动力系统总功率（电动机峰值功率加上发动机峰值功率）的比例（%）。根据混合度数值的大小，混合动力系统可分为：①微混合型混合动力系统，混合度小于 10%，主要以发动机为动力源，

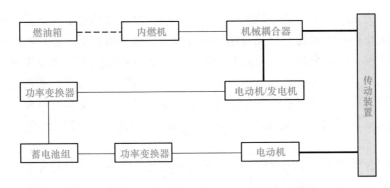

图 2-20 混联式混合动力系统

电动机辅助。通常仅在停车时使用电动机停机功能，减少燃料消耗。②轻度混合型混合动力系统，混合度约为 10% 至 30%，在加速和爬坡时电动机提供辅助驱动力，提供额外动力支持，提高燃油经济性和动力性能。③重度混合型混合动力系统，混合度大于 30%，电动机可独立驱动车辆。采用高压电动机，可提供更多动力支持，城市循环工况下节油率高，可达 30%~50%。

（3）按照外接充电能力划分 按照动力蓄电池是否能够外接充电，混合动力系统可以分为外接充电型混合动力系统和非外接充电型混合动力系统两种类型。

外接充电型混合动力系统是一种被设计成在正常使用情况下从非车载装置中获取能量的混合动力系统。插电式混合动力汽车（Plug-in Hybrid Electric Vehicle，PHEV）属于此类型。

非外接充电型混合动力系统是一种被设计成在正常使用情况下从车载燃料中获取全部能量的混合动力系统。

2.4.3 燃料电池动力系统

1. 燃料电池动力系统定义

燃料电池动力系统由燃料电池、控制系统和电动机组成。燃料电池通过内部的化学反应将燃料和氧化剂转化为电能，然后通过电极将电能传递给电动机，从而驱动车辆并输出功率。燃料电池的燃料和氧化剂通常都由外部供给。控制系统监测并调节燃料和氧化剂的供给，并根据温度、湿度等参数调节燃料电池的功率输出，以确保系统的稳定性和高效率。这种动力系统的优点包括高效、环保，以及对可再生能源的适应性，如图 2-21 所示。

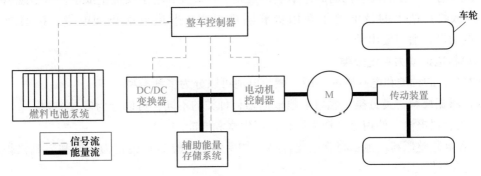

图 2-21 燃料电池动力系统

燃料电池动力系统实质上是一种电驱动系统，但其复杂性超过了纯电动汽车，因为它采用了将燃料和氧化剂在线转化为电能的燃料电池装置。通常情况下，燃料电池并不是车用燃料电池动力系统唯一的动力源，往往需要蓄电池或超级电容等辅助动力源来补充和改善车辆的动态功率输出能力。燃料电池动力系统主要分为纯燃料电池动力系统和燃料电池混合动力系统两大类。纯燃料电池动力系统在车辆起步和加减速时需要承受动态负荷冲击，对燃料电池的耐久性产生不良影响，因此纯燃料电池动力系统目前已逐渐被燃料电池混合动力系统取代。

燃料电池混合动力系统采用燃料电池与蓄电池或超级电容相结合的方案，其中燃料电池提供主要功率，而蓄能部件则提供峰值功率或动态过渡过程所需功率，同时还能回收制动能量。常见的燃料电池动力系统结构包括单一燃料电池系统、燃料电池与蓄电池结合的系统、燃料电池与超级电容结合的系统，以及同时包含蓄电池和超级电容的系统。

2. 燃料电池动力系统组成

燃料电池系统是将燃料与氧化剂中的化学能直接转化为电能的发电装置。各种燃料电池均包含燃料和氧化剂入口和出口、极板、电解质槽等基本结构，如图 2-22 所示。

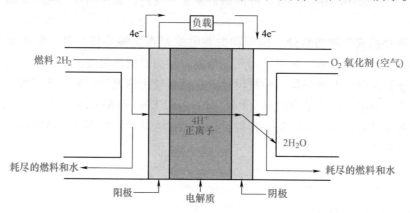

图 2-22　燃料电池结构原理

燃料电池系统由阴极、阳极和电解质构成，其中阴极和阳极各充满电解液，而两者之间通过渗透性薄膜相隔。以氢燃料电池为例，氢气进入阳极，氧气进入阴极。在阳极催化剂的作用下，氢气分解成氢质子和电子，质子穿过电解质到达阴极，电子则通过外部电路形成电流从而到达阴极。在阴极催化剂的作用下，氢质子、氧气和电子反应生成水，这是燃料电池唯一的排放物。产生的带电离子在阳极和阴极聚集，形成电动势和电量，接通外部负载（如电动机）后可输出动力。

3. 燃料电池动力系统分类

根据燃料的种类和电解质的不同，燃料电池可以分为多种类型：

（1）根据燃料种类分类　燃料电池根据燃料种类的不同，可以分为多种类型：

1）氢燃料电池：使用氢气作为燃料，产生水和电能。

2）含氢重整燃料电池：将含碳化合物（如甲烷、甲醇等）转化为氢气和二氧化碳，再利用氢气进行发电。

3）甲醇燃料电池：使用甲醇作为燃料，通过化学反应产生电能。

（**2**）**根据电解质分类**　根据电解质的不同，燃料电池可以分为以下几种主要类型：

1）碱性燃料电池：电解质为氢氧化钾（KOH），在较高室温下效率较高，但可靠性较差，主要用于固定式发电和空间技术。

2）磷酸燃料电池：电解质为磷酸液体，需要在较低温度下工作，起动性较差，主要用于分散的发电厂和热电厂。

3）质子交换膜燃料电池：电解质为质子交换膜，工作温度较低，常用于汽车等应用。

4）熔融碳酸盐燃料电池：电解质为熔融碳酸盐，工作温度较高，可以直接利用氧化烃类做燃料，常用于固定式和热电联产发电。

5）固体氧化物燃料电池：电解质为固体氧化物，工作温度很高，适用于固定式和热电联产发电，并具有转换有毒污染物的能力。

每种类型的燃料电池都有其特定的适用场景和优缺点，选择合适的燃料电池取决于具体的应用需求和技术要求。

4. 氢燃料电池

与其他作为内燃机燃料的化石燃料相比，氢气是唯一不含碳元素的燃料，其燃烧产物只有水蒸气，因此被誉为最清洁的燃料。氢气作为一种二次能源来源广泛，可通过多种途径获取，包括从化石能源工业副产品、太阳能、风能、潮汐能等可再生能源中电解水制氢，以及从煤气、天然气中提取，或通过微生物分解农作物秸秆和有机废水获取。更重要的是，氢能是可再生和可重复利用的能源，对于解决能源问题具有重大意义。

采用氢气作为燃料的燃料电池即氢燃料电池，其原理可以理解为水电解产生氢气和氧气的逆反应。因此，氢燃料电池反应过程既清洁又高效，不受传统内燃机基于卡诺循环所限的约42%热效率，氢燃料电池的效率可轻松达到60%以上。

目前全球有多家车企都推出了氢燃料电池车型，比如宝马、奔驰、现代、本田和丰田。其中丰田的发展更成体系、更具规模化，丰田主推纯电动汽车应对中低里程需求，并和国内的比亚迪及宁德时代展开了广泛合作。此外，针对长里程应用，丰田专注氢燃料电池汽车的开发。并且通过长期投入，丰田氢燃料电池汽车 Mirai 的售价已压低至 40 万元，丰田 Mirai 汽车工作原理如图 2-23 所示。

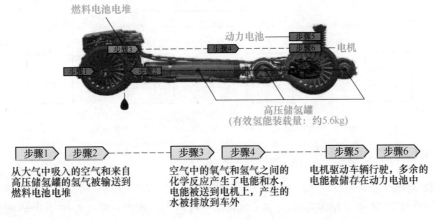

图 2-23　丰田 Mirai 汽车工作原理

相比丰田集团，在国内依托同济大学在氢燃料电池方面的长期研究，上汽集团走在了市场的前列。在 2019 年上海车展上，上汽大通展示了氢燃料电池商用车 G20FC，如图 2-24 所示，其单次 5min 的氢气加注就可以行驶 550km。采用 70MPa 的高压液氢储罐放置在车辆后部下方，储量 6.5kg。位于车身前部的燃料电池堆和电动机可输出 115kW 的动力。

图 2-24　上汽 G20FC

2.5　智能网联汽车驾驶座舱

智能网联汽车驾驶座舱，作为人车关系演进的重要纽带，不仅配备了复杂的软硬件（如座舱芯片、操作系统、中间件和应用），还包含了人机交互窗口等，实现了人、路、车本身的智能交互。它由车载信息娱乐系统、抬头显示系统、座舱安全舒适系统和车载声学系统四个子系统组成，如图 2-25 所示。这些系统共同提高了驾驶的便捷性和安全性，增强了乘坐体验。例如，车载信息娱乐系统提供丰富多样的媒体内容；抬头显示系统将重要信息直观展现于驾驶人前方，减少分心；座舱安全舒适系统通过智能监测与调整，确保驾乘人的舒适与安全；车载声学系统则通过高质量的音响播放和噪声控制技术，改善了声学环境。智能网联汽车驾驶座舱是驾驶体验创新与人车交互智能化的体现，标志着汽车从单纯的交通工具向智能移动空间的转变。

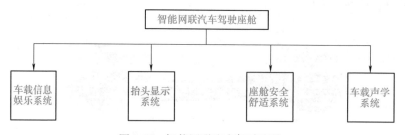

图 2-25　智能网联汽车驾驶座舱

2.5.1　车载信息娱乐系统

1. 整体架构

车载信息娱乐系统（In-Vehicle Infotainment，IVI）是指采用车载专用中央处理器，基于车身总线系统和互联网服务，形成的车载综合信息处理系统。IVI 能够实现包括三维导航、实时路况播报、网络电视播放、辅助驾驶、故障检测、车辆信息显示、车身控制、移动办公、无线通信、基于在线的娱乐功能及汽车远程服务等一系列应用，极大地提升了车辆电子化、网络化和智能化水平。

车载信息娱乐系统由硬件模块、软件模块、功能与服务模块、网络连接与数据交换模块、用户交互与界面设计模块等组成，可分为四个层面：从高到低依次为客户层、服务层、通信层和车载层。硬件架构主要包括主 CPU（中央处理器）+MCU（微控制器单元），以及其外围的设备控制、电源模块、音视频编解码、蓝牙模块等；高端系统可能采用双主 CPU + MCU 的架构。各类应用主要在 CPU 上运行，而 MCU 负责控制车内网络的通信。主流的 CPU 芯片包括高通 8295/8155/820A 和德州仪器公司的 Jacinto 5/7 系列，MCU 芯片则主要采用瑞萨的 RH850 系列。

车载信息娱乐系统的具体组成包括中控大屏、流媒体中央后视镜、后座娱乐屏、天窗和车窗投影设备，以及麦克风、扬声器等音响系统和车载通信盒（Telematics Box，T-Box）、天线、网关等设备。T-Box 作为车内通信的核心设备，一方面，通过网络连接后台汽车远程服务平台；另一方面，通过 CAN Bus 总线与汽车通信，实现指令与信息的传递，包括车辆状态、按键状态等信息的获取及控制指令的下达。此外，它还通过音频连接实现扬声器输出功能。

2. 工作原理

智能网联汽车中的车载信息娱乐系统工作原理基于集成和处理来自多个源的数据，以及提供多种娱乐和信息服务的能力。其工作流程可以分解为以下关键步骤：

1）数据接收：通过车辆内部网络（如 CAN 总线）、外部网络连接（如 Wi-Fi，LTE/5G）、蓝牙、USB 等接口接收数据。这些数据包括车辆传感器数据、外部互联网服务数据、用户设备（如智能手机）数据等。

2）数据处理：中央处理单元（CPU）根据操作系统和应用软件的指令处理接收到的数据。这涉及执行算法、运行应用程序逻辑、处理用户输入和管理数据流等。

3）信息显示与交互：处理后的信息通过用户界面展示给用户，界面可以是触摸屏显示器、数字仪表板或抬头显示屏。用户可以通过触摸屏、物理按钮、旋钮、语音命令等方式与系统交互。

4）音视频娱乐输出：音频和视频处理单元处理来自不同源（如广播、在线流媒体、USB 设备等）的娱乐内容，并通过车载扬声器系统和显示屏提供音乐播放、视频播放、实时导航等功能。

5）通信与服务：信息娱乐系统通过内置的通信模块连接到互联网，提供各种在线服务，如实时交通信息、天气更新、在线媒体流、远程车辆控制等。

3. 主要特点

随着汽车智能化的不断发展，车载信息娱乐系统（IVI）在应用生态、大屏化和多屏化、多模交互三个方面展现出显著特点。

（1）开放丰富的应用生态　随着汽车电子架构和芯片能力的提升，软硬件融合成为可能，IVI 系统不仅提供传统娱乐，还能控制多种硬件设备如车门、空调等。此外，网络化使车辆能与外界实时交互，丰富的车机应用生态系统集成了购物、支付等多种服务，提升了数字体验和车内外生活的连贯性。

（2）大屏化和多屏化　从特斯拉的 17in（1in＝2.54cm）中控屏开始，大屏在车载系统中变得普遍。屏幕变得多样化，如双联屏、一体屏等，某些屏幕的位置和内容可根据驾驶模式进行调整。3D 渲染技术增强了视觉效果，而屏幕扩展至副驾和后排，为乘客提升了娱乐功能。智能座舱的"一芯多屏"方案实现了屏幕的多屏联动，满足了共享和独立娱乐需求。

（3）智能化的多模交互　为保障驾驶安全，IVI 系统支持触控、语音、手势和物理按键等多种交互方式，允许驾驶人在保持正常驾驶姿态的同时操作系统。语音助手的开发受到重视，语音识别准确率高，支持连续对话。手势交互虽然还处于初级阶段，但作为补充也有其应用场景。多模交互是设计重点，预期将是未来的发展趋势。

2.5.2　抬头显示系统

1. 整体架构

抬头显示系统简称 HUD（Head-Up Display），也称为平视显示系统，是以驾驶人为中心、盲操作、多功能的仪表板。其作用是将时速、油耗等重要信息投影到驾驶人前面的风窗玻璃上，让驾驶人不低头、不转头就能看到与驾驶相关的重要信息。HUD 系统的整体架构可以分为几个关键组成部分：

（1）信息源　HUD 集成了来自车辆传感器的速度、转速、油耗等数据，GPS 和地图信息提供的导航数据，外部数据如交通和天气情况，以及自适应巡航控制、车道保持辅助（Lane Keeping Assist，LKA）等系统的反馈，为驾驶人提供全面的行车信息和决策支持。

（2）数据处理和控制单元　此单元负责处理并整合接收到的信息，分析并确定哪些信息应优先显示，同时进行格式化处理以适应 HUD 展示。此单元还负责调节显示亮度和对比度，确保信息在不同光线条件下清晰可见，支持驾驶人做出正确决策。

（3）用户界面　HUD 提供高度个性化和交互性，允许驾驶人根据个人偏好自定义显示信息和布局，支持声音控制、触摸屏操作和物理按钮等多种输入方式，增强驾驶便利性和体验。

（4）光学系统　光学系统是 HUD 的核心技术部分，通过透镜和反射镜组件确保信息精准投影到驾驶人视野中的指定位置。设计目标是保持图像清晰、无畸变，并确保不同视角下的可读性，让驾驶人在任何坐姿都能清楚看到 HUD 上的信息。

2. 工作原理

HUD 的工作原理基于离轴三反射镜光学系统。如图 2-26 所示，其显示过程从控制单元获取车辆的速度、导航等信息开始，这些数据从汽车数据总线中提取并转换为光信息。信息通过投影仪产生的虚像显示出来，该虚像先由反射镜反射至投影镜，再由投影镜将其投射到前风窗玻璃上，在车前数米处形成虚像，最终由人眼所见。

HUD 系统的组成可分为成像部分、投影部分和软件部分。成像部分负责将数据转化为光信号并生成虚像；投影部分通过反射镜和投影镜确保虚像正确地投射到驾驶人的视线中；软件部分处理数据并控制信息的显示格式和亮度。整个系统通过光的折射、放大和反射工作，确保驾驶人能够清楚地看到车辆状态和行车信息，从而提高驾驶安全性和便利性。

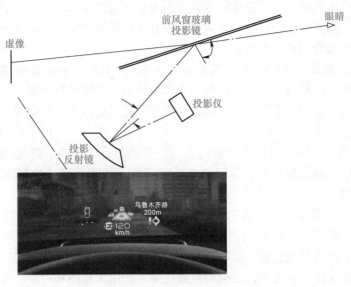

图 2-26　抬头显示系统基本原理图

3. 主要特点

智能网联汽车的车载抬头显示系统集成了多项高级技术，旨在提升驾驶安全性和用户体验。其主要特点如下：

1) 增强驾驶安全性：HUD 通过在驾驶人视线前方显示关键信息如速度、导航和 ADAS 警告，减少查看仪表板的需求，降低分心风险，从而提高驾驶响应速度和安全性。

2) 提供直观导航体验：采用增强现实（AR）技术的 HUD 在驾驶视野中直接显示数字信息，如转弯箭头和车道指示，提高导航的准确性和直观性。

3) 具有个性化显示选项：HUD 允许驾驶人自定义显示信息和格式，系统还能记忆并根据不同驾驶人的设置偏好，为每位用户提供个性化体验。

4) 拥有先进的交互功能：支持语音和手势控制的 HUD 提高了驾驶中的便利性和安全性，使驾驶人能在不移动视线或手部的情况下进行操作。

5) 优异的显示质量：HUD 展示高对比度和清晰图像，即使在强光或变化的光照条件下也能保持清晰可见。

6) 紧密的系统集成：HUD 与车辆的其他电子系统（如娱乐和安全系统）紧密集成，提供连贯的用户体验和信息共享。

2.5.3　座舱安全舒适系统

1. 整体架构

汽车座舱是驾乘人员与车辆直接接触的空间，对驾驶安全和乘客体验至关重要。智能座舱通过识别驾驶人身份，自动调整座椅、驾驶模式、方向盘高度，甚至根据体温调节空调，实现个性化设置，提升驾驶便捷性和舒适度。

系统核心包括驾驶人监测系统（Driver Monitoring System，DMS）、空调系统、智能座椅、智能电子后视镜和透明 A 柱。DMS 负责身份验证、疲劳监测和行为分析，确保驾驶安全。空调系统维持座舱气候。智能座椅根据体形调整，提供支撑。智能电子后视镜和透明 A 柱减少视觉盲区，拓宽视野。这些技术的融合提升了座舱智能化，通过实时反馈增强安全保障。接下来，将详细介绍各系统功能。

（1）驾驶人监测系统（DMS） 驾驶人监测系统（DMS）利用车内摄像头和近红外技术，实时监测驾驶人的脸部、眼部、嘴部、手部及体态。系统分析闭眼、凝视方向、打哈欠和头部运动等行为，识别疲劳驾驶、危险动作和非规范驾驶行为。异常时，通过语音和灯光警告，以预防事故发生。

（2）空调系统 空调系统调节座舱内空气，提供制冷、加热、换气和净化功能，维持适宜的气流、温度、湿度和压力，保证空气质量和内部噪声水平，为驾乘人员创造舒适环境，降低疲劳，提高安全。

（3）智能座椅 智能座椅提供定制化体验，允许用户根据个人喜好调整座椅配置和样式。座椅可变换为床或面对面布局，适应休闲、娱乐、社交和健康等应用场景。如图 2-27 所示，智能座椅的组件包括靠背、座椅暖通空调系统、智能靠垫和头枕等，配备 AI 学习功能的驾驶舱能够在深度学习之后，适应和预测驾驶人的用车意图和习惯。

（4）智能电子后视镜 智能电子后视镜通过车尾摄像头和车内显示屏，替代传统光学后视镜。如图 2-28 所示，它能提供更广视角，减少视觉盲区，尤其在狭窄或光照不足环境中，可增强夜视功能，提升安全性。

（5）透明 A 柱 透明 A 柱技术通过外后视镜上的摄像头，将 A 柱盲区图像投射到显示屏上，减少视觉盲区，提高转弯或曲线路段的行车安全，如图 2-29 所示。

图 2-27　智能座椅　　　　图 2-28　智能电子后视镜　　　　图 2-29　透明 A 柱

2. 工作原理

对于座舱安全舒适系统的工作原理，主要体现在驾驶人监测系统（DMS）以及空调系统两大模块。

（1）DMS 工作原理 DMS 采用摄像头图像传感器技术，通过实时监控驾驶人的脸部特征变化、头部动作及上半身反应，利用图像处理和分析技术来评估驾驶人的状态。系统依据预设的疲劳和行为标准，使用人工智能算法判断驾驶人的疲劳程度和驾驶行为是否适宜。一旦行为达到报警阈值，系统将迅速做出分析并发出警告，以提醒驾驶人注意，如图 2-30 所示。

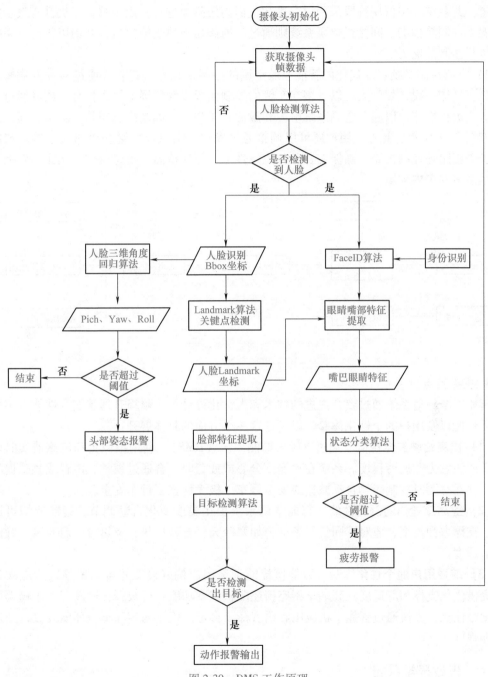

图 2-30　DMS 工作原理

（2）空调系统工作原理

1）空调取暖系统：空调取暖系统的核心部件是热交换器，负责加热车室内空气或新鲜空气以实现取暖和除湿。在传统和混合动力汽车中，系统主要通过发动机冷却液的余热加热；而电动汽车通常使用正温度系数加热器直接加热空气或冷却液。直接式热泵空调系统通过切换热交换模式，将外部冷凝器和内部蒸发器的角色互换，引入外界热量进行加热。此外，补气增焓的直接式热泵系统通过在压缩机添加额外吸气口和两级节流喷气技术来增强制热效果。此系统在中低压阶段采用混合冷却，而高压阶段进行常规压缩，以提升排气量并强化低温下的制热性能。间接式热泵系统则通过三通阀切换热交换模式，并辅以正温度系数加热器以增强制热能力。

2）空调控制系统：现代化的智能座舱空调的控制系统允许驾驶人通过多种方式操控空调设施。具体来说，驾驶人可以直接在车辆的控制面板或触摸屏上输入指令，或者通过智能手机应用远程操作，以起动空调系统电源和激活各项功能，如制冷、制热、除湿、通风净化等，如图 2-31 所示。此外，用户还可以调整通风模式、出风口位置和风速大小等。智能空调系统采用闭环控制机制，确保在各种环境条件下均能保持高效稳定运作，从而为驾乘者提供持续舒适的车内环境。

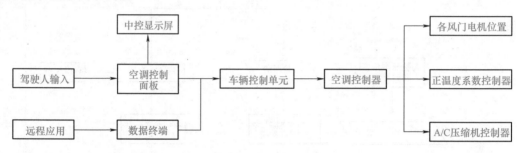

图 2-31　空调系统工作原理

3. 主要特点

座舱安全舒适系统通过整合先进的技术和人性化设计，大幅提升驾驶安全性能、座舱内的舒适性能以及用户的个性化体验。以下是这三个方面的具体展开：

（1）提高驾驶安全性能　通过驾驶人监测系统（DMS），利用摄像头和传感器实时监测驾驶人的注意力和疲劳程度。系统在检测到分心或疲劳时，会通过视觉、声音或触感提醒驾驶人，并在必要时控制车辆自动减速或安全停车，极大增强了行车安全。

（2）提高座舱内的舒适性能　智能空调系统根据温度变化自动调节，智能座椅可调整角度、支撑力和温度，应对不同气候条件，如寒冷天气自动加热，炎热时开启通风，确保乘客的舒适度。

（3）增强用户的个性化体验　智能座椅能记忆用户偏好设置并自动调整以适应乘客体型，提供优化支撑和舒适度。高端车型座椅还配备按摩功能，可减轻长途疲劳。车辆娱乐系统高度个性化，支持通过智能手机应用和语音命令自定义娱乐内容和车内环境设置，如灯光颜色和强度。

2.5.4　车载声学系统

1. 整体架构

智能网联汽车的车载声学系统包括主机扬声器、功放、车载麦克风及提示音系统（Acoustic Vehicle Alert System，AVAS）。主机作为控制中心处理声源，而扬声器和 AVAS 为执行设备。声学设备分布于车内多处,提供环绕且个性化的声音体验。系统软件支持整车调音、主动降噪及多区域声场重放等高级功能,增强驾驶与乘坐的舒适性。

(1) 车载播放系统

1) 扬声器、功放和低音炮。车载扬声器通常采用动圈式设计,可分为双声道、三声道、四声道及低音炮。双声道包括低频扬声器(Woofer)和高频扬声器(Tweeter),三声道增加中频扬声器,四声道增加超高频扬声器(Super Tweeter)。低音炮则专用于增强低频效果,配置可从一对到多对,实现多声道、多层次的音效输出。

2) 提示音系统。提示音系统主要包括控制单元、电源管理系统、集成功放、扬声器和传感器。控制单元根据车速等信息决定声音输出,功放将信号转换为声音,扬声器负责发出提示音。此外,系统还可能包括收发器和软件,用于信号接收、声音特征定义和系统管理。

(2) 语音交互服务系统　智能汽车座舱的语音交互服务系统通过车载麦克风和多区域声场重放技术,优化了驾驶人与车辆的沟通。车载麦克风在捕捉语音指令的同时,也降低了驾驶人驾驶时分心的风险,增强了行车安全。此外,多区域声场重放技术通过精确配置的扬声器,为乘客提供了高度个性化的听觉享受,确保了声场的空间信息得到真实还原。

2. 工作原理

车载声学系统在提升音频体验和通信效果方面发挥着越来越重要的作用。其工作原理可以从车载播放系统和语音交互服务系统两个方面进行展开。

(1) 车载播放系统

1) 扬声器、功放和低音炮。车载功放是车载声学系统的核心部件,主要通过功率放大芯片进行音频输入信号的选择、预处理及放大。功放可分为集成式和外置式,外置功放通过放大音频信号能量来提升音质。随着技术进步,功放趋向小型化、数字化及多功能化。为提升驾乘体验,功放结合先进算法实现主动降噪。系统中,悬架的加速度传感器测量振动,数据通过数字信号处理器快速处理,并控制功放与扬声器发出反向谐波信号,有效减少噪声,优化声学体验。

2) 提示音系统。提示音系统是专为电动汽车在低速行驶和倒车时设计的警示系统。该系统的目的是在电动汽车靠近行人或其他车辆时发出警示声,以提高周围人员的安全性。通过 CAN 总线,提示音系统能够获取车辆的速度和档位信息,用户可以通过暂停开关或在触控屏上的直接关闭按钮来控制系统。

(2) 语音交互服务系统　语音交互不是一个简单的技术,其主要难点在于识别。其工作原理如图 2-32 所示,首先对收集到的语音信号进行处理和特征提取,之后根据发音词典、统计声学模型、语言模型等对大量的数据进行对比解析之后,最终输出识别结果进行互动。

数据是构建有效语音识别系统的核心。通过收集充足的语音和文本数据,机器学习系统可以学习字的发音规则、词语连读方式和常用文字组合,构建数据模型并存储于数据库。机器通过结合声学和语言模型网络来解码信息,输出结果。在车内噪声环境下提高识别率至关重要。利用麦克风阵列技术计算声源角度和距离,定向捕捉目标声音,并通过去混响技术提纯声音信号。主动降噪技术通过车轮传感器监测路面振动,产生反向声波抵消噪声,提供静谧驾驶环境,提升语音识别效率,减轻驾驶人噪声疲劳,增强安全。系统还可根据车内人数和位置调整音量和音源方向，优化降噪效果，精确识别声源，提高识别效率，创造舒适驾乘体验。

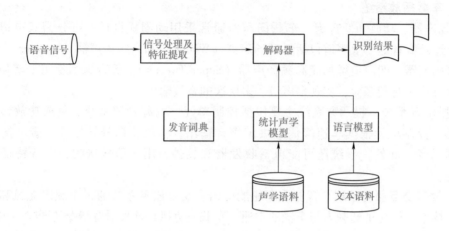

图 2-32　语音识别技术工作原理

3. 主要特点

智能网联汽车的车载声学系统集成了高级技术的功能，旨在提升车内音频体验和通信效果。该系统的主要特点如下：

（1）优质的音频体验　系统采用高保真音响技术与主动噪声控制，通过实时监测并中和内外噪声，确保车内环境即便在高速或恶劣天气时也能保持安静和清晰。这种技术的整合显著提升了音质，为乘客带来卓越的听觉享受。

（2）高级的通信功能　车载声学系统的通信功能通过高灵敏度麦克风和回声消除技术，保证高速行驶中的电话通信清晰无噪，满足商务通话需求。同时，系统集成的声音识别技术允许驾驶人使用语音命令操控导航、音乐和电话，增强行车安全性和操作便利性。

（3）个性化听觉设置　系统提供个性化的音频设置选项，允许乘客根据个人喜好调整音质和音量。多区域音频控制系统使车内不同区域的乘客能独立控制音频播放，满足个性化需求并提升乘坐体验。这些设置不仅增加了车内的和谐性，还能提高乘客的满意度和舒适度。

2.6　智能网联汽车自动驾驶系统

智能网联汽车的自动驾驶系统是实现无人驾驶的核心技术，也是智能网联汽车领域发展的关键技术方向。这些系统凭借先进的辅助驾驶技术，大幅提升车辆行驶的安全性与操作的便捷性，展现了智能网联汽车的最新科技成就。智能网联汽车的自动驾驶系统主要包括以下几类（图 2-33）：①自主预警类高级辅助驾驶系统，其主要功能是通过传感器和摄像头实时监控车辆周围环境，预警潜在的碰撞风险。②自主控制类高级辅助驾驶系统，这类系统可以在特定条件下如高速公路行驶时，部分或完全接管驾驶任务，实现自动转向、加减速等操作。③视野改善类高级辅助驾驶系统，其通过技术手段扩展驾驶人的视野，从而提高驾驶安全性。④无人驾驶系统，作为自动驾驶技术的巅峰之作，它集成上述所有系统的功能，并通过复杂的传感器网络与人工智能算法，完全替代人类驾驶人，实现真正意义上的自动驾驶。本节详细阐述上述各类高级辅助驾驶系统的定义、组成及其工作原理，旨在帮助读者全面理解智能网联汽车中高级辅助驾驶系统的功能与技术特点，进而把握这一前沿技术领域的发展趋势。

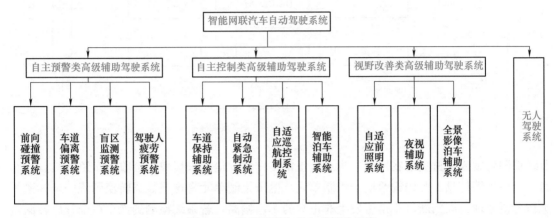

图 2-33　智能网联汽车自动驾驶系统

2.6.1　自主预警类高级辅助驾驶系统

1. 前向碰撞预警系统

前向碰撞预警系统旨在通过视觉传感器或毫米波雷达等技术实时监控前方车辆，精确判断本车与前方车辆之间的距离、方位及相对速度。当系统检测到潜在碰撞风险时，会立即通过视觉、听觉、触觉等多种方式警示驾驶人，促使驾驶人采取制动措施以保障行车安全。然而，系统本身并不具备自动制动功能，它专注于提供及时有效的预警信息。前向碰撞预警系统的工作原理主要基于电磁波反射原理，通过车载传感器分析前方道路信息，识别并跟踪前方车辆，同时结合车速估算安全车距预警模型，一旦判断存在追尾风险，便会按照预设的预警规则向驾驶人发出主动预警。

前向碰撞预警系统由三个主要单元组成：信息采集单元、电子控制单元和人机交互单元，如图 2-34 所示。信息采集单元负责收集车辆环境信息，包括使用毫米波雷达和视觉传感器分别获取前方车辆或障碍物的速度和方位角信息以及图像信息，同时通过速度传感器采集本车速度、加速度等关键数据。电子控制单元则负责接收这些信息，通过综合分析和计算，判断目标车辆的类型、距离以及是否存在碰撞风险，并将处理结果发送给执行单元。人机交互单元则根据电子控制单元的指令，发布相应级别的预警信息，如通过仪表板或抬头显示区域的预警信息、报警声音以及安全带收紧等，提醒驾驶人及时采取措施规避碰撞风险。驾驶人在接收到预警信息后，可采取制动等措施来减少碰撞风险，若风险消失，则碰撞报警相应取消。

2. 车道偏离预警系统

车道偏离预警系统是一种智能驾驶辅助系统，旨在预防驾驶人疏忽造成的车道偏离事故。该系统通过分析前方道路环境和本车与车道线的位置关系，判断车辆是否偏离车道，并

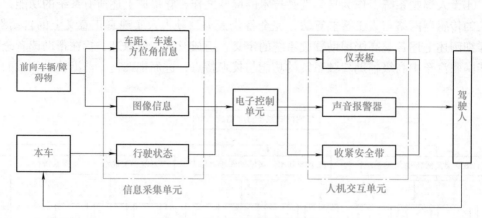

图 2-34　前向碰撞预警系统的组成

及时提醒驾驶人来避免潜在风险。当系统正常工作时，信息采集单元会收集车道线位置、车速、转向角等信息，并传输给电子控制单元。电子控制单元将这些数据转换到统一坐标系下进行分析处理，以判断汽车是否发生非正常的车道偏离。若系统检测到汽车在未开启转向灯的情况下距离当前车道线过近，并且存在偏离风险时，人机交互单元会立即通过座椅或方向盘振动、仪表板警示图标闪烁、语音提示等方式发出警告，提醒驾驶人及时纠正，以确保行车安全。

车道偏离预警系统主要由信息采集单元、电子控制单元和人机交互单元组成，如图 2-35 所示。信息采集单元负责收集车道线和汽车自身行驶状态的关键信息，如车道线位置、车速、加速度和转向角等，并将这些信息传输给电子控制单元。电子控制单元作为系统的核心，负责对采集到的信号进行数字图像处理、车辆状态分析及决策控制。由于传感器在识别车道线时可能存在测量误差，电子控制单元还需进行误差修正，以准确判断汽车是否存在非正常偏离车道的现象。人机交互单元则负责执行电子控制单元发出的指令，当系统检测到车辆偏离车道时，通过仪表板警示图标闪烁、语音提示、方向盘振动等多种方式向驾驶人发出警告，以提醒其注意纠正无意识的车道偏离行为，从而能有效减少车道偏离事故的发生。

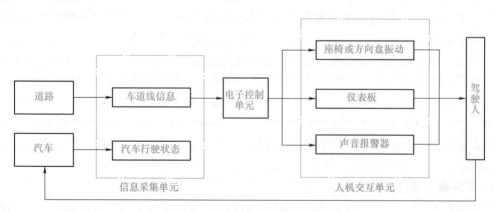

图 2-35　车道偏离预警系统的组成

3. 盲区监测预警系统

盲区监测预警系统是一种智能网联汽车中的关键辅助驾驶系统。在驾驶人超车或变道时，该系统通过安装在车辆后部或侧方的视觉传感器和各种雷达等，实时监测外后视镜盲区内的其他车辆或行人，以消除视野盲区。当系统检测到有潜在碰撞风险时，它会通过视觉信号或听觉信号及时提醒驾驶人，从而提高行车安全性。盲区监测预警系统的工作原理在于，当车速超过一定阈值时，系统自动起动，传感器开始监测周围环境。一旦监测到盲区内有其他车辆或行人，系统会计算出目标的距离、速度等信息，并通过电子控制单元分析判断是否存在安全隐患。若存在潜在威胁，系统将通过预警显示单元向驾驶人发出警报，并根据危险程度和驾驶人的反应提供不同的预警方式。

盲区监测预警系统主要由信息采集单元、电子控制单元和预警显示单元组成，如图 2-36 所示。信息采集单元负责利用车载传感器（如毫米波雷达、摄像头等）监测汽车盲区内的行人或其他行驶车辆，并将采集到的有用信息传输给电子控制单元。电子控制单元则对接收到的信息进行分析判断，判断进入监测范围内的车辆或行人是否对本车构成威胁。如果存在安全隐患，电子控制单元会向预警显示单元发送指令。预警显示单元接收电子控制单元的指令后，会根据危险程度采取相应的预警措施，如发出警报声音、在仪表板上显示警告图标等，以提醒驾驶人注意并采取相应的驾驶操作。通过这种方式，盲区监测预警系统能够有效提高驾驶人的行车安全性。

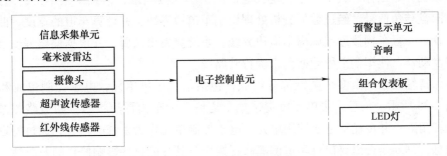

图 2-36　盲区监测预警系统的组成

4. 驾驶人疲劳预警系统

驾驶人疲劳预警系统是一种基于驾驶人生理图像反应的装置，通过分析驾驶人的面部特征、眼部信号和头部运动等关键信息，实时推断驾驶人的疲劳状态。当系统检测到驾驶人出现低头、闭眼、打哈欠或频繁左顾右盼等错误驾驶状态时，会迅速进行分析，并通过语音提示、座椅振动、方向盘振动等多种方式提醒驾驶人，以纠正其错误驾驶行为。该系统旨在提高驾驶安全性，降低由驾驶人疲劳导致的交通事故风险。

驾驶人疲劳预警系统主要由视频采集单元、驾驶人驾驶状态分析单元、报警控制单元、报警单元和视频储存单元组成，如图 2-37 所示。视频采集单元通过视觉传感器捕获驾驶人的视频信息。驾驶人驾驶状态分析单元则运用人脸识别、疲劳检测、分心检测、动作检测以及情绪检测等多个模块，对驾驶人的驾驶状态进行综合分析。报警控制单元根据分析单元的结果，判断是否需要起动报警机制，并控制报警单元发出相应级别的预警。报警单元则通过语音、座椅振动、方向盘振动等方式向驾驶人传达预警信息。此外，视频存储单元负责存储驾驶人身份验证失败的图片及报警前后的视频片段，作为事故分析和责任认定的依据。

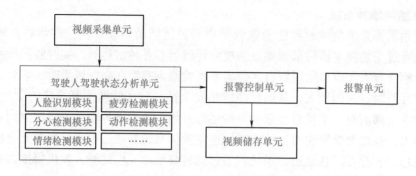

图 2-37　驾驶人疲劳预警系统的组成

2.6.2　自主控制类高级辅助驾驶系统

1. 车道保持辅助系统

车道保持辅助系统是在车道偏离预警系统基础上发展起来的智能驾驶辅助技术。该系统不仅通过传感器监测车辆是否偏离车道，更能在检测到偏离时，自动对电子助力转向进行控制辅助，确保车辆保持在原车道内行驶，有效减轻驾驶人的驾驶负担。当车速达到或高于特定值时，系统开始工作。其工作原理是，电子控制单元接收来自信息采集单元的道路图像、车速和方向盘转角信号，经过数据分析处理识别车道边界线，并计算车道的宽度、曲率及车辆当前位置。一旦车辆接近或偏离车道边界线，系统会发出预警，并根据偏离程度自动调整方向盘和制动器，使车辆平稳地回到正确行驶路线。

车道保持辅助系统由多个关键部分组成，包括信息采集单元、电子控制单元和执行单元，如图 2-38 所示。信息采集单元负责采集车道信息和车辆行驶状态，如道路图像、车速和方向盘转角等，并传输给电子控制单元。电子控制单元作为系统的核心，通过特定算法处理这些信息，判断是否需要执行车道偏离修正操作，其性能直接影响修正的及时性。执行单元则包括报警模块、方向盘操纵模块和制动器操纵模块，其中报警模块用于提醒驾驶人，而方向盘和制动器操纵模块则根据电子控制单元的指令，协同控制车辆的横向和纵向运动，确保车辆在道路上稳定行驶。

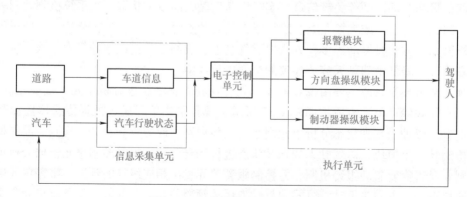

图 2-38　车道保持辅助系统的组成

2. 自动紧急制动系统

自动紧急制动系统是一种先进的驾驶辅助系统，旨在实时监测车辆前方行驶环境，预防潜在碰撞风险。该系统通过环境感知传感器探测前方可能与车辆、行人或其他交通参与者发生碰撞的风险，并在检测到危险时自动起动车辆制动系统，以降低速度避免碰撞或减轻碰撞的严重程度。自动紧急制动系统的工作原理在于，利用测距传感器实时测量本车与前方目标的距离和相对速度，结合车速、节气门、制动、转向等传感器的信息，通过电子控制单元综合分析计算，判断是否需要预警或实施制动。当距离小于预设的预警距离时，系统会进行预警提示；若距离进一步缩小至安全距离以下，系统将自动起动制动，确保行车安全。

自动紧急制动系统由行车环境信息采集单元、电子控制单元和执行单元组成，如图2-39所示。行车环境信息采集单元负责收集车辆前方的距离、速度、节气门、制动、转向等关键信息，并通过测距传感器、车速传感器、节气门传感器、制动传感器、转向传感器等实现。电子控制单元作为系统的核心，接收来自信息采集单元的数据，并运用特定算法对车辆行驶状况进行分析计算，判断是否需要预警或实施制动，并向执行单元发出相应指令。执行单元则根据电子控制单元的指令，执行声光预警、LED显示、自动减速或自动制动等操作，以实现预期的预警效果和车辆制动功能。这些组件的协同工作，确保自动紧急制动系统的高效、准确和安全运行。

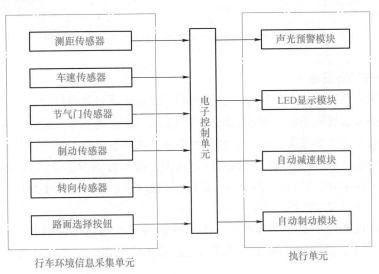

图2-39　自动紧急制动系统的组成

3. 自适应巡航控制系统

自适应巡航控制系统是智能网联汽车的重要组成部分，旨在通过实时监测前方道路交通情况，实现主车与前车之间的安全距离控制。当汽车行驶时，车距传感器不断监测前方道路，一旦主车与前方车辆之间的距离小于或大于预设的安全车距，自适应巡航控制系统便会自动调整制动力矩和发动机输出功率，以确保两车之间的安全距离，避免追尾事故的发生。若前方无车辆，则系统按照驾驶人设定的车速进行巡航。系统能够实时分析道路信息，通过电子控制单元精确控制车辆的行驶速度。这既保证了行车安全，又提高了道路通行效率。

自适应巡航控制系统主要由信息采集单元、电子控制单元、执行单元和人机交互单元组成,如图 2-40 所示。信息采集单元通过传感器实时收集前方道路交通信息,电子控制单元则根据这些信息做出决策,并向执行单元发送指令。执行单元包括制动控制器、发动机管理系统、变速器管理系统等,负责按照指令控制车辆。此外,人机交互单元允许驾驶人设置系统参数,并通过仪表显示系统状态,增强了驾驶人与系统之间的交互性。整个系统通过协同工作,实现对车辆行驶速度的精确控制,为驾驶人提供更为安全、舒适的驾驶体验。

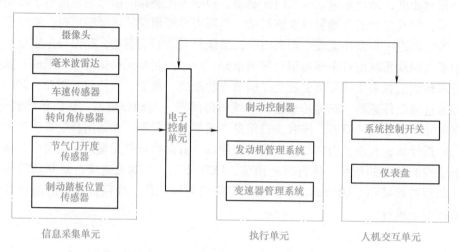

图 2-40　自适应巡航控制系统的组成

4. 智能泊车辅助系统

智能泊车辅助系统在泊车过程中,能够利用车载传感器自动检测附近可用的泊车位,计算泊车轨迹,并控制转向系统、制动系统、驱动系统以及变速系统完成泊车入位;能够向驾驶人发出系统故障状态和危险预警等信息。智能泊车辅助系统的工作原理是通过车载传感器扫描汽车周围环境,通过对环境区域的分析和建模,搜索有效泊车位,当确定目标车位后,系统提示驾驶人停车并自动启动智能泊车程序,根据所获取的车位大小和位置信息,由程序计算泊车路径,然后自动操纵汽车泊车入位。

自动泊车辅助系统主要由感知单元、中央控制器、转向执行机构和人-机交互系统组成,如图 2-41 所示。感知单元通过超声波雷达、转速传感器、陀螺仪、档位传感器等实现

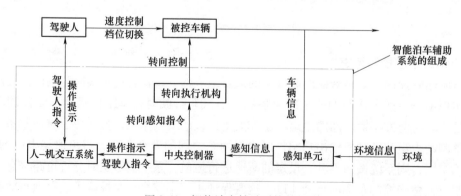

图 2-41　智能泊车辅助系统的组成

对环境信息和汽车自身运动状态的感知，并把感知信息输送给泊车系统的中央控制器。中央控制器主要用于分析处理感知单元获取的环境信息以及对汽车泊车运动的控制。在泊车过程中，泊车系统控制器实时接收并处理汽车超声波雷达输出的信息，当汽车与周围物体相对距离小于设定的安全值时，泊车系统控制器将采取合理的汽车运动控制。转向执行机构由转向系统、转向驱动电机、转向电机控制器以及转向柱转角传感器组成，转向执行机构接收中央控制器发出的转向指令后执行转向操作。在泊车过程中，人-机交互系统用来显示一些重要信息给驾驶人。

2.6.3　视野改善类高级辅助驾驶系统

1. 自适应前照明系统

自适应前照明系统是一种先进的照明装置，它能够根据天气、外部光线、道路状况和行驶信息自动调节照明方式。该系统旨在消除恶劣天气、黑夜或低能见度条件下汽车转向时视野盲区带来的安全隐患，为驾驶人提供更加安全可靠的照明视野，确保行车安全。其工作原理是基于光照强度传感器实时感知环境亮度，并结合车速、方向盘转角、车身高度等信号，通过控制单元进行综合分析处理，进而控制前照灯的开启/关闭、高度及方向调节等，实现自适应照明。

自适应前照明系统主要由传感器单元、CAN总线传输单元、控制单元和执行单元等组成，如图2-42所示。传感器单元负责采集车辆和外部环境的变化信息，包括速度、方向盘转角、环境光强和车身高度等；CAN总线传输单元则负责将这些信息传输给控制单元，实现内部各组件之间的数据通信。控制单元根据接收到的信息综合判断车辆行驶状态，并输出相应的控制信号给执行单元。执行单元根据控制信号调节前照灯的照射距离和角度，为驾驶人提供更广阔的视野，从而保障行车安全。整个系统通过各组件的协同工作，实现前照灯的智能调节，提升行车安全性。

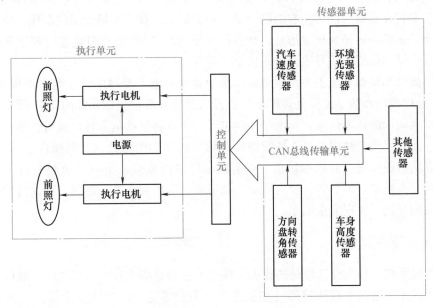

图2-42　自适应前照明系统的组成

2. 夜视辅助系统

夜视辅助系统运用红外线成像、图像处理和显示技术，使驾驶人能在低可见度或黑暗环境中清晰地观察到车辆前方，包括前照灯照射不到的区域以及阴影中的行人或车辆。此系统不仅能增强驾驶人的视野，而且能对潜在危险发出预警，从而降低事故发生率。主动夜视辅助系统使用内置的红外线发射单元照射前方区域，并利用红外摄像头捕捉反射的红外光，经电子控制单元处理后，清晰图像显示在图像显示单元上。而被动夜视辅助系统则直接接收人、动物等发热物体发出的红外热辐射，形成图像，突出显示发热物体，帮助驾驶人发现道路上的行人、车辆等。

夜视辅助系统主要由红外线发射单元（仅主动系统）、红外线成像单元、电子控制单元（ECU）和图像显示单元组成，如图 2-43 所示。红外线发射单元位于前照灯内，主动照射前方区域；红外线成像单元记录图像信息并发送给 ECU；ECU 分析处理数据后，将图像传输至显示单元。在主动系统中，驾驶人可以通过显示单元看到前照灯照射范围之外的景物。而被动系统则没有红外线发射单元，直接接收发热物体发出的红外热辐射来形成图像。这两种系统共同构成夜视辅助系统，为驾驶人提供在低光环境下的安全驾驶保障。

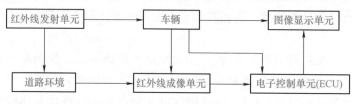

图 2-43　夜视辅助系统的组成

3. 全景影像泊车辅助系统

全景影像泊车辅助系统，也被称为 360°全景可视泊车系统。系统通过摄像头感知车辆周围 360°的全方位信息，为驾驶人提供无死角的视野，帮助驾驶人轻松泊车入位。其工作原理是基于安装在车身的前后左右的四个超广角摄像头，捕捉车辆周围的图像信息。这些图像经过图像采集模块转换为数字信息，然后传输至图像合成/处理模块进行校正和合成环节后，转换成全景图像模拟信号输出给人机交互单元。

全景影像泊车辅助系统主要由四个超广角摄像头、电子控制单元（包含图像采集模块、视频合成/处理模块和数字图像处理模块）以及人机交互界面组成，如图 2-44 所示。摄像头负责捕捉车辆周围的环境信息，而电子控制单元则负责将这些信息转换成可供驾驶人参考的全景图像。图像采集模块将摄像头捕捉的模拟信号转换为图像数据，图像合成/处理模块则通过数学算法对图像进行合成和修正，以消除超广角摄像头产生的"鱼眼失真"现象。最终，系统通过人机交互界面向驾驶人展示一幅清晰、准确的全景鸟瞰图，帮助驾驶人更好地掌握车辆周围环境，实现安全泊车。

2.6.4　无人驾驶系统

无人驾驶系统，作为交叉学科的代表，整合了多传感器融合、信号处理、通信、人工智能及计算机技术，通过车载传感器（如摄像头、激光雷达、毫米波雷达等）全面感知车辆周边环境和状态。系统基于环境信息（道路、交通、车辆位置和障碍物等）自主分析判断，

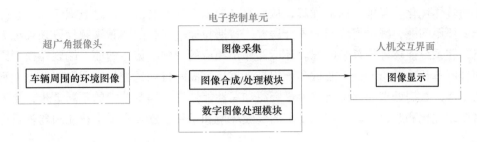

图 2-44 全景影像泊车辅助系统的组成

实现对车辆的全自动控制，包括加减速、转向等驾驶操作，从而在无须人类直接操控的情况下自主完成行驶任务。通过无人驾驶系统，车辆可以自动遵守交通规则、识别和避免障碍物、自主停车以及实现自动驾驶巡航。

　　传统的无人驾驶系统主要由感知、决策、控制三大部分组成，如图 2-45 所示。感知部分通过激光雷达、摄像头、毫米波雷达等传感器获取环境信息，如道路情况、车辆和行人位置等，为决策提供基础数据。决策部分利用车载计算机系统分析处理感知数据，结合规则方法、强化学习等技术，规划出行车路线、速度、方向等。控制部分则将决策结果转化为控制信号，通过自动驾驶控制系统、电动机控制系统等技术实现对车辆的具体操控，如加减速、转向等，确保车辆按规划路线自主行驶。在整个过程中，无人驾驶系统需要确保在各种道路和交通环境下都能稳定、可靠地运行，其高度自主化、智能化和安全性等特点为无人驾驶技术的发展提供有力支撑。

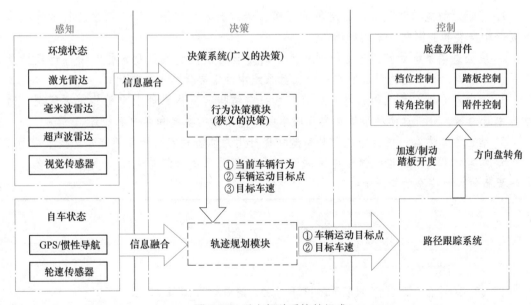

图 2-45 无人驾驶系统的组成

　　特斯拉提出的端到端无人驾驶系统，代表了一种全新的自动驾驶开发范式。该系统摒弃了传统的分模块设计，转而采用一个整合的大型神经网络，实现从传感器数据直接到驾驶控制信号的转换，无须中间模块划分和人工编码。这一端到端的模型具有显著优点。首先，它能够实现整体优化，寻求全局最优解，从而突破技术上限。其次，通过数据驱动，它能够解决复杂的长尾问题，减少模块间的累计误差。特斯拉通过海量的驾驶视频片段来训练大型神经网络，使系统能够理解复杂的驾驶环境并作出相应的驾驶决策。然而，端到端模型因其复杂性和难以解释性，给调试、改进和合规带来挑战，同时自动驾驶的实现需依赖庞大高质量数据的支持，数据处理和训练要求大量资源和高性能计算。随着技术的不断进步，无人驾驶系统将持续优化和改进，以适应更复杂的驾驶环境和条件，逐步实现全智能的驾驶目标。

 本章小结

本章系统性概述了智能网联汽车的构成及其关键技术，阐述了智能网联汽车的总体架构、底盘系统、动力系统、智能座舱和自动驾驶系统等内容。首先，从智能网联汽车的产品定位出发，深入解读其设计理念，之后详细介绍"云-网-端"的产品体系架构，并通过案例论述这一架构对智能网联汽车发展潜力和对用户体验提升的影响。其次，围绕智能网联汽车的四个核心子系统，介绍它们的整体结构、核心功能、工作原理等，帮助读者全面理解智能网联汽车关键系统的内部构造和工作机理。整体而言，本章内容为读者展示了智能网联汽车的内部构成和相关技术，帮助他们了解这些技术在实际应用中的作用，为未来在智能网联汽车领域的研究和工程实践提供专门的理论知识基础。

思考题

1. 基于对智能网联汽车产品定位的理解，请从行业、市场、用户需求、技术等领域简要分析发展智能网联汽车的原因。

2. 线控悬架系统如何提升智能网联汽车的乘坐舒适性和操纵稳定性？请探讨线控悬架系统的分类、基本结构以及它在智能底盘系统中的重要性和潜在挑战。

3. 油电混合动力系统和燃料电池动力系统在结构和工作原理上有哪些主要区别？请结合本章内容，分析这两种系统在实际应用中可能面临的挑战和各自的优势。

4. 结合本章内容，谈谈智能驾驶座舱在提升用户体验和安全性方面有哪些技术应用。

5. 结合本章内容，请探讨智能网联汽车自动驾驶系统如何与现有交通系统融合，以实现更高效、更安全的交通流。

参 考 文 献

［1］中国汽车工程学会．智能网联汽车导论［M］．北京：清华大学出版社，2022.

［2］中国汽车工程学会．中国智能网联汽车产业发展报告（2022）［M］．北京：社会科学文献出版社，2023.

［3］中国汽车工程学会．电动汽车智能底盘技术路线图［M］．北京：机械工业出版社，2023.

［4］李东兵，杨连福．智能网联汽车底盘线控系统装调与检修［M］．北京：机械工业出版社，2021.

［5］王希珂，詹海庭．智能网联汽车底盘线控执行系统安装与调试［M］．北京：机械工业出版社，2022.

［6］罗宁延.智能网联背景下汽车底盘线控子系统及其集成的综述［J］.汽车实用技术，2021，46（4）：14-17.

［7］邹理炎，朱忠民，陈晓星.汽车线控转向关键技术浅析［J］.内燃机与配件，2024（4）：106-108.

［8］王国超，高森祺.汽车线控转向系统研究综述［J］.汽车文摘，2024（3）：9-20.

［9］陈烨强.浅谈EMB线控制动系统控制策略研究［J］.内燃机与配件，2023（17）：76-78..

［10］刘海超，刘红旗，冯明，等.智能汽车集成式线控制动系统传动机构优化设计［J］.机械工程学报，2022，58（20）：399-409.

［11］张晓明.乘用车线控电子液压制动系统开发探讨［J］.汽车科技，2024（1）：91-96.

［12］任维宸.面向线控底盘的轮毂电机驱动系统匹配和转矩分配研究［D］.天津：天津职业技术师范大学，2022.

［13］《中国公路学报》编辑部.中国汽车工程学术研究综述·2023［J］.中国公路学报，2023，36（11）：1-192.

［14］段俊法.新能源车用动力系统发展及应用［M］.北京：中国水利水电出版社，2018.

［15］崔胜民.混合动力汽车技术解析［M］.北京：化学工业出版社，2021.

［16］帅石金，王志.汽车动力系统原理［M］.北京：清华大学出版社，2021.

［17］王峰，吴海东，刘海.智能网联汽车智能座舱系统［M］.北京：人民交通出版社，2023.

［18］王亚辉，薛志荣，李俊，等.智能座舱HMI设计：从人因理论到设计实践［M］.北京：清华大学出版社，2023.

［19］夏国强，贾爱芹.智能网联汽车概论（含实验指导）［M］.北京：机械工业出版社，2023.

［20］崔胜民.智能网联汽车先进驾驶辅助系统（ADAS）［M］.北京：化学工业出版社，2023.

［21］朱波，谈东奎，胡旭东.图说汽车智能辅助驾驶技术［M］.北京：化学工业出版社，2023.

［22］崔胜民.智能网联汽车先进驾驶辅助系统关键技术（ADAS关键技术仿真 应用案例详解）［M］.北京：化学工业出版社，2023.

［23］皮大伟，王洪亮.智能网联汽车技［M］.北京：清华大学出版社，2023.

第3章

智能网联汽车的智能动力系统

章知识图谱

说课视频

3.1 引言

智能网联汽车，是指通过集成先进的信息通信技术、互联网、大数据、人工智能以及交通管理系统等技术，实现车辆智能化的一种汽车。随着科技的不断进步和汽车工业的快速发展，智能化、电动化、网联化已成为汽车行业发展的主要趋势。本章主要包括如下内容：

首先，本章将系统介绍智能网联汽车的智能动力系统，主要包括动力电池构成、类型、性能参数以及电池管理系统。在理解智能动力系统基本组成的前提下，读者可以进一步深入了解智能动力系统的核心技术和应用场景。

其次，在读者熟悉智能动力系统的基础上，进一步从智能电机角度揭秘智能网联汽车的驱动技术。智能电机的集成性和自诊断功能，有助于读者深入理解座舱后台的感知过程。

最后，在熟悉智能电机工作原理的基础上，结合学科前沿进一步从智能电控的角度深入分析整车控制系统，详细介绍整车控制器（Vehicle Control Unit，VCU，也称为车辆控制单元）和电机控制器的工作原理。针对整车控制策略流程，本章分别从系统自检、通信检测、故障诊断与处理、安全性检测及处理等方面介绍智能网联汽车的安全保障措施，帮助读者全面掌握智能网联汽车的智能化控制技术。

为了进一步巩固本章内容的学习，在本章末尾，还专为读者设计了关于智能网联汽车动力系统的扩展阅读，有助于读者进一步掌握智能动力系统的应用场景。此外，为了提升实践能力，本章专门设计了关于智能网联汽车的实际案例分析。

通过本章的学习，读者可以全面了解智能网联汽车智能动力系统的技术原理，掌握智能动力系统的组成、工作原理及控制策略。此外，本章结合学科前沿，系统介绍了最新研究成果在智能网联汽车智能动力系统中的应用及其发展趋势。基于这些基础知识与学科前沿，读者可以进一步探索智能网联汽车智能动力系统的应用，进一步了解汽车行业的智能化发展。

3.2 动力电池

动力电池作为电动汽车能量转换与存储的核心，不仅关乎车辆的续驶能力，更是影响其安全性和环境适应性的关键因素。本节将详细解析动力电池的构成、类型、性能参数以及电池管理系统，旨在为读者呈现一个全面的动力电池技术概览。

3.2.1　动力电池构成

动力电池多指为各类电动汽车提供动力来源的装置，根据容量的不同，应用于不同的产品领域。

1. 电芯

电芯是构成电池包的基本单元，包含正极和负极，但不包括保护电路和外壳，因此通常不直接用于产品中（图3-1）。在智能网联汽车领域，电芯需要具备高能量密度以存储更多电能，从而延长车辆的行驶距离。电芯的寿命同样重要，因为单个电芯的损坏可能导致整个电池包失效。

电芯由几个关键部分组成，即正极、负极、隔膜和电解液。以锂离子电池为例，其工作机制涉及锂离子在正极和负极之间的移动。放电时，锂离子从正极向负极迁移，电子则通过外部电路从正极移动到负极，释放能量供设备使用。充电时，锂离子和电子的移动方向相反，锂离子回到正极，电子则通过外部电路从负极流向正极，为设备储存能量。

2. 模组

电池模组是电池系统中的核心组件，由多个电芯通过串并联方式组合而成，并配备单体电池监控和管理装置（图3-2）。这种设计旨在为电芯提供必要的支承、固定和保护。电池模组的主要构成部分包括电芯、连接片、外壳、冷却系统、电池管理系统和绝缘材料等。其中，电芯作为储存能量的基本单元，是电池模组的能量来源；连接片用于将各个电芯连接起来，以实现电压和容量的叠加；外壳除了保护内部组件免受物理损害，还具备防火和防爆功能，确保电池在各种环境下的安全使用；冷却系统通过散热片、风扇等机制控制电池模组的温度，防止过热导致的性能下降或安全事故发生；电池管理系统作为电池模组的智能控制中心，监控电芯的电压、电流和温度等关键参数，并在检测到异常情况时采取相应措施，如切断电源或限制充放电过程，以保障电池和用户安全；绝缘材料用于隔离电芯和连接片，避免意外短路的发生。电池模组的设计和功能对于确保电池系统的可靠性、安全性和效率至关重要。通过精细的管理和控制，电池模组能够在提供稳定能量输出的同时，保护电池免受损害，延长其使用寿命。

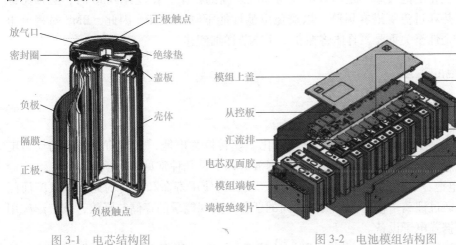

图 3-1　电芯结构图　　　　　　　图 3-2　电池模组结构图

3. 电池包

电池包是智能网联汽车的核心组件，它由多个关键部分构成，包括电池模组、电池管理系统、热管理系统、电气系统和结构件（图3-3）。以下是对这些组件的详细描述：

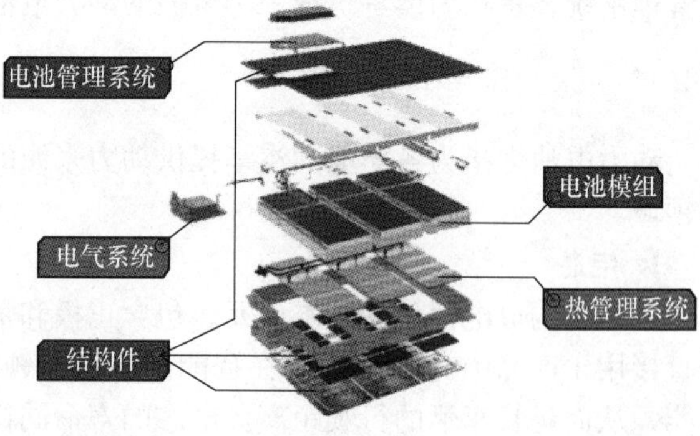

电池模组：电池包的基本能量存储单元，由若干电芯组成，是电池包构建的基础。

图 3-3　电池包结构图

电池管理系统：负责精确监控和管理电芯的电压、电流和温度等关键参数，确保电芯和模组之间的电流和信号传输安全有效，是电池包智能化管理的核心。

热管理系统：通过监控和调节电池的工作温度，维持电池性能，延长电池寿命，对电池包的稳定性和安全性起到至关重要的作用。

电气系统：包括连接电芯和模组所需的电缆、连接器，以及用于对外输电的高压连接器，确保电池包与车辆其他系统的电气连接。

结构件：为电池包提供必要的机械强度和保护，保障电池包的完整性和安全性。

当这些组件协同工作时，它们共同构成了一个高度集成的动力和储能系统。在智能网联汽车的设计和维护中，电池包与电芯和模组连接的可靠性、高低压接口的设计，以及电流和温度监控的准确性是保证车辆稳定运行的关键因素。电池包的这些特性不仅使其成为一个能量存储装置，更是一个高度复杂和集成的系统，对于智能网联汽车的整体性能有着决定性的影响。

4. 电池管理系统

电池管理系统（Battery Management System，BMS）是电动汽车中的核心部件，它通过监控电池的电压、电流、温度和荷电状态等参数，精确控制电池的充放电，以保障电池的安全和性能。BMS由控制模组、显示模组、通信模组和电气设备等组成，保护电池免受过度充放电的损害，优化电池效率，是车载电池与车辆之间的桥梁。在设计BMS时，必须考虑过充、过放、过热和过流等潜在风险，以避免电池性能下降或损坏。因此，BMS对提升电动汽车性能和安全性至关重要，具体将在3.2.4小节详细阐述。

3.2.2　动力电池类型

1. 电池的分类

按能量的来源可以将电池分为以下几类：

（1）化学电池　化学电池通过化学反应将化学能转换为电能，是当前最普遍的动力电池类型。它们通过化学反应实现能量的存储和释放。以下是几种常见的化学电池。

1）锂离子电池：这种电池以其高能量密度、较长的使用寿命和较高的充放电效率而闻名。锂离子电池通过锂离子在正极和负极之间的迁移来实现能量的存储与释放，被广泛应用于电动汽车和便携式电子设备。

2）铅酸电池：铅酸电池是一种成熟的电池技术，尽管其能量密度不高，但由于成本较低，它在某些特定用途（如汽车起动、备用电源等）中仍然具有实用价值。

3）镍氢电池：镍氢电池曾是混合动力汽车的主要选择，但随着技术的发展，它们正逐渐被锂离子电池所取代。镍氢电池在充放电循环性能上有优势，但在能量密度和自放电率方面通常不如锂离子电池。

（2）物理电池　通过物理变化而非化学反应来存储和释放能量，其中的一个典型代表是超级电容器，通过静电场的吸附作用存储能量，有极高的充放电速度和较长的使用寿命。由于其能量密度相对较低，超级电容器可以快速地充电和放电，适用于需要高功率输出的应用，如电动公交车的起停系统、能量回收系统等。

（3）生物电池　生物电池是一种将生物化学能转换为电能的装置，它们模仿自然界中生物体的能量转换机制，将生物化学能直接转换为电能。这类电池在能源领域具有重要的研究价值，并在微型化供电系统、可穿戴设备、医疗传感器等应用中展现出潜力。

2. 动力电池分类

（1）按电解液种类分类

1）碱性电池。碱性电池的电解质主要由氢氧化钾或氢氧化钠的水溶液构成，主要有以下几种。

碱性锌锰电池：作为一次电池的代表，碱性锌锰电池以氧化锌为正极，二氧化锰为负极。它们通常被用于家庭电子设备、玩具、遥控器等低功率应用，因其容量稳定和经济实惠而广受欢迎。

镉镍电池：这种可充电电池由镍氢化物正极和氧化镉负极组成，成本效益高、性能好、使用寿命较长。然而，由于含有对环境和人体健康有害的镉元素，其使用受到了限制。

氢镍电池：作为镉镍电池的环保替代品，氢镍电池采用镍氢化物作为正极，金属氢化物作为负极。它保持了良好的充电性能和较长的使用寿命。

2）酸性电池。酸性电池主要以铅酸电池为代表，主要以硫酸水溶液为介质。铅酸电池的正极由二氧化铅构成，负极由纯铅构成，它们在汽车起动、不间断电源系统（Uninterruptable Power System，UPS）等高负载应用中扮演着重要角色。

3）中性电池。中性电池是以盐溶液为介质的电池，主要代表有锌锰干电池，由氧化锌正极、二氧化锰负极以及碳和氧化锌组成的电解质构成。锌锰干电池被封装在一个钢壳内，并配有密封垫以确保安全。它们通常为手表、遥控器等低功率设备提供电力。

4）海水激活电池。这是一种创新的电化学能源解决方案，利用海水中的离子作为电解质来产生电能。尽管海水中的离子浓度不高，但足以为一些低功率的设备提供必要的电压和电流。

5）有机电解液电池。有机电解液电池以有机溶液为传导介质，其中最为人熟知的是锂离子电池。这种电池因其高能量密度、轻便性、无记忆效应和低自放电率等特性，在智能手机、便携式计算机、电动汽车乃至大型储能系统中得到了广泛的应用。

（2）按工作性质和存储方式分类

1）一次电池，又称原电池，即不可以充电再次使用的电池，它们提供了一种简便的一次性能量解决方案。当电力耗尽时，这些电池的生命周期也就结束了，通常被丢弃，无法通过充电来重新激活。一次电池包括但不限于碱性电池、锌碳电池以及锂一次电池等，它们广泛用于低能耗设备，如遥控器、手电筒、时钟等。

2）二次电池，也称为"蓄电池"，与一次电池不同，可充电电池或蓄电池能够通过充电过程重复使用。它们通过化学反应存储能量，放电后可通过充电将化学能转换回电能，这一可逆过程可以多次重复。这种电池实质上是一种能量存储系统，能够将直流电转化为化学能，储存于电池内部。典型的二次电池包括铅酸电池、镍镉电池、镍氢电池、锂离子电池和锌空气电池。

3）燃料电池，也称为"电池"，是一种能够持续供电的电池类型，只要持续供应活性物质，就能连续不断地提供电力。它们的主要功能是提供一个反应场所，允许外部供应的反应物在电池内部发生反应，从而持续产生电能。

此外，有按电池所用正负极材料分类：锌系列电池，如锌锰电池、锌银电池等；镍系列电池，如镍镉电池、镍氢电池等；铅系列电池，如铅酸电池；锂系列电池，如锂离子电池、锂聚合物电池和锂硫电池；二氧化锰系列电池，如锌锰电池、碱锰电池等；空气（氧气）系列电池，如锌空气电池、铝空气电池等。

3. 智能网联汽车动力电池

（1）三元锂电池　三元聚合物锂电池，简称三元锂电池，指正极材料使用钴酸锂、锰酸锂和镍酸锂的三元正极材料的锂电池。这种电池的正极材料由镍、钴、锰（或铝）的化合物构成，其具体比例可以根据电池性能的需求进行调整，三元锂电池以其较传统钴酸锂电池更高的安全性而得到认可。

一般来说，电池的能量密度越高，纯电动汽车的续驶能力就越强，因此对于极力追求长续驶里程的新能源车企来说，三元锂电池的高能量密度意味着更长的续驶能力。三元锂电池在低温环境下的性能表现也很出色，相较于其他类型的电池，它在冬季的电量损耗较小，使其成为寒冷气候条件下的理想选择。

三元锂电池的缺点是稳定性较差，在遇到较高温度（250~350℃）时可能会发生热失控现象，这要求电池必须具备优秀的散热性能以保持安全。尤其是在快速充电过程中，三元锂电池可能会面临自燃的风险，这增加了对电池管理系统的技术要求。

（2）磷酸铁锂电池　磷酸铁锂电池是采用磷酸铁锂（$LiFePO_4$）为其正极材料，以碳素材料为负极材料的锂离子电池，具有 3.2V 的单体额定电压。磷酸铁锂电池热稳定性极高，热失控温度通常超过500℃，从而显著降低了自燃风险。此外，这种电池还拥有较长的循环寿命，充放电循环次数可达 3500 次以上，使用寿命可以长达十年以上。磷酸铁锂电池还有高工作电压、较大的能量密度、出色的安全性能、低自放电率以及无记忆效应等优点。

然而，磷酸铁锂电池的能量密度相较于三元锂电池较小，平均为 130~140W·h/kg，而三元锂电池平均能量密度为 160W·h/kg。这一差异限制了磷酸铁锂电池在对续驶能力要求较高的纯电动车领域的应用。

刀片电池是比亚迪公司于 2020 年 3 月 29 日推出的一种创新的电池产品（图3-4），可以称为超级磷酸铁锂电池。其名称来源于其独特的排布方式，类似于刀片插入电池包内。刀片电池在低温耐受性和散热性能方面相比三元锂电池有显著提升，同时保持了较大的能量密度。通过结构创新，刀片电池在组装时省去了传统"模组"步骤，极大提高了体积利用率。与传统电池包相比，刀片电池的体积利用率提升了50%以上，这意味着在相同空间内可以装入更多电芯，从而使续驶里程提升了50%以上。这一改进使磷酸铁锂电池不仅达到了与高能量密度三元锂电池相当的水平，而且在安全性和电池寿命方面表现更优。

动力电池中，磷酸铁锂电池和三元锂电池是最常用的两种锂离子电池。磷酸铁锂电池的正极材料是磷

图 3-4　比亚迪刀片电池

酸铁锂，三元锂电池的正极材料是镍钴锰（NCM）或镍钴铝（NCA），正是因为正极材料的不同决定了它们有着不同的特点。两者并没有"谁好谁坏"之分，只是运用的场景不同而已（表 3-1）。

表 3-1　磷酸铁锂电池和三元锂电池主要性能对比

	磷酸铁锂电池	三元锂电池
成本	低	高
安全性（耐高温性）	强	差
循环寿命	长	短
能量密度	小	大
充电性能	差	强
耐低温性	差	强

（3）锰酸锂电池　锰酸锂电池使用锰酸锂作为正极材料，拥有高达 3.8V 的标称电压。它在一些国际智能网联汽车品牌中得到了广泛应用。该电池的显著优势是其出色的能量密度，即允许在有限的空间或质量内存储更多的能量，从而提升电动汽车的续驶能力。由于不依赖于价格较高的材料（如钴），锰酸锂电池在成本控制上具有明显优势，有助于降低电动汽车的整体制造成本。此外，锰酸锂电池在低温环境下的性能表现良好，即使在寒冷地区，也能保持较高的放电效率，确保电动汽车在低温条件下的性能稳定。

然而，锰酸锂电池也存在一些缺点。与其他电池技术相比，锰酸锂电池的能量密度仍有提升空间。在追求相同能量输出时，可能需要更大的体积或质量。此外，在高温环境下，锰酸锂电池的稳定性相对较差，这可能会加速电池的老化，尤其在高温下频繁充放电时。锰酸锂电池的材料在长期使用中可能会遇到稳定性问题，如电池膨胀等，这需要在电池设计和使用策略中予以充分考虑。

（4）钠离子电池　钠离子电池是一类以钠离子为主要活性物质进行能量存储的可充电电池。钠离子电池的工作原理与锂离子电池类似，依赖于钠离子在充电时从正极材料中脱嵌，通过电解质移动并嵌入负极材料中；放电时，钠离子则从负极材料中释放并返回到正极。

钠离子电池相对锂离子电池，具有较大优势。首先，钠元素在地壳中的丰度较高，这使得钠离子电池在原材料获取上成本较低，有助于减少整个电池系统的费用。其次，相较于锂

离子电池，钠离子电池在安全性方面表现更佳，因为它们不具备锂离子电池那样的热失控风险，从而在操作和处理上更为安全可靠。此外，钠离子电池在低温环境下的性能表现更为稳定，相比其他类型的电池，其在极端气候条件下的性能下降幅度较小，适合在各种环境条件下使用。

然而，钠离子电池也存在一些问题。其能量密度通常小于锂离子电池，这限制了它在对能量密度要求较高的应用场景中的使用。此外，尽管钠离子电池的技术不断进步，但其循环寿命目前仍然不如锂离子电池。

（5）氢燃料电池　相比蓄电池，氢燃料电池是一种先进的能源转换技术，它通过直接将氢气和氧气的化学能转换为电能，实现了一种真正意义上的"零排放"能源解决方案。氢燃料电池的工作原理可以视为电解水过程的逆反应，其中氢分子在阴极处发生反应，释放出电子，这些电子通过连接的外部电路流向阳极，而最终产物仅为水和热能。氢燃料电池的能量转换效率通常高于传统的燃烧发动机，在运行过程中不产生温室气体，且操作时几乎无声，使其成为一种环保且安静的能源解决方案。从长远来看，氢燃料电池被视为动力电池行业的重要发展方向，它们在推动清洁能源转型和减少全球碳足迹方面具有巨大潜力。但现阶段而言，氢气的储存相对复杂，需要高压或低温条件，这增加了系统的复杂性和成本。同时生产成本相对较高，这限制了它们的大规模商业应用。

3.2.3　动力电池性能参数

动力电池的性能指标主要有电压、容量、内阻、能量、功率、荷电状态、输出效率、自放电率等，根据电池种类不同，其性能指标也有差异。

1. 电压

电池电压主要有端电压、额定电压、开路电压、工作电压、充电终止电压和放电终止电压等。

端电压是电池在连接电路时，正负极之间的电压差。它反映了电池将化学能转化为电能的能力，是电场力沿外电路把单位正电荷从电源正极移动到电源负极所做的功。端电压分为两种状态：开路端电压（无电流流过时的电压）和闭路端电压（电流流过时的电压）。

额定电压是电池在特定条件下能够稳定工作的电压值。不同材料的电池有不同的额定电压，例如铅酸蓄电池额定电压为2V，金属氢化物镍蓄电池为1.2V，磷酸铁锂电池为3.2V，锰酸锂电池为3.7V。

开路电压是当电池未连接任何负载，即电路处于开路状态时，电池两端的电压。

工作电压是电池在放电过程中，连接负载后的电压。由于电池内部电阻的存在，工作电压通常低于开路电压。

充电终止电压是指电池充满时的电压。当电池充电至这个电压时，继续充电不会增加电池的电压，且应停止充电以避免过充。

放电终止电压是电池放电至不宜继续放电时的最低电压。这个电压与放电电流的大小有关，放电电流越大，达到放电终止电压所需的时间越短。

电动势是电池内部化学反应所产生的电势差，它决定了电池能够提供的最大电压和能量。

2. 容量

电池容量是指一个完全充电的电池在规定的放电条件下所能提供的总电能。容量通常以安时（A·h）或千安时（kA·h）为单位进行度量。电池容量可以通过放电电流与放电时间的乘积来计算。电池内部的活性物质数量决定了电池能够存储的电荷量。活性物质的含量不仅影响电池的容量，也决定了电池的性能。电池使用的材料和电池的体积共同决定了活性物质的含量。通常情况下，电池体积越大，其内部可以容纳的活性物质就越多，从而电池的容量也就越大。

电池容量按照不同条件分为理论容量、实际容量、标称容量与额定容量。

1）理论容量是指根据法拉第定律，通过活性物质的质量计算得出的电池在理想状态下能够达到的最大电量，即假定活性物质全部参加电池的成流反应所能提供的电量，常用库仑（C）作为单位。

法拉第定律指出，电流通过电解质溶液时，在电极上发生化学反应的物质的质量与通过的电量成正比：

$$Q = \frac{zmF}{M} \tag{3.2.1}$$

式中，Q 为电极反应中通过的电量；z 为在电极反式中的电子计量系数；m 为发生反应的活性物质的质量；F 为法拉第常数；M 为活性物质的摩尔质量。

2）实际容量是指电池在具体使用条件下进行放电时所释放的电量，用 C 表示，它等于放电电流与放电时间的乘积，单位为 A·h，其值小于理论容量。由于受放电率的影响较大，常在字母 C 的右下角以阿拉伯数字标明放电率，例如，$C_{20} = 50A·h$，表明在放电率为 20% 时的容量为 50A·h。

恒电流放电时：

$$C = IT \tag{3.2.2}$$

恒电阻放电时：

$$C = \int_0^T I\mathrm{d}t \tag{3.2.3}$$

式中，I 为放电电流；T 为放电至终止电压的时间。

3）标称容量是用来鉴别电池的近似安时值。

4）额定容量也称为保证容量，是指根据国家或相关机构设定的标准，在特定放电条件下（包括温度、放电速率和终止电压等因素）电池应能提供的最小电量。由于电池内阻的存在，活性物质的利用率总是小于 1，因此化学电池的实际容量、额定容量总是低于理论容量。

3. 内阻

电流通过电池内部时受到阻力，使电池的工作电压降低，该阻力称为电池内阻。电池内阻对放电时的端电压有直接影响，使其低于电动势和开路电压。而在充电时，端电压则因内阻而高于电动势和开路电压。内阻是化学电源性能的一个关键参数，它决定了电池的工作电压、电流、能量输出和功率。

电池内阻是一个变化的参数，受多种因素影响，包括活性物质的组成变化、电解液浓度的波动、温度的升降以及放电时间的长短。电池内阻包括欧姆内阻和电极在电化学反应时所表现出的极化内阻，两者之和称为电池的全内阻。欧姆内阻主要由电极材料、电解液、隔膜的内阻及各部分零件的接触电阻组成。极化内阻是指化学电源的正极与负极在电化学反应进行时由极化所引起的内阻。

欧姆极化是指为了克服电池内部的欧姆内阻，需要额外施加电压来推动离子的迁移。当电流增大时，欧姆极化会导致电池在充电过程中产生更多热量，从而使电池温度升高。浓度极化是当电流通过电池时，由于生成物和反应物的扩散速度跟不上化学反应的速度，极板附近的电解质溶液浓度发生变化。这种浓度变化造成从电极表面到溶液中部的电解液浓度分布不均匀，称为浓度极化。电化学极化是由电极上进行的电化学反应速度跟不上电子运动的速度而造成的。

充电电池的内阻通常很小，需要通过专业仪器进行准确测量。我们通常谈论的电池内阻是指充电态内阻，也就是电池充满电时的内阻值。与之相对的是放电态内阻，是指电池在放电后的状态。通常情况下，放电态内阻会大于充电态内阻，并且其值不太稳定。较大的内阻会导致电池在工作时消耗更多的能量，降低电池的使用效率。当电池内阻较高时，充电过程中可能会产生大量热量，导致电池温度迅速上升，可能对电池本身和充电机造成不利影响。此外，随着电池使用次数增加，电解液的消耗和电池内部化学物质活性的下降会导致电池内阻逐渐增大。

4. 能量

能量指在一定放电条件下，电池所能输出的电能，单位为瓦时（W·h）或者千瓦时（kW·h），它影响电动汽车的续驶里程。能量可以分为总能量、理论能量、实际能量、能量密度、比能量、充电能量和放电能量等。

总能量是指电池在整个使用寿命期间所能输出的电能总和。

理论能量是基于电池的理论容量（通常以安时为单位）和额定电压（V），计算得出电池在理想状态下的最大输出能量，单位为瓦时（W·h）或千瓦时（kW·h）。

实际能量是根据电池的实际容量和在放电过程中的平均工作电压计算得出，反映了电池在现实条件下能够输出的能量。

能量密度是描述了电池存储能量的能力，分为质量能量密度（W·h/kg）和体积能量密度（W·h/L）。质量能量密度影响电动汽车的整车质量和续驶里程，而体积能量密度则关系到电池在汽车中的布置空间。

比能量也称为质量比能量，指单位质量的电池所能输出的电能，是衡量电池能量效率的重要参数。

充电能量是指电池通过充电机输入的电能，是电池充电过程中的输入能量。

放电能量是指电池在放电过程中输出的电能，是电池使用过程中的实际输出能量。

5. 功率

电池功率指电池在特定放电条件下，单位时间可以输出的能量大小，单位是瓦特（W）或千瓦（kW）。电池的功率直接影响到电动汽车的加速性能和爬坡能力。

功率密度是指从电池的单位质量或者单位体积所获取的输出功率，单位为 W/kg 或者 W/L。从电池的单位质量所获取的输出功率称为质量功率密度，而从电池的单位体积电池所获取的输出功率称为体积功率密度。

比功率也称为质量比功率，指单位质量的电池可以输出的功率，单位是瓦特每千克（W/kg）或千瓦每千克（kW/kg）。

6. 荷电状态

荷电状态（State of Charge，SOC）指在特定放电倍率条件下，电池剩余电量与其额定容量的比值，用于描述电池的剩余容量。SOC 的取值范围是 0~1，其中 SOC = 1 表示电池完全充满，而 SOC = 0 则表示电池完全放电。随着电池放电，SOC 值逐渐降低，可以用百分比形式表示电池中电荷的变化状态，从而反映电池的充电状态。一般而言，电池在 50%~80% 的 SOC 范围内放电效率最高，这也是电池使用中的理想荷电状态区间。

关于 SOC 定义，目前较统一的是从电量角度度量，如美国先进电池联合会在其《电动汽车电池实验手册》中定义 SOC 为：电池在一定放电倍率下，剩余电量与相同条件下额定容量的比值，即：

$$SOC = \frac{C_\mu}{C_{额}} \qquad (3.2.4)$$

由于 SOC 受到充放电倍率、温度、自放电，以及老化等因素影响，实际应用中要对 SOC 的定义进行调整。例如，日本本田公司定义 SOC 为：

$$SOC = \frac{剩余容量}{额定容量 \times 容量衰减因子} \qquad (3.2.5)$$

7. 输出效率

电池在充电时将电能转换为化学能进行存储，放电时再将化学能转换回电能释放出来。在这个可逆的电化学转换过程中，有一定的能量损耗，一般用电池的容量效率和能量效率两个指标来衡量。

电池的能量效率通常为 55%~85%，而容量效率的范围则为 65%~95%。对于电动汽车来说，能量效率是一个比容量效率更为重要的评价指标，因为它直接关系到电动汽车的续驶里程和整体性能。

1）容量效率是指电池放电时输出的容量与充电时输入的能量之比，即：

$$\eta_C = \frac{C_o}{C_i} \times 100\% \qquad (3.2.6)$$

式中，η_C 为电池的容量效率；C_o 是电池放电时输出的容量（A·h）；C_i 为电池充电时输入的容量（A·h）。

影响电池容量效率的主要因素是副反应，当电池充电时，有一部分电量消耗在水的分解上，此外自放电以及电极活性物质的脱落、结块、孔率收缩等也会降低容量输出。

2）能量效率称为电能效率，是指电池放电时输出的能量和充电时输入的能量之比，即：

$$\eta_E = \frac{E_o}{E_i} \times 100\% \qquad (3.2.7)$$

式中，η_E 为电池的能量效率；E_o 为电池放电时输出的能量（W·h）；E_i 为电池充电时输入的能量（W·h）。

影响能量效率的是电池内阻，它使得电池充电电压增加，放电电压下降，内阻的能量损耗以电池发热的形式损耗掉。

8. 自放电率

自放电率是指电池存放器件容量的下降率，即电池无负荷时自身放电使容量损失的速度，表示电池搁置后容量变化的特性。自放电率用单位时间容量降低的百分比表示，其表达式如下：

$$\eta_{\Delta C} = \frac{C_a - C_b}{C_a T_t} \times 100\% \tag{3.2.8}$$

式中，$\eta_{\Delta C}$ 为电池自放电率；C_a 为电池存储前的容量；C_b 为电池存储后的容量；T_t 为电池存储时间（天）。

3.2.4 电池管理系统

1. 电池管理系统概述

电池管理系统（Battery Management System，BMS），也称为电池的守护者或管理者，在电动汽车的能源供应系统中起着核心作用。BMS 的主要任务是监控和维护电池单元，以避免它们遭受过度充电或放电，这有助于延长电池的使用寿命，并持续监控电池的健康状况。

典型的 BMS 系统一般由检测模块、运算控制模块和通信功能模块组成。检测模块负责测量电芯和电池组的电压、电流和温度，并将这些信号传送给运算控制模块处理发出指令。运算控制模块通常包括硬件、基础软件、运行时环境和应用软件，其中最核心的部分是应用软件，其功能主要包括电池状态估算算法、故障诊断以及保护。BMS 通过智能化管理与维护，为电池和电动汽车的稳定运行提供了重要保障。

纯电动汽车由于能源需求，通常需要将多块电池通过串联和并联的方式组合起来，以满足所需的能量和电压。然而，动力电池的非线性特性和随时间变化的特性，加上它们在复杂的使用场景和恶劣的环境下工作，使得对电池的有效管理变得至关重要。特别是在氢燃料电池和锂离子电池的应用中，如果没有得到妥善管理，不仅会缩短电池的使用寿命，还可能引发火灾等严重的安全问题。

电池管理系统主要功能是对电动汽车的电池参数进行实时监控、故障诊断、SOC 估算、续驶里程估算、短路保护、漏电监控、显示报警、充放电模式选择，并通过 CAN 总线的方式与车辆集成控制器或充电机进行信息交互，保障电动汽车高效、可靠、安全运行，增加续驶里程，延长使用寿命，降低运行成本。图 3-5 所示为一款 PW2306-24S 型电池管理系统。

图 3-5 电池管理系统

2. 电池管理系统的功能

BMS 的功能主要包括数据采集、电池状态监测与计算、能量管理、安全管理、热管理、均衡控制、通信功能。图 3-6 所示为电池管理系统的功能。

（1）数据采集 BMS 的核心算法依赖于对电池数据的精确采集，这些数据的采样频率、准确度以及滤波处理特性是衡量 BMS 性能的关键因素。为了确保电池管理系统的有效性，其采样速率通常需要超过 200Hz，即每 50ms 至少采集一次数据。数据采集的准确性和响应速度是评估 BMS 性能优劣的基石。BMS 的其他关键功能，如电池状态的分析、电池均衡控

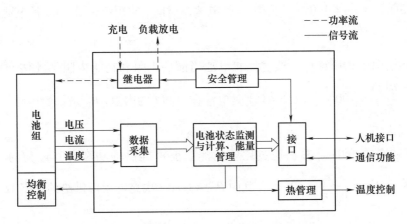

图 3-6　电池管理系统的功能

制和热管理等，都建立在准确采集的数据基础之上。这些功能需要对电池的电压、电流和温度等参数进行实时监测和分析，以确保电池在最佳状态下运行，并防止过充、过放或其他可能损害电池的操作。

（2）电池状态监测与计算　电池状态监测对于确保动力电池的安全、高效运作至关重要，它涉及对电池系统中多个动态且非线性变化的状态量的实时跟踪。BMS 作为智能网联汽车能量管理的核心，其主要任务是利用先进的算法，根据电池组的实时状态信息，准确估算出电池的荷电状态、健康状态、能量状态以及预测电池的剩余使用寿命。对上述电池状态的监测，就需要进行电池状态的计算，这是电池管理系统中的关键环节，它通常涉及两个主要参数：电池组的荷电状态（State of Charge，SOC）和电池组的健康状态（State of Health，SOH）。

SOC 是衡量电池剩余电量的指标，它直接关系到电动汽车的预估续驶里程。图 3-7 所示为放电电压与 SOC 关系的实验曲线图：当电池 SOC 为 100%，电压达到上限截止电压。随着试验的进行，电池的电压将逐渐下降，SOC 曲线也开始平缓下滑。在放电的初始阶段和后期阶段，电压下降速

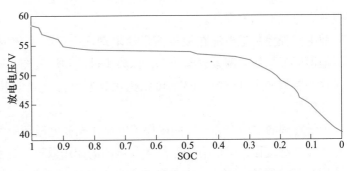

图 3-7　放电电压与 SOC 关系的实验曲线图

度更快，当 SOC 为 90%~25% 时，电压下降速率稳定。由此可见，电压对于 SOC 的预测有着很大的影响。电压与 SOC 之间存在着一定的关系，可根据 SOC 与放电电压的关系曲线来估算电池的 SOC。

SOH 则反映了电池的当前技术状态和预计的剩余使用寿命。SOC 计算规则前文已述，SOH 计算过程如下：

1）基于容量的 SOH 计算：通过将电池当前的额定容量与其初始容量进行比较来实现。

计算公式为 $SOH_C = \dfrac{C_t}{C_0} \times 100\%$，其中 C_t 是电池在时间 t 的额定容量，C_0 是电池的初始额定容量。

2）基于内阻的 SOH 计算：通过比较电池当前的内阻和初始内阻来评估 SOH。公式为 $SOH_R = \dfrac{R_0 - R(t)}{R_0 - R_{end}} \times 100\%$，其中 $R(t)$ 是电池在时间 t 的内阻，R_0 是初始内阻，R_{end} 是电池寿命终止时的内阻。

3）基于功率的 SOH 计算：通过比较电池当前可提供的功率与其最初的功率来计算 SOH。公式为 $SOH_P = \dfrac{P(t)}{P(0)} \times 100\%$，其中 $P(t)$ 是第 t 次充电后可供给的功率，$P(0)$ 是电池最初的功率。

4）基于自放电的 SOH 计算：通过比较电池当前的自放电电阻与初始自放电电阻来评估 SOH。公式为 $SOH_{R_d} = \dfrac{R_{d0} - R_d(t)}{R_{d0} - R_{d(end)}} \times 100\%$，其中 $R_d(t)$ 是采样时间 t 的电池自放电电阻，R_{d0} 是初始自放电电阻，$R_{d(end)}$ 是寿命终止时刻的自放电电阻。

（3）能量管理　能量管理主要包括以电流、电压、温度、SOC 和 SOH 为输入进行充电过程控制，以 SOC、SOH 和温度等参数为条件进行放电功率控制。这两部分都依赖于对电池当前状态的准确监测和分析。

充电过程控制是确保电池在充电时能够以最优的方式接收能量，同时避免过充。控制过程通常以电池的当前电流、电压、温度，以及荷电状态（SOC）和健康状态（SOH）作为输入参数。通过对这些参数的实时监测，BMS 能够精确地调节充电电流和电压，从而实现快速而安全的充电。充电过程控制还可能包括使用特定的充电策略，如恒流恒压充电，以进一步提升充电效率和安全性。

放电过程控制是电池在提供能量给电动汽车驱动系统时的性能，包括根据 SOC、SOH 和电池温度等参数来调整放电功率，以防止过放和热失控，同时确保电池的性能和寿命。通过对这些参数的实时监控，BMS 可以优化放电过程，避免电池在高负载下工作时出现性能下降或损坏。

能量管理的这两个部分共同确保了电池在充放电循环中的高效和安全运行。通过精确控制充电和放电过程，BMS 有助于最大化电池的使用效率，延长电池的使用寿命。

（4）安全管理　安全管理是电池管理系统中至关重要的组成部分，其核心目标是确保电池组在各种工作条件下的安全性，涉及对电池组电压、电流和温度等关键参数的实时监控，以避免过充、过放等可能损害电池或引发安全事故的情况发生。安全管理系统主要有以下功能：烟雾报警、绝缘检测、自动灭火、过电压和过电流控制、过放电控制、温度过高预防、在发生碰撞的情况下关闭电池等。

（5）热管理　为了维护电池系统的性能和延长其使用寿命，BMS 集成了一套热管理系统。这套系统的设计宗旨是确保电池在适宜的温度范围内稳定运行，主要由电池箱体、传热介质以及温度监测设备等组成。

电池管理系统在热管理上的主要功能是实时测量电池组的温度，确保其处于安全和效率最优的工作温度区间。当电池组温度升高至临界值时，起动散热机制，如液冷或风冷系统，以有效散发热量，保持电池组温度的均匀性。而在低温环境下，通过加热系统快速提升电池组的温度，使其达到适宜的工作温度，从而保证电池能够正常放电。

（6）均衡控制　电池组的性能往往受限于性能最差的单体电池，这主要是由电池单体间的一致性差异所导致的。为了解决这一问题，BMS通常会集成均衡电路，并实施均衡控制策略。均衡控制的目的是确保电池组中的各个单体电池在充放电过程中的工作状态尽可能保持一致，以此提升电池组的整体性能和效率。

均衡管理有助于电池容量的保持和放电深度的控制。通过均衡控制可以维持电池组中各个电池的容量均衡，避免由个别电池性能下降导致的整个电池组容量减少，同时控制电池的放电深度，防止某些电池过度放电，从而延长电池的使用寿命。如果没有均衡控制，由于BMS的保护机制，可能会出现当电池组中的某个单体电池充满电时，其他单体电池可能尚未充满。甚至当电量最小的单体电池达到放电截止限制时，其他电池可能还未达到放电截止点。

（7）通信功能　BMS的一个关键功能是实现电池参数和信息与车辆内外设备的通信。这种数据交换对于充放电控制、整车性能监控和优化至关重要。为了满足不同的应用需求，BMS可以采用多种通信接口来传输数据，如模拟信号、脉冲宽度调制（Pulse Width Modulation，PWM）信号、CAN总线、串行接口等。

3. 电池安全保护

电池安全保护是BMS首要的、最重要的功能，过流保护、过充过放保护、过温保护等是最为常见的电池安全保护的内容（表3-2）。

表3-2　电池安全保护

保护类别	监　　测	响　　应
过流保护	BMS通过电流传感器实时监测电池充放电电流	一旦电流超过预设阈值，BMS激活保护电路，切断电流路径
过充保护	BMS监测电池电压和充电电流	电压接近上限时，BMS限制或切断充电电流
过放保护	BMS监测电池电压和放电电流	电压降至下限时，BMS限制或切断放电电流
过温保护	温度传感器实时监测电池和环境温度	温度超标时，BMS起动冷却系统或降低电池负荷
过压保护	电压传感器监测电池电压	电压超上限时，硬件电路自动断开连接，BMS通过软件算法预测并调整充放电策略，防止过压
故障诊断与处理	BMS持续对电池状态进行诊断	检测到异常时，记录故障信息并采取隔离、限制性能等措施

4. 能量控制管理

电池的能量控制管理是确保电动汽车电池安全、高效运作的关键环节，主要分为充电控制、放电控制和均衡控制。

（1）电池的充电控制管理　电池的充电控制管理是电池管理系统在充电过程中对充电电压、充电电流等参数进行实时的优化控制，涉及多种技术和策略，以确保电池能够安全、高效地充电，同时延长其使用寿命。电池充电控制管理涉及以下关键事项：

电池安全性：BMS 的首要职责是确保电池在充电过程中的安全，包括实时监控电池的电压、电流和温度，防止出现过充电、过放电和过热等危险情况发生。

电池容量：BMS 通过精确控制电压和电流，并设定合理的充电限制，确保电池每次充电都能达到其最大容量，避免因充电不足导致续驶时间减少。

电池使用寿命：采用正确的充电策略对于电池能够经历更多充放电周期至关重要。BMS 会根据电池的温度和电压来调整充电过程，处理深度放电的电池，并避免不当的充电终止。

充电阶段：电池充电过程通常分为几个阶段，包括涓流充电（低压预充）、恒流充电、恒压充电和充电终止。BMS 为每个阶段设计特定的控制策略，确保电池在每个阶段都能安全高效地充电。

充电终止：充电终止是一个关键的控制点，BMS 通过监测充电电流下降到设定阈值或使用定时器来终止充电，以防止过充电并确保电池电量充足。

动态电源路径管理：在一些高级充电系统中，BMS 能够在充电的同时为车辆系统供电，通过自动调整充电电流来适应系统负载的变化，缩短充放电周期。

输入保护：BMS 还具备输入保护功能，以防止充电过程中的过电压和过电流情况发生，确保充电系统与不同的电源接口和充电标准兼容。

（2）电池的放电控制管理　放电管理是电池操作中一个关键环节，它涉及根据电池的实时状态调整放电电流的强度。在早期的电池管理系统中，放电管理并未受到足够的重视，设计者们往往假设电池只需简单的供应电力，而不涉及复杂的安全考量。但随着技术的进步，现代电池系统已经集成了精细的放电控制功能，这不仅提高了电池组的性能，还有助于延长车辆的使用年限并优化制动能量的回收，其主要作用如下：

延长车辆寿命：当电池剩余容量较低时，如小于 10%，BMS 通过限制最大放电电流，可以延长车辆的续驶能力，同时有助于维护电池的健康，尽管这可能会对车辆的最高速度造成一定影响。

能量回收：对于制动能量回收，BMS 通过充放电控制，将电池的荷电状态维持在一个适宜的范围内，如 60%~80%，以便有效地存储制动过程中回收的能量。

（3）电池的均衡控制管理　电池组中单体电池之间的荷电状态（SOC）不一致，可能是由生产差异或使用过程中的不一致性造成的。这种不一致性可能导致电池组中的某些电池出现过电压或欠电压，进而触发电池的自我保护机制，影响整个电池组的性能。通过均衡控制，BMS 可确保电池组中的每个单体电池在电量、电压和温度等关键参数上保持一致，从而提升电池组的整体表现和寿命。通常有两种主要的均衡策略：被动均衡和主动均衡。

被动均衡是一种通过耗散能量来实现均衡的方法。在被动均衡中，通过旁路电阻将高电压或高电量电池能量释放，以达到与其他电池的平衡。这种方法简单且成本较低，但会因能量耗散而产生热量，影响电池组的效率。

主动均衡通过能量转移的方式，将高电压或高电量的电池的能量转移到低电量低电压电池中，从而实现均衡。这种方法减少了能量损耗和热量产生，提升了电池组的效率和延长了使用寿命，但需要更复杂的电路设计和控制策略，成本也相对较高。

通过有效的均衡控制管理，BMS 能够确保电池组在充放电周期中保持一致，避免某些电池过度充放电，从而提高电池组的稳定性和延长使用寿命。通过这些措施，BMS 能够精细地调节电池组中每个电池的状态，确保电池组以最佳状态运行，同时也保护电池免受过充或过放的损害。

5. 电池信息管理

在动力电池的运行周期内，会产生和处理大量数据，这些数据通过仪表告知驾驶人，有些数据传输给 BMS，有些数据需要作为历史数据保存到系统，这些信息传递都是通过 BMS 来实现的，主要包括电池信息的显示、系统内外信息的交互和电池历史信息存储。

（1）电池信息的显示　电池信息管理是指对电池的各种信息进行收集、处理、存储和传输的过程。其主要目的是将收集到的电池信息通过车辆的仪表板或其他用户界面，将电池的实时状态信息展示给驾驶人或用户。通过这种方式，驾驶人或用户可以实时了解电池的状态和性能，以便做出相应的操作和决策。电池信息的显示通常包括电池的多项关键参数如实时电压、电流、温度、荷电状态信息以及健康状态信息等。另外，在检测到电池异常或故障时，BMS 会生成故障代码和告警信息，并通过车辆的显示屏或指示灯系统及时通知驾驶人，以采取必要的安全措施。鉴于电动汽车中电池单元的数量可能较多，BMS 通常会在仪表板上显示整个电池组的汇总信息，如总电压、总电流以及电池组中最高和最低的电压和温度等。

（2）系统内外信息的交互　BMS 内部的各个组件和模块需要实时地交换数据，以监控和管理电池的状态，包括电池单体或模块之间的通信，它们通过内部网络进行信息交换，以实现电池均衡、故障检测和预防等关键功能。BMS 还必须与车辆的其他关键系统进行双向通信。这种外部网络的通信能力使得 BMS 能够与车辆的控制系统、充电系统、热管理系统以及外部设备或充电站等进行信息交换。通过与外部系统的交互，BMS 可以准确掌握电池的实时状态和需求，有助于制定更加精确的管理策略，优化电池的使用效率，并提前预测和防范潜在的安全风险。信息的交互不仅提高了电池的安全性，还通过精确控制和预测，增强了车辆的性能表现，确保车辆在各种工作条件下的可靠性和稳定性。通过这种方式，BMS 作为一个高度集成的系统，通过内部和外部的信息交互，实现了对电池的精细管理和对车辆性能的全面优化。

（3）电池历史信息存储　电池的历史信息包括充放电记录、温度变化、荷电状态变化和健康状态变化等，这些信息对于评估电池的工作状态和性能特征至关重要。这些数据的存储可以通过两种方式实现：临时存储和长期存储。临时存储通常使用随机存取存储器来临时保存这些信息，而长期存储则依赖于非易失性存储介质，如可擦写可编程只读存储器或闪存，这些介质能够在断电后依然保持数据的完整性。

电池历史信息一方面可以帮助管理人员更深入地了解电池的工作状况，及时发现并解决可能出现的问题，从而延长电池的使用寿命并提高其安全性，另一方面还有助于评估电池的老化程度和健康状况，快速识别故障原因，并采取相应的修复措施。此外，在工程应用领域，通过分析电池在不同工作条件下的表现，可以优化电池的使用策略，提升其能量效率和整体性能。

3.3 智能电机

在当今汽车工业的智能化浪潮中，智能电机技术正以其独特的优势，引领着一场动力革命。智能电机不再仅仅是一个动力转换装置，它们通过先进的传感器、控制单元、通信接口以及智能管理软件，实现了自我监控、自我诊断、自我保护以及自动调速等高级功能。这些智能化特点不仅极大提升了电机的性能，也为智能网联汽车的高效、安全运行提供了坚实保障。本节将在传统驱动电机基础上，详细介绍智能电机的特点，并进一步从永磁同步电机和异步电机等智能网联汽车常用电机入手带领读者进入电机世界。

3.3.1 智能电机认知

智能电机通过集成先进的传感器、控制单元、通信接口及智能管理软件，实现高级的自我管理功能，包括实时监控、故障自诊断、自我保护、自动调速以及预防性维护等，如图 3-8 所示。相较于传统电机，智能电机不仅执行基本的运动任务，还通过其内置数字化智能化软硬件，如可变频率调速、集成传感器、智能控制和远程通信等，显著增强了电机适应性、集成度和智能化水平。这些特性使得智能电机能够自动调整运行状态以适应环境变化，提升能源效率和性能，并允许进行远程监控和操作，从而在工业驱动和控制系统中提供更强的灵活性和更高工作效率。

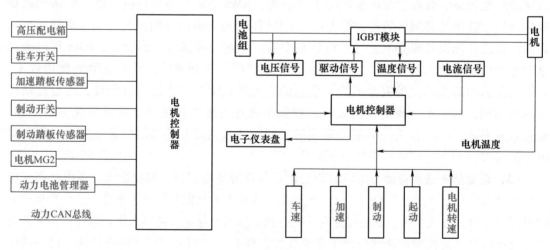

图 3-8　智能电机系统

1. 传统电机

传统电机又叫驱动电机，其构造主要由两大部分构成：定子和转子。定子是电机中固定不动的部分，它通常由金属或电路板材料制成，其核心组件包括定子绕组和定子铁心。定子绕组由多股导线组成，这些导线按照特定的方式缠绕在定子铁心上。当电流通过定子绕组时，会在其周围产生磁场，这个磁场是驱动电机运转的关键。转子则是电机中可以旋转的部分，它的制作材料是导体或磁性材料。转子的转动是通过电磁感应或电场的作用实现的。电机的种类不同，转子的设计也会有所不同。例如，在异步电机中，转子可能采用鼠笼式结构；而在同步电机中，转子则可能包含永磁体；对于无刷直流电机，转子则通常装有电磁绕组。智能网联汽车中常用电机主要有交流异步电机和永磁同步电机。

根据供电类型，电机主要分为直流电机和交流电机两大类（图3-9）。直流电机在结构和工作机制上进一步细分为无刷和有刷两种形式，并且可以根据其磁场的产生方式被分类为永磁直流电机和励磁直流电机。永磁直流电机根据使用的材料可以分为稀土、铁氧体或铝镍钴类型的电机。而励磁直流电机则根据其励磁的供应方式，可以分为串励、并励、他励和复励电机。而交流电机则依据其电源相数的不同，分为单相和三相电机。这些分类反映了电机设计和应用的多样性，以满足不同工业和商业需求。

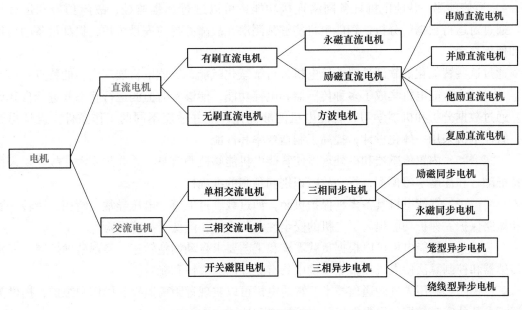

图3-9 电机分类

在电动汽车领域，有多种类型的电机被用于驱动车辆，包括无刷直流电机、永磁同步电机、三相异步电机，以及开关磁阻电机。无刷直流电机因其简单且成本较低的特性，通常被用于小型或低速的电动汽车。永磁同步电机则因其高效率和优异的控制性能，成为大多数电动汽车的首选电机类型。三相异步电机，也称为感应电机，虽然在电动汽车中的使用不如永磁同步电机普遍，但在某些品牌如特斯拉的电动汽车中扮演着重要角色。最后，开关磁阻电机则因其结构坚固和成本效益，在一些大型电动客车中得到应用。这些电机技术的不同选择，反映了电动汽车设计中对性能、成本、效率和应用场景的综合考量。

2. 智能电机

随着工业驱动控制与大数据平台的发展，智能电机应运而生，它融合了运动控制、诊断、保护和通信等多项功能，并具备远程控制等性能。在设计时需要综合考虑机械结构的优化与电子控制系统的高效集成。相比传统电机，在设计理念、功能特性、控制方式、能效管理以及智能化水平等方面存在显著的差异。智能电机在其基本工作原理的基础上增加了智能化软硬件，主要包括：

1）变频调速：变频器是智能电机系统中常见的组件，它利用变频器来实现对电机转速的精确控制。变频器通过整流器将交流电转换为直流电，滤波器平滑电流，逆变器再将直流电转换为可调频率的交流电，从而实现对电机转速的精确控制。

2）传感器集成：智能电机内部集成了多种传感器，如温度、振动、转速传感器等，用于实时监测电机的运行状态信息。

3）控制器：配备先进的微处理器或控制器，能够接收传感器数据，并基于内置的智能算法进行实时分析和决策，优化电机的运行参数，如调整转速、转矩、功率输出等。在电动汽车中，电机控制单元（Motor Control Unit，MCU）作为核心部件，负责接收整车控制器指令，调制电能以满足不同驾驶需求。

4）通信预测：智能电机具备网络连接功能，可以进行远程监控、故障预警和远程控制。通过对运行数据的分析，智能电机能够预测潜在故障并提前安排维护，提高设备的可用性和使用寿命。

通过这些智能化的软硬件对传统电机进行智慧化赋能，智能电机展现出新的特点：

集成性：智能电机集成了多种传感器和电控功能，能够实时监测运行状态并进行自我诊断。通过数据分析和机器学习，智能电机能够优化性能并适应不同的工作条件。设计思路上，智能电机采用一体化设计，提高了制造效率和性能。

自我诊断：内置传感器和微处理器使智能电机能够监测自身状态并预测潜在故障。采用多特征融合和深度学习模型，提高故障识别和预测的准确性。

自我保护：智能电机具备多种保护机制，如过载、过电流、电压异常、断相、堵转、温度和短路保护。保护功能提高了电机的安全性和稳定性，降低了故障风险。

自我调速：智能电机可以根据负载需求和工艺要求自动调整转速，实现精确控制。高精度传感器和控制算法使电机在多变环境中具有更好的适应性和能效。

远程控制：利用先进的通信技术，智能电机可以实现远距离监控、操作和维护，提供关键运行参数的实时数据，增强电机的保护功能和快速响应能力。

快速起动：智能电机能够快速从静止状态起动到正常工作转速，提高生产效率，采用多种起动方式，有效控制起动电流和转矩，减少电网干扰和机械磨损。

3. 智能电机性能要求

电机是电动汽车传动系统的核心部件，其性能直接影响电动汽车传动系统的性能。电动汽车对电机性能要求主要包括以下几个方面：

（1）电机的高效率和优异的功率密度　电机的高效率和优异的功率密度是其设计的关键优势。通过使用高性能的稀土永磁材料，电机能够在较小的体积内实现气隙磁通密度和能量转换效率的显著增加。这种设计优化使得电机在有限的车内空间和电池能量供给下，能够显著增加电动汽车的续驶里程，满足市场对于长续航能力的需求，如图 3-10 所示。

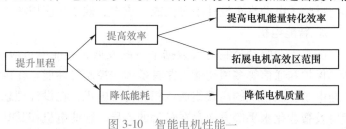

图 3-10　智能电机性能一

（2）高安全性、舒适性　为了满足驾驶舒适性的要求，要求电机低噪声，低振动，电机的稳定工作和抗振、散热性能佳，如图 3-11 所示。

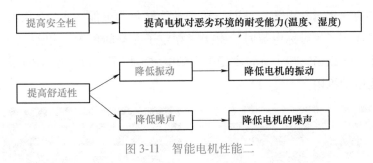

图 3-11　智能电机性能二

（3）轻量化　轻量化，即电机体积和质量小，满足整车轻量化的要求。

（4）过载能力强　在起动、加速、爬坡工况下，要求电机具有 4~5 倍的过载能力。

（5）调速的范围宽　电机转子具备广泛的调速能力（图3-12），无须额外励磁即可在极低转速下同步运行。电动汽车有两类工况场景：在车辆起动、加速或爬坡时，电机提供恒定的转矩以确保

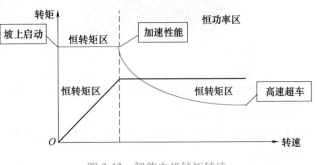

图 3-12　智能电机转矩转速

充足的动力输出；而在车辆高速行驶期间，电机则切换至恒功率模式，以优化能效和性能。这种灵活的运行模式，增强了电动汽车的驾驶适应性和整体性能。

各种电机功率密度、电机质量、结构坚固性、电机的外形尺寸、可靠性比较，见表3-3。

表 3-3　电机对比表

项目	直流电机	三相异步电机	永磁同步电机	开关磁阻电机
功率密度	低	中	高	较高
电机质量	大	中	小	小
结构坚固性	差	好	一般	优良
电机的外形尺寸	大	中	小	小
可靠性	一般	好	优良	好

3.3.2　永磁同步电机

1. 认识永磁同步电机

永磁同步电机（Permanent Magnetic Synchronous Motor，PMSM）是一种利用永磁体产生

磁场与电流磁场相互作用而产生运动的电动机（图3-13）。它可以由永磁体励磁产生同步旋转磁场的同步电机，其中永磁体作为转子产生旋转磁场，三相定子绕组在旋转磁场作用下通过电枢反应，感应三相对称电流。此时，转子动能转化为电能，永磁同步电机作为发电机用；而当定子侧通入三相对称电流时，由于三相定子在空间位置上相差120°，三相定子电流在空间中产生旋转磁场，转子旋转磁场中受到电磁力作用运动，此时电能转化为动能，永磁同步电机作为电动机用。

图 3-13　永磁同步电机

相比于其他电机，永磁同步电机具有高效、快速响应、经济和广泛的调速范围，在电动汽车中得到了广泛应用。

（1）高效率　PMSM使用永磁体产生磁场，避免了励磁电流损耗，尤其在部分负载下仍保持高效率。

（2）节能　相比异步电机，PMSM节能超过20%，意味着在不增加电池容量的情况下，可以提高汽车的续航能力。

（3）高功率密度　由于永磁体提供磁场无须额外能量，PMSM能在相同体积和重量下提供更大功率，适合空间受限的应用。

（4）高精度控制　PMSM的磁场与电网同步，通过矢量控制技术，可实现精确的转速和位置控制，适用于需要精密控制的场合。

2. 基本结构

永磁同步电机由定子、转子和端盖等部件组成，定子和转子之间有气隙，如图3-14所示。

（1）定子　定子由定子铁心和定子绕组构成。定子铁心通常采用硅钢片叠压制造，以降低电机运行时产生的涡流损耗和磁滞损耗。而定子绕组则环绕铁心，通过调节输入电流的频率，可以控制磁场的旋转频率，进而调节电机的转速（图3-15）。

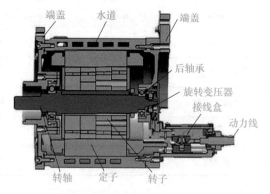

图 3-14　电机结构

（2）转子　转子由永磁体、转子铁心、轴和轴承结构组成。永磁体固定在转子内部或表面，使用高性能的永磁材料如钕铁硼（NdFeB）、钐钴合金等，产生恒定磁场。该磁场与定子产生的旋转磁场相互作用，推动转子同步旋转。转子铁心为永磁体提供磁路，通常也由硅钢片或其他材料叠压而成，有时采用特殊结构以减少铁耗。轴和轴承结构支撑转子，并确保其自由旋转（图3-16）。

图 3-15　定子

（3）端盖　端盖位于电机的两端，其作用是封闭电机内部，防止外部污染物进入，同时端盖也起到支撑轴承和转轴的作用。

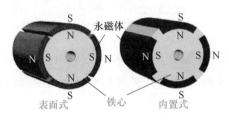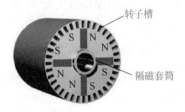

图 3-16　转子

此外，永磁同步电机的设计还包括了散热系统、传感器（如编码器，用于转速和位置检测）以及其他辅助结构，以满足特定的应用需求和提高电机的整体性能。

3. 主要类型

永磁同步电机根据永磁体在转子上的布局方式，主要分为两种类型。

（1）内置式永磁同步电机（IPMSM）　永磁体嵌入转子内部，这种布局可以提供较强的磁场和较高的功率密度。根据永磁体的磁化方向，IPMSM又可细分为径向式、切向式和混合式。内置式转子由于永磁体的嵌入，呈现出机械结构上的凸极性，这对电机的磁场分布和控制策略有一定影响。

（2）表面式永磁同步电机（SPMSM）　表面式永磁同步电机，也称为突出式永磁同步电机，其特点是永磁体直接安装在转子铁心的外表面，形成明显的磁极结构。SPMSM通常采用瓦片状或扇形的永磁体，这些永磁体紧密贴合在转子铁心的圆周表面，提供集中的磁场。

4. 工作原理

永磁同步电机的工作原理基于电磁感应和永磁体的恒定磁场，巧妙利用永磁体提供的恒定磁场与电力产生的旋转磁场相互作用，实现电能与机械能的高效转换。在永磁同步电机系统中，电机的输出动作主要依靠控制单元给定命令执行，即控制器输出命令（直流电逆变成电压、频率可调的三相交流电供给配套的三相交流永磁同步电机）。电机控制器输出频率和幅值可变的U、V、W三相交流电给电机形成旋转磁场，电机通过位置传感器将电机转子当前位置发送给电机控制器，以供电机控制器进行参数控制，如图3-17所示。

这种电机因其高效率、高功率密度和优异的控制性能，被广泛应用于电动汽车、工业自动化、航空航天等多个领域。

下面是其工作过程的详细描述：

（1）**磁场交互** 当定子绕组接入三相交流电源，定子便产生一个旋转磁场。这个磁场与转子上的永磁体磁场相互作用，在转子上感应出电磁力，推动转子旋转。

（2）**同步运行** 永磁同步电机在转子转速与定子产生的旋转磁场速度一致时，达到同步运行状态。此时，转子上的永磁体磁极与定子磁场保持最大化对齐，以实现最大转矩输出。

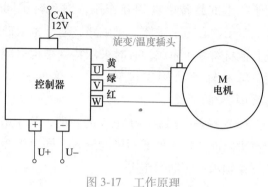

图 3-17 工作原理

（3）**转矩控制** 通过将定子电流分解为两个分量：d 轴分量（与转子磁极对齐，控制磁通）和 q 轴分量（产生转矩），控制器可以调节这两个分量，实现对电机性能的精确控制。

（4）**能量转换** 在电动机模式下，转子的旋转将电能转换为机械能，驱动机械设备。在发电机模式下，机械能通过转子的旋转转换回电能，供外部电路使用。

5. 智能永磁同步电机

智能永磁同步电机是指采用先进的智能控制技术来实现对永磁同步电机性能的优化和控制的电机。智能控制技术的应用使得永磁同步电机在面对参数变化、负载扰动和系统非线性等问题时，具有更好的适应性和鲁棒性。智能永磁同步电机的工作原理基本与传统永磁同步电机相同，但是智能永磁同步电机在控制策略上与传统永磁同步电机有所区别。下面列举几条智能永磁同步电机的智能化应用：

（1）**参数自整定与辨识** 采用智能控制算法能够对永磁同步电机（PMSM）的参数进行在线或离线自整定与辨识。针对电机参数（如电阻、电感、磁链）随温度、负载变化而产生的时变特性，采用自适应遗忘因子和辅助变量的递推最小二乘法、分数阶控制器、深度强化学习等先进算法进行参数辨识与自整定。这些方法能够实时或预先优化控制器参数，克服传统经验试凑法的局限，减小超调、振荡，提高响应速度和鲁棒性，确保电机在不同工作条件下维持最佳性能。

（2）**智能控制策略** 采用先进的控制算法，如最大熵 SAC、改进蜻蜓算法、变论域模糊 PI 控制、GWO-RBFNN 双参协同控制等，替代或增强传统 PID 控制，以实现对 PMSM 的智能控制。这些算法具备自学习、自适应能力，能根据电机运行状态动态调整控制参数，有效应对负载转矩突变、参数变化和外界扰动，提高系统的抗干扰性、跟踪效果和稳定性，实现精确的速度控制、快速响应和无偏差的转矩输出。

（3）**混沌运动控制** 对于 PMSM 可能出现的混沌运动现象，运用智能算法如 GWO-RBFNN 双参协同优化控制，自动搜索预期运动状态，结合 Poincaré 截面上两点间距离作为控制指标，实现对混沌运动的有效抑制和控制。

（4）**系统集成与通信技术** 智能永磁同步电机系统往往采用先进的系统集成技术，将电机、驱动器、传感器、控制器等部件高效互联，通过高速通信接口实现数据实时传输与共享，确保智能控制算法的有效实施。同时，系统可能采用 CAN 总线、以太网等通信标准，实现与其他车载设备的无缝对接，支持整车层面的智能化控制与协同。

3.3.3　异步电机

1. 认识异步电机

异步电机，也称为感应电机，是一种交流电机，其转子转速与定子旋转磁场的转速不同步。在异步电机中，转子的转速总是小于定子旋转磁场的转速，这种现象称为异步或滑差。异步电机具有结构简单、运行可靠等特征。异步电机构造简单且牢固，不需要外部的励磁电流源或复杂的控制系统，这使得它们制造容易、成本较低，并且维护方便。由于其简单的结构，异步电机运行起来非常可靠，并且具有较高的运行效率。它们是工业生产中最常用的电机类型之一。

相比于其他电机，异步电机具有高效率、结构简单、成本低廉、可靠性强、起动便捷和低速高转矩等优势，在电动汽车中得到了广泛应用。

高效率：在高速低转矩条件下，异步电机的运转效率较高。

结构简单：异步电机的设计相对简单，主要由定子和转子两部分组成，无须复杂的励磁系统或外部电源连接。

成本低廉：由于结构简单，制造成本较低，异步电机在市场上具有价格优势。

可靠性强：异步电机通常运行可靠，维护需求较低，耐用性强。

起动便捷：异步电机可以直接起动，不需要复杂的起动程序或外部起动设备。

低速高转矩：在低速运行时，异步电机可以提供较高的转矩，适用于需要较大起动转矩的场合。

2. 基本结构

三相异步电机作为最常见的一种异步电机，被广泛用于驱动各种生产机械。下面以三相异步电机为例介绍异步电机的结构及工作原理。三相异步电机种类繁多，按转子结构分为鼠笼式和绕线式异步电机两大类；按机壳的防护形式分类，鼠笼式又可分为防护式、封闭式、开启式等，其外形如图 3-18 所示；按冷却方式可分为自冷式、自扇冷式、管道通风式与液体冷却式。异步电机分类方法虽不同，但各类三相异步电机的基本结构却是相同的。

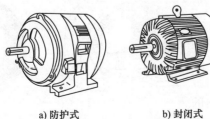 

a) 防护式　　　　　b) 封闭式　　　　　c) 开启式

图 3-18　防护式、封闭式、开启式三相异步电机外形图

三相异步电机由固定的定子和旋转的转子两个基本部分组成，转子装在定子内腔里，借助轴承被支撑在两个端盖上。为保证转子能在定子内自由转动，定子和转子之间必须有一间隙，称为气隙。电机的气隙是一个非常重要的参数，其大小及对称性对电机的性能有很大影响。图3-19所示为三相鼠笼式异步电机结构图。

图 3-19　三相鼠笼式异步电机结构图

（1）定子部分　定子部分由定子绕组（三相绕组）、定子铁心和机座组成。

定子绕组是电机的电路部分，常用高强度漆包铜线按一定规律绕制成线圈，分布均匀地嵌入定子内圆槽内，用以建立旋转磁场，实现能量转换，在异步电机的运行中起着很重要的作用。定子绕组的结构是对称的，一般有6个出线置于机座外侧的接线盒内，根据需要接成星形或三角形。三相绕组（U、V、W）6个出线端引至机座上的接线盒内与6个接线柱相连，再根据设计要求可接成星形或三角形，接线盒内的接线如图3-20所示。在接线盒内，3个绕组的6个线头排成上下两排，并规定下排的3个接线柱自左至右排列的编号为 U_1、V_1、W_1，上排自左至右的编号为 W_2、U_2、V_2。制造和维修时都按这个序号排列。

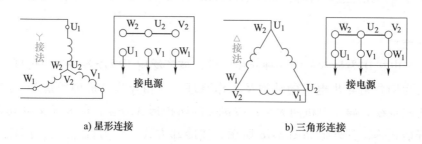

a) 星形连接　　　　　　　　　　　　b) 三角形连接

图 3-20　接线盒内的接线

定子铁心是异步电机磁路的一部分，由于主磁场以同步转速相对定子旋转，为减小在铁心中引起的损耗，铁心采用0.5mm厚的高导磁电工钢片叠成，电工钢片两面涂有绝缘漆以减小铁心的涡流损耗。中小型异步电机定子铁心一般采用整圆的冲片叠成（图3-21），大型异步电机的定子

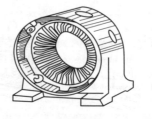

图 3-21　定子机座（左）和铁心冲片（右）

铁心一般采用肩型冲片拼成。在每个冲片内圆上均匀地开槽，使叠装后的定子铁心内圆均匀

地形成许多形状相同的槽，用于嵌放定子绕组。槽的形状由电机的容量、电压及绕组的形式而定。绕组的嵌放过程在电机制造厂中称为下线。完成下线并进行浸漆处理后的铁心与绕组成为一个整体一同固定在机座内。

机座又称机壳，它的主要作用是支撑定子铁心，同时也承受整个电机负载运行时产生的反作用力，运行时由于内部损耗所产生的热量也是通过机座向外散发的。中小型电机的机座一般采用铸铁制成。大型电机因机身较大浇注不便，常用钢板焊接成形。

（2）转子部分 异步电机的转子由转子铁心、转子绕组及转轴组成。

转子铁心是电机主磁路的一部分，采用0.5mm厚硅钢片冲片叠压而成，转子铁心外圆上有均匀分布的槽，用以嵌放转子绕组，如图3-22所示。一般小型异步电机转子铁心直接压装在转轴上。与定子铁心冲片不同的是，转子铁心冲片是在冲片的外圆上开槽，叠装后的转子铁心外圆柱面上均匀地形成许多形状相同的槽，用于放置转子绕组。

转子绕组是转子的电路部分，用以产生转子电动势和转矩，切割定子磁场，产生感应电势和电流，并在磁场作用下受力而使转子转动。转子绕组有鼠笼式和绕线式两种。根据转子绕组的结构形式，异步电机分为鼠笼式转子异步电机和绕线式转子异步电机两种。

鼠笼式转子绕组是在转子铁心每个槽内插入等长的裸铜导条，两端分别用铜制短路环焊接成一个整体，形成一个闭合的多相对称回路，若去掉铁心，很像一个装老鼠的笼子，故称鼠笼式转子。大型电机采用铜条绕组，如图3-23a所示，而中小型异步电机鼠笼式转子槽内常采用铸铝，将导条、端环同时一次浇注成型，如图3-23b所示。

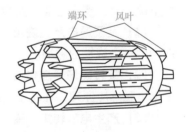

a) 铜条绕组　　　　　　　　b) 铸铝绕组

图3-22　转子铁心冲片　　　　　　　　　　图3-23　鼠笼式转子

绕线式异步电机的定子绕组与鼠笼式定子绕组相同，而转子绕组与定子绕组类似，采用绝缘漆包铜线绕制成三相绕组嵌入转子铁心槽内，将它接成星形连接，3个端头分别固定在转轴上的3个相互绝缘的滑环（称为集电环）上，再经压在滑环上的3组电刷与外电路相连，一般绕线式转子电机在转子回路中串接电阻，以改变电机的起动和调速性能。3个电阻的另一端也接成星形，如图3-24所示。

转轴是整个转子部件的安装基础，也是力和机械功率的传输部件，整个转子靠轴和轴承被支撑在定子铁心内腔中，转轴一般由中碳钢或合金钢制成。

（3）气隙部分 异步电机的气隙是指电机转子与定子之间的空隙，确保转子能够自由旋转，同时参与电机的磁路构成。这个空间是电机磁场的通道，也是能量转换的关键区域。在异步电机中，气隙的大小对电机的性能有很大影响。如果气隙过大，会导致电机的磁通量

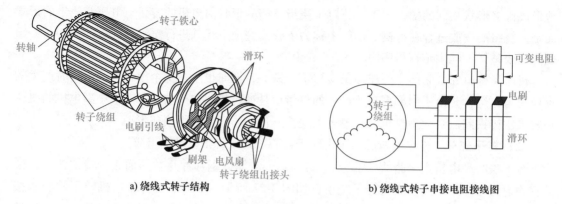

图 3-24 绕线式转子

a) 绕线式转子结构   b) 绕线式转子串接电阻接线图

减小，从而降低电机的效率和输出功率，还会增加电机的振动和噪声。如果气隙过小，可能会导致转子和定子之间的摩擦，影响电机的正常运行，甚至可能导致电机损坏。设计电机时需要根据电机的使用条件和性能要求，合理选择气隙的大小。一般来说，大型电机的气隙会比小型电机的气隙大一些，因为大型电机的热膨胀和机械应力更大，需要更大的气隙来应对。此外，气隙的形状也会影响电机的性能。例如，有些电机采用非均匀气隙设计，可以改善电机的起动性能和运行稳定性。

3. 工作原理

三相异步电机，其工作原理是基于气隙旋转磁场与转子绕组感应电流之间的相互作用产生电磁转矩，实现电能转换为机械能。其工作过程概括为如下四步：

（1）定子通电产生磁场 当三相异步电机的定子绕组通入三相交流电时，会在电机内部产生一个旋转的磁场。

（2）旋转磁场感应电流 该旋转磁场通过定子和转子之间的气隙，与转子绕组交链，根据电磁感应原理，在转子绕组中感应出电流。

（3）产生电磁转矩 感应出的电流与旋转磁场相互作用，产生电磁力，从而形成电磁转矩。

（4）转换为机械能 电磁转矩推动转子旋转，实现了从电能到机械能的转换，驱动电机工作。

当定子绕组接通交流电源后会产生一个旋转磁场，转子在定子旋转磁场的感应作用下产生感应电流，在定子旋转磁场的作用下转子同样会产生一个旋转磁场，这个磁场会和定子磁场相互作用，产生的电磁力大小和方向与磁场的变化率成正比。在电磁力的作用下产生电磁转矩，使得转子沿着定子磁场的方向同向旋转。异步电机工作原理图如图 3-25 所示，其中，AX、BY、CZ 为三相对称绕组，绕组经过丫形连接后分别引出三相定子绕组引线 A、B、C。

设定子绕组供给电源频率为 f_s，三相异步电机通入三相交流电源后，定子电流会感应出一个圆形旋转磁场，该磁场同步转速 n_s 可表示为：

$$n_s = \frac{60f_s}{P}$$

(3.3.1)

式中，P 为异步电机的磁极对数。

异步电机与同步电机最大的不同之处在于磁场旋转速度 n_s 与转子实际转速 n 之间存在转速差，该转速差可表示为：

$$s = \frac{n_s - n}{n_s} \qquad (3.3.2)$$

根据法拉第电磁感应定律可知，当旋转定子磁场切割转子导条时，转子中会产生感应电动势和感应电流。感应电流在转子中形成电流环，电流环与定子磁场之间会产生相互作用力，将会推动转子沿着旋转磁场的方向旋转。其转速为：

$$n = \frac{60(1 - s)f_s}{P} \qquad (3.3.3)$$

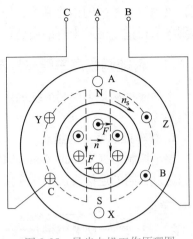

图 3-25　异步电机工作原理图

综上所述，异步电机内部的各个部分都是相互配合的，通过磁场的作用可实现电能到机械能的能量传递和转换，从而完成工作。

4. 智能异步电机

智能异步电机是指融合了先进的智能控制技术、监测技术和故障诊断技术的异步电机，不仅具备传统异步电机的基本功能，还能够实现对自身工作状态的实时监测和智能分析，及时发现和诊断潜在的故障问题。智能异步电机的结构和工作原理与传统异步电机基本相似，但是智能异步电机在设计上通常会集成更多的传感器和控制单元，在传统异步电机的基础上，加入了智能控制和监测的功能，使得电机具有更高的自动化和智能化水平。

智能异步电机的智能化运用主要体现在以下几个方面：

1）故障诊断与预测维护：通过集成传感器和人工智能算法，智能异步电机可以实时监控其运行状态，预测潜在的故障并提前进行维护，从而减少停机时间和维修成本。

2）能效优化：通过智能控制技术，电机可以根据实际工作需求动态调整其运行参数，以实现更高的能效比和更低的能耗。

3）自适应控制：智能异步电机可以采用先进的控制算法，如模糊逻辑控制、神经网络或遗传算法等，以适应不同的工作条件和负载变化，实现更优的控制性能。

4）远程监控与操作：通过物联网技术，智能异步电机可以连接到云平台，实现远程监控、故障诊断和控制，提高电机的管理效率和灵活性。

5）寿命延长：通过实时监控电机的健康状况和预测维护，智能异步电机可以有效延长其使用寿命，减少更换频率。

3.4　智能电控

智能电控系统是智能网联汽车的神经中枢，集成了先进的电子技术和控制策略，为电动汽车提供了高度智能化的管理和控制。从整车控制策略的设计，到驱动控制技术的精细管理，再到驱动系统的精确调控，智能电控系统确保了汽车的每一个动作都精准、高效，同时为驾驶人提供了前所未有的便捷体验。

3.4.1 智能网联汽车整车控制系统

本部分将从整车控制系统的组成、整车控制器以及整车控制策略流程三个方面介绍整车控制系统。

1. 整车控制系统的组成

整车控制器（Vehicle Control Unit，VCU）是一个复杂的网络，涉及多个组件和子系统，它们通过不同的通信协议相互连接和协同工作（图 3-26）。

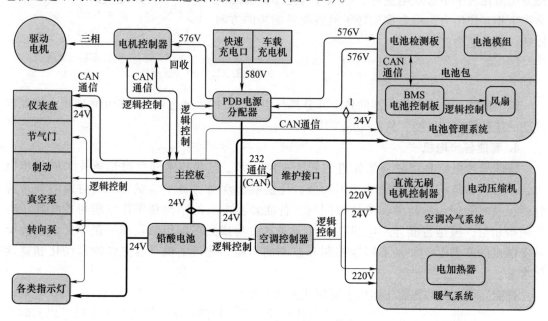

图 3-26 整车控制系统的组成

动力电池及管理系统由电池模组、电池包、电池检测板、电池管理系统等组成。BMS 负责电池充放电的控制，并向整车控制器报告电池状态和故障信息，确保电池安全和延长寿命。

充电系统分为快充和慢充，包括高压控制盒、DC/DC 变换器、充电接口和车载充电机。高压控制盒负责电能分配和设备保护，DC/DC 变换器将高压电转换为低压电，慢充充电机将交流电转换为直流电，快充充电机则通过快速充电桩为电池充电。车辆上的充电接口，用于连接外部充电设备。

电机驱动系统由电机控制器和驱动电机组成，通过线束和冷却系统与整车连接。电机控制器监测电机状态，保护系统安全。

电动助力转向系统（Electric Power Steering，EPS）用于制动助力系统真空泵，为转向系统提供液压助力转向泵，采集信息的车速传感器、转矩传感器，以及电子控制单元和助力电机。系统根据传感器信号计算转向助力，通过电机输出动力，经减速后驱动转向器。

逻辑控制系统涉及车辆的多个控制逻辑，如电池管理、充电控制、电机控制等，确保车辆安全减速、停车和稳定驻车。部分车型采用电动真空助力系统，整车控制器监控真空压力，控制电动真空泵工作。

其他系统功能简介如下：车辆内部网络通信协议（CAN 通信）用于连接和协调车辆的电子系统；仪表板显示车辆的状态信息，如速度、电池电量等；主控板是车辆的核心控制单元，负责协调各个子系统；维护接口用于车辆的维护和故障诊断；空调冷气系统提供冷却功能，提高乘客舒适度；暖气系统在寒冷天气中提供加热功能；电加热器用于除霜或提供额外的加热；各类指示灯提供车辆状态的视觉反馈。

2. 整车控制器

整车控制器（VCU）在智能网联汽车中充当着类似人类大脑的关键角色（图 3-27），负责协调和控制车辆的各个系统，确保汽车安全、平稳和高效地运行。VCU 能够采集来自电机控制系统、加速踏板以及其他关键部件的信号，综合分析并理解驾驶人的驾驶意图，进而做出响应。同时，VCU 还负责监视下层各个控制器的控制信号，对汽车的正常行驶、电池能量管理、故障诊断与处理等关键功能起着至关重要的作用。

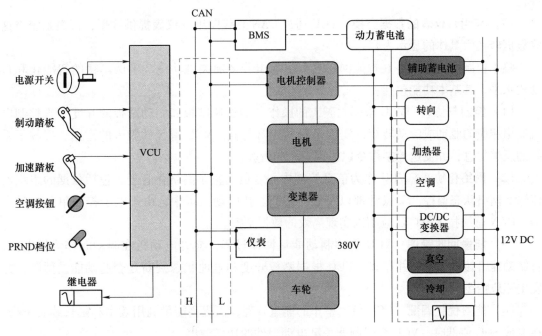

图 3-27　整车控制器功能图

电动汽车利用整车控制器（VCU）监测全车的状态，其中比较重要的开关信号（钥匙位置、档位信号、充电开关信号、制动信号等）、模拟信号（加速踏板信号、制动踏板信号、电池电压信号等）以及频率信号（车速传感器信号等）由传感器直接传递给 VCU，不通过 CAN 总线；其他具有独立控制系统的电器，则通过共享 CAN 总线的方式进行信息交换。具体工作原理流程如下：

（1）信号采集　VCU 不经过 CAN 总线直接从传感器获取关键的开关信号、模拟信号和频率信号，如钥匙位置、档位信号、充电开关信号、制动信号、加速踏板信号、制动踏板信号、电池电压信号和车速传感器信号。

（2）与 BMS 的信息交互 VCU 通过 CAN 总线与 BMS 交换信息，BMS 提供电池组的关键数据，如总电流、总电压、最高和最低单体电压、最高温度、SOC 和 SOH。VCU 则发送充电、放电和开关指令给 BMS。

（3）充电过程控制 充电开始后，VCU 将控制权交给 BMS 和充电机，直至充电完成或中断，然后控制权重新回到 VCU。

（4）热管理协调 VCU 根据电池的 SOC 和温度，协调热管理过程，涉及开起或关闭空调压缩机、冷却液循环系统。

（5）与电驱动系统的交互 VCU 向电机控制器发送指令，包括电机势能、驱动模式（正向驱动、反向驱动、制动能量回收）和电机转矩。电机控制器则上报电机转速、转矩、电压和电流等参数。

（6）充电系统通信 充电系统遵循统一通信协议，如 GB/T 27930—2023、GB/T 32895—2016 和 GB/T 32896—2016，确保充电过程的信息交互在 BMS 和充电机之间高效进行。

（7）与组合仪表的数据交换 VCU 通过 CAN 总线向组合仪表提供数据，仪表系统将这些数据转换为具体的显示内容。

整车控制器（VCU）在智能网联汽车中承担着多项关键功能，确保车辆的智能化和自动化水平，其基本功能包括：

（1）控制与协调 VCU 根据驾驶人的操作（如加速踏板和制动踏板的开度）来控制电机输出相应的驱动或制动转矩，实现车辆的正常行驶。VCU 解释驾驶人的意图，接收子系统的反馈信息，并发送控制指令以协调整车的行驶。

（2）网络化协调 VCU 作为信息控制中心，负责整车网络化管理，包括数据的组织与传输、网络状态监控、节点管理以及故障诊断。在电动汽车中，由于电子控制单元数量众多，CAN 总线技术被广泛应用以实现高效的数据交换。

（3）能量回收管理 VCU 管理制动能量回馈过程，允许电动机在制动时作为发电机，将制动能量转换为电能并存储。VCU 根据踏板开度和电池状态判断是否起动能量回收，并发出相应指令。

（4）能量优化调配 VCU 负责整车的能量管理，以提高能量利用效率和延长续驶里程。在电池 SOC 值低时，VCU 会限制非关键电动附件的功率输出。

（5）状态监测与显示 VCU 实时监测车辆状态，并通过传感器和 CAN 总线将信息传递给车载信息显示系统，显示包括电机转速、车速、电池电量和故障等信息。

这些功能共同确保了电动汽车的高效、稳定运行，并提供了良好的用户体验。VCU 通过精确控制和智能管理，使得电动汽车不仅响应迅速、操作简便，更加环保和经济。

3. 整车控制策略流程

智能网联汽车的整车控制策略以整车控制器为载体，通过 CAN 总线通信网络实现对各个部件的协调控制。整车控制策略的功能主要包括对整车控制系统自检、CAN 总线模块通信检测、故障诊断及处理、安全性检测及处理、电池保护控制以及换档手柄信号检测及处理等。整车控制策略主流程如图 3-28 所示。

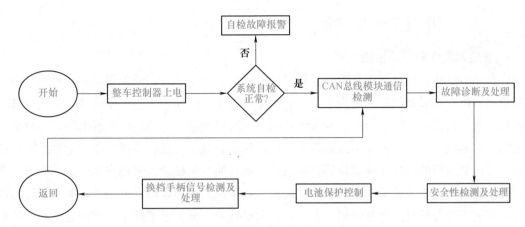

图 3-28　整车控制策略主流程

1）整车控制器上电：整车控制器（VCU）起动，开始执行系统自检。

2）系统自检：确保系统各部分正常工作。

3）自检故障报警：系统起动时，首先进行自检，并检查是否有故障发生。如果检测到故障，系统将发出报警信号。

4）CAN 总线模块通信检测：采集电机控制器、电池管理系统（BMS）、自动变速器控制单元及车身主控制单元的生命信号。

通过比较当前生命信号与上次的值，判断 CAN 通信是否正常。

如果通信异常，发出通信异常报警；如果通信正常，检查 CAN 总线上的节点状态是否正常。

如果节点状态异常，发出通信异常报警；如果节点状态正常，进入下一步故障诊断及处理环节。

5）故障诊断及处理：分析各部件的状态参数，判断存在的故障情况。

根据故障类型制定相应的处理措施；如果所有部件均无故障，进入安全性检测及处理环节。

6）安全性检测及处理：检测各部件的状态。

如果异常，采取相应措施，如电机降功率运转或断开高压开关；如果正常，检查充电插头是否断开。

如果充电插头未断开，进行充电互锁；如果充电插头已断开，发出闭合高压开关通断继电器的指令。

7）电池保护控制：采集电池状态信息，如 SOC、单体电池电压、电池温度等。

根据状态规则表，确定充电电流、放电功率、电机峰值功率和再生制动功率等参数值。

8）换档手柄信号检测及处理：采集车速、电机转速、档位手柄信号等信息。

制定处理措施并发送给自动变速器控制器和电机控制器。

发送电机峰值功率值和最大再生制动功率值数据给电机控制器。

9）返回：回到 CAN 总线模块通信检测环节，形成一个闭环的检测流程。

3.4.2 智能网联汽车驱动控制技术

1. 智能网联汽车驱动系统介绍

在自然科学中，机械运动是运动系统研究的核心，而运动控制系统则是实现机械运动的控制机制。该系统以系统控制器为中心，利用电力电子线路作为功率变换装置，电机及其传动装置作为执行机构，控制传动装置带动负载，并辅以测量与变送电路形成电气传动自动控制系统。电动汽车驱动系统作为运动控制系统的代表，其主要任务是调节驱动电机的转速或转角，以控制汽车的行驶速度或位移。电机将电能转换为机械能，驱动汽车行驶，而电机转速和转角的精确调节依赖于高效的功率变换技术和精细的控制策略。电动汽车驱动系统的设计和实现是一个跨学科的复杂过程，它结合了电机技术、电力电子技术、控制理论和系统集成，旨在提升电动汽车的能效、加速性能和整体驾驶体验。

电动汽车的驱动系统，采用单电机或多电机配置，由电力驱动子系统、电源子系统和辅助子系统组成，其中电力驱动子系统是核心，包括电气和机械两大组成部分。电气部分包括动力电池、电机、功率变换器和电子控制器，负责提供电能、转换能量、调节电压和控制电机，而机械部分包括机械传动装置和车轮，负责传递电机产生的动力。

图 3-29 为单电机驱动系统的基本结构，其中：

（1）电机 作为系统核心，其性能和效率直接影响汽车性能，同时动力电池和电机的尺寸、质量也影响整体效率，功率变换器和电子控制器则关乎汽车的安全和可靠运行。

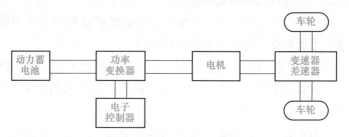

图 3-29 单电机驱动系统的基本结构

（2）变速器、功率变换器、差速器及电子控制器 变速器用于调整电机输出的转速和转矩，以适应不同的行驶条件；功率变换器将动力电池储存的直流电转换为电机所需的交流电，或者进行电压/频率变换，以供给电机和其他交流负载使用；差速器允许车轮以不同的速度旋转，以适应转弯时内外轮速度的差异；电子控制器作为驱动系统的核心控制部件，通过电机驱动控制算法与电力电子器件配合，实时调整功率开关的状态，控制电机的起动、转向、转速和输出转矩。

动力电池和驱动电机在前文已述，不再赘述。

电动汽车驱动系统的性能是电动汽车设计过程中需要着重考虑的环节，亦是电动汽车整车性能得以满足的前提和基础。下面分别介绍电动汽车驱动系统的基本性能技术指标、动态性能技术指标以及稳态性能技术指标。

2. 基本性能技术指标

（1）稳定性 稳定性指汽车在行驶过程中遇到外部干扰后，系统能够自动恢复到平衡状态的能力。稳定性分为三种情况：

稳定：受干扰后，系统响应为衰减振荡，最终稳定在某一平衡状态。

临界稳定：受干扰后，系统响应为等幅振荡。

不稳定：受干扰后，系统响应为发散振荡。设计时要求驱动系统必须稳定，临界稳定和不稳定状态都不利于安全行驶。

（2）准确性 准确性指衡量汽车从一个平衡状态转换到另一个平衡状态后，实际输出值与期望值之间差异的指标，通常用稳态误差来表示，稳态误差越小，说明系统输出跟随输入的准确度越高。

（3）快速性 快速性描述汽车从一个状态转换到另一个状态的速度快慢。通常用调整时间来衡量，调整时间越短，系统的快速性越好。

电动汽车驱动系统的稳定性是其正常行驶的前提，快速性是对驱动系统暂态性能的要求，准确性是对驱动系统稳态性能的要求。总之，唯有在保持驱动系统稳定性的前提下，讨论其快速性和准确性才有实际意义。

3. 动态性能技术指标

电动汽车驱动系统动态性能要求经量化后可以表达为动态性能技术指标，包括对给定输入信号的跟随性能指标和对干扰输入信号的抗干扰性能指标两类。

（1）跟随性能指标 在给定的参考输入信号 $r(t)$（通常为给定车速）作用下，驱动系统输出量 $y(t)$（实际车速）的变化情况可以用跟随性能指标来进行描述。电动汽车行驶过程中，给定信号通常为瞬间跳变的车速值，属于典型的阶跃信号。以输出量的初始值为零时，给定信号阶跃变化下的过渡过程作为典型的跟随过程，这时的输出动态响应称为阶跃响应。图 3-30 给出了典型的阶跃响应过程和跟随性能指标，其中 y_∞ 为输出量 $y(t)$ 的稳态值。常用的阶跃响应跟随性能指标有上升时间、峰值时间、超调量和调节时间。

1）上升时间 t_r：电动汽车驱动系统在跟随给定阶跃信号的过程中，输出量从零起第一次上升到稳态值 y_∞ 所用的时间称为上升时间，常用来表示动态响应的快速性。

2）峰值时间 t_p：电动汽车驱动系统在阶跃响应过程中，时间超过 t_r 后，输出量有可能会继续升高，到达最大值 y_{max} 的时间称为峰值时间。

3）超调量 σ：电动汽车驱动系统阶跃响应最大值 y_{max} 超出稳态值 y_∞ 的百分比称为超调量。

σ 可以表示为：

$$\sigma = \frac{y_{max} - y_\infty}{y_\infty} \times 100\% \qquad (3.4.1)$$

从式（3.4.1）可以看出，超调量 σ 反映了电动汽车驱动系统的相对稳定性。超调量越小，驱动系统的相对稳定性越好。

4）调节时间 t_s：调节时间又称过渡时间，用于衡量电动汽车驱动系统输出量调节过程的快慢。由于系统输出的过渡过程通常耗时很长，在实际中定义稳态值上下 ±5%（或 ±2%）为允许的误差带，输出量进入误差带并不再超出该误差带所需的时间称为调节时间。可见，调节时间既反映了电动汽车驱动系统的快速性，又能反映它的稳定性。

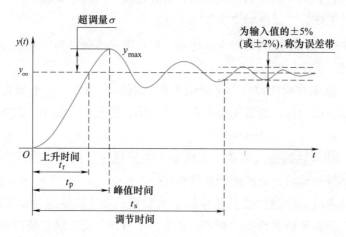

图 3-30 电动汽车驱动系统阶跃响应过程和跟随性能指标

（2）抗干扰性能指标 抗干扰性能指标是电动汽车驱动系统的一项重要性能指标。在电动汽车稳定运行过程中，突加一个使输出量降低的扰动量 F 之后，输出量由降低到恢复为稳态值的过程称为抗扰过程，如图 3-31 所示。

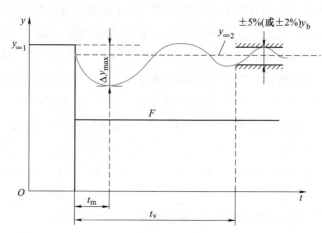

图 3-31 电动汽车驱动系统突加扰动后的抗扰过程和抗干扰性能指标

一般而言，常用的抗干扰性能指标为动态降落和恢复时间。

1）动态降落 $\Delta y_{\max}$：在电动汽车驱动系统稳定运行时，突加一个约定的负扰动量，所引起的输出量最大降落值 $\Delta y_{\max}$ 称为动态降落。电动汽车驱动系统输出量在动态降落后逐渐恢复，达到新的稳态值 $y_{\infty 2}$（通常 $y_{\infty 1} \neq y_{\infty 2}$），$y_{\infty 1} - y_{\infty 2}$ 称为驱动系统在该扰动下的稳态误差，即静差。

2）恢复时间 t_v：电动汽车驱动系统从扰动作用开始，到输出量基本恢复稳态，输出值与新稳态值 $y_{\infty 2}$ 之差进入基准值 y_b 的 ±5%（或±2%）范围内所需的时间，称为恢复时间。

4. 稳态性能技术指标

电动汽车的驱动系统在行驶时，其稳态性能通常通过稳态误差来衡量，稳态误差越小，表示驱动系统的性能越好。为了提升电动汽车的跟随性能，设计时追求尽可能小的稳态误差。然而，由于输入量、扰动量和输入函数形式的多样性，驱动系统的输出很难做到在所有时刻都与期望值完全一致。此外，驱动系统中的非线性因素，如摩擦和不灵敏区，也会导致稳态误差的存在。尽管如此，对于满足实际行车需求的电动汽车驱动系统，稳态误差必须控制在一个允许的范围内，以确保车辆的性能和安全性。为此，可以采取精确建模、应用先进控制策略、系统参数优化、设计补偿机制和实施实时监控等措施，以优化驱动系统的性能。

典型的电动汽车驱动系统闭环控制结构如图 3-32 所示，其中，$R(s)$ 为给定的参考输入，$G_m(s)$ 为前向通道（即驱动电机、电力电子变换器、传动系统等）的传递函数，$H(s)$ 为反馈通道传递函数，$Y(s)$ 为驱动系统输出，$E(s)$ 为误差信号。

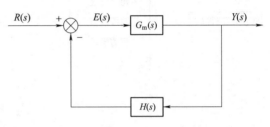

图 3-32 典型的电动汽车驱动系统闭环控制结构

当驱动系统的输出不等于给定输入时，误差 $E(s)$ 可表示为：

$$E(s) = R(s) - H(s)Y(s) \tag{3.4.2}$$

由图 3-32 可知驱动系统误差传递函数为：

$$\Phi_e(s) = \frac{E(s)}{R(s)} = \frac{1}{1 + H(s)G_m(s)} \tag{3.4.3}$$

则

$$E(s) = \Phi_e(s)R(s) = \frac{R(s)}{1 + H(s)G_m(s)} \tag{3.4.4}$$

对式（3.4.4）取拉氏反变换可得：

$$e(t) = L^{-1}[\Phi_e(s)R(s)] \tag{3.4.5}$$

由拉氏变换终值定理可得：

$$e_{ss} = \lim_{s \to 0} sE(s) = \lim_{s \to 0} \frac{sR(s)}{1 + H(s)G_m(s)} \tag{3.4.6}$$

从式（3.4.6）可以看出，电动汽车驱动系统的稳态误差，不仅与开环传递函数 $H(s)G_m(s)$ 的结构和参数有关，还与给定输入 $R(s)$ 的形式密切相关。对于一个给定的稳定系统，当输入信号形式一定时，驱动系统的稳态误差取决于开环传递函数所描述的系统结构和参数。

3.4.3 智能网联汽车电机控制系统

1. 电机控制系统构成

电动汽车电机控制系统是一种集成了车载处理器硬件、软件以及 CAN 总线通信网络的先进电子系统，它能够实现对车辆各功能模块的精确控制（图 3-33）。系统的核心功能包括：接收和传递来自车辆各传感器的数据，对这些信息进行实时分析和处理，生成并分布控制指令至相应的执行器，监控和管理电动汽车的能量流动、各总成和器件的工作状态，利用传感器反馈信息调整控制策略以适应驾驶条件。准确实现驾驶人的驾驶意图,如加速、减速和转向等,通过精确控制和实时监控降低交通事故发生率。该系统的设计目标是通过电子控制技术提升电动汽车性能,为驾驶人创造一个安全、便捷、舒适的驾驶环境,并为人车交互及未来智能交通系统的发展提供支持。

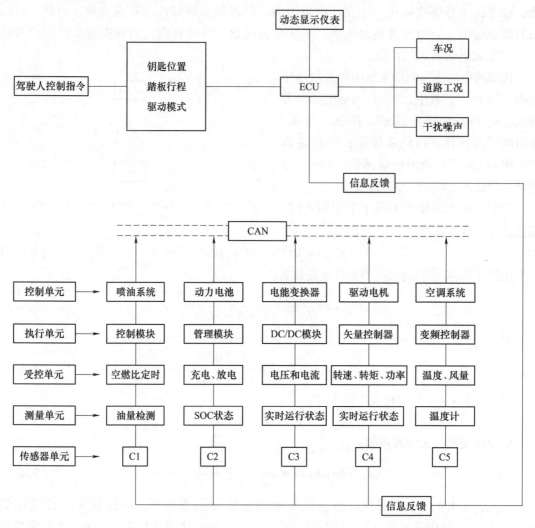

图 3-33　电动汽车的电机控制系统的基本构成

(1)驾驶人控制指令　驾驶人通过操作加速踏板、离合器踏板和变速器档位等控制设备来发出控制指令,从而实现电动汽车的起动、加速、匀速行驶、减速和转弯。同时,制动踏板的踩踏行程和力度用于执行行车制动或紧急制动,确保车辆控制系统能够准确且同步地响应驾驶人的操作,以实现安全、流畅的驾驶体验。

(2)控制单元　控制单元中的微型处理器扮演着电动汽车电机控制系统的核心角色,具备多项关键功能:

1)它负责对驾驶人输入的控制信息和车辆所处的环境条件(如行驶状态)进行数据分析、对比、信号转换和指令生成,同时具备故障自检和安全警报功能。

2）根据预设程序，处理器将分析结果转化为具体的执行指令，并迅速传达给各个受控单元，以确保驾驶人的操作意图得到准确和及时的执行。

3）控制单元还负责处理来自传感器单元的反馈信息和数据，进行实时的控制决策，并根据需要发出修正或调整后的控制指令。控制单元发出的指令是驱动执行单元动作的唯一参考，并持续监测受控单元的响应和状态变化，确保整个系统运行的精确性和可靠性。

（3）执行单元　执行单元通常由执行器和执行机构组成。执行器有电磁电机、伺服电机、步进电机等，负责将控制单元发出的电信号转换为物理动作，实现正向或反向的直线运动或旋转运动，从而驱动执行机构进行相应的操作。执行机构与执行器相连接，利用执行器产生的机械运动来直接操作车辆的物理部件，如开启或关闭阀门、移动转向杆、调整制动器等，从而实现对车辆具体功能的控制。

（4）受控单元　受控单元有杠杆式（如加速器拉杆、变速器操纵杆、转向器拉杆等）、液压式（如液压制动器主缸、轮缸等）、气动式（气动制动器、轮缸等）等结构形式，根据控制指令产生相应的机械动作以实现驾驶人的操作意图。这些受控单元在设计时需考虑结构强度和耐用性，以承受执行器传递的力量，并与执行单元性能相匹配，确保系统协调可靠，同步执行控制指令，准确实现驾驶人的操作意图，提供高效安全的驾驶体验。

（5）测量单元与传感器单元　在电动汽车的控制系统中，测量单元和传感器单元扮演着至关重要的角色。它们负责检测信号的实际控制状态以及受控总成的实时响应状态，监控控制参数变量或中间变量。测量单元将检测到的变量或中间变量放大，然后通过传感器单元进行反馈。这些反馈信号被控制单元接收并进行运算处理，以便实时调整控制决策。根据运算结果，控制单元会发出修正或调整后的指令，引导受控单元执行相应的动作，确保整个系统能够精确地响应驾驶人的操作意图或系统内部的自动控制逻辑，维持车辆的高效和安全运行。

（6）消除干扰和故障报警　在电动汽车的行驶过程中，控制系统不仅要传输和执行驾驶人的操作指令，还要应对外部环境因素，如电磁干扰、阻力、振动和滑转等，这些因素可能会干扰受控总成的正常动作，导致其偏离预期的控制目标。因此，系统必须具备实时监测和识别干扰的能力，并能够及时修正，以维持受控总成的准确动作。此外，系统还应具备故障自诊断和报警功能，以便在检测到异常时能够立即通知驾驶人并采取相应措施。

2. 电机控制系统工作原理

电机控制器是电动汽车中电池与电机间能量转换的关键环节，其硬件部分由辅助电源、控制电路、驱动电路、保护电路以及IGBT模块等构成（图3-34）。

软件层面，电机控制器的核心在于采用矢量控制算法来生成PWM信号，通过电机的外特性曲线来实现转矩的精确控制。此外，控制器通过采样电机的电流和转子位置信号，进行滤波处理，以实现电机的正反转和精确的转矩控制。这种控制策略确保了电机运行的高效性和可靠性，是纯电动汽车电机控制技术的重要组成部分。表3-4所示为电机控制器控制策略表。

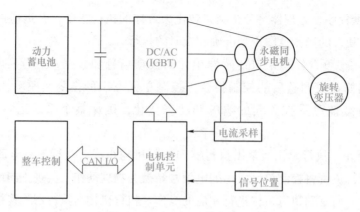

图 3-34　电机控制系统工作原理

表 3-4　电机控制器控制策略表

监控项目	条件	状态
电机温度	READY（静置）	与冷却液温度接近
	运行中	随加减速度变化
电机转速	READY（静置）	0
	运行中	随加减速度变化
开关频率	READY（静置）	10kHz
	运行中	10kHz/5kHz
控制器温度	READY（静置）	与冷却液温度接近
	运行中	随加减速度变化
IGBT 温度	READY（静置）	与冷却液温度接近
	运行中	随加减速度变化
转矩命令	运行中	随加减速度变化
12V 电压	KEY ON（接通点火开关）	13～15V
高压输入	READY（静置）	220～420V
	运行中	

3. 电机控制系统基本功能

电动汽车电机控制系统是电动汽车的重要组成部分，由各个子系统构成，每个子系统一般由传感器、信号处理电路、电控单元、控制策略、执行机构、自诊断电路和指示灯组成。在不同类型的电动汽车上，电机控制系统存在一些区别，但总体来说一般都包括能量管理系统、再生制动控制系统、电机驱动控制系统、电动助力转向控制系统以及动力总成控制系统等。各个子系统功能不是简单的叠加，而是综合各个系统功能来控制电动汽车。

（1）能量管理系统　能量管理系统是新能源电动汽车的中枢，由功率分配、功率限制和充电控制三个关键组成部分构成。该系统通过电子控制单元处理从数据采集电路获取的电池状态信息和其他相关信息，以此来生成指令和信息，并发送至各个功能模块。其主要功能包括：确保电动汽车电池组件在最佳状态下运行；监控车辆子系统运行，进行数据采集和诊断；控制充电过程，并显示剩余能量。尽管与成熟的电机控制技术相比，能量管理技术仍在发展中，但实现无损电池充电、监控电池状态、防止过充以及定期对电池进行检测和维护，对于确保电动汽车的可靠性和延长电池寿命至关重要。

（2）再生制动控制系统　在电动汽车中，制动过程不仅涉及减速，还包括能量回收。与传统汽车仅通过摩擦制动不同，电动汽车在制动时，其牵引电动机可以转变为发电机模式，利用车轮的旋转驱动电机发电，将动能转换为电能（图3-35）。这一过程不仅减缓了车速，还实现了能量的回收，从而提升了电动汽车的续航能力。再生制动能量回收系统的开发是电动汽车技术的关键部分，它要求综合考虑多个因素：汽车的动力学特性，确保制动时的稳定性和安全性；

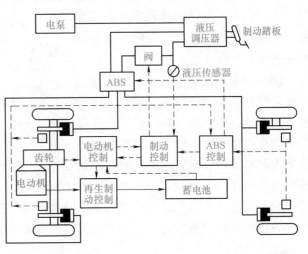

图3-35　再生制动能量回收系统基本结构

电机的发电特性，优化能量转换效率；以及电池的安全和充放电特性，保障电池的健康和长效使用。通过精心设计，再生制动能量回收系统能够显著提升电动汽车的性能和经济性。

采用再生制动技术，需要满足两个要求：

1）要满足制动效能、制动效能恒定性、制动时汽车的方向稳定性以及最大限度地提高制动能量回收程度的要求；

2）要满足驾驶人操作的习惯、舒适性能的要求。而这些性能的满足主要依赖于合理设计能量管理系统以及系统的控制策略。

（3）电机驱动控制系统　电动汽车的安全性和可靠性在很大程度上取决于电机驱动控制系统的性能。该系统由电机、电力电子逆变器、数字控制器和传感器等关键部件组成。在电动汽车中，电机驱动控制系统主要采用感应电机、永磁同步电机和开关磁阻电机等类型。电力电子逆变器技术正向IGBT集成模块方向发展，而传感器技术也在向集成智能传感器方向进步。电机控制策略包括传统的直流电机控制方法，如励磁控制和电枢电压控制；开关磁阻电机的控制方法，包括角度位置控制、电流斩波控制和电压控制；感应电机的控制方法，包括转差率控制、矢量控制和直接转矩控制等。近年来，电机驱动控制领域引入了多种先进控制策略，如自适应控制、变结构控制、模糊逻辑控制、神经网络控制、闭环控制、鲁棒控制、滑模控制、专家系统、模型参考自适应控制、非耦合控制、交叉耦合控制以及协调控制等，这些方法提升了电机驱动系统的控制精度和适应性，可满足不同的电机驱动需求。

（4）电动助力转向控制系统　电动助力转向控制系统（EPS）通过传感器捕捉方向盘的输入力矩和转动方向，以及车速信号，由电子控制单元计算并控制电机提供恰当的辅助转矩（图 3-36）。电动助力转向电机也称为 EPS 电机，由驱动电机和非标齿轮箱组成，采用直流电机、步进电机或空心杯电机作为驱动源。该系统在降低重量、减少成本、优化能耗和减小内部摩擦，以及提升路感和整车匹配性方面取得了进步。

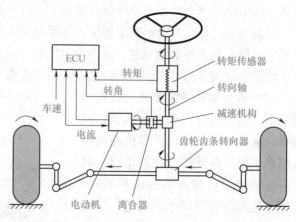

图 3-36　电动助力转向控制系统

（5）**动力总成控制系统**　动力总成控制系统包括动力总成控制单元、发动机电控单元、电机控制器、自动变速器控制器及动力电池管理系统。其中动力总成控制单元用以确定发动机和电动机输出功率的比例，以满足汽车的动力性能、经济性、排放性等性能要求，保证换档操作过程的平顺性。多能源动力总成控制单元的研究成为近年来电动汽车技术发展和产业进程中的重要研究发展方向。在这方面，国外已经开发出不少成熟的动力总成控制器。

本章小结

本章介绍了智能网联汽车的智能动力系统，涵盖了动力电池的构成、类型、性能参数及电池管理系统，智能电机的驱动技术以及整车控制系统的工作原理和控制策略。重点介绍了动力电池的三个核心组成部分：电芯、模组和电池包及其基本结构和功能。详细阐述了智能电机的角色和功能，包括电机结构、集成的传感器、控制单元等。最后深入分析了整车控制系统，特别是整车控制器（VCU）和电机控制器的工作原理、整车控制策略流程。通过本章的学习，读者可以深入理解智能网联汽车智能动力系统的基础技术原理，并掌握其组成、工作原理及控制策略。

思考题

1. 请描述电池管理系统（BMS）中数据采集的重要性，并解释其对电池状态监测与计算的作用。

2. 智能电机中的远程控制功能是如何实现的？它在工业自动化中有哪些优势？

3. 智能网联汽车的整车控制器（VCU）有哪些关键功能？它们是如何协同工作以提高电动汽车的性能和安全性的？

4. 动力电池的能量密度越来越高，这对其性能有哪些具体影响？

5. 智能电机需要精准响应控制指令以实现快速而平稳的加速和减速，请描述智能电控系统是如何实现对智能电机的精准控制的。

实验设计

电池的健康状况（State of Health，SOH）估算是一个多维度的问题，涉及电池的物理、化学和电气特性，请设计一个电池SOH估算实验，评估电池在不同使用条件下的健康状况，并确定电池的容量衰减、内阻增加等关键指标，建立电池SOH与电池性能参数之间的数学模型。

实验要求：

1）电池准备。选择相同型号和规格的电池样品，确保初始状态尽可能一致。

2）初始测试。对电池进行首次充放电测试，记录初始容量、内阻等数据。

3）加速老化测试。将电池置于高温环境下进行加速老化，模拟长时间使用条件下的电池性能衰减。

4）周期性测试。在老化过程中，定期对电池进行充放电测试，记录容量、内阻、电压-时间曲线等数据。

5）数据采集。使用数据采集系统记录电池在充放电过程中的电压、电流、温度等数据。

6）报告提交。报告内容包括：实验目的和背景、实验设备和材料、实验方法和步骤、实验结果、数据分析和讨论。

本实验方案提供了一个基础框架，具体的实验设计可能需要根据电池类型、实验条件和研究目的进行调整。

扩展阅读：电池技术。

电池技术是电动汽车的核心技术之一，当前电动汽车的电池主要是锂离子电池，其凭借高能量密度、长循环寿命等优点，成为当前电动汽车的主流选择。但是，电池技术的发展仍然面临很多挑战，其在极端条件下可能出现热失控、过充、过放、短路等安全问题，这些问题可能导致电池性能下降甚至引发安全事故。在现有的技术条件下，大多数的电动汽车电池都会遇到这些瓶颈，这些瓶颈限制了电动汽车的普及和使用，而通过电池联网可能解决现有问题，提高电池续驶里程。这一设想是基于云计算与智能技术来监控电动汽车电池老化的速度，通过减少电池磨损，有可能使电动汽车在道路上行驶更长时间。这种将成千上万电动汽车电池进行联网，通过智能化技术实现电池互联，就叫智联电池网。

1. 智联电池网架构

智联电池网其实是物联网的一种，是针对电池的监控、管理、优化和维护等应用的网络系统。它利用大数据工具对电池运行状态的数据进行深入挖掘和分析，实现对电动汽车企业车辆电池安全状态的实时监控，解决了电池全生命周期风险特征难以度量的问题。

图 3-37 是智联电池网平台功能架构，底部集成了数据分析、智能算法、融合算法，可以对风险进行预测预警。中间部分，可以对单体电池进行监控，对电池及电池包状态进行预测预警，为下游整车企业提供数据赋能。

2. 智联电池网硬件基础

智联电池网组成硬件基础有电池单元、传感器和通信模块。

电池单元是构成电池系统的基本组成部分，它们通过串联或并联的方式连接，以满足电动汽车对电压和容量的需求。电池单元的制

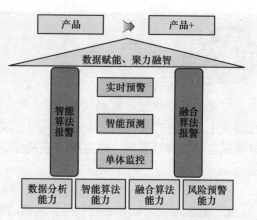

图 3-37　智联电池网平台功能架构

造过程中存在细微差异，这些差异可能导致性能不一致，影响电池组的整体性能和安全。

传感器用于采集电池的各类数据，如电压、电流、温度等。温度传感器均匀分布在电池上，用于实时监控电池的温度。传感器的数据采集对于电池管理系统（BMS）来说至关重要，因为它们能够提供电池健康状态和运行状态的实时信息。

通信模块负责将传感器采集到的数据传输到电池管理系统或云平台。支持多种数据协议的接入，包括 GB/T 32960.3—2016 协议等，能够通过不同的通信方式接收和处理数据。

3. 智联电池网软件支撑

智联电池网中的数据收集系统负责从各个电池单元的传感器中收集数据，并将数据传输到中心处理系统。数据处理和分析系统对收集到的数据进行存储、处理和分析，以识别电池的使用模式、预测电池寿命、诊断故障等。智能算法集成机器学习和人工智能技术，用于优化电池管理策略，提高预测准确性。下面重点介绍智联电池网算法体系（图 3-38）。

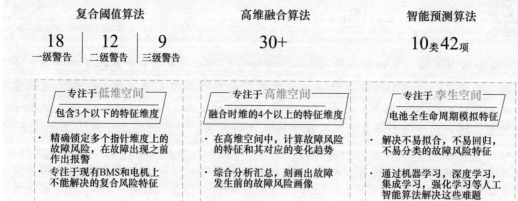

图 3-38　智联电池网算法体系

针对高维复杂电池数据，智联电池网有三类算法可以对数据进行降维降噪，支持电池热失控风险预测、状态实时监控与预警，解决了传统车辆电池状态无法实时监测、故障诊断与预警难等问题。智联电池网数据平台的核心优势在于其综合运用了大数据和人工智能

技术，实现了对电池状态的实时监控和智能分析，能够对电池运行数据进行深度挖掘，提前预警潜在的安全问题，如通过自放电率算法模型和热失控智能预警算法模型等，确保电池的安全可靠。此外，平台还提供了故障分析和解决方案，增强了对电池安全管理的全面性和前瞻性。

4. 应用案例：电池数据一致性分析（图 3-39）

电动汽车能源管理系统中存在着电池组电压一致性问题。电池组中的每个单体电池会因为温度、电流、电压等因素产生差异，如果这些单体电池的电压过低或过高，就会导致整个电池组性能下降，甚至出现故障。因此，电池组电压一致性异常的识别和预防是电动汽车可靠性和安全性的重要保障。基于智联电池网，可以构建电池性能大数据一致性分析模型，实现对电池的理化分析、表征分析、性能分析和安全分析。

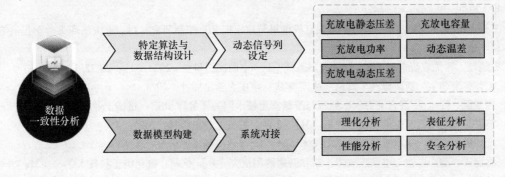

图 3-39 电池数据一致性分析

其实，电池组性能不一致性往往源于单体电池在制造过程中的微小差异，以及使用过程中的温度、电流和电压变化。这些差异导致每个电池的充放电特性和老化速率不同，进而影响整体性能。例如，温度升高可能加速某些电池的老化，而电流和电压的不均匀分布可能导致局部过充或过放，影响电池寿命。基于智联电池网，可以实现对电池组性能不一致性的洞察。具体地，先要通过数据清洗算法过滤掉一些无效异常数据，获得真实有效的数据流。然后以天为频率计算出每个模块的实际容量。再计算出最低容量模块与平均容量之间的差值，并以此作为衡量一致性趋势的量化指标。最后输出电池一致性趋势和各模块一致性分布，以及异常模块的位置信息。

5. 智联电池网未来

智联电池网将继续深化电池数据收集和分析能力。随着技术的发展，智联电池网将能够处理更大规模的数据，实现更精准的电池状态监测和故障预测。通过引入更先进的算法和机器学习模型，智联电池网将能够更早地识别潜在问题，从而进一步提高电动汽车的安全性和可靠性。

智联电池网有望实现更广泛的行业应用。随着其功能的不断完善，它将不仅仅局限于电动汽车领域，还有望扩展到储能、智能电网等多个领域，为更广泛的能源管理和优化提供支持，促进电池的循环利用和可持续发展。通过对电池状态的实时监控和分析，有助于优化电池的回收和再利用，减少废弃电池对环境的影响，同时为电池的二次利用提供数据支持。

参 考 文 献

［1］ 麻友良. 新能源汽车动力电池技术［M］.2 版. 北京：北京大学出版社，2020.

［2］ 张凯，李正国. 动力电池管理及维护技术［M］.2 版. 北京：北京大学出版社，2020.

［3］ 黄勇，刘德友，毛兴燕，等. 动力电池及能源管理技术［M］. 重庆：重庆大学出版社，2021.

［4］ 刘春晖，贺红岩，柳学军. 图解电动汽车结构原理［M］. 北京：化学工业出版社，2018.

［5］ 贺林，石琴. 动力电池［M］. 北京：机械工业出版社，2021.

［6］ 谭晓军. 电动汽车智能电池管理系统技术［M］. 北京：机械工业出版社，2019.

［7］ 李民生，黄凯伦，田锋，等. 新能源车永磁同步电机定子振动分析与结构优化［J］. 天津城建大学学报，2023，29（6）：437-442.

［8］ 王栋，张军，齐潘，等. 消毒机器人直流电机转速模糊 PID 控制研究［J］. 重庆工商大学学报（自然科学版），2024：1-11.

［9］ 史旭丹. 智能直流电机 PWM 调速控制系统［J］. 中国高新科技，2023（4）：20-22.

［10］ 胡萍，余朝宽. 新能源汽车概论［M］. 重庆：重庆大学出版社，2021.

［11］ 张晓臣. 纯电动/混合动力汽车原理与维修实用技术问答［M］. 北京：机械工业出版社，2023.

［12］ 杨盼盼. 电动汽车驱动与控制技术［M］. 北京：机械工业出版社，2022.

［13］ 严朝勇. 电动汽车电机控制与驱动技术［M］. 北京：机械工业出版社，2017.

［14］ 乔涵哲. 动力电池充电系统故障诊断和健康监测研究［D］. 杭州：杭州电子科技大学，2021.

［15］ 杨颖. 三相异步电机定子故障诊断方法研究［D］. 西安：西安工业大学，2023.

第4章

智能网联汽车的智能座舱系统

章知识图谱

说课视频

4.1 引言

　　智能座舱是指搭载智能化和网联化设备的汽车座舱，对消费者而言是最直观展示科技水平的车载装置。随着个性化消费和高端消费趋势的不断增强，以智能化和科技感为特色的座舱电子逐渐发展成为智能网联汽车的标配。作为智能网联汽车的核心组成部分，座舱的发展经历了从机械仪表时代到电子仪表时代，再到如今的智能时代的演进。这一过程伴随着科技的飞速发展和汽车行业的不断创新，智能座舱从简单的信息显示转变为集成多功能、智能感知、可交互的先进系统，显著提升了驾驶人与乘客的整体用车体验。

　　随着科技的不断进步和汽车工业的快速发展，智能网联汽车已经成为引领未来汽车产业发展的重要趋势。以 5G、云计算、人工智能生成内容（AI-Generated Content，AIGC）等为代表的新技术的不断迭代，智能座舱作为智能网联汽车的核心组件也正经历着前所未有的变革。在新的技术浪潮下，智能座舱不仅在提升驾驶体验、增强车辆安全性方面发挥着举足轻重的作用，也在实现人车互联的愿景中迈出了更加坚实的步伐。在技术不断迭代的大背景下，本章紧密结合座舱相关软硬件趋势和技术发展前沿，介绍如下内容：

　　首先，本章将系统介绍智能座舱的技术架构、硬件基础和软件基础三部分内容。在理解智能座舱技术架构的前提下，读者可以进一步深入了解智能座舱的软硬件构成，理解软硬件的发展是如何随着消费者需求的变化不断发展演进的。

　　其次，在读者熟悉智能座舱的技术架构与软硬件之后，本章将进一步从算法底层揭秘座舱的感知系统。智能座舱是人机交互技术发展的关键领域，其中算法对用户体验至关重要。座舱空间虽有限，但算法类型广泛，包括机器学习、计算机视觉和语音识别等。本章将深入探讨智能座舱算法的研发流程和常见算法。为便于理解，感知算法分为视觉感知和语音感知两部分。特别是在视觉感知部分，结合座舱应用场景，从驾驶的安全性和舒适性考虑，系统介绍了视线识别、情绪识别、疲劳识别、行为识别、手势识别和姿态识别等算法原理，有助于读者深入理解座舱后台的感知过程。

　　最后，在熟悉座舱视觉感知和语音识别原理的基础上，本章结合学科前沿进一步从多模态的角度深入分析座舱系统如何利用深度学习技术模拟人类的多种感知，详细介绍座舱多模感知系统背后的算法原理与设计理念。在多模融合方法的框架下，分别从视觉和听觉的角度介绍了多模情绪识别和多模语音识别的技术原理，并从人因工程学的角度介绍语音交互设计与手势交互设计的理念与应用场景，有助于读者进一步深入理解智能座舱的感知过程与交互场景。

为了进一步巩固本章学习内容，在本章末尾，还专为读者设计了关于安全带算法设计的扩展阅读，有助于读者进一步掌握智能座舱系统的应用场景。此外，为了加强读者对本章知识点的灵活运用，本章专门设计了关于疲劳检测算法设计的综合实践，通过实践，有助于读者对本章内容的理解更上一个层次。

通过本章的学习，读者可以全面了解智能座舱系统的技术架构、开发组件、座舱感知系统的技术原理，以及多模交互系统的原理与应用。此外，本章结合学科前沿，系统介绍了最新研究成果在智能座舱中的应用及其发展趋势。基于这些基础知识与学科前沿，读者可以进一步探索新一代人工智能技术在智能座舱中的应用，开拓对未来智能座舱发展的想象空间，同时也为相关领域的研究提供参考。

4.2 智能座舱技术架构与软硬件基础

智能座舱是如今消费者购车时的重要考量之一，而智能座舱的软硬件构成又是消费者在购车时的首要考量因素，在智能网联汽车市场的竞争中发挥着决定性的作用。本节将重点介绍智能座舱的技术架构、硬件基础及软件基础。智能座舱技术架构作为智能网联汽车开发的关键组成部分，经历了由分布式到集中式的演进阶段。这一架构不仅涉及软件的智能化，还涉及硬件的高度集成。其核心目标在于提供一个互联互通、反应灵敏且用户友好的驾驶环境。硬件基础包括片上系统、车载传声器和车载摄像头等组件。软件基础包括车载操作系统和机器学习算法等。总体而言，智能座舱技术架构的目标是给驾驶人带来安全、舒适且高效的驾驶体验，通过软硬件的紧密结合，使得车辆能够理解和适应驾驶人的需求，从而提升整体的驾驶乐趣和效率。

4.2.1 技术架构

智能座舱的技术架构复杂且高度集成，包括硬件平台、系统层和应用层等多个层级，其整体技术框架如图 4-1 所示。硬件平台提供了底层的计算、感知和交互能力，包括处理器、传感器、存储设备和显示屏等。系统层负责管理硬件资源和提供基本的系统服务，包括操作系统、驱动程序和通信协议栈等。应用层构建在系统层之上，提供座舱系统的基本功能和服务，包括人机交互模块、感知与推理模块和决策与控制模块等。应用层是系统的最顶层，提供各种应用程序和功能，包括车载娱乐、驾驶辅助、乘车服务和健康管理等，以提升驾驶和乘车的安全性、舒适性和便捷性。通过这些层级的协同工作，智能座舱能够实现多样化的功能和服务，为驾驶人和乘客提供智能化、舒适化的出行体验。下面从这些方面逐步介绍智能座舱的技术架构，详细阐述每个层级的功能和组成部分。

1. 硬件平台

智能座舱的硬件平台是支持整个系统运行的基础，涉及各种硬件设备和组件，包括处理器、传感器、存储设备、显示屏和网络模块等。下面将逐一介绍智能座舱的主要硬件平台组成部分：

1）中央处理器（CPU）：中央处理器是智能座舱的核心组件之一，负责执行各种计算

图 4-1 智能座舱整体技术框架

任务和控制系统运行。通常采用多核处理器，以支持多任务处理和并行计算。中央处理器的性能和效率直接影响到系统的响应速度和运行效率。

2）图形处理器（Graphics Processing Unit，GPU）：图形处理器主要用于处理图形相关的计算任务，如图像处理、渲染和计算机视觉等。在智能座舱中，GPU 可以实现显示图像信息、处理视频流、实现人机交互等功能，提升系统的视觉表现和用户体验。

3）传感器：传感器用于采集车内外环境的各种信息。常见的传感器包括摄像头、声音传感器、距离传感器、加速度计、陀螺仪等，它们可以实时监测车辆状态、驾驶人行为和周围环境，为系统提供必要的数据支持。

4）存储设备：存储设备用于存储系统软件、数据和媒体文件等内容，包括固态硬盘、闪存、内存卡等，其存储容量和读写速度直接影响到系统的性能和响应速度。智能座舱通常需要大容量的存储设备来存储海量的数据和多媒体内容。

5）显示屏：显示屏是智能座舱的用户界面，用于显示系统信息、交互界面和多媒体内容。智能座舱通常配备多个显示屏，包括中控显示屏、仪表板显示屏、后排娱乐屏等，以满足不同的显示需求和用户体验。

6）网络模块：网络模块包括 Wi-Fi、蓝牙、4G/5G 通信模块等，用于连接车内外网络和设备。它们为智能座舱提供了互联互通的能力，支持车载娱乐、车载导航、智能交通等功能，并实现与外部服务和平台的数据交换和通信。

智能座舱的硬件平台是一个复杂而多样化的系统，各个组件之间相互配合，共同构建出高效稳定的座舱环境。不同的硬件平台组合可以实现不同的功能和性能，满足不同车型和用户的需求。

2. 系统层

智能座舱技术架构的系统层是整个系统的核心，负责管理硬件资源和提供基本的系统服务，为上层框架和应用提供支持。系统层通常包括以下组成部分。首先，智能座舱通常采用实时操作系统或者类 Unix 操作系统（如 Linux）作为底层操作系统。操作系统负责管理硬件资源，包括处理器、内存、存储设备和外部设备，同时提供基本的系统调度、任务管理和内存管理等功能，以确保系统的稳定性和可靠性。其次，驱动程序是系统层的重要组成部分，用于控制和管理各种硬件设备，包括传感器、显示屏、网络模块等。驱动程序与操作系统之间进行交互，通过操作系统提供的接口实现对硬件设备的访问和控制，确保硬件设备的正常工作。再次，智能座舱需要与外部设备和网络进行通信，因此通信协议栈（Communication Protocol Stack）是系统层的重要组成部分。通信协议栈包括各种网络协议（如 TCP/IP 协议栈、蓝牙协议栈、Wi-Fi 协议栈等）和通信协议（如 CAN 总线协议、LIN 总线协议等），用于实现座舱系统与外部设备之间的数据传输和通信。最后，安全子系统是系统层的重要组成部分，用于保护系统和用户数据的安全。安全子系统具有身份认证、加密解密、安全连接等功能，用于防止恶意攻击和数据泄露，确保系统的安全性和可信度。系统层作为智能座舱技术架构的核心之一，承担着管理硬件资源、提供系统服务和保障系统安全的重要任务。它与硬件平台和上层框架之间密切配合，共同构建出高效稳定的智能座舱系统。

3. 应用层

智能座舱技术架构的应用层是整个系统的最顶层，主要负责实现各种应用程序和功能，为用户提供包括感知、通信及管理等丰富的功能和服务，以提升驾驶和乘车的安全性、舒适性和便捷性。在实际开发过程中，需要通过模块化的开发平台实现多种功能或业务之间的耦合，最大限度地节约成本。这些模块是连接硬件平台和应用层的关键部分，主要负责提供座舱系统的基本功能和服务，通过模块化的场景开发平台降低开发难度。智能座舱通常包含如下模块：

1）人机交互模块（Human-Machine Interaction）：人机交互模块是智能座舱的重要组成部分，用于实现座舱系统与用户之间的交互。基于该模块，开发语音识别、手势识别、触摸屏交互等功能，使用户能够通过多种方式与座舱系统进行沟通和操作，提高用户的使用体验和便捷性。

2）感知与推理模块（Perception and Inference）：感知与推理模块用于对车内外环境进行感知和推理，包括图像处理、目标检测、行为识别等功能。通过传感器子模块获取环境信息，然后利用算法和模型对信息进行分析和推理，从而实现对车辆状态、驾驶人行为和周围环境的智能感知和理解。

3）决策与控制模块（Decision and Control）：决策与控制模块根据感知和推理结果进行决策和控制，包括自动驾驶、智能座舱管理等功能。该模块通过分析感知和推理结果，制定相应的决策策略，并将策略转化为具体的控制指令，从而实现对车辆行驶、座舱设备和系统功能的智能控制。

基于功能的耦合模块作为智能座舱技术架构的核心之一，承担着连接硬件平台和应用层的重要任务，为座舱系统提供了基本功能和服务。基于这些模块，应用层可以实现包括车载娱乐、驾驶辅助、仪表显示、手势识别、视线检测和疲劳驾驶等多场景下的人机交互功能与服务。关于视觉感知和语音感知场景的技术原理在后续 4.3 和 4.4 节中进行详细介绍，这里不再赘述。

4.2.2　硬件基础

智能座舱的实现离不开多种硬件技术及模块的集成，包括片上系统（System on Chip，SoC）、各类传感器、车载传声器和车载摄像头等部件，这些硬件共同构成了智能座舱的基础支持，本小节仅以片上系统和车载摄像头为例进行介绍。

1. 片上系统

作为智能座舱的核心组成部分之一，芯片在座舱智能化过程中扮演着至关重要的角色。一旦硬件传感器接收到座舱环境信息，数据将被导入计算平台，并由各种芯片进行处理。特别是在软件定义汽车的潮流下，实现汽车智能化的进程对汽车智能芯片的性能提出了越来越高的要求。长久以来，全球车载芯片市场一直由高通、德州仪器、恩智浦和瑞萨等行业巨头主导。然而，随着座舱对于视觉感知、语音交互等功能的需求不断增长，人工智能开始扮演越来越重要的角色，因此，AI 芯片新势力和消费领域半导体巨头纷纷加入这一竞争激烈的领域。智能座舱芯片的发展经历了多个阶段，随着汽车电气化的推进，座舱域控制器和座舱芯片成为智能座舱的核心组成部分。

片上系统的概念最早起源于嵌入式系统领域，用于将多种功能模块整合到一个芯片上，以实现高度集成和节省空间成本的目的。随着智能座舱技术的发展，SoC 开始在汽车领域得到广泛应用。智能座舱片上系统是一种集成了多种功能模块的芯片，包括中央处理器、图形处理器、内存控制器存储器模块和输入/输出接口模块等，它们被整合在一个单一的芯片上。中央处理器通常用于处理座舱系统中的各种任务，包括数据处理、图像处理、声音处理等。图形处理器用于实现流畅的图形界面和图像渲染，以及支持高清视频播放等多媒体功能。内存控制器和存储器模块用于管理数据的读写和存储，以及支持座舱系统的快速响应和高性能运行。输入/输出接口模块则提供了与外部设备和传感器的连接能力，包括 USB 接口、Ethernet 接口、CAN 总线接口等，用于实现车辆信息的获取和交互。

智能座舱 SoC 具有高度集成、低功耗、小型化等特点，可以满足汽车电子系统对于高性能、高可靠性和低功耗的需求。SoC 的高度集成和多功能性使得智能座舱系统设计更加简化，减少了组件之间的连接和布线，提高了系统的稳定性和可靠性。同时，SoC 还支持软件定义和固件升级等功能，使得智能座舱系统具有更高的灵活性和可扩展性，可以适应不断变化的需求和技术发展。目前，市场上主导座舱 SoC 的公司包括瑞萨、德州仪器、高通和英伟达，以及国内的华为、地平线和全志科技等。

总体而言，智能座舱 SoC 作为智能汽车电子系统的核心组件之一，发挥着至关重要的作用。在汽车座舱中 SoC 提供了一个更加全面和高效的解决方案，适应了汽车制造中对集成度、性能、能效和成本的综合需求。这种集成解决方案使得现代汽车能够配备复杂的驾驶辅助系统和先进的信息娱乐系统，同时保持高效和低功耗的运行。SoC 的不断演进和技术进步，将为智能座舱系统的功能和性能提供更加强大的支持，推动智能汽车行业的发展。

2. 车载摄像头

智能座舱车载摄像头的发展已经经历了多个阶段，其功能和性能也在不断提升。从检测角度来看，智能座舱车载摄像头主要应用于驾驶人监控系统（Driver Monitoring System，DMS）和乘客监控系统（Occupant Monitoring System，OMS）。随着技术的不断进步，车载摄像头系统集成了多种高级功能，如人脸识别、手势识别、情绪识别等。这些功能使得智能座舱能够更准确地感知驾驶人和乘客的状态和需求，从而提供个性化的服务和用户体验。此外，智能座舱车载摄像头系统趋向于多模态融合，将摄像头与其他传感器（如红外传感器、雷达传感器等）进行整合，以实现更全面、更准确的环境感知和状态监测。通过多模态数据的融合分析，智能座舱可以更有效地识别和响应各种驾驶人和乘客的行为，提高驾驶安全性和乘车舒适性。

表 4-1 列举了智能座舱代表性车载摄像头的主要功能或用途，摄像头包括主驾交互摄像头、前排交互摄像头、后排监控摄像头、多视角环景摄像头、俯视摄像头、前视摄像头、解锁摄像头和后视摄像头等。转向柱摄像头（图 4-2）是一种专门用于 DMS 的摄像头，通常安装在驾驶人座位旁边的方向盘上或者转向柱的顶部。这一摄像头能够精确捕获驾驶人的面部表情和眼神，通过先进的图像处理技术，分析这些视觉信息，从而评估驾驶人是否存在疲劳或注意力不集中的情况。其位置设计考虑到了直接视线捕捉和红外照明的需要，以确保在不同光线条件下都能获得清晰的图像。它甚至能够识别佩戴墨镜后的眼部状态，这对于判断驾驶人的注意力集中程度至关重要。转向柱摄像头不仅能够识别驾驶人的疲劳迹象，还能够检测到驾驶人的分心行为，如使用手机或其他设备。一旦系统发现这些潜在的危险行为，它会立即通过声音或视觉提示来警告驾驶人，以此提高行车安全。

表 4-1　代表性车载摄像头的主要功能或用途

类型	主要功能或用途
主驾交互摄像头	监测驾驶人的面部表情和视线，用于疲劳识别及视线识别 实现驾驶人的语音和手势交互
前排交互摄像头	实现前排乘客的语音和手势交互 提供前排乘客的个性化座舱设置和娱乐体验
后排监控摄像头	监测后排乘客的位置和动态行为 提供对后排儿童的安全检测服务
多视角环景摄像头	提供车辆周围环境的全方位监控和图像显示 用于车辆导航和周围环境感知 支持智能泊车辅助和行车安全警示
俯视摄像头	用于监控车辆周围的行人、障碍物等 支持车辆停车辅助和避免碰撞
前视摄像头	提供车辆前方道路的实时监控和图像显示 支持智能驾驶辅助（如手势挪车）、碰撞预警和自动紧急制动
解锁摄像头	用于检测驾驶人的面部特征，实现智能解锁和起动车辆
后视摄像头	提供车辆后方行车环境的实时监控和图像显示 支持倒车辅助、驾驶人识别、开启行李舱及停车引导

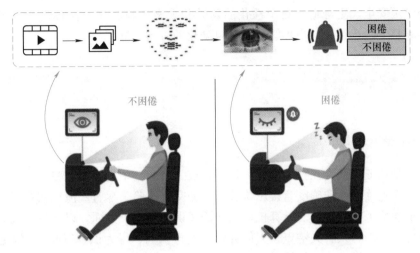

图 4-2　转向柱摄像头位置示意图

4.2.3　软件基础

在软件基础方面，本小节简要介绍了汽车座舱操作系统（Operating System，OS）的演进过程及相关算法基础，关于深度学习的基础理论及详细算法原理，不做说明。

1. 操作系统的演进

1）基础型 OS：构成车载操作系统三大阵营的有 QNX、Linux 和 Android。目前，QNX 占据基础型操作系统市场份额约 43%。主流车企采用基于虚拟机技术支持多个操作系统的通用做法，如 QNX+Linux 或者 QNX+Android 的组合。

2）定制型 OS：基于开源属性的 Linux 和 Android，以及稳定性高的 QNX，被大部分汽车企业在其基础上定制开发更丰富的上层应用软件。少数头部车企和互联网公司，如阿里巴巴和华为率先开发基于 Linux 的定制型 OS，例如 AliOS 和鸿蒙 OS。

3）ROM 型 OS：基于底层操作系统改变应用程序架构、汽车服务、云服务等而未涉及内核修改的操作系统。大部分主机厂选择开发 ROM 型操作系统，国外主机厂通常选用 Linux，而传统品牌和新势力企业为突显特色和功能，自行开发车载 OS，以体现产品和用户体验的差异性。

2. 算法基础

随着消费者对用车体验的不断提升，汽车智能座舱的发展越来越依赖于先进的算法和技术，特别是深度学习在其中扮演了核心角色。通过利用深度学习模型，智能座舱能够更好地理解驾驶人和乘客的需求，实现更加个性化的驾驶和乘坐体验。这些模型能够从海量的数据中学习到复杂的行为和环境模式，如驾驶行为分析、驾驶人情绪识别和疲劳检测等。深度学习在视觉识别、语音处理和行为预测等方面的应用，使得智能座舱不仅能够通过摄像头监测和解析乘客的面部表情和身体语言，还能通过自然语言处理技术理解和响应语音命令。此外，深度学习算法也能够优化车内环境设置，如空调温度、座椅调节和娱乐系统，确保提供最适合每位乘客的舒适度。

随着深度学习技术的不断进步和优化，我们可以预见，未来的汽车智能座舱将更加智能化，能够提供更安全、更舒适、更个性化的驾驶和乘坐体验。这不仅将改变人车的互动方式，也将推动整个汽车行业向更加智能化和自动化的方向发展。

4.3 座舱感知系统

4.3.1 感知算法框架

智能座舱是见证人机交互技术发展的重要领域之一，其中的算法在整个交互过程中扮演着关键角色，交互算法的准确度直接影响着用户的交互体验。尽管座舱空间有限，但涉及的算法类型基本囊括了机器学习、计算机视觉和语音识别等多个方面。以计算机视觉为例，涉及检测、分类、分割、人脸关键点、人体骨架、人脸识别、行为识别以及 3D 视觉等相关领域。本小节将详细介绍智能座舱算法研发的相关流程、平台以及常见算法。为了便于学习，本小节将常见的感知算法分为视觉感知和语音感知两部分进行描述。本小节内容是基于深度学习基础算法编写的，因此建议读者在学习本小节前具备一定的深度学习基础。

智能座舱的感知算法框架如图 4-3 所示，标准的座舱算法流程包括以下五个步骤：

1）场景明确：在这一步骤中，需要对整个场景涉及的流程进行梳理，明确各类要求。例如，对于打电话识别场景，需要明确打电话的动作有哪些，如电话放在耳边、电话靠近耳边、正面看手机、发语音等。不同的动作可能需要不同的算法模型与策略，因此这一步骤非常关键。

2）算法拆解：当场景明确后，需要对实现该场景的算法进行拆解，可以通过流程图的方式规划整个识别的流程以及所涉及的关键算法。例如，情绪识别可以通过视觉和音频的多模态组合来实现：视觉算法能够检测面部特征并识别表情；音频分析能够识别哭声或笑声等声音信号；通过这两种方式的融合，基于多模态融合策略，从而显著提高情绪识别的准确性。

3）模型选择：根据算法拆解的结果，选择或搭建相应的算法模型。因不同车型的座舱芯片算力有限，因此模型的选择需要考虑精度、效率以及座舱域中的 SoC 芯片算力。

4）模型训练：智能座舱相关的模型训练与其他场景类似。由于运行在端侧，模型参数量相对较小，大多数情况下需要通过浮点转定点等操作进行模型压缩。

5）模型测试：在既定的场景中，选取预测性能较为稳定的算法。

视觉感知任务的唤醒主要是由车载摄像头承担的，视觉感知算法如图 4-3 所示。对于大多数场景，基于全图检测所生成的人脸 ROI（Region of Interest）和人体 ROI，执行更高阶的检测任务。根据人脸关键点的具体部位（如眼睛和嘴巴）可以进行驾驶人的疲劳检测，也可以根据驾驶人的人脸 ROI 来进行驾驶人的情绪识别。

语音识别任务的唤醒主要依靠车辆语音感知系统来实现，需要在车载多声道扬声器、多人聊天及各种噪声的复杂环境下进行，因此具有较大的挑战性。座舱的语音识别算法如图 4-3 所示，语音识别系统需要经过预处理和回声消除等一系列复杂任务后，才能快速服务于乘客对娱乐、安全、舒适等需求的指令响应。

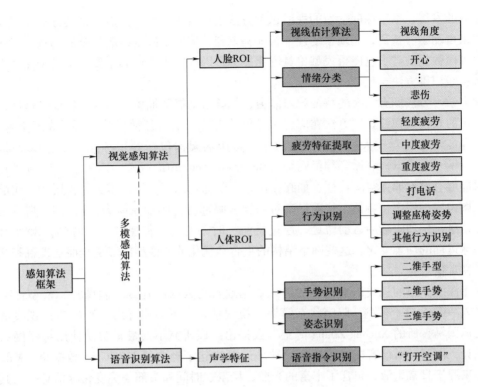

图 4-3 智能座舱的感知算法框架

4.3.2 视觉感知技术

据心理学相关研究表明,人类接触信息的主要来源包括视觉、听觉、触觉等多个感知通道,其中视觉信息占比高达 83%。作为信息转换的最大承载者,视觉基础技术在多模技术体系中扮演着至关重要的角色。在智能座舱领域,计算机视觉通过深度学习等先进技术,搭配摄像头和显示器等输入输出设备,并结合专业的 AI 计算芯片,能够及时、有效地存储、传输和处理图像信息,从而显著提升信息转化效率和用户体验。本小节旨在深入介绍智能座舱相关的常见视觉算法,包括视线、情绪、疲劳、行为、手势以及姿态识别等多个算法。

1. 视线识别

视线是了解驾驶人状态最重要的信息源,驾驶人在驾驶过程中视线处于哪个位置、短暂凝视状态,都是有用信息。在智能座舱领域,可以通过车内摄像头实时获取驾驶人的视线方向、眼部特征和眨眼频率等信息,实现驾驶人分心监测、疲劳监测和危险驾驶行为预警等功能。此外,视线识别技术为用户提供了一种简单、直观的交互手段,驾驶人可以通过注视特定区域来执行各种控制功能,例如调整座椅、变换音乐等,同时视线交互可与手势、语音等其他模式相结合,丰富视线交互功能,提高座舱系统的易用性和用户体验。

针对驾驶人的视线识别方法主要分为传统视线识别方法和基于深度学习的视线识别方法两大类。传统视线识别方法依赖于计算机视觉领域的经典技术和特征工程,通常使用手动提取特征的方法,例如获得瞳孔位置、眼球运动轨迹等,并结合机器学习算法进行分析。这类方法在一些简单场景下表现良好,但在处理复杂、多变的驾驶环境时可能会受到限制。随着深度学习的发展，基于深度学习的视线识别方法逐渐成为研究的热点。这类方法使用深度神经网络来自动学习特征，无须手动设计特征提取器，能够更好地适应复杂的场景和变化，同时对大规模数据的需求也使得模型更具泛化能力，因此本小节内容主要介绍基于深度学习的驾驶人视线识别方法。

深度学习方法拥有强大的特征学习能力，能够自动提取抽象、高级的特征，这使得基于深度学习的驾驶人视线识别方法在应对多样化的驾驶场景和各种驾驶行为时表现更为出色。在基于深度学习的驾驶人视线识别方法中，常用的架构包括卷积神经网络（Convolutional Neural Network，CNN）和循环神经网络（Recurrent Neural Network，RNN）。CNN 在处理图像信息时能够有效地捕捉空间特征，如瞳孔位置、眼球轮廓等，使用多个卷积层和池化层的组合提取图像中的层次化特征，从而提高对驾驶人眼部特征的抽象能力；而 RNN 则适用于处理时序信息，例如眼球的运动轨迹，通过将前一时刻的信息传递到下一时刻，RNN 有助于捕捉眼球运动的动态变化。这些网络结构的组合和优化使得模型能够更全面地理解和利用驾驶人的视觉信息。

基于深度学习的视线识别模型的输入数据通常为人眼图片或人脸图片，模型框架一般为：输入→CNN 骨干模型→眼睛状态模块→视线估计。下面将介绍一种经典的视线估计方法，由德国马普所的 Xucong Zhang 博士等人提出。该研究不仅最早尝试使用神经网络进行视线估计，同时针对已有视线数据集的缺陷问题构建了经典的 MPIIGaze 数据集。MPIIGaze 数据集来源于日常生活，包含了丰富的光照、场景、时间和头部姿势变化等信息。与其他数据集相比，MPIIGaze 数据集在眼睛外观、光照变化和个人外观方面提供了前所未有的真实感，并且数据集中提供了注释，包括头部姿势、眼球中心位置等信息，有助于监督模型的学习过程，使其能够更准确地进行视线估计。基于该数据集的视线估计算法框架如图 4-4 所示。该算法以单目相机拍摄的照片作为输入，并直接输出最终的视线方向。算法主要分为三个关键部分：人脸对齐与 3D 头部姿态估计、图像归一化，以及基于 CNN 模型的视线检测。首先，在单目相机照片上执行人脸检测和关键点定位，包括检测双眼的左右边界点和人物嘴巴的左右边界点。利用收集的所有人脸数据构建基础 3D 模型，对比识别到的 6 个人脸标记点，从而获得人脸的 3D 旋转估计和双眼位置。然后，对人脸图像进行归一化处理。最后，通过 CNN 模型进行视线检测，得到最终的视线角度向量。

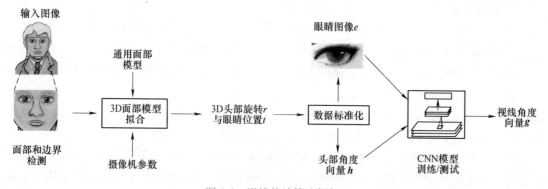

图 4-4　视线估计算法框架

2. 情绪识别

情绪在人们的日常生活中扮演着非常重要的角色。人们不仅会表达情绪，而且还会受到情绪状态的影响。情绪影响人们的各种认知过程，包括对记忆的感知、评估和决策、动机和表现、意图、沟通等，情绪状态在很大程度上塑造了个体的行为和互动方式。情绪分为不同类型，通常基于两种情绪模型进行分类：一种是将情绪分为不同的类别，称为离散情绪模型，另一种是使用多个维度来标记情绪，称为维度情绪模型。

心理学家保罗·艾克曼认为情绪是离散的，是进化的特征，认知评价、主观体验、生理变化和行为反应四个方面是结合在一起的，他提出了6种基本情绪，即快乐、悲伤、愤怒、惊讶、恐惧和厌恶，并将其他情绪视为这些基本情绪的组合，通过跨文化的研究验证了这一理论。根据保罗·艾克曼的离散情绪分类可以分析出不同离散情绪对驾驶行为的影响过程（图4-5），驾驶人情绪状态的变化会影响其注意力或驾驶风格，进一步影响驾驶行为，增加了行驶过程中的安全隐患。另一位心理学家罗伯特·普拉奇克提出了情绪环的概念，他认为情绪可以被描绘成一个环形结构（图4-6），其中包含8种基本情绪，即快乐、信任、恐惧、惊讶、悲伤、厌恶、生气和期待。罗伯特·普拉奇克认为这些基本情绪可以通过不同程度的组合来产生更复杂的情感状态。

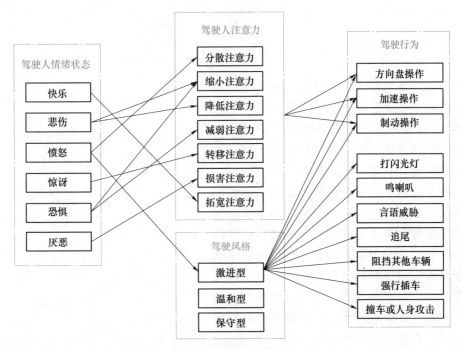

图4-5　离散情绪对驾驶行为的影响过程

维度情绪模型提出情绪状态可以准确地表示为几个心理维度的组合。通常用一个三维空间 VAD（Valence-Arousal-Dominance）模型来表示情绪（图4-7），其中 V 表示与情绪相关的"愉悦"程度（效价），A 表示情绪体验的强度（唤醒），D 表示个体对情景和他人的控制状态（支配）。效价范围从不愉悦（消极）到愉悦（积极），唤醒范围从失活（低）到激活（高），这表明人类感觉的强烈程度，支配范围从顺从到主导，反映了人在某种情绪中的

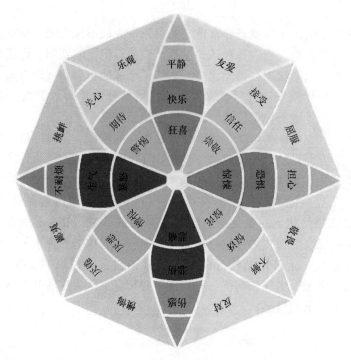

图 4-6　情感环

控制能力。任何情绪都可以在这个二维或三维空间中找到对应的位置，例如，快乐往往具有正效价和高唤醒，而悲伤往往具有负效价和低唤醒。

　　情绪识别研究使用的信息模态包括面部表情、语音、身体运动、手势、头部运动、生理信号等。在驾驶人行车过程中，其不同的情绪状态会影响驾驶行为，例如当驾驶人有愤怒或悲伤等负面情绪时，会扰乱分散其注意力甚至导致激进危险的驾驶行为。通过及时识别出驾驶人的负面情绪状态，系统能够实时提醒注意行车安全，也可以为车内环境提供个性化的调整，从而缓解其负面情绪。例如，通过音乐推荐系统，车辆可以根据驾

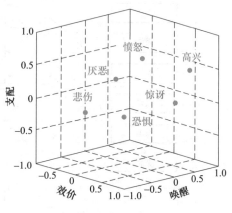

图 4-7　维度情绪模型

驶人的情感状态播放适宜的音乐，提供一种愉悦的驾驶或乘坐体验。下面介绍一种基于面部表情和驾驶行为的驾驶人情绪识别模型 MDERNet，如图 4-8 所示。

　　MDERNet 模型是输入多模态数据利用稀疏表示和注意力机制进行离散情绪识别和维度情绪识别的双流网络，使用两个分支分别提取面部表情和驾驶行为的特征。对于驾驶人人脸图像的数据预处理主要包括人脸关键点检测、人脸对齐、人脸图像几何归一化、亮度归一化等工作，从而保证人脸图像的质量。驾驶行为数据包括方向盘转角、加速踏板开合度、制动踏板力、速度、加速度、横向速度、横向加速度七种。通过面部表情模态生成时序注意力，对驾驶行为模态输入数据进行筛选、删除和突出，以此精细化输入特征，从而更好地实现两

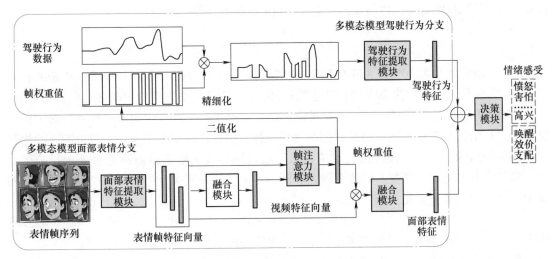

图 4-8　驾驶人情绪识别模型 MDERNet

个模态间特征信息的融合，完成驾驶人的离散情绪和维度情绪识别。

3. 疲劳识别

长时间的驾驶会使驾驶人感到疲劳和困倦，从而降低驾驶人的警觉性、注意力及反应速度，影响驾驶人的判断和决策能力，增加发生交通事故的风险。数据显示，疲劳驾驶引起的交通事故已成为威胁公民生命安全的主要因素之一，占所有交通事故的 14%～20%。因此，在智能座舱时代，一套有效的疲劳检测系统对于驾驶安全至关重要。通过检测驾驶人的疲劳状态，给予适当的提醒或唤醒操作，程度严重时实施主动制动，能够降低发生危险事故的风险。驾驶人疲劳识别根据输入特征可分为四类：主观报告、生理特征、身体特征和车辆特征。

1）主观报告：主观报告主要是指驾驶人通过填写问卷对自身疲劳状态进行评估。最早评估睡意的方法之一是卡罗琳斯卡嗜睡量表（Karolinska Sleepiness Scale, KSS）。KSS 是一份自我评估问卷，可用于了解工厂工人和长途驾驶人的疲劳程度。常见的标准问卷还包括艾普沃斯嗜睡量表（Epworth Sleepiness Scale, ESS）和斯坦福嗜睡量表（Stanford Sleepiness Scale, SSS）等。由于问卷数据的记录时间较长，因此主观报告方法不太适合实时检测和预防，常被用作检查其他疲劳识别系统准确性的基准。

2）生理特征：生理体征为早期疲劳状态提供了可靠的指示，有助于及时预防事故的发生，主要包括来自心脏、大脑、眼睛和皮肤的信号。脑电图（Electroencephalogram, EEG）、心电图（Electrocardiogram, ECG）、眼电图（Electroophthalmogram, EOG）和表面肌电图等生理信号的变化被视为检测疲劳的准确方法。然而，由于心脏信号传感器的侵入性，ECG 等生理信号在驾驶人疲劳检测中的可行性受到限制。脑电图是大脑活动测量的黄金标准，被认为是疲劳和清醒以及睡眠之间过渡的良好指标，但从驾驶人身上提取脑电信号和皮肤信号等具有较强的侵入性，在实际中难以应用。

3）身体特征：身体特征包括眨眼频率、闭眼时间、眼睛闭上的时间百分比（Percentage of Eyelid Closure, PERCLOS）、姿势、凝视和点头频率。基于身体特征的疲劳检测系统可以分为基于眼睛、嘴巴和面部特征的技术。基于眼睛特征的疲劳识别技术主要利用闭眼率、眼脸距离和 PERCLOS 等特征进行识别，其中 PERCLOS 的计算公式为：

$$f = \frac{t_3 - t_2}{t_4 - t_1} \times 100\% \tag{4.3.1}$$

式中，t_1 为瞳孔大小为 80% 最大瞳孔状态的初始时间；t_2 为瞳孔大小为 20% 瞳孔状态的初始时间；t_3 为瞳孔大小再次为 20% 瞳孔状态的时间；t_4 为瞳孔大小再次为 80% 瞳孔状态的时间。

当 PERCLOS 值高于 15% 时，认为驾驶人处于疲劳状态。眼睛活动是一种流行的疲劳识别方法，打哈欠和张嘴也被证明是疲劳的良好指标。例如，使用基于支持向量机的人脸检测技术和梯度边缘检测器对人脸进行定位，然后通过圆形霍夫变换检测嘴是否处于打哈欠状态，哈欠计数器决定了驾驶人的疲劳程度。圆形霍夫变换是霍夫变换的一种扩展，用于在图像中检测圆的位置和半径，其公式为：

$$(x - a)^2 + (y - b)^2 = r^2 \tag{4.3.2}$$

式中，(x, y) 为图像中的点的坐标；(a, b) 为圆心的坐标；r 为圆的半径。

圆形霍夫变换通过累加图像中的点，将每个可能的圆参数 (a, b, r) 映射到累加空间（霍夫空间）。在霍夫空间中，对于图像中的每个点，都会在参数空间中形成一条曲线，而在累加空间中找到的峰值表示图像中存在的圆。基于身体特征的疲劳识别方法只需要使用摄像头捕捉脸部或头部图像，不存在侵入性问题，因此被广泛应用于疲劳识别。

4）车辆特征：疲劳状态会降低驾驶人的驾驶能力，车道偏离、方向盘角度等特征的异常变化是驾驶能力下降的迹象。此外，制动和加速踏板上的压力变化、驾驶人座位上的负载分布和车速的异动等异常状态也是反映驾驶人疲劳的重要指标。车辆特征可分为方向盘角度、车道偏差和姿态变化。其中，方向盘角度是识别驾驶人疲劳的常用方法，研究人员使用方向盘角度和随机森林算法检测车道偏离，与 PERCLOS 相比更加准确。为了提高准确性，可以利用多车辆特征进行驾驶人疲劳检测，如利用车速、制动踏板、加速踏板以及与前车的距离等特征来识别疲劳。然而，车辆特征容易受到道路条件、驾驶环境以及驾驶风格等因素的干扰，可能会出现漏报和误报的问题。

此外，根据表示水平和特征派生使用的技术，基于机器学习的驾驶人疲劳识别算法可以大致分为浅模型和深模型。浅模型以最小的复杂性提供合理的预测能力，通常由几层组成，但需要预定义的判别特征。单隐层人工神经网络和支持向量机（Support Vector Machine，SVM）是众所周知的浅层模型。人工神经网络可以根据 EEG、转向角度和 PERCLOS 等各种参数进行训练，以预测驾驶人的疲劳或警觉状态；支持向量机已应用于许多疲劳检测系统中，根据不同的疲劳程度对驾驶人状态进行分类。与浅层模型相比，深层模型具有从训练数据中提取特征的能力。卷积神经网络（CNN）是最早被用于驾驶人疲劳检测的深度学习模型，也有学者使用动态贝叶斯网络（Dynamic Bayesian Network，DBN）进行驾驶人疲劳检测，对驾驶人状态进行动态建模。深层模型在驾驶人疲劳识别中具有更强的泛化能力，能够更有效地区分疲劳和非疲劳状态。

由于身体特征在疲劳识别中切实可行，研究人员常利用眼部特征和嘴巴特征进行驾驶人疲劳识别。下面介绍一种基于脸部特征的驾驶人疲劳检测模型，如图 4-9 所示。传统的驾驶人表情（包括眼睛状态和嘴巴状态）检测方法，是通过将提取的特征与预先设定的阈值进行比较来完成的。设定的阈值通常是一个平均阈值。然而，对所有驾驶人使用单一的平均阈值是不合适的，因为每个驾驶人的眼睛和嘴巴大小不同。因此，研究人员提出了基于驾驶人眼睛和嘴巴的宽高比的个性化阈值，以此来提高驾驶人面部表情的判断精度。

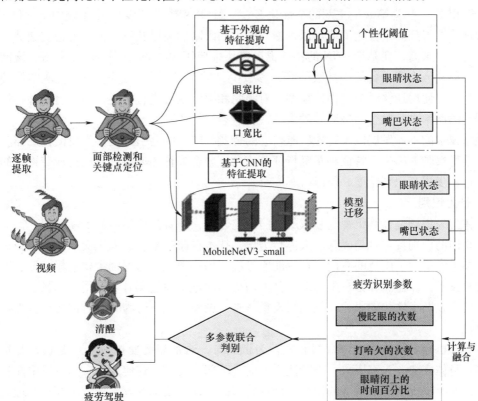

图 4-9 基于脸部特征的驾驶人疲劳检测模型

该模型首先从图像中提取方向梯度直方图特征，然后将其输入支持向量机进行驾驶人人脸检测，采用回归树集合对检测到的人脸关键点进行定位和标注。在特征提取模块分别进行基于外观的特征提取和基于 CNN 的特征提取。基于外观的特征提取方法的核心是基于驾驶人面部关键点计算驾

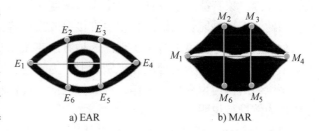

图 4-10 眼宽比（EAR）和口宽比（MAR）示意图

驶人的眼宽比（EAR）和口宽比（MAR），示意图如图 4-10 所示，计算公式为：

$$\text{EAR} = \frac{\| E_2 - E_6 \| + \| E_3 - E_5 \|}{2 \| E_1 - E_3 \|} \tag{4.3.3}$$

$$\text{MAR} = \frac{\| M_2 - M_6 \| + \| M_3 - M_5 \|}{2 \| M_1 - M_3 \|} \tag{4.3.4}$$

通过计算驾驶人眼睛和嘴巴半闭时的 EAR 和 MAR，获得驾驶人的个性化阈值，计算方式如下：

$$\text{EAR}_n^{\text{Pthresholds}} = (\text{EAR}_n^{\text{open}} + \text{EAR}_n^{\text{close}}) / 2 \tag{4.3.5}$$

$$MAR_n^{Pthresholds} = (MAR_n^{open} + MAR_n^{close})/2 \qquad (4.3.6)$$

式中，$EAR_n^{Pthresholds}$ 为第 n 个主题的个性化 EAR；$MAR_n^{Pthresholds}$ 为第 n 个主题的个性化 MAR。

根据计算得到的个性化阈值可以判断驾驶人的眼睛和嘴巴状态特征。考虑到疲劳驾驶检测的实时性要求高，在基于 CNN 的特征提取模块中使用 MobileNetV3_small 网络，该网络是一种适合移动嵌入式设备的轻量级网络，参数少，推理时间短。通过 CNN 提取图像的更深层次特征，并使用迁移学习来训练模型，对眼睛和嘴巴状态进行分类。最后将两种特征提取方法得到的概率进行融合，判断驾驶人的疲劳状态。

随着技术的不断发展以及智能座舱概念的普及，未来将会引入更多类型的传感器，从而准确地获得驾驶人的生理特征和车辆特征等信息，融合多种类型特征将成为疲劳识别的主流方向，进一步提高识别精度，保障行车安全。

4. 行为识别

人体行为识别是计算机视觉领域的热门研究方向，随着深度学习的不断发展，针对视频中人体动作的识别技术日趋成熟。人体行为识别技术在监控系统、人机交互、智能看护等日常生活场景中得到了广泛的应用。在智能座舱应用场景中，行为识别主要依赖于传感器和计算机视觉技术，以监测和分析乘客或驾驶人的行为动作。通过实时了解用户的状态，提供更智能、安全以及个性化的服务，例如当发现驾乘人员做出危险行为时及时进行预警以提高行车安全性。

传统的机器学习方法在进行驾驶人行为识别时，通常需要捕捉一系列驾驶人的状态信息，包括身体姿势、头部姿势、眼睛注视方向、手部运动等。这使其在实际应用中面临诸多挑战，例如需要提前提取特定的特征、硬件要求高、计算效率低等。随着深度学习理论与技术的日益成熟，深度学习方法在驾驶人行为识别领域的优势逐渐凸显。在特征提取阶段，深度学习方法通过自适应地对低维特征进行多层次过滤、提取与组合，能够得到用于表示输入数据的高维抽象特征。卷积神经网络作为深度学习的关键技术，在图像处理领域获得成功应用。因此，将这种能够从输入数据中直接提取高维特征的端到端深度卷积神经网络应用于驾驶人行为识别任务，更加容易实现。这种方法克服了传统方法中需要手工提取特征的限制，提高了对复杂驾驶行为的理解和识别能力，为智能交通系统带来了更高的准确性和实用性。

座舱内的行为识别场景多样，例如打电话、进食和吸烟等，下面以打电话和调整座椅姿势场景为例进行说明。

（1）场景一：打电话　在日常生活中，使用手机通话的行为经常发生在车辆座舱内，对驾驶人和乘客的影响各不相同。驾驶人在行车过程中接打电话可能会分散注意力，增加行车危险性，因此智能座舱系统能够监测驾驶人的打电话行为，并及时提供相应的提示，以提醒驾驶人关注行车安全。当乘客在座舱内打电话时，智能座舱系统可以采取相应措施来提升其使用体验，例如自动调整座舱环境，如降低音响音量或关闭车窗，以减少外部噪声干扰，为乘客创造更为舒适的通话环境。

打电话识别的算法流程主要包括以下阶段：

1）通过座舱内的传感器或摄像头获取驾乘人员的图像。

2）检测面部和手部等人体属性信息，利用图像处理技术定位这些特征在图像中的位置和尺度。

3）确定合适的 ROI（Region of Interest）区域，即包含面部和手部的区域。

4）将 ROI 区域送入深度学习网络进行分类判别，触发相应的座舱响应机制。

打电话识别面临一些挑战，例如驾乘人员在通话时可能遮挡部分面部，光照条件的变化可能影响面部表情和手部动作的检测等。为了解决这些问题，需要采集大量不同场景下座舱内驾乘人员打电话的图像数据，优化算法以适应不同座舱内环境和光照条件，确保在各种情况下都能有效地进行打电话行为的识别。

（2）场景二：调整座椅姿势 调整座椅姿势是座舱内常见的行为之一，涉及驾驶人和乘客对座椅的调整以提升舒适度。驾驶人或乘客可能通过车辆的控制面板或手动调整座椅高度、倾斜度或腰部支撑等，以获得更合适的座椅姿势。座椅姿势调整的行为监测对于提高驾驶和乘坐的舒适性至关重要。驾驶人在调整座椅时，座舱系统可以实时检测调整动作，并根据个体习惯自动保存调整设置，以提供个性化的座椅体验。对于乘客而言，座舱内的智能系统可以感知调整行为，自动协调车内环境，例如调整温度、音乐等，以提供更加愉悦的乘坐体验。

座椅姿势调整的算法流程主要包括以下阶段：

1）通过座舱内的传感器或摄像头获取驾驶人和乘客的座椅调整行为。

2）检测座椅调整的手部动作，如抓握、滑动等。

3）通过识别手部的位置和姿势信息，确定座椅调整的具体动作。

4）根据识别的动作，自动调整座椅的角度、高度或其他参数。

座椅姿势调整识别同样面临一些挑战，例如座椅上可能存在遮挡、光照条件变化，以及不同车型座椅设计的差异等。解决这些问题需要对多样化的座椅姿势进行深入分析，优化算法以适应不同车辆和驾乘场景。算法方面的挑战也包括细粒度的手部动作分类和对调整行为的快速响应，以确保座舱系统能够准确、及时地识别并响应座椅姿势调整行为。

5. 手势识别

手势作为一种肢体语言，在人类交流中发挥着重要作用，一个简单的手势蕴含着丰富的信息。随着科技的不断发展，手势交互逐渐融入了现代科技应用的方方面面，其中之一就是汽车座舱内的隔空手势交互。在座舱环境中，隔空手势交互为驾驶人提供了一种更直观、便捷的交互方式（图 4-11）。通过简单的手势，驾驶人能够调整车内音响、导航系统、通信设备等，无须分散注意力去操作物理按钮或者触摸屏。这种自然而直观的交互方式使得驾驶人能够更专注于道路行驶，提高了驾驶的安全性和便利性。

图 4-11 手势识别示意图

座舱内的隔空手势交互通常包括以下步骤：用户起动隔空手势交互系统→通过手势动作发送特定指令→传感器捕捉手势动作→系统对手势进行分析和识别→系统响应用户手势对应的指令→用户通过车内界面或者其他反馈方式得知手势操控成功的信息。手势控制的核心是手势识别技术，这一技术主要依赖于计算机视觉技术。手势识别大致可以分为二维手型、二维手势和三维手势识别三个层面。

1）二维手型识别。二维手型识别主要通过捕获二维信息输入来识别出若干个固定的静态手势，如握拳或五指舒展等。这种识别技术仅能识别手势的"瞬间状态"，无法捕捉手势的"连续变化"。二维手型识别本质上是一种模式匹配技术，利用计算机视觉算法对图像进行分析，并与预设的图像模式进行比对，从而理解手势的含义。对于静态手势的识别，系统首先通过摄像头等传感器捕捉驾驶人的手部图像。然后，使用图像处理技术对手部进行分割，以准确提取手的轮廓和形状。进一步从分割得到的手部图像中提取关键的特征，包括手指的位置、手掌的形状、手势的方向等，通过训练机器学习模型或深度学习神经网络，对手势进行分类识别，最后系统将触发相应的指令或功能。然而，这种识别技术存在一定的局限性，只能辨识预先设定的手势状态，泛化能力较差，仅能实现基础的人机交互功能。

2）二维手势识别。相较于二维手型识别，二维手势识别难度略高，但仍然只能捕获二维信息，无法挖掘"深度"信息。该技术不仅能辨识手型，还能识别简单的二维手势动作，如挥手。二维手势识别具备动态特性，可追踪手势运动，识别手势与手部运动结合的复杂动作，从而将手势识别范围拓展至二维平面。对于动态手势识别，系统需要实时追踪手势的运动轨迹，分析手势的时序性以及手势的轨迹、速度和加速度等方面，然后使用分类网络预测手势，最后实时响应并执行相应的座舱控制功能。驾驶人可以利用手势来控制音频的播放或暂停，以及执行一系列涉及二维坐标变化的复杂操作如前进、翻页、滚动等。尽管硬件要求与二维手型识别相似，但凭借先进的计算机视觉算法，该技术提供了更丰富的人机交互功能，将用户体验从简单的状态控制升级到更为丰富的平面控制。

3）三维手势识别。三维手势识别是当前手势识别领域的焦点，该技术所需输入信息包含"深度"信息，能够识别各种手型、手势及动作，从而为用户提供更为丰富和自然的交互体验。为了获取"深度"信息，三维手势识别通常需要使用深度传感器、结构光摄像头等设备来捕捉手在空间中的位置、姿态和运动。目前，主要可以通过以下三种技术实现三维手势识别：光飞时间（Time of Flight，ToF）技术、结构光（Structure Light）技术以及多角成像（Multi-camera）技术。将计算机视觉算法与这些硬件技术相结合能够精准地识别驾驶人手势。

下面以三维手势识别为例，介绍一种经典的手势识别框架。如图 4-12 所示。①在数据采集阶段，使用 ToF 传感器和立体红外传感器捕捉手势的深度和红外图像。这些传感器生成的数据包括深度信息和彩色图像，用于后续的处理和分析。②在预处理和特征提取阶段，使用 3D 卷积神经网络处理连续的视频帧，提取空间和时间的特征。这些特征有助于捕捉手势的动态变化和复杂的运动模式。③在手势的动态分类阶段，利用循环神经网络，特别是采用连接时序分类（Connectionist Temporal Classification，CTC）技术，来处理手势的时序性问题。CTC 能够在未分割的视频流中直接识别和分类手势，这对于实时系统尤其重要。④在多模态数据融合阶段，结合深度数据和彩色图像数据，通过网络学习融合不同类型的输入，以提高手势识别的准确性和鲁棒性。这些措施都是通过优化网络结构和使用高效的算法来保证手势识别的即时性的。

6. 姿态识别

驾驶人姿态识别（Pose Recognition）也是座舱内视觉感知的一项关键技术，旨在通过各种传感器和算法检测和分析驾驶人在车内的姿势和动作。姿态识别与行为识别、手势识别、疲劳识别等部分内容存在一定的交集，但姿态识别的重点是从人体工程学的角度检测和分析驾驶人的身体姿态和肢体位置，例如头部姿势、身体姿势、手和躯干的位置等（图 4-13）。

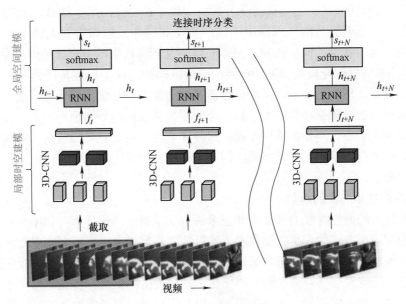

图 4-12 手势识别框架

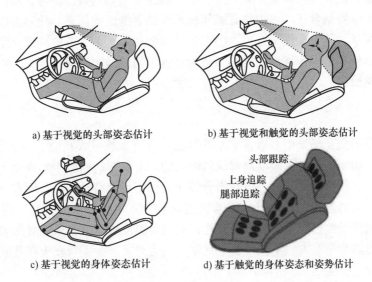

a) 基于视觉的头部姿态估计　　　　b) 基于视觉和触觉的头部姿态估计

c) 基于视觉的身体姿态估计　　　　d) 基于触觉的身体姿态和姿势估计

图 4-13 姿态识别

不端正的姿势会导致驾驶人在长途驾驶时感到不适,严重情况下会影响行驶安全。当系统检测到驾驶人的姿态长时间不端正时,会自动进行提醒。这项技术的核心模块包括图像特征提取、机器学习算法和多传感器数据融合等多个模块。其基本原理如下:

1)图像特征提取模块:驾驶人姿态识别通常依赖于车内安装的视觉传感器,如 RGB 摄像头、深度摄像头和红外摄像头。这些传感器捕捉驾驶人的实时图像和视频数据。从捕捉到的图像中提取关键特征是姿态识别的第一步。常见的特征包括面部特征点(如眼睛、鼻子、嘴巴的角度)、肢体关节点(如肩膀、肘部、手腕)等。

2）机器学习算法模块：通过机器学习算法（如卷积神经网络、SVM 等）对提取的特征进行分析和分类。这些算法能够识别出不同的姿态和动作，例如驾驶人的上半身姿态（正坐、向左转身、向右转身、向后转身、身体前倾）是否存在影响安全驾驶的风险。

3）多传感器数据融合模块：为了提高识别的准确性，除了视觉传感器外，还可以结合其他传感器的数据，例如座椅上的压力传感器、方向盘上的触觉传感器等。这些传感器提供的多模态数据可以通过数据融合技术进行综合分析，从而提高姿态识别的鲁棒性和精度。

总之，驾驶人姿态识别技术不仅在提高驾驶安全性方面具有重要意义，还能显著提升驾驶体验。随着传感器技术和人工智能算法的不断进步，驾驶人姿态识别将成为未来智能汽车的重要组成部分。

7. 视觉感知技术的发展趋势

深度学习技术的研究将成为视觉感知技术的重要推动力。深度学习，作为一种仿真人脑神经网络结构和运作方式的人工智能技术，通过构建多层神经网络模型实现对海量数据的自动学习和特征提取。这种技术在图像识别、目标检测和场景分析等任务上表现出高效和准确的能力。未来，随着深度学习算法的不断优化和硬件设备的提升，视觉感知技术将更加精细化和智能化，为人类提供更多、更便捷的视觉服务。目前，视觉感知技术往往需要依赖多种传感器来获取准确的信息，如车内摄像头、雷达等。随着传感器技术的发展和成本的降低，多种传感器将更广泛地集成到视觉感知系统中，形成多模态的数据融合，从而提高感知的精度和鲁棒性。传感器融合还可以为视觉感知技术提供更全面的信息，使其能够更好地适应多样化的环境和场景。基于多模融合技术的视觉感知将在 4.4.1 小节中详细介绍，这里不再赘述。这种发展趋势将进一步推动视觉感知技术在各个领域的广泛应用，为人们创造更加智能和便捷的生活体验。

4.3.3 语音识别技术

在智能座舱的交互场景中，语音交互是驾驶人最直观感受人机交互便利性的方式之一，高效的语音交互功能可以最大限度地解放驾驶人的双手。智能座舱中实现交互功能的核心是语音识别技术，它能够将驾驶人的语音指令转化为机器可理解的指令。语音识别技术在过去几年中取得了巨大的进步，如今已经成为智能座舱中不可或缺的一部分。通过使用语音指令，驾驶人可以轻松地控制车辆的各种功能，如调节温度、更改音乐播放列表、导航目的地等。这种直接的语音交互方式不仅便利了驾驶人，也显著减少了驾驶人在驾驶过程中的分心行为，从而减少了安全隐患。

本小节重点介绍可以将驾驶人语音指令转化为智能座舱具体操作的底层技术。智能座舱中的语音识别通常包括语音前端与语音后端两部分，分别涉及语音前端的音频信号处理与语音后端的自然语言理解（Natural Language Understanding，NLU）技术及语音合成（Text-to-Speech，TTS）。通俗来讲，座舱中的语音识别过程可以分解为三步：首先，需要让语音助手听清楚驾驶人在说什么；其次，需要基于深度学习理解驾驶人的意图；最后，需要座舱设备执行驾驶人的意图。本小节从语音识别技术的发展历程和基本原理两部分介绍语音识别技术。

1. 语音识别技术的发展历程

语音识别技术的发展主要经历以下阶段：

早期阶段（1950年—1960年）：早期的语音识别技术主要基于模板匹配和规则系统，通过预先录制的语音样本和特定规则进行匹配，实现孤立的数字或词语识别，但受限于模板存储量、规则制定的复杂性以及语音信号的多样性和不确定性，其识别准确度和泛化能力有限。最早的语音识别系统于1952年在贝尔实验室诞生，该系统受限于时代背景只能进行孤立的数字识别，无法实现对连续语音或复杂语句的识别。

统计模型阶段（1970年—1990年）：随着统计建模方法论的完善，语音识别技术取得了重大的突破。这一阶段的代表性技术是隐马尔可夫模型（Hidden Markov Model，HMM）。HMM是一种统计模型，通过对语音信号的声学特征进行建模，结合统计算法进行识别。这种方法在语音识别领域获得了广泛应用，并取得了显著的成果。

深度学习阶段（2009年至今）：深度学习技术的兴起对语音识别技术带来了革命性的变化。深度神经网络（Deep Neural Networks，DNN）和循环神经网络（Recurrent Neural Networks，RNN）等深度学习模型在语音识别中取得了突破性的成果。这些模型可以自动学习语音信号中的抽象特征，提高了识别准确性和鲁棒性。

端到端模型阶段（2010年至今）：最近的发展趋势是采用端到端（End-to-End）的模型来进行语音识别。端到端模型将声学特征到文本输出的整个过程纳入一个统一的模型中，消除了传统系统中多个模块的复杂性。这种方法简化了系统设计和开发，并在某些任务中获得了优异的性能。

随着人工智能技术的不断进步，语音识别技术在准确性、速度和鲁棒性方面都有了显著的提升。它已经被广泛应用于语音助手、智能音箱、智能驾驶和语音翻译等领域，并在改善人机交互体验方面发挥着重要作用。

2. 语音识别技术的基本原理

在语音识别中，目标任务是从若干观察序列 $O = \{o_1, \cdots, o_M\}$ 中寻找概率最大的标签序列 $L = \{l_1, \cdots, l_N\}$，可以看作是一个最大后验概率 $\max P(L|O)$ 的寻优过程。针对概率最大的标签序列 $\hat{L}$ 的寻优过程可以表示为：

$$\hat{L} = \underset{l}{\mathrm{argmax}}\ P(L|O) = \underset{l}{\mathrm{argmax}}\ \frac{P(O|L)P(L)}{P(O)} = \underset{l}{\mathrm{argmax}}\ P(O|L)P(L) \qquad (4.3.7)$$

式中，$P(O|L)$ 为基于声学模型的概率，即声学模型得分；$P(L)$ 为基于语言模型的概率，即语言模型得分。

语音识别的基本框架如图4-14所示，包括声学特征提取、语言模型和解码器等部分。语音识别是基于统计建模和机器学习技术实现的。声学模型和语言模型是识别过程的关键组成部分，声学模型用于建模语音特征序列与文本序列之间的关系，而语言模型用于描述语音信号的统计特性，帮助解码器找到最可能的文本序列。通过不断地训练和优化这些模型，语音识别系统能够不断提升准确性和鲁棒性。

（1）声学特征提取模块

1）前端声学特征提取。语音前端处理阶段的主要任务就是实现框架图中的第一步，即听清驾驶人的语音内容，而想要让机器听清楚驾驶人在说什么，就需要采集驾驶人发出的声音信号并进行前置处理。通过车载麦克风阵列采集驾驶人的语音信号后，由于座舱内存在大量环境噪声，如发动机噪声、胎噪、风噪、转向灯噪声以及媒体播放声等，这些噪声会减弱

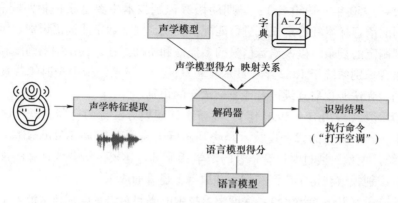

图 4-14 语音识别的基本框架

人声的信号特征，从而加大识别难度。语音信号预处理的一般步骤如下：

①采样：声音是连续的模拟信号，需要通过麦克风进行采样，将声音信号转换成数字形式。通常会以每秒数千次的频率对声音进行采样，常见的采样率为 8kHz 和 16kHz。适当的采样率能够在保持语音质量的同时减少计算成本。

②回声消除：应用回声消除算法，识别和抑制车载设备（音乐与导航等设备）产生的回声，以避免回声对语音识别性能的影响。

③自适应滤波器：使用自适应滤波器对输入信号进行处理，抑制扬声器输出的回声。

④波束形成：利用阵列麦克风采集的多个信号，应用波束形成算法以增强感兴趣方向上的语音信号，减弱其他方向上的干扰信号。

⑤语音分离/盲源分离（Blind Source Separation，BSS）：通过独立分量分析（Independent Component Analysis，ICA）等技术对混合的语音信号进行分离，从而获得各个独立的语音源。

⑥噪声抑制：使用噪声抑制技术，如频域抑制、时域抑制等，减少车辆内部的环境噪声对语音信号的影响。常见的噪声抑制技术有：谱减法、维纳滤波法以及基于延迟相加的波束形成技术（Delay-and-Sum Beamforming，DSB）等。以谱减法（Spectral Subtraction）为例，该方法的核心思想是先在噪声段估计出噪声功率谱 $\lambda_d(l, k)$，然后在语音段用带噪信号的功率谱 $|Y(l, k)|^2$ 将其减去，从而得到目标信号功率谱估计 $|X(l, k)|^2$：

$$|X(l,k)|^2 = |Y(l,k)|^2 - \lambda_d(l,k) \tag{4.3.8}$$

2）后端声学特征提取。经过降噪等一系列的信号处理后，会得到清晰的语音信号，为了将语音前端处理后的座舱语音信号进一步转化为机器能够理解的形式，需要提取有效的语音特征，以服务于语音后端的声学模型与语言模型等。语音后端的信号处理通常包括以下步骤：

①预加重：预加重是一种信号处理技术，旨在减少语音信号中的高频成分，从而改善信噪比和语音质量，提高语音信号的清晰度。

②分帧加窗：分帧操作通常采用 25ms 的汉明窗将整段的语音信号分割成很多带有重叠的 25ms 的语音片段。分帧的目的是在每一小段时间内对声音信号进行分析，因为语音通常在短时间内可以被认为是基本静态的。加窗操作通常使用汉明窗等窗函数来减少帧两端的振幅不连续性，以避免在频域分析时产生频谱泄漏。

③离散傅里叶变换（Discrete Fourier Transform，DFT）：为了分析每一帧中不同音调和音素等信息，需要对每一帧的加窗信号进行傅里叶变换，得到每一帧的频谱信息。与时域特征相比，频谱特征允许分离并分析不同音调、音素和声音特性所对应的频率成分以了解不同频率的贡献。

④梅尔频率倒谱系数（Mel-Frequency Cepstral Coefficients，MFCC）提取：MFCC 提取是一种常用的语音特征提取方法，通过对频谱信息进行加权和降维，提取出能够反映语音特征的系数。通常会对频谱进行梅尔滤波器组处理，在取对数的基础上进行离散余弦变换（Discrete Cosine Transform，DCT），得到 MFCC 作为语音的特征表示。具体步骤如图 4-15 所示。

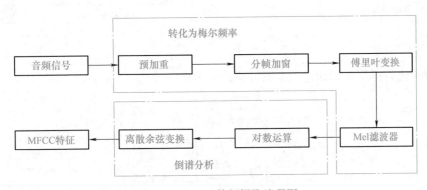

图 4-15　MFCC 特征提取流程图

MFCC 提取假设在一个短时间尺度内，音频信号不发生改变。因此将信号的多个采样点集合成一个单位，称为"讯框"。一个讯框多为 20~40ms，讯框长度过短，每个讯框内的采样点将不足以做出可靠的频谱计算，长度过长，则每个讯框信号变化太大。由于信号在时域上的变化通常很难看出信号的特性，因此通常使用傅里叶变换将它变换成频域上的能量分布来观察。不同的能量分布，代表不同的语音特性。由于能量频谱中存在大量的无用信息，为提取关键特征，常使用梅尔滤波器组对能量频谱进行过滤。该滤波器组由非线性分布的三角带通滤波器（Triangular Bandpass Filters）构成。通过计算滤波后频谱的对数能量，并应用 DCT，得到 MFCC，这些系数能有效表示音频的关键信息。以下是 MFCC 提取的数学过程：

由于信号在时域上的变换通常很难看出信号的特性，通常对它做傅里叶变换转换为频域上的能量分布来观察：

$$X[k] = FT\{x[n]\} \tag{4.3.9}$$

式中，$x[n]$ 为时域信号；FT 为连续短时傅里叶变换（图 4-16），具体连续短时傅里叶变换公式为：

$$X(t,f) = \int_{-\infty}^{+\infty} w(t-\tau)x(\tau)e^{-j2\pi f\tau}d\tau \tag{4.3.10}$$

式中，$w(t-\tau)$ 为窗函数；$x(\tau)$ 为待变换信号；$X(t,f)$ 为 $w(t-\tau)x(\tau)$ 的傅里叶变换。

根据以下公式计算频谱包络上第 m 个频率带的幅度值 $Y[m]$：

$$Y[m] = \log\left(\sum_{k=f_{m-1}}^{f_{m+1}} |X[k]|^2 B_m[k]\right) \tag{4.3.11}$$

"导航到最近的加油站"

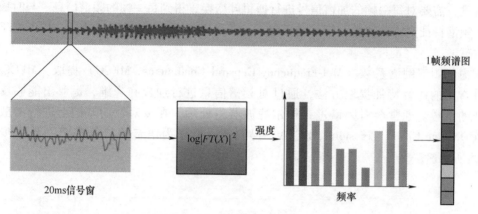

图 4-16　短时傅里叶变换示意图

式中，$B_m[k]$ 为频率倒频谱的遮罩，其计算公式为：

$$B_m[k] = \begin{cases} \dfrac{k - f_{m-1}}{f_m - f_{m-1}}, & f_{m-1} \leqslant k \leqslant f_m \\[2mm] 0, & k < f_{m-1} \text{或} k > f_{m+1} \\[2mm] \dfrac{f_{m+1} - k}{f_{m+1} - f_m}, & f_m < k \leqslant f_{m+1} \end{cases} \qquad (4.3.12)$$

对 $Y[m]$ 做逆离散余弦变换（Inverse Discrete Cosine Transform，IDCT）得到 $c_x[n]$，具体公式如下：

$$c_x[n] = \frac{1}{M} \sum_{m=1}^{M} Y[m] \cos\left[\frac{\pi n(m - 1/2)}{M}\right] \qquad (4.3.13)$$

式中，$c_x[n]$ 为梅尔频率倒谱系数。

通过声音信号的预处理，一方面可以得到更高质量的语音数据，另一方面为后续提取语音特征提供了便利，进而可以有效提高语音识别准确性。为车载语音助手后续指令理解以及指令执行提供了先决条件，提高智能座舱的用户体验度。

3）语音唤醒。在语音特征提取阶段，智能座舱语音助手应用语音唤醒技术，识别特定唤醒词信号，根据有无唤醒词判断是否进入人机交互状态，即语音唤醒阶段。语音唤醒是现阶段语音交互的第一入口，通过指定的唤醒词来开启人机交互对话，其技术原理是指在连续语流中实时检测说话人特定语音片段。深度学习广泛应用于开发唤醒词检测模型。语音唤醒技术可以从语音信号中准确地检测出唤醒词，唤醒智能座舱语音助手，降低了误唤醒带来的风险以及降低能耗。不同技术的应用使得座舱系统能够更好地适应不同的环境和用户需求，提供更准确和可靠的语音识别功能，从而提升智能座舱复杂交互场景下的人机交互体验。

自动增益控制（Automatic Gain Control，AGC）：在智能座舱中，说话人的声音大小会影响语音识别的准确率及语音唤醒率，需要引入 AGC 来调整语音信号的强弱幅度。根据输入信号的强度，自动调整增益，确保语音信号的强度适应系统的需求，同时避免饱和或失真。

激活音检测（Voice Activity Detection，VAD）：即确定所识别语音的起始位置与结束位置，常用的 VAD 方法有基于能量门限的检测方法、基于统计模型的方法以及基于机器学习的方法。以基于能量门限的检测方法为例，通过设置能量门限，当输入信号的能量超过门限时，启动语音识别系统；当能量低于门限时，关闭识别系统，以减少资源消耗。

（2）声学模型模块 声学模型是智能座舱语音后端处理的关键，旨在将舱内乘员的语音信息转换为文本信息，这一过程称为自动语音识别（Automated Speech Recognition，ASR）过程，又称为语音文字转换（Speech to Text，STT）过程，语音识别框架如图4-17所示。声学模型用于建模语音特征序列与文本序列之间的关系，旨在确定一个候选词序列 w 生成观测到的特征向量序列 $O = \{o_1, \cdots, o_t\}$ 的可能性。从概率论的角度来看，它提供了在给定词标注的情况下生成语音信号的过程描述。声学模型用来把语音信号的观测特征与句子的语音建模单元联系起来，可表示为如下过程：

$$P(O|L) = \prod_{t=1}^{T} p(o_t|o_1, \cdots, o_{t-1}, L) \approx \prod_{t=1}^{T} p(o_t|l_t) \infty \prod_{t=1}^{T} \frac{p(l_t|o_t)}{p(l_t)} \tag{4.3.14}$$

式中，$L = \{l_1, \cdots, l_t\}$ 为候选词序列。

常用的声学模型包括高斯混合模型（Gaussian Mixed Model，GMM）与隐马尔可夫模型（Hidden Markov Model，HMM）、深度神经网络（DNN）和端到端（End-to-End）的声学模型。

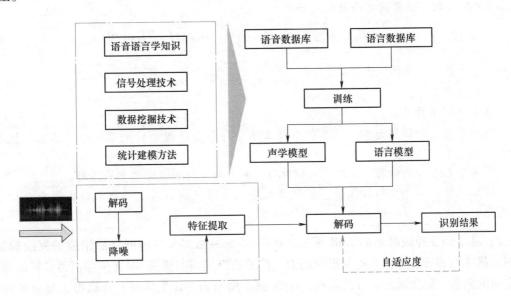

图4-17 语音识别框架

1）隐马尔可夫模型。隐马尔可夫模型（HMM）是一个基于统计学知识的生成模型，在语音识别领域获得了重大成功。HMM 的基本假设是马尔可夫性，即当前状态的生成仅依赖于前一个状态。HMM 由两个基本部分组成：隐藏状态和观测序列。隐藏状态是不可直接观测到的，而观测序列是可以观测到的数据。在 IIMM 中，隐藏状态之间存在转移概率，控制着状态之间的转换，而每个隐藏状态生成观测序列的概率由发射概率决定，即当前隐藏状态的转移概率只与前一个隐藏状态有关。假设声音信号为 O，词序列为 L，引入 HMM 状态序列 $S = \{s_t \in \{1, \cdots, J\} | t = 1, \cdots, t\}$ 来分解 $p(L, O)$，则：

$$\operatorname*{argmax}_{L \in V^*} p(O|L) = \operatorname*{argmax}_{L \in V^*} \frac{p(L,O)}{p(L)}$$

$$= \operatorname*{argmax}_{L \in V^*} \sum_S p(O|S,L)p(S,L)$$

$$= \operatorname*{argmax}_{L \in V^*} p(O|S,L)p(S|L)p(L) \qquad (4.3.15)$$

 扩展阅读：EM算法。

训练 GMM 和 HMM 通常采用最大似然估计（Maximum Likelihood Estimation，MLE）的准则。令 θ 为 GMM-HMM 中的所有的参数。优化的准则即为：

$$\hat{\theta}_{\text{MLE}} = \operatorname*{argmax}_{\theta} \log p(O|L,\theta)$$

由于存在隐藏变量，直接优化上述公式是很困难的，使用最大期望算法（Expectation-Maximization，EM）可对此进行优化。EM 算法被广泛运用于含有隐变量的统计学模型中，它的基本思想是引入一个辅助函数作为对数似然的下界，通过不断迭代优化辅助函数来优化 log 似然函数。这里辅助函数定义如下：

$$y_{\text{MLE}}(\theta_{k+1}, \hat{\theta}_k) = \sum_s P(S|O,L,\hat{\theta}_k)\log p(O,S|L,\theta_{k+1})$$

式中，$\hat{\theta}_k$ 为第 k 次迭代最优参数。

迭代步骤如下：

①初始化参数 θ_0。

②对于给定的训练数据，计算每个样本属于每个声学模型的概率，即计算后验概率 $P(O|L)$。

③基于第②步的结果，根据最大似然估计的原理，更新声学模型的参数。

④迭代执行第②步和第③步，直到满足停止准则（达到最大迭代次数或参数变化小于阈值）。

2）基于深度神经网络的 ASR 模型。DNN 是一种由多个神经网络层组成的复杂模型，它拥有强大的非线性建模和特征提取能力。传统的声学模型使用 GMM 来建模语音特征与文本之间的关系。随着深度学习的发展，DNN 被应用至语音识别领域，并取得了显著的性能提升。例如，DNN-HMM 模型便是一种基于 DNN 与 HMM 的语音识别模型。其能够对更加复杂的声学特征进行建模，提取更具判别性的特征表示，并更好地捕捉语音信号的时序信息。此外，结合 DNN 声学模型和其他组件（如语言模型和词图解码算法），可以构建出高性能的端到端语音识别系统。

3）端到端的 ASR 模型。目前常用的端到端声学模型包括 CTC（Connectionist Temporal Classification）模型及其相关衍生模型［如 RNN-T（RNN-Transducer）、基于 RNN 的注意力模型（包括编码器、解码器和注意力模块）］和基于 Transformer 模型的 STT（Speech-to-Text）模型。

Transformer 模型最初是为了解决机器翻译等自然语言处理任务而提出的，但其基本原理同样适用于语音识别。传统的 ASR 模型（如基于隐马尔可夫模型）在复杂度和性能方面存在局限性，而 Transformer 模型拥有更好的建模能力。Transformer 模型包含以下几个关键组件：

①自注意力层（Multi-Head Self-Attention）：Transformer 模型使用自注意力机制来捕捉输入序列中不同位置之间的关系，从而得到每个元素的上下文表示。

$$\text{Attention}(Q,K,V) = \text{softmax}\left(\frac{QK^T}{\sqrt{d_k}}\right)V \tag{4.3.16}$$

式中，Q、K 和 V 分别为查询、键和值的矩阵；d_k 为特征维度。

②位置编码（Positional Encoding）：由于 Transformer 模型没有显式的顺序信息，因此需要添加位置编码来表示输入序列中元素的位置信息，以便模型能够处理序列数据。

$$\begin{cases} \text{PE}(pos,2i) = \sin(\frac{pos}{10000^{2i/d}}) \\ \text{PE}(pos,2i+1) = \cos(\frac{pos}{10000^{2i/d}}) \end{cases} \tag{4.3.17}$$

式中，pos 为位置；i 为维度；d 为特征维度。

③编码器-解码器结构（Encoder-Decoder Architecture）：编码器负责将输入序列（如音频特征）转换为中间表示，而解码器负责将中间表示转换为输出序列（如文本）。

在语音识别领域，Transformer 模型的应用主要集中在声学模型的建模方面。Transformer 模型可以直接接受语音信号作为输入，然后使用自注意力机制来提取特征，避免了传统语音识别中需要手工设计的特征提取过程。Transformer 模型可以有效地建模语音特征之间的关系，并且捕捉到语音特征序列中的长距离依赖关系，从而提高了声学模型的性能。由于 Transformer 模型的端到端特性，它可以直接将语音信号映射到文本序列，无须使用额外的语音识别模块，简化了整个系统的架构。此外，Transformer 模型在大规模语言模型预训练方面取得了巨大成功，这也为语音识别任务提供了一个有效的迁移学习框架，即使用预训练的 Transformer 模型来初始化声学模型，并在少量标注数据上进行微调。

（3）语言模型模块　语言模型作为语音识别系统的关键组成部分，用于预测字符（词）序列产生的概率，描述了语音信号的统计特性，对候选标注的先验概率进行建模，可以帮助纠正识别错误、提高识别准确性，并提供更加流畅和自然的转录结果。在语言模型中需要根据任务需求和语料库构建词汇表，构建好的词汇表将用于训练语言模型。常用的语言模型包括 N-gram 模型、循环神经网络语言模型（Recurrent Neural Network Language Model，RNNLM）等。该部分仅以 N-gram 模型为例进行介绍。

N-gram 模型的核心思想是使用前 $N-1$ 个词预测下个词。它也是传统语音识别中使用最广泛的统计语言模型。它所做出的假设是最多只需要使用 N 个单词作为历史就足够计算概率，这里 N 是预先定义的历史窗口大小。假设句子 T 是由词序列 $\{w_1, w_2, \cdots, w_N\}$ 组成的，则 N-gram 模型可以表示如下：

$$P(\mathbb{W}) = P(w_1, w_2, \cdots, w_N) = \prod_i^N P(w_i|w_1^{i-1}) \tag{4.3.18}$$

$$P(w_i|w_1^{i-1}) = P(w_i|w_{i-N+1}^{i-1}) \tag{4.3.19}$$

式中，w_1^{i-1} 为第 i 个词的先行词序列，为了保证模型的准确性和鲁棒性，通常采用数据平滑操作，如拉普拉斯平滑。

$$p_{\mathrm{Lap}}(w_1,\cdots,w_n) = \frac{C(w_1,\cdots,w_n)+1}{N+B} \qquad (4.3.20)$$

式中，N 为总样本数；B 为 N 元组的总数。

语言模型性能的评价通常采用困惑度（Perplexity，PPL）指标来度量。PPL 的定义为序列的概率几何平均数的倒数，其公式表达如下：

$$PPL = [P(w_1^n)]^{-\frac{1}{n}} = \Big[\prod_{k=1}^{n} p(w_k|w_1^{k-1})\Big]^{-\frac{1}{n}} \qquad (4.3.21)$$

PPL 的值越小，则表示出现下一个预测词的概率越高。

随着文本中单词数量的增加，N-gram 模型的缺点也逐渐显现：只考虑前 $N-1$ 个词的上下文信息，因此无法捕捉长距离依赖性，即模型无法考虑更远处的词对当前词的影响。这使得 N-gram 模型在处理一些需要更广泛上下文理解的任务时表现不佳，例如复杂的语言结构、语义理解等。

近年来，学者开始尝试引入深度神经网络模型，通过单词的分布式表示来解决 N-gram 模型的维度灾难等问题。RNNLM 是一种基于 RNN 的语言模型，被广泛应用于语音识别系统中，对语音识别候选词语进行评分和选择。RNNLM 的基本思想是利用 RNN 来捕捉词语之间的上下文关系和语义信息。RNNLM 逐渐取代了传统的 N-gram 模型，因为它们能够更好地建模长期依赖关系和语义信息。

（4）解码器模块　解码器利用声学模型和语言模型搜索最可能的文本序列，使得该序列在声学模型和语言模型的联合概率下最大化。常用的解码算法包括基于动态规划的维特比算法（Viterbi Algorithm）和基于束搜索的束搜索算法（Beam Search Algorithm）。此处仅介绍维特比算法的具体过程。

维特比算法是一种基于动态规划的算法，用于在隐马尔可夫模型（Hidden Markov Model，HMM）等序列模型中找到最有可能的隐藏状态序列。Viterbi 算法通常用于序列标注，语音识别以及自然语言处理等。Viterbi 算法使用动态规划的思想，将问题分解为多个子问题并逐步求解。算法通过在每个时间步选择当前最优的路径，并利用最优子结构的性质，逐步计算得到全局最优解。例如：假设有一个 HMM，其中包含隐藏状态集合 S、观测状态集合 O、初始状态概率 π、状态转移概率 A 和发射概率 B，目标是找到一个最优的隐藏状态序列，使得给定观测序列的条件下，该隐藏状态序列的生成概率最大。算法步骤如下：

①初始化：计算初始时刻 $t=0$ 的状态概率，设置初始状态的概率为 1，其他状态的概率为 0。

②递推：对于每个时间步 t，计算到达每个状态的最大概率，并记录路径。

③对于每个状态 s，在时间步 t，计算从前一个时间步 $t-1$ 的状态经过转移到达状态 s 的概率乘以状态 s 发射观测值的概率，并选择最大概率作为到达状态 s 的最大概率，并记录路径。

④前向概率（到达状态 i 且观测到 t 时刻的观测值）：

$$\delta_t(i) = \max_{j \in s}[\delta_{t-1}(j)A_{ji}B_i(o_t)] \qquad (4.3.22)$$

⑤终止：在最后一个时间步 T，选择具有最大概率的状态作为最终的隐藏状态序列。

⑥回溯：从最后一个时间步 T 开始，按照记录的路径逆向回溯，得到最优的隐藏状态

序列。

$$q_t^* = \underset{j \in s}{\mathrm{argmax}}\left[\delta_{t-1}(j)A_{ji}B_i(o_t)\right] \tag{4.3.23}$$

在语音识别技术中，这些模块之间密切关联（图4-18）。语音预处理模块提供了特征序列作为声学模型的输入。声学模型将特征与音素进行对应，生成音素序列。语言模型模块基于语言规则和概率，为解码器提供额外的上下文信息。解码器模块综合利用声学模型和语言模型，将音素序列转换为最终的文本输出。整个系统的性能取决于各个模块的质量和有效的协作。准确的音频预处理和特征提取对后续模块的准确性至关重要。解码器模块的搜索算法和选择策略直接影响最终的识别结果。这些模块之间的紧密关联和协作是实现准确和流畅语音识别的关键。

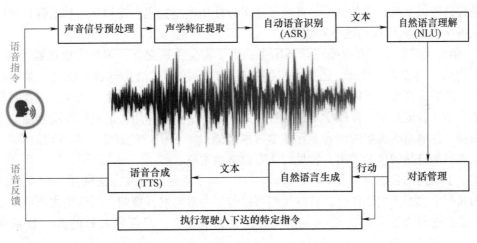

图4-18　语音识别技术中的模块

（5）语音交互反馈　针对用户指令，座舱需要有一定的响应，即语音交互。座舱中的语音交互功能主要包括自然语言理解（Natural Language Understanding，NLU）和语音反馈两个部分。

1）自然语言理解技术。NLU是一种人工智能（AI）技术，旨在使计算机能够理解自然语言文本的含义。NLU涉及语言处理、机器学习和人工智能等领域，其目标是将人类语言转换为结构化的表示形式，以便计算机能够处理和理解。在智能座舱环境下，前述的一系列操作就是为了让计算机知道驾驶人在说什么，为了实现机器对驾驶人话语的理解，需要进一步引入NLU技术以实现对驾驶人的指令和意图的理解，将驾驶人指令转化为相应的操作或响应。通俗而言就是要机器"听得懂"驾驶人要干什么。在智能座舱中常用的NLU技术有：

①语义解析（Semantic Parsing）：语义解析技术用于分析和解释用户语言输入的意图和语义。它将语音识别得到的文本转化为结构化的语义表示，例如语义解析树或逻辑形式。这样座舱系统可以理解用户的具体请求或指令，如查询天气、播放音乐、导航等。

②语义角色标注（Semantic Role Labeling）：语义角色标注技术用于识别句子中的语义角色，即句子中的谓词与其相关论元之间的关系。在智能座舱中，语义角色标注可以帮助系统确定用户语句中的主谓宾关系，从而准确理解用户的意图和需求。

③实体识别（Entity Recognition）：实体识别技术用于识别文本中的命名实体，如人名、

地名、日期、时间等。在智能座舱中，实体识别可以帮助系统识别用户提及的具体实体信息，如预定航班、查询地点或时间等。

④意图识别（Intent Recognition）：意图识别技术用于识别用户语言输入的意图或目的。通过训练机器学习模型，系统可以学习不同意图的模式和特征，从而准确判断用户的意图并做出相应的响应或行动。

基础的 CNN、长短时记忆网络（Long Short-Term Memory, LSTM）以及 Transformer 架构单独或组合均能实现上述功能，随着大模型技术的发展，基于混合模式的方法能够以较低的成本更快速地搭建高性能的模型，比如使用预训练大模型，常见的大模型如 BERT（Bidirectional Encoder Representations from Transformers）和 GPT（Generative Pretrained Transformer）。这些模型可以用于 NLU 任务中的意图识别、语义解析和实体识别等，同时也可以针对特定任务进行微调以实现性能的提升。此外，还可以使用模型集成、迁移学习和增强学习等技术方法来进一步提升 NLU 的性能和效果。

2）语音反馈技术。在智能座舱环境中，为了实现人机交互，不仅需要机器"听得清"和"听得懂"驾驶人说什么，还要求机器能够以对话的形式给予驾驶人反馈，采用对话的形式不仅能够提高效率还能避免分散驾驶人的注意力，提高行车安全。为了实现这一功能就需要结合语音合成技术。深度学习在语音合成中发挥了重要作用，通过构建端到端的文本到语音模型，生成自然流畅的语音。深度学习模型通过学习语音的音素、声调和韵律等特征，可以生成更加自然的语音输出。常见的语音合成技术有：

①基于规则的合成（Rule-based Synthesis）：基于规则的合成方法使用预定义的语音合成规则和声学模型来生成语音。这些规则可以包括音素的发音规则、语调模式和声音变化规律等。虽然这种方法可以提供一定程度的控制和准确性，但需要大量的人工规则和专家知识。

②统计参数生成合成（Statistical Parametric Synthesis）：统计参数生成合成方法使用统计模型来生成语音的声学参数，然后使用声学模型和合成过程将这些参数转化为声音。常用的统计模型包括 HMM 和 GMM。这种方法通过训练大量的语音数据来学习声学模型，从而生成更自然的语音。

③基于深度学习的合成（Deep Learning-based Synthesis）：基于深度学习的合成方法使用深度神经网络模型来学习文本和声音之间的映射关系。如：生成对抗网络（Generative Adversarial Network, GAN）、LSTM 以及 Transformer 模型。

④端到端合成（End-to-End Synthesis）：端到端合成方法直接将从文本到语音的输入和输出进行建模，无须中间的声学参数表示。这种方法使用深度神经网络模型，如 WaveNet、Tacotron 和 FastSpeech 等。端到端合成方法可以减少合成过程中的中间步骤和复杂性，产生更加自然和高质量的语音输出。

综上所述，这些步骤构成了智能座舱车载语音识别的具体流程，每一步都对实现准确、高效的语音识别至关重要。此外，当前智能座舱内的语音识别面临三大挑战：①环境噪声干扰下的语音增强（Speech Signal Enhancement, SSE）问题；②现存深度学习训练模型的语料问题，面对新的词汇，可能触发语音助手的知识盲区，出现无法识别等问题；③语音识别特征抽出模型的并行计算，即如何设计并实现能够高效并行计算的特征提取模型，以加快语音识别系统的处理速度和效率。

4.4　多模感知系统

多模感知系统是一种基于多模态深度学习的感知系统，旨在模拟人类的多种感知能力，包括视觉、听觉、触觉等，以实现对环境的全面感知和理解。该系统通过融合多种传感器和算法，能够对环境中的各种信息进行采集、处理和分析，并生成相应的反馈。与传统座舱相比，智能座舱利用多模感知系统对汽车内司乘人员的多种感知信息进行识别分析，为其提供更加个性化的服务，提升用户体验。

4.4.1　多模交互系统

传统座舱的机械交互已经不能满足人们对汽车使用体验的需求，智能座舱的多模交互系统是一种先进的用户界面技术，它通过结合多种感官输入方式，如语音、唇动，手势等，提供一种更自然、直观且高效的交互体验。这种系统的核心优势在于其能够适应用户的不同交互习惯和需求，同时减少驾驶人驾驶时的分心情况，提高安全性。语音识别是多模交互系统中的一个关键组成部分，它允许用户通过简单的口令来控制车辆的各种功能。而唇动识别技术则进一步增强了系统的理解能力，即使在嘈杂的环境中或者用户不便发声时，系统也能准确捕捉和执行命令。此外，多模交互系统还可能包括手势控制，允许用户通过手势来执行命令，如调整音量或切换歌曲，以及触摸屏幕，提供触觉反馈和精确控制。这些交互方式的结合不仅提升了驾驶体验，还为车辆提供了更多的功能性和可玩性。例如，供应商地平线通过结合语音、唇动等多模态 AI 技术帮助长安 UNI-T 准确判断声音指令的来源位置，以避免误唤醒。

根据 Wickens 提出的多重资源理论可知：一个通道接收的信息是有上限的，当信息过载时，会导致人的认知负荷，从而降低效率。为避免视觉通道超负荷，可以将部分信息通过听觉通道呈现，这能有效降低驾驶人的工作负荷。人类的主要感知信息来自视觉、听觉、触觉以及嗅觉，但是每个感知通道所接受的信息量大不相同。如图 4-19 所示，各感知通道接收信息各有优缺点。如何综合利用这些感知信息，扬长避短，是多模交互系统需要考虑的问题。

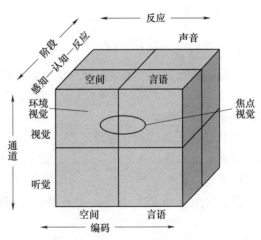

图 4-19　多重资源理论

多模交互系统作为智能座舱的核心组成部分，已经成为汽车科技发展的重要趋势之一，综合运用语音识别与图像识别等多种深度学习技术，旨在为驾驶人提供全方面的交互体验。这些技术本质是利用各种传感技术获取多模态数据，然后经预处理后传入相应的模型，得到基于多模数据融合的结果。随着深度学习技术的不断发展，多模态交互系统将发挥越来越重要的作用，将进一步提升汽车的智能化水平，为驾驶人和乘客提供更加安全、便利和舒适的出行体验。图 4-20 是驾驶人疲劳、分心和情绪识别框架，运用来自视觉、听觉、触觉、生理以及本体传感器的多模态信息，通过多方面的信息计算，进行驾驶人行为推断，从而提升人车的多模交互性能。本小节内容在介绍多模融合方法的基础上，以多模情绪识别为例介绍多模交互系统在汽车座舱中的重要应用场景。

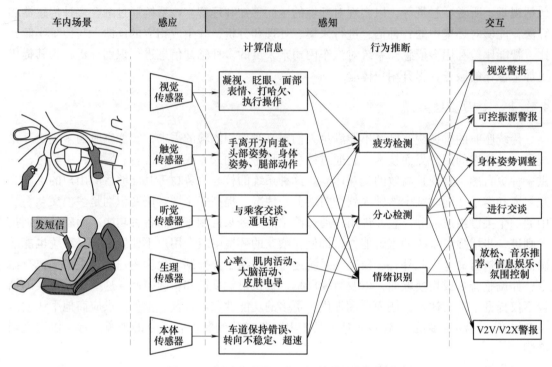

图 4-20　驾驶人疲劳、分心、情绪识别框架

1. 多模融合方法

实现多模态交互，多模融合方法是关键技术之一，它关注的是如何将来自不同感知模态的信息整合在一起，以提供更全面的理解和表示。多模融合方法可以分为模型无关的融合方法与基于模型的融合方法。

（1）模型无关的融合方法　模型无关的融合方法（Model-Agnostic Approaches）主要依赖于数据本身的统计特性和特征工程技术，而不需要先验的模型假设。这些方法可以简单地将不同模态的数据合并，然后利用传统的统计方法或机器学习算法进行处理。模型无关的融合方法主要有三种融合方式：前端融合、后端融合和混合融合。三种融合方式如图 4-21 所示。

前端融合（Early Fusion）：又称特征级融合，指在数据处理的早期阶段将来自不同传感器或输入源的数据进行融合。这种方式通常在数据表示的阶段就将多模信息融合成一个单一的特征向量或表示形式。例如，在图像识别任务中，前端融合可以将图像和文本信息合并成一个统一的特征向量。典型的前端融合方法有张量融合网络（Tensor Fusion Network）和低秩多模态融合（Low-rank Multimodal Fusion）等。在智能座舱中，多模前端融合技术可以应用于驾驶人辅助系统、交通管理系统以及智能信息显示系统等方面。利用不同类型的传感

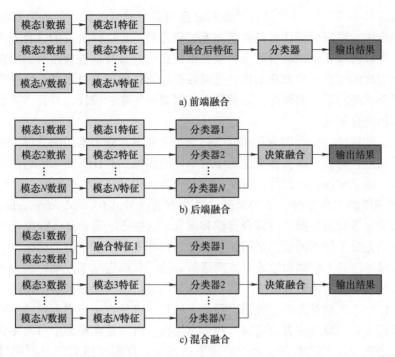

图 4-21　模型无关的三种融合方式

器，如摄像头、超声波雷达、激光雷达、红外线传感器等，获取车辆周围环境的信息。每种传感器都有其独特的优点和局限性，通过融合多个传感器的信息，可以弥补各自的缺陷，提高环境感知的准确性和可靠性。在前端融合阶段，假设有语音特征向量 X_{audio} 和视觉特征向量 X_{visual}，可以使用加权融合的方式进行融合：

$$X_{fused} = \alpha X_{audio} + (1 - \alpha) X_{visual} \tag{4.4.1}$$

式中，α 为融合权重，可以根据任务需求进行调整。

　　根据公开的数据可以推断，特斯拉的 Autopilot（自动驾驶辅助系统）便是一个典型的多模前端融合技术应用案例。它通过融合车载摄像头、超声波雷达、激光雷达等多种传感器的信息，实现了车辆环境感知、自动驾驶控制和智能驾驶辅助功能，大大提升了驾驶安全性和便利性。目前，前端融合在智能座舱中的应用受到了广泛关注，尤其在数据补全和精度方面具有绝对优势。然而，前端融合技术在实践中也面临着诸如数据来源的多样性、时空同步等难题。在国内，仅有地平线与科大讯飞等少数企业采用前端融合技术实现多模语音在智能座舱中的应用。

　　后端融合（Late Fusion）：与多模前端融合的基于传感器数据的融合方式不同，智能座舱中的多模后端融合是基于每个传感器的感知结果的融合，这里可以将由每个传感器所获取的数据理解为一种模态。前端融合是指使用一个模型同时处理多种感知数据，并将其融合成一个综合的结果输出；而后端融合则是先对不同来源的数据分别进行感知处理，然后再将它们的结果进行融合计算。简言之，前端融合是在数据处理的初始阶段将各种信息融合在一起，而后端融合则是在每个数据源都独立输入各自的算法模型并得到各自的感知结果后，再将得到的这些感知结果通过某种融合机制处理得到最终结果。

混合融合（Hybrid Fusion）：结合了前端融合和后端融合的优点，以克服它们各自的缺点。在混合融合中，可以根据任务的要求和不同模态的特点选择合适的融合方式。例如，在某些情况下，可以选择在前端融合阶段将某些低层次的模态特征进行融合，而在后端融合阶段再进行更高层次的融合。该方法的优点是可以根据具体情况选择最适合的融合方式，充分利用各自的优势，提高系统的性能，而其缺点是需要更复杂的设计，并且需要更多的计算资源来处理不同的融合策略。

综上所述，前端融合、后端融合和混合融合是多模态融合中常用的三种方法，它们各自有着不同的优缺点，可以根据在智能座舱中的具体应用场景和任务要求进行选择和调整。企业可以根据具体需求和技术可行性，灵活选用融合方式中的一种。

（2）基于模型的融合方法　基于模型的融合方法（Model-Based Approaches）则利用先验知识和模型来对多模态数据进行联合建模和融合。这些方法通常基于深度学习或概率图模型等技术，能够充分挖掘不同模态之间的关联性和特征表示。基于模型的融合方法包括共享表示学习、跨模态注意力机制和生成对抗网络等方法。共享表示学习和跨模态注意力机制是最为常用的两种基于模型的融合方法。共享表示学习是将不同模态的数据映射到一个共享的表示空间中，以便于模型对多模态数据进行统一处理。这种方法通常利用神经网络结构，如多模态自编码器或者多模态注意力机制。跨模态注意力机制是在模型中引入注意力机制，使得模型能够自动地关注不同模态信息中最重要的部分，从而可以有效地利用每个模态的信息，提高融合结果的质量。

综上所述，模型无关的融合方法更注重数据特征的简单组合和加权，而基于模型的融合方法则更加注重深度学习和概率建模等技术，能够更好地挖掘多模态数据之间的关联性。融合方法的选择应根据具体应用场景和需求进行权衡。

2. 多模情绪识别

多模情绪识别是多模交互系统的重要应用场景之一，旨在利用来自多种传感器或数据源的信息（如面部表情、语音、生理信号等）综合分析和理解个体的情绪状态。多模情绪识别的原理基于几个关键步骤。首先，在特征提取环节，从不同的模态数据中提取有效的特征表示，如面部表情的动态特征、语音的声谱特征和生理信号的频域特征等。其次，在特征融合环节，将来自不同模态的特征进行融合，以综合地表示个体的情绪状态。融合方法包括前端融合、后端融合以及基于模型的融合等。最后，在情绪分类环节，利用机器学习或深度学习算法对融合后的特征进行分类，以识别个体的情绪状态。

（1）应用场景　多模情绪识别模型在智能座舱中的几个细分应用场景如下：

1）驾驶人情绪监测：多模情绪识别模型可以通过分析驾驶人的面部表情、语音、生理信号（如心率、皮肤电导等）等多模态数据，识别驾驶人的情绪状态，如焦虑、疲劳、愉快等。一旦识别到驾驶人情绪出现异常，系统可以提供相应的警示或干预措施，如播放柔和音乐、调节座椅温度等，以提高驾驶人的驾驶舒适度和安全性。

2）驾驶行为分析：结合多模态数据，多模情绪识别模型可以分析驾驶人的行为模式，如眨眼频率、语速、语调等，从而判断驾驶人的情绪状态。例如，当系统检测到驾驶人情绪疲劳或者愤怒时，可以自动调整车内环境，提供更加舒适的驾驶环境，或者建议驾驶人暂时停车休息。

3）个性化驾驶体验：多模情绪识别模型可以根据驾驶人的情绪状态，自动调整汽车的各项设置,以提供个性化的驾驶体验。例如,当驾驶人情绪愉快时,系统可以播放欢快的音乐或调整车内灯光颜色,营造愉悦的氛围;而当驾驶人情绪疲劳时,系统可以调整座椅的舒适度,提醒驾驶人适当休息。

4)驾驶安全提醒:多模情绪识别模型还可以结合驾驶人的情绪状态和驾驶环境信息,提供实时的驾驶安全提醒。例如,在识别到驾驶人情绪焦虑或疲劳时,系统可以自动开启驾驶辅助功能,如自动驾驶模式或智能巡航控制,以降低驾驶风险。

(2)基本思想和框架 下面结合学科前沿,介绍最新研究中关于多模态情绪识别的基本思想和框架。

1)基于视听跨模态信息融合的驾驶人情绪识别框架:人脸和声音是汽车座舱中最经常获取的两种数据模态,基于视听跨模态信息融合的驾驶人情绪识别框架如图 4-22 所示。为了识别驾驶人的情绪,从而提高智能驾驶的安全性和人性化,分别构建一种基于注意力的面部表情识别网络和语音情绪网络。首先,利用摄像头和麦克风采集驾驶人的视频信号和语音信号;其次,对信号进行预处理以产生人脸帧序列和梅尔频率倒谱系数;再次,将这些数据分别送入人脸特征提取器和音频特征提取器,分别提取人脸表情特征和音频特征;最后,在特征层将音频和视频特征进行拼接,构建跨模态的驾驶人情感识别模型。在视频方面,通过预处理得到一组使用局部二值模式直方图(Local Binary Pattern Histogram,LBPH)的帧序列,生成固定维的特征表示,然后将这些特征输入经过微调的 ResNet 18 模型中,以分析空

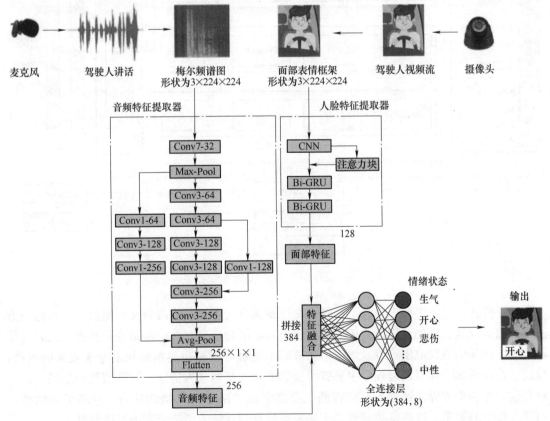

图 4-22　基于视听跨模态信息融合的驾驶人情绪识别框架

间信息。该模型通过集成时间注意模块和门控循环单元进一步增强，增强了其创建高度判别视频表示的能力。最后，将这两种特征进行融合后输入全连接层，从而实现多模态情感识别。

2）基于混合注意力模块的多模情绪识别框架：除了人脸和声音之外，最新的研究开创性地提出了融合包括来自驾驶人眼部、车辆乃至环境等多模态数据的驾驶人情绪识别框架（图 4-23）。其中，收集的环境数据包括车道宽度、车道数量、与前方车辆的距离、当天的时间以及与天气相关的数据。该框架主要由数据采集、数据预处理、特征提取、特征融合和分类五个模块组成。在数据采集方面，采用先进的驾驶模拟器采集三种模态的数据。首先，每个模态的数据首先被输入一个单独的 ConvLSTM 模块中提取特征映射（Feature Extraction）。其次，将这些特征映射输入混合注意力模块（图 4-24），得到一个新的和向量（Fusion），并将其依次输入一个全连接（FC）层和一个 Softmax 层，用于将维度情绪分为两个级别（分类）。最后，使用自我评估模型（Self Assessment Model，SAM）来评估提供给模型的情绪水平，以进行监督训练。

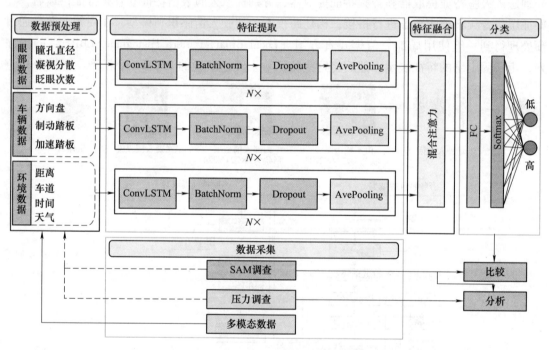

图 4-23　基于混合注意力模块的多模情绪识别框架

综上所述，基于多模态信息的驾驶人情绪检测具有重要的实践意义。然而，目前这一方法面临以下挑战：首先，提取驾驶人的人脸信息和语音信息存在一定困难；其次，人脸定位不准确、面部信息提取困难以及语音信息分帧不准确等问题也给情绪识别带来较大的困扰；最后，众所周知，在驾驶过程中主要威胁交通安全的是驾驶人情绪，包括愤怒和恐惧，这导致目前业界和学术界的驾驶人情绪检测主要集中在"路怒"情绪的检测，忽略了其他情绪与驾驶安全的关系。这些挑战导致基于多模态信息的驾驶人情绪识别准确率较低。

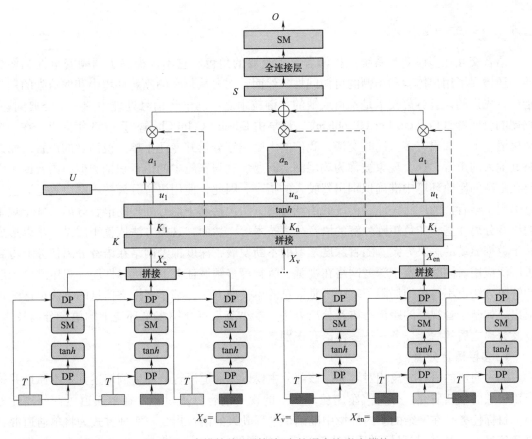

图 4-24　多模情绪识别框架中的混合注意力模块

> 扩展阅读：奔驰MBUX系统的多模疲劳检测。

　　在实际的疲劳驾驶检测中，制造商会使用更为复杂的参数来辅助判断，以确保用户的驾驶体验。2020 年，梅赛德斯-奔驰（Mercedes-Benz）推出了新一代座舱系统 MBUX（Mercedes-Benz User Experience）。该系统的注意力辅助（Attention Assist）技术依靠各种人工智能算法和专门的传感器来检测驾驶人的疲劳程度，号称业内首创的技术。在驾驶前几分钟，系统会使用 70 多种不同类型的参数来分析驾驶人的个人驾驶习惯。传感器的一个关键部件具有记录转向运动和转向速度的能力，以此来记录驾驶人的驾驶习惯。基于大量的研究结果分析，奔驰工程师分析得到疲劳的驾驶人倾向于犯轻微的转向错误，并稍微改变他们的转向行为。在分析响应和参数后，系统将发出声音和视觉提示。虽然这只是奔驰官方披露的一部分参数，根据大量学术研究，我们有理由相信奔驰的 MBUX 系统会使用包括基于摄像头的眼睛闭合频率、人脸识别等各种参数，以此来综合判断驾驶人的疲劳和分心状态。当检测到驾驶人存在疲劳迹象时，仪表板上会出现一个咖啡杯图标。在某些车型中，驾驶人还可以在仪表板上显示检测到的注意力水平，查看用户已经驾驶了多长时间，甚至可以从导航系统获得最近休息区域的方向。注意辅助功能有助于有效防止因驾驶人疲劳引起的事故。

4.4.2 多模分离技术

语音交互在多模交互系统中扮演着至关重要的角色，它不仅提高了驾驶安全性和便捷性，还增强了用户体验和车辆的可访问性。然而，想要从复杂的座舱环境中获取清晰的用户指令，先进的语音分离技术是不可或缺的关键技术之一。语音信号处理中的一个经典问题：鸡尾酒会问题（Cocktail Party Problem），最早由 Edward Colin Cherry 于 1953 年提出。在一个鸡尾酒会上，如果有多人同时交谈，我们的大脑能够分辨并专注于单个说话者的声音，而忽略其他人的声音，这个现象被称为鸡尾酒会问题。这与座舱中的语音识别类似，语音助手需要在复杂的座舱环境中准确识别出驾驶人的指令。因此，使用语音分离技术解决鸡尾酒会问题引起了学者们的广泛关注。传统的语音分离方法包括基于信号处理的语音分离、基于规则的语音分离和基于非负矩阵分解的语音分离技术等。然而，这类方法依赖于假设，难以形成基于数据驱动的解决方案。随着深度学习的不断发展，深度神经网络在语音分离任务上得到了广泛应用。同时，鉴于深度网络在视觉、听觉等多领域任务上的优异性能，鸡尾酒会问题的解决方法也不再单纯局限于基于听觉信息的单模态方法，基于多模态信息的方法也逐渐被提出，如基于音视频的跨模态语音分离方法。本小节重点介绍多模环境下的语音分离技术，以及分离之后的后续任务——多模语音识别。

1. 多模语音分离

因多通道的语音分离相对容易，该部分主要以单通道语音分离为例阐述其基本原理并结合该领域的最新研究，分析汽车座舱环境下的视听语音分离过程。在单通道语音分离任务中，目标任务是在嘈杂的车内环境中准确识别驾驶人的语音指令，实现方式为将单通道混合语音信号 $x \in R^{1 \times L_a}$ 与目标说话者嘴唇运动的视频帧 $y \in R^{1 \times L_v \times H \times W}$ 一起作为输入，以得出目标说话者（驾驶人）的估计音频信号 $\hat{s} \in R^{1 \times L_a}$。其中，$L_a$ 和 L_v 分别表示音频和视频输入的持续时间，而 H 和 W 对应于单通道（灰度）视频帧的尺寸。

视听语音分离是从混合的音频和视频信号中提取出目标语音信号的过程。下面基于图 4-25 的视听语音分离框架，给出通用的视听语音分离的基本步骤：

1）基于编码器（Encoder）的视听特征提取：首先，从视频中提取与语音相关的视觉特征 v_0。这些特征包括嘴唇的形状、面部表情以及其他与语音产生相关的口腔运动。接下来，从混合音频信号中提取与目标语音相关的音频特征 a_0。常用的音频特征包括短时傅里叶变换（STFT）系数、梅尔频谱系数等，前面语音识别部分有专门介绍，这里不再赘述（详见4.3.3）。

2）基于分离网络（Separation Network）的联合表示学习：将视频特征和音频特征进行联合表示学习，以便将视觉和音频信息进行融合。这可以通过深度学习模型来实现，如卷积神经网络或循环神经网络。作为分离网络的输入，这些特征经过融合后提取出显著的多模态特征 a_R。

3）基于解码器（Decoder）目标源分离：首先，使用预训练模型对混合音频信号进行分离，以获取目标语音信号。这可以通过对联合表示进行分解或通过掩模操作来实现。其次，使用 a_R 将驾驶人的音频 z 从编码的音频信号 a_0 中分离出来。最后，目标说话者估计的音频特征映射 z 被解码成估计的音频流 $\hat{s}$，并通过与真值信号 s 进行比较以实现模型优化。

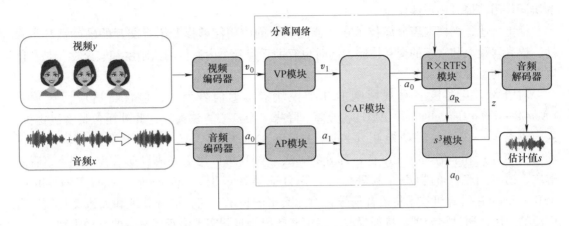

图 4-25　视听语音分离框架

2. 多模人声分离

多模人声分离技术是指结合图像等其他模态信息，将复杂环境中的混合音频信号分离成单个人的声音信号，从而提取出目标说话人声音的一种技术。其核心目标是从混合的音频信号中分离出每个人的声音信号，以便单独处理或识别。在多人对话或嘈杂环境下，这项技术可以提高语音识别的准确性和通信系统的性能。主要步骤如下：

首先，混合音频信号采集：使用麦克风等音频采集设备捕获复杂环境中的混合音频信号，其中包括多个人说话、背景噪声等。

其次，特征提取与表示：对采集到的混合音频信号进行特征提取。这些特征可以是频谱特征、时频特征、谱包络特征等，用来描述音频信号的频率、能量、时域和频域特性。

最后，分离和重构：一旦人声和非人声部分被区分出来，接下来的任务是将人声从混合音频中分离出来。这可以通过信号处理技术（如盲源分离、自适应滤波等）或深度学习模型（如深度神经网络）来实现。分离出的人声信号可以进一步进行重构，以改善声音的质量和清晰度。

多模人声分离技术在智能座舱中有着重要的应用，主要体现在以下几个方面：

1）语音识别和指令响应：在智能座舱中，驾驶人和乘客可能同时发出语音指令，但由于座舱内存在多种环境音，会产生多个声音源的混合，极大地增加了智能语音识别系统的识别难度。多模人声分离技术可以将驾驶人和乘客的语音信号分离出来，有助于智能语音识别系统准确识别和响应特定的语音指令，从而实现更加智能化的车内控制和交互体验。

2）语音通信的清晰度提升：在车辆行驶过程中，车内会有多个人同时进行语音通信，如车内通话、语音导航等。多模人声分离技术可以将车内不同人的语音信号分离出来，从而避免声音交叉干扰，提升通话的清晰度和质量。

3）智能车载助手的个性化交互：智能车载助手通常会与驾驶人和乘客进行语音交互，提供导航、娱乐、信息查询等服务。多模人声分离技术可以实现对驾驶人和乘客的语音指令进行识别和区分，从而为用户提供个性化的服务，满足用户的个性化需求。

4）娱乐和语音助手的协同作用：在车内娱乐系统和语音助手之间可能存在交互和干扰的情况，多模人声分离技术可以有效分离出驾驶人和乘客的语音信号，实现娱乐和语音助手的协同作用，提升用户体验。

综上所述，多模人声分离技术在智能座舱中的应用能够提升语音交互的准确性和可靠性，提高驾驶人和乘客的交互体验，同时也有助于提升车内通信的清晰度和安全性，是智能座舱技术的重要组成部分之一。

对语音交互速度有直观影响的几个模块有：①信号处理，包含自适应回声消除（Adaptive Echo Cancellation，AEC）、分离、降噪三个核心算法模块，此外还包括音区定位、人声隔离等。②语音活动检测（Voice Activity Detection，VAD），指识别语音信号中活动（有声音）和非活动（无声音）部分的算法。VAD可以用于完成自动语音识别、语音编解码、语音通信中的噪声抑制等任务。③自动语音识别（Automatic Speech Recognition，ASR），即利用计算机技术将语音信号转换为文本的技术。它在语音处理和人机交互领域有广泛的应用，通过预处理、特征提取、建模和解码等步骤实现语音到文本的自动识别。

3. 多模语音识别

座舱中多以语音识别和图像识别为主，因此多模语音识别任务中以视听语音识别（Audio-Visual Automatic Speech Recognition，AV-ASR）最为常见。AV-ASR的基本原理是将音频和视频信息进行联合建模，从而提高语音识别的准确性和鲁棒性。这种方式能够突破使用单一模态数据的传统语音识别系统面临的局限，如在噪声环境中以及语音变体存在的情况下语音识别系统的性能下降。AV-ASR与传统的ASR在语音识别任务上存在显著的不同，具体差异见表4-2。

表4-2　AV-ASR与传统ASR的具体差异

	AV-ASR	ASR
数据来源	包含音频录音和与之对应的视频	音频录音
输入信息	同时使用音频和视频信息作为输入特征	仅使用音频信号作为输入特征
特征融合	将音频和视频特征进行融合，可以选择多种融合方法进行融合	不涉及特征融合
模型结构	可以构建深度融合网络模型，用于联合建模音频和视频特征	可以采用多种单一模型进行训练
鲁棒性	AV-ASR具有更好的鲁棒性，可以更好地适应噪声、语音变体和复杂环境	传统的ASR系统对噪声和语音变体比较敏感，容易受到环境和语音质量的影响

首先，通过音频信号处理方法提取音频特征，如梅尔频率倒谱系数（MFCC），以捕捉语音的频谱特征，同时通过视频信号处理方法提取视频特征，如光流、面部关键点等，以捕捉语音的视觉信息。关于单纯语音识别的具体步骤可以参考4.3.3节中的语音识别部分，这里不再赘述。视频特征提取的具体方法可以根据不同的研究框架进行选择（图4-26）。

其次，将音频和视频特征进行融合。一种常用的方法是使用多模态深度学习模型，如卷积神经网络（CNN）和循环神经网络（RNN），通过将音频和视频特征输入模型中进行联合训练和特征融合。

最后，使用融合后的特征进行语音识别，语音识别方法可以选择传统的语音识别方法（如隐马尔可夫模型和最大似然估计）或深度学习方法（如长短期记忆网络和注意力机制）。

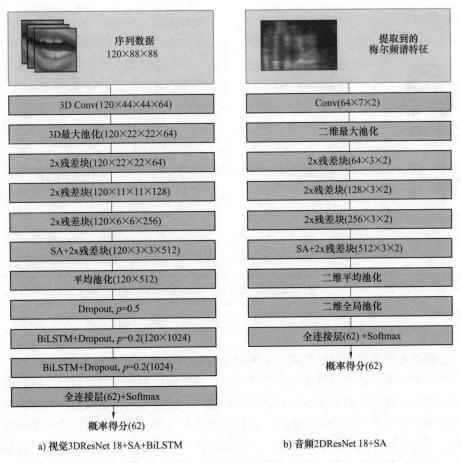

a) 视觉3DResNet 18+SA+BiLSTM　　　　b) 音频2DResNet 18+SA

图 4-26　视听特征提取模块

综上所述，汽车座舱中的视听 ASR 通过联合建模音频和视频信息，利用深度学习模型进行特征融合和语音识别，以提高语音识别的准确性和鲁棒性。具体的方法和模型设计可以根据应用场景及预期目标进行选择和改进。

基于以上基本框架，在最新的研究中，研究者构建基于跨模态注意力的前端融合视听语音识别框架（图 4-27）。①在特征提取阶段，分别对视觉输入（如唇部运动）和音频输入（如语音信号）进行处理，采用 3D（3DResNet）和 2D 卷积神经网络（2DCNN-ResNet）模型来提取唇部区域特征和梅尔频谱特征。②在视听信息交互阶段，为了提高识别准确性和抗噪能力，提出了一种新的跨模态注意力方法。这一方法通过视觉和听觉信息的有效融合，优化了特征级的数据处理，充分利用视觉上下文来辅助噪声环境下的语音识别。③在数据融合阶段，通过特征级融合和跨模态注意力机制，将视觉和音频的特征向量结合，进一步增强模型对语音指令的识别能力。这一融合策略能够有效提高系统在复杂环境下的表现。

在智能座舱开发中，考虑到单模命令词存在的召回率低和误报率高等痛点问题，为了实现对命令词的精准识别，多模语音系统通过麦克风与摄像头等数据采集装置采集包括语音信号、视频信号在内的多源异构数据。多模命令词识别是多模语音识别的关键技术之一。2019

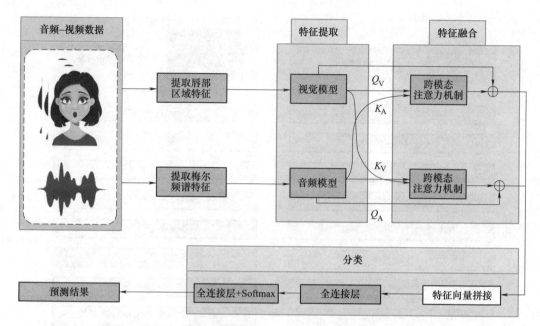

图 4-27　基于跨模态注意力的前端融合视听语音识别框架

年智能驾驶解决方案供应商地平线提出了多模命令词的概念，并在智能座舱实现量产交付。与上述所介绍的多模语音识别框架类似，多模命令词的识别框架专门针对汽车座舱内的多模语音识别，增加了驾驶人的唇部特征和语音特征输入，经过编码、多模融合和解码等一系列过程实现对语音唤醒命令词的精准识别。以长安 UNI-T 为例，其搭载的多模命令词技术使得驾驶人可以通过多种方式向车辆发送指令，包括语音、手势等形式。驾驶人可以通过说出特定的语音指令来控制车载系统，如"打开空调""切换至导航模式"等，同时还可以通过手势来实现类似的控制，比如通过手势划动或手势指向来调整音量、切换媒体播放等功能。多模命令词显然是一种基于前端融合的多模交互方式。长安 UNI-T 作为世界上首款能够读懂唇语的汽车，在复杂噪声场景下表现出色，其对命令词的召回率高达 90% 以上。特别是在高噪声场景下，长安 UNI-T 的车内语音识别技术能够突破单模识别的限制，实现更加清晰的识别效果。这意味着驾驶人可以在复杂的车内环境中，轻松地通过语音命令与车辆进行交互，无须过多关注周围的噪声干扰，极大地提升了驾驶体验的智能化和便捷性。此外，驾驶人还可以通过多模手势语音唤醒技术，结合手势和语音的多种输入方式来实现对座舱的唤醒或交互。这种交互方式不仅可以增强用户体验，还有助于提高交互的准确性和可靠性。

4.4.3　多模交互设计

作为智能座舱发展的关键，多模交互技术结合了最前沿的多模语音识别、语音分离、多模命令词识别、多模情绪识别等多种算法，以提供更自然、更直观的用户体验。然而在设计多模交互系统时，不仅要考虑技术的集成和优化，还需要从多模交互设计的层面注重用户的习惯和偏好，确保系统的直观性、易用性及个性化。因此，座舱的多模交互设计成了汽车行业关注的焦点。

智能座舱作为汽车的第三生活空间，其交互属性直接影响着驾乘体验的舒适度和便捷性。在过去的机械座舱时代，人机交互主要依赖物理按键，交互方式单一，场景有限。而随着技术的进步，智能座舱的交互手段变得多样化，交互模态不断融合，交互属性不断增强。目前，部分车型已经实现了语音、手机、手势和视觉监测等多种交互模态的整合，手机与主屏幕的无缝对接也使得车机能够获取手机的大部分功能，并实现内容的平滑迁移。语音交互和手势交互是汽车座舱中应用最广、技术发展交互相对成熟的两种交互方式。如今的座舱语音交互已经变得更加智能化、个性化和情感化，手势控制的应用范围不断扩展，识别率逐步提高，有效提升了驾驶人和车机交互的便捷性和静谧性。同时，疲劳监测和其他视觉交互技术的普及也为驾驶人提供了更多的安全保障。综合来看，多模交互设计的不断创新与发展将进一步提升智能座舱的用户体验，为驾驶人带来更加便捷、舒适和安全的驾乘环境。下面主要以人机交互作为引子，重点介绍汽车座舱中的语音交互设计与手势交互设计的基本原则与设计要领。

1. 人机交互

人机交互（Human Machine Interaction，HMI）是一门旨在研究用户与计算机或其智能设备之间的信息交流和交互关系的交叉性前沿学科，涵盖了人机工程学、艺术、设计学、计算机科学、认知心理学、社会学等多个学科与领域，旨在创造更自然、高效、智能的交互方式，使人与机器之间的沟通更加无缝和流畅。在汽车座舱中，人机交互具有重要的应用场景。随着人工智能技术的不断发展，人机交互不再拘泥于界面设计层面的交互，更加强调多技术和多媒介层面的复杂交互。在多模交互方面，智能座舱需要设计符合人类认知和操作特点的界面，使用户能够方便地与座舱系统进行交互。这包括语音识别、手势控制、触摸屏操作等多种形式。良好的人机交互设计可以使得人与车之间的交互更加情感化、简约化和隐形化。例如，通过手势控制车窗、调节音量或开启车门，驾驶人可以更方便地操作座舱系统。此外，人机共驾作为智能座舱和自动驾驶的跨域融合产物，是人机交互技术未来的重要发展方向之一。未来的人机交互应该在确保用户隐私的前提下，实现与机器的情感互联，重塑人与机器的关系，这也是人机交互的最高境界。

(1) 人机交互的任务复杂性　当考虑智能汽车座舱的人机交互任务复杂度时，通常会使用熵进行度量。熵是信息理论中的一个重要概念，用于衡量不确定性或混乱的程度。因此，可以使用熵来量化座舱中人机交互任务的复杂性。具体如下：

$$H(T) = -\sum_{i=1}^{n} p_i \log_2(p_i) \tag{4.4.2}$$

式中，T 为人机交互任务的总数；p_i 为第 i 个任务的概率（即用户执行该任务的概率）；$H(T)$ 为任务集合 T 的熵。

通过对每个任务的概率进行加权求和，然后取负对数，以此来量化任务集合的不确定性或复杂程度。

基于此，在智能座舱的人机交互任务中，假设有调整座椅高度、更改音频设置和导航到目的地 3 个任务，首先可以估计每个任务的概率，然后再使用上述公式计算整个任务的复杂度。除了使用熵来量化任务复杂度外，还可以利用信息传输量、任务执行路径以及认知负荷等多种方法来进行衡量。在量化智能汽车座舱的人机交互任务复杂度时可以综合考虑多个因素，并根据具体情况选择合适的方法。

(2) 人因工程学　人因工程学（Ergonomics）是研究人-机-环境系统内各系统元素之

间的互动关系的学科，强调以人为本，结合心理学、生理学、人体测量学等多学科知识，研究如何使设计更加符合人体结构、本能及操作习惯，旨在实现人-机-环境的高效匹配，从而使工作更加安全、舒适和高效。人因工程的本质是一类工作优化问题。在汽车座舱人机工程中，人因工程的应用至关重要。汽车座舱是驾驶人与汽车之间的重要接口，人因工程可以帮助设计者优化座舱的布局、控制布局和功能，以提供更好的驾驶体验、更高的安全性和更好的人机交互。以下是人因工程在汽车座舱中的重要应用：

1）安全性：汽车座舱设计的首要任务是确保行驶过程中的安全，设计过程中预知安全隐患。在信息显示方面，人因工程帮助设计合适的仪表板和信息显示系统，以提供必要的驾驶信息，并确保驾驶人可以在驾驶时轻松地获取和理解这些信息，而不会分散注意力或引起混乱。此外，设计过程中，需要考虑人的认知，分析容易引起疲劳的设计元素，防止驾驶人疲劳驾驶。

2）舒适性：在确保安全驾驶的前提下，良好舒适的驾驶体验也至关重要。在座椅设计方面，人因工程考虑了驾驶人的身体尺寸、姿势和舒适度，以确保座椅能够提供良好的支撑和舒适度。这包括座椅的调节功能，如高度、倾斜角度和腰部支撑的调节，以适应不同驾驶人的需求。在视觉设计方面，人因工程还涉及座舱的视觉设计，包括内部颜色和材质的选择，以及灯光设计，以提供舒适的驾驶环境。

3）便捷性：在控制布局方面，人因工程考虑了驾驶人在驾驶时容易接触到的控制装置的布局和设计。这包括方向盘、仪表板、中控台以及其他控制按钮和开关的位置和操作方式，以便驾驶人进行操作。人因工程考虑了驾驶人与汽车之间的交互过程，包括声音识别、触摸屏、手势控制等先进的交互技术，以提高驾驶人与汽车系统之间的互动效率。

以 H 点（H-point）的设计为例，从人因工程学的角度分析其在汽车设计中扮演的角色。H 点指的是人体的"髋关节点"，即坐在座位上时髋关节的水平位置（图 4-28）。首先，在舒适性方面，H 点的位置直接影响着驾驶人和乘客在座位上的舒适度。如果座位设计不符合人体工程学原理，导致 H 点位置不合适，可能会导致长时间驾驶时的不适感，如腰痛、酸痛等。其次，在安全性方面，正确确定 H 点位置可以帮助设计出更安全的汽

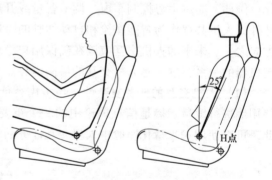

图 4-28　基于人因工程学的 H 点设计

车座椅。例如，在碰撞时，正确的 H 点位置可以使安全带更好地保护驾驶人和乘客，减少受伤的可能性。最后，在便捷性方面，H 点的位置也会影响驾驶人的视野和操作性。如果座位设计使得 H 点位置过低或过高，可能会影响到驾驶人对车辆周围环境的视野，甚至影响到驾驶人对控制装置的操作。因此，从人因工程学的角度看，正确确定和考虑 H 点位置对于汽车座舱设计至关重要。

总体而言，人因工程在汽车座舱设计中扮演着至关重要的角色，可以帮助优化驾驶体验、提高安全性，并提高驾驶人对汽车系统的控制和理解。

（3）人因工程学理论模型　在汽车座舱设计过程中，可借鉴的人因工程学理论模型主要包括情境意识（Situation Awareness）、多重资源理论（Multiple Resource Theory）、耶德定

律（Yerkes-Dodson Law）、希克定律（Hick's Law）、菲茨定律（Fitts's Law）和 7±2 法则（The Magical 7±2）等模型，各模型的基本描述见表 4-3。

表 4-3　人因工程学理论模型

相关理论	理论描述
情境意识	情境意识是指个体在特定时间和空间中对周围环境元素、事件的感知、理解以及预测未来状态的能力。这个概念常用于飞行操作、军事作战和紧急响应中，强调如何在复杂环境下维持对关键信息的关注和正确理解
多重资源理论	由 Wickens 提出，这个理论认为人类的注意力资源可以分为不同的维度，如视觉与听觉（感官通道）、空间与言语（处理代码）及手动与认知（响应执行）等。多重资源理论解释了为何在多任务处理时，如果任务间资源需求冲突较小，则能更好地同时进行
耶德定律	耶德定律描述了压力（或激励水平）与执行能力之间的关系，形状类似倒 U 形曲线。定律表明，中等水平的激励可以促进最佳的任务表现，而过低或过高的激励则可能导致表现下降
希克定律	希克定律表明，个体在做出决策时所需的时间随着选择的增加呈对数关系增加。这意味着当选择的数量翻倍时，决策时间也会增加。这一定律在用户界面设计中非常重要，用来优化菜单和其他选择的布局
菲茨定律	菲茨定律关注的是人类的运动行为，尤其是快速定向运动的速度与目标距离和大小的关系。这个定律预测了移动到目标位置所需的时间，是人机交互设计中常用的原则之一，例如在确定按钮大小和位置时应考虑易于单击
7±2 法则	这一法则由心理学家 Miller 提出，指出人类短期记忆的容量大约在 7 个（±2）信息单元之间。这意味着在信息处理和信息呈现时，应该限制信息块的数量，以便于记忆和处理

这些理论和法则在设计界面、增强用户体验、提高工作效率等方面都有着广泛的应用和深远的影响。以下主要以基于技能-规则-知识的行为模型为例进行介绍。

基于技能-规则-知识的行为模型（Skill-Rule-Knowledge Behavioral Model，SRK），由心理学家 Jens Rasmussen 在 20 世纪 80 年代提出，用于描述和区分人类在执行任务时所依赖的三种认知处理层次。SRK 模型有助于理解在不同情境下人们是如何利用技能、规则和知识来处理信息和做出决策的。以下是这三个层次的详细介绍：

1）技能层（Skill-based）：这是最自动化的处理层次，涉及经过长时间练习而变得几乎无须意识参与的行为。如驾驶时自然地调整方向盘或进行制动。在这个层次，行为通常是通过感官输入直接触发的，很少涉及有意识的思考。

2）规则层（Rule-based）：在这一层次，个体依据具体的规则或程序来处理情况。这些规则可能是基于个人经验获得的，或是从外部学习而来的。例如，当交通信号灯变红时停车。规则层行为需要有意识的思考，但通常是针对熟悉的情况和预设的解决方案。

3）知识层（Knowledge-based）：在面对全新或复杂的问题时，个体需要依赖于知识层的处理。这要求分析和推理，以找到解决问题的方法。如在陌生的城市中驾驶，需要理解地图并规划新的路线。这是最高级的认知处理，需要高度的意识参与和解决问题的能力。

2. 语音交互设计

作为智能座舱最常见的多模交互设计，语音交互设计承担着主要任务。优秀的语音交互设计可以解决语音"难唤醒、误唤醒、误识别"的痛点，提升用户的交互体验，使驾驶过程更加流畅、安全。语音交互设计主要包括语音指令交互设计、多语言支持、多音区语音场景等技术。

（1）设计基本原则 语音指令交互设计是智能座舱语音交互设计中的关键一环。首先，需要对驾驶人进行研究分析，了解他们的需求、习惯和行为，分析他们在特定场景下的语音交互需求，确定用户可能使用的术语和表达方式。其次，定义语音交互的范围，确定座舱中有哪些功能可以通过语音且有必要通过语音进行操作，如语音控制升降车窗、调整后视镜等。再次，设计语音指令集，在这个环节，需要设计简洁明了的语音指令，以便语音识别系统快速识别的同时避免命令混淆。最后，选择合适的算法模型进行语音指令识别。在智能座舱语音交互设计中，还需要考虑不同座舱位置对语音交互效果的影响。在驾驶人与车机系统进行交互时，车内乘客的交谈可能会影响到系统对于驾驶人指令的识别。因此，在设计语音交互时，应在充分考虑多重因素的前提下进行合理的设计。

（2）语音交互中的人因工程学 多重资源理论（Multiple Resource Theory），由心理学家Wickens提出，是一种用于解释人类注意力分配的理论。该理论主要认为人类处理信息的能力不是单一的资源，而是多种不同类型的资源组合。这些资源可以按照感官输入（如视觉和听觉）、信息处理类型（如空间和言语）、响应输出（如手动和言语反应）等不同维度进行分类。在汽车座舱语音交互设计中，多重资源理论提供了以下几个关键的指导意义：

1）优化感官负载分配：在驾驶过程中，驾驶人需要通过视觉观察路况，同时通过听觉获取环境信息，如紧急车辆的警报声。使用语音交互可以减少驾驶人对视觉界面的依赖，尤其在复杂或高风险的驾驶情况下，语音命令和反馈可以帮助驾驶人将更多的视觉注意力集中在道路上，减少视觉上的负载。

2）利用独立的信息处理通道：多重资源理论指出，如果两个任务使用不同类型的资源（例如一个使用视觉空间资源，另一个使用听觉言语资源），那么它们可以更有效地同时进行。在汽车座舱中，设计语音交互系统可以使得驾驶人在使用视觉处理路况信息时，通过听觉和言语来操作车辆内部系统（如导航和空调等），以减少资源之间的冲突，提高任务处理效率。

3）减少响应执行的复杂性：驾驶汽车时，驾驶人需要进行多种物理操作，如转动方向盘、操作仪表板等。多重资源理论表明，通过减少手动和视觉任务的重叠，可以减轻驾驶人的负担。语音交互使得驾驶人能够通过言语命令完成一些操作任务，如调节音量或设置导航，从而让手和眼睛可以专注于驾驶本身。

4）提高紧急响应能力：在紧急情况下，驾驶人需要迅速做出反应。多重资源理论强调在设计时应确保紧急命令不会与常规任务产生资源冲突。例如，紧急制动或避障系统的警告应通过明显区分的音调或语速通过语音播报，以确保驾驶人能够快速而准确地识别并响应。

5）提高信息接收的灵活性和效率：在设计语音交互系统时，应该考虑信息的优先级和紧急性，利用不同的声音特征（如音高、速度）来编码不同类型的信息，帮助驾驶人更有效地解码并做出反应。例如，常规信息使用平稳的语调，而警告或紧急信息使用更高的音调和更快的语速。

总之，多重资源理论为汽车座舱语音交互设计提供了一种科学的方法论，指导设计师如何有效地分配和优化驾驶人的注意力资源，从而提高驾驶安全性和操作便利性。通过这种理论框架，设计师可以更好地理解和预测不同交互设计对驾驶人行为的影响，以创造更加人性化和高效的驾驶环境。

3. 手势交互设计

随着用户对于更自然交互方式的追求，手势交互设计也成为智能座舱设计的重要方向。

(1) 设计基本原则　在座舱手势交互设计时，应遵循以下基本原则：①了解用户需求，明确交互目标，在设计手势交互系统时，首先要了解驾驶人的特点、习惯和需求，确立通过手势可实现的功能，如多媒体的播放与暂停。②设计自然和直观的手势，手势应简单、自然且易于理解，避免过于复杂或非直观的动作，确保驾驶人易于采用。③提供反馈和指导，为确保用户正确使用手势，应通过视觉提示、动画或声音反馈提供操作指导。④考虑多样性和可访问性，设计手势时应考虑不同用户的手形和身体能力，确保所有用户都能方便使用。⑤考虑多模态交互，手势交互应与其他输入方式如语音和触摸兼容，设计灵活的界面让用户能自由切换或组合使用不同输入方式。

(2) 手势交互中的人因工程学　菲茨定律（Fitts's Law）是人机交互设计中的一个基本原则，用于预测人类在物理和虚拟环境中指向目标的时间。该定律表明，到达一个目标的时间是距离目标的距离和目标大小的函数。具体来说，目标越大或距离越近，达到目标所需的时间越短。菲茨定律在汽车座舱手势交互设计中的指导意义包括：

1）设计大而接近的"目标"区域：在汽车座舱设计中，虽然手势操作不涉及实际的物理接触，但菲茨定律依然适用。设计时应确保手势识别区域足够大，以便驾驶人在不需要精确定位的情况下也能轻易地通过手势进行操作。例如，在方向盘附近设置一个宽广的手势识别区，让驾驶人可以自然地执行手势而不必过分精确地对准一个小区域。

2）减少驾驶人手部移动的距离：根据菲茨定律，增加目标区域的接近度可以减少达到目标的时间。在设计手势控制时，应尽量减少驾驶人需要移动手部的距离。例如，设计手势控制区域位于驾驶人自然手臂伸展范围内的位置，这样驾驶人可以在不需要过伸展或移动身体的情况下进行操作。

3）简化手势动作：简化手势动作的复杂度可以有效减少执行手势所需的时间和精力。根据菲茨定律，简单直接的手势（如左右挥手）比复杂手势（如画圈或复杂的符号）更容易快速准确执行。设计时应选择直观简单的手势，以提高交互的效率和驾驶人的满意度。

4）优化手势反馈：及时且明确的反馈可以帮助驾驶人更快地完成手势操作，并确认操作成功。菲茨定律强调了速度和精确性的平衡，适当的视觉或听觉反馈可以帮助驾驶人调整他们的动作，使手势执行更加迅速和准确。

5）考虑不同驾驶情境下的交互：在设计手势交互系统时，应考虑不同的驾驶情境。例如，在高速驾驶或复杂路况下，驾驶人可能无法进行精细的手势操作。此时，根据菲茨定律，应优先考虑简单大动作的手势以减少操作时间和错误率。

通过将菲茨定律应用于汽车座舱的手势交互设计中，设计师可以创建更加高效、直观且用户友好的交互系统。这种基于人体工程学的方法不仅提升了驾驶体验，也有助于确保驾驶过程中的安全性和便捷性。

4. 多模交互面临的挑战

当前，随着深度学习的不断发展，汽车座舱在多模交互方面已经取得了极大的发展，然而，在多模交互方面还面临着多方挑战。

首先，从技术实现的角度来看，多模交互需要处理来自不同感官通道的信息，包括语音、手势、视觉等，每种模态都有其独特的特点和差异。这就要求智能座舱系统必须具备强大的信息处理能力，能够将各种模态的信息进行有效的整合和转换，以实现准确、流畅的人机交互。然而，目前的技术水平还无法完全满足这一需求，导致多模交互的准确性和稳定性受到一定程度的影响。

其次，汽车座舱中的多模态交互系统虽然提供了便利和舒适性，但也需要注意数据安全问题。多模态交互系统指的是车辆内部集成了多种交互方式的系统，例如语音识别、触摸屏、手势识别等。多模态交互系统可能会收集和存储用户的个人数据，例如语音指令、触摸输入等。如果这些数据被未经授权的第三方获取，可能导致用户的隐私泄露问题。因此，汽车制造商和软件开发者需要采取相应的安全措施，包括加密通信、安全认证、漏洞修复等，以保护用户的数据和车辆的安全。同时，用户也应该保持警惕，避免在不安全的环境下使用多模态交互系统，以减少潜在的风险。

再次，安全性问题也是智能座舱多模交互面临的重要挑战。在驾驶过程中，任何形式的分心都可能对驾驶安全造成威胁。因此，多模交互的设计必须充分考虑到驾驶安全的需求，避免对驾驶人造成过多的干扰。这需要在交互方式和交互内容上进行精心设计，确保在提供便捷操作的同时，不会对驾驶安全造成负面影响。此外，用户体验的提升也是智能座舱多模交互需要面对的挑战。多模交互的目的是为用户提供更自然、更便捷的交互方式，但如果交互过程过于复杂或不够直观，反而会给用户带来困扰，加剧分心的风险，造成对安全驾驶的"反噬"。因此，智能座舱系统需要在交互设计上进行持续优化，降低用户的学习成本，提高操作的便捷性和直观性。

最后，随着智能座舱技术的不断发展，多模交互的标准统一问题也日益凸显。不同车企、不同系统之间的多模交互标准可能存在差异，这不仅影响了用户体验的一致性，也增加了系统的开发和维护成本。因此，推动多模交互标准的统一化、规范化也是当前面临的重要任务。

 扩展阅读：安全带算法设计。

安全带检测算法是智能交通系统中用于提升车辆安全性的关键技术，其目的是识别车内乘客是否正确系上了安全带。该算法的工作原理类似于一个虚拟的"警察"，能够及时地发现并提醒未系安全带的乘客，从而保障行驶安全。

安全带检测算法的工作流程可以概括为以下几个步骤：首先，将车辆上的摄像头作为"眼睛"，捕捉车内的实时图像；其次，对这些图像进行深入分析，在图像中寻找安全带的踪迹，这一过程类似于寻找宝藏的过程；然后，依据一系列规则来确定安全带是否正确系好；最后，一旦检测到未系安全带的情况，系统就会发出警报，充当着提醒乘客注意安全的"警察"角色。

最初的安全带系统主要依赖于机械装置，如安全带锁扣中的传感器，来检测安全带的使用情况。随着计算机技术的发展，研究者开始探索结合图像处理和机器学习技术来开发更先进的安全带检测系统。在早期阶段，研究主要依赖于传统的图像处理技术，例如边缘检测和形状分析，来识别安全带。然而，这些方法在准确性和鲁棒性方面存在局限性，尤其是在处理复杂场景和不同姿态变化时局限性更明显。

随着计算机视觉和机器学习技术的进步，安全带检测算法变得更加精准和智能化。这些算法通过分析车内摄像头捕获的图像，智能地识别安全带的使用状态，类似于学生使用模型解答试题，不断通过学习来提高判断的准确性。近年来，深度学习技术的突破，尤其是卷积神经网络（CNN）的成功应用，为安全带检测算法带来了革命性的改进。CNN能够自动从原始图像中提取高级特征，极大地提高了安全带检测系统的准确性和鲁棒性，标志着安全带检测技术进入一个新的发展阶段。以下介绍一种基于卷积神经网络的安全带算法识别流程（图 4-29）。

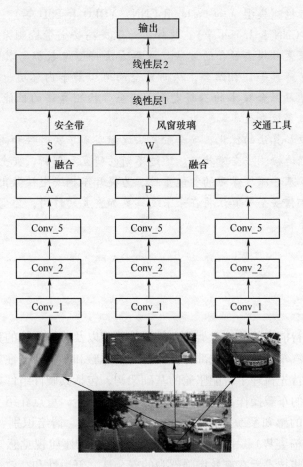

图 4-29　安全带算法识别流程

1）多尺度特征提取模块：通过摄像头等图像获取设备获取输入图像，并使用深度学习技术从标记的车辆、风挡和安全带区域提取多尺度特征，这些特征用于训练卷积神经网络模型。基于图像检测模型提取图片与安全带相关的关键特征。常用的特征提取方法包括边缘检测、目标区域检测等。

2）粗检测模块：在测试图像中，系统首先粗略检测出车辆、风挡和安全带的候选区域。

3）精细映射与识别模块：使用分类模型，根据检测得分和车辆组件的相对位置进行后处理，对安全带区域进行精细映射和识别，获得最终分类结果（系安全带、不系安全带和其他三类）。

4）模型的测试与评估：结合 CNN 和 SVM，使用多层次特征和全连接层对检测到的区域进行打分，然后利用这些分数和候选区域的位置关系来训练一个 SVM 分类器，用于测试数据集中最终的安全带检测。

对于图像特征提取模型，除了传统的 CNN 以外，还涌现出大量的成熟模型可供选择：基于深度学习的目标检测模型（如 Faster R-CNN、YOLO 和 SSD 等），以及基于图像分割的模型（如 Mask R-CNN 和 U-Net 等）。此外，为了提高安全带检测系统的鲁棒性和可靠性，一些研究开始探索多模态融合的方法。该类方法将图像数据与其他传感器数据（如惯性传感器、深度传感器等）相结合，从而更全面地理解车内环境，提高安全带检测的准确性。随着深度学习融合技术的不断发展，安全带检测算法的性能有望得到进一步提升，从而有助于降低事故发生率。

随着技术的进步和算法的优化，安全带算法逐渐实现了实时性和高效性，可以在各种车内场景下快速准确地检测安全带状态。通过不断的研究和创新，安全带算法已经从最初的简单检测发展到了基于深度学习的智能系统，为提升车辆安全性做出了重要贡献。随着技术的不断发展，相信安全带算法将在未来发挥更加重要的作用，为驾驶人和乘客提供更安全、舒适的出行体验。

 本章小结

本章全面介绍了智能座舱的技术架构、软硬件基础以及感知系统的算法框架，展示了智能座舱作为智能网联汽车的核心组成部分在提升驾驶体验和车辆安全性方面的关键作用。在技术详解方面，本章首先梳理了智能座舱的基础架构，包括其硬件组件如片上系统和车载摄像头，以及软件层面的车载操作系统和机器学习算法。然后，重点介绍了包括座舱视觉和语音感知技术原理在内的感知系统，涉及驾驶人的视线识别、情绪识别、疲劳识别、行为识别（打电话和调整座椅姿势）、手势识别和姿态识别等多个座舱视觉感知的应用场景，以及语音识别技术等，这些技术旨在有效增强驾驶的安全性、舒适性和高效性。最后，通过多模态交互系统的介绍，围绕多模情绪识别和多模语音分离深入剖析了智能座舱多种感知功能的深度学习框架，阐述了多模感知系统是如何优化人车交互性能的，并在此基础上进一步介绍了人因工程学背景下的多模交互设计。整体而言，本章内容不仅为读者梳理了关于智能座舱系统的知识体系，还展示了该领域最新的研究成果和未来的发展趋势，为进一步探索和研究智能座舱中新一代人工智能技术的应用提供了参考。

💡 **思考题**

1. 结合本章所学知识，请简述多模情绪识别的基本原理，并在技术可行的前提下，尝试给出多模背景下的路怒症识别技术框架。

2. 请简述语言模型与自然语言理解（NLU）在座舱语音识别中的角色差异。

3. 结合本章所学知识，请展望当前火热的 AIGC 技术在智能座舱中的应用前景。

　实验设计

1. 实践背景

驾驶人疲劳监控系统在增强道路安全中起着至关重要的作用。统计显示，疲劳驾驶是造成交通事故的主要原因之一。根据最新的国际统计数据显示，疲劳驾驶在道路安全事故中占有显著的比例。在澳大利亚，疲劳是导致 20% 至 30% 的道路死亡和重伤事故的原因之一，大约 28% 的澳大利亚人承认在驾驶中经历过微睡状态。在美国，据国家公路交通安全管理局估计，每年大约有 6400 人因疲劳驾驶相关的车祸而死亡。根据美国国家公路交通安全管理局的数据显示，2023 年交通死亡人数为 40990 人，比 2022 年下降约 3.6%。准确的疲劳检测可以有效预防这类事故发生，提升交通安全。本实践要求学生应用本章所学视觉感知知识，设计一个疲劳检测算法。

2. 场景设定

假设你是一名算法工程师，现需要开发一个新的驾驶人疲劳检测系统。这个系统将被整合到汽车的仪表板相机中，用于实时监测驾驶人的面部状态和眼部动作，以判断是否存在疲劳驾驶的危险行为。

3. 实践要求

1）数据收集。该方案将使用的数据包括但不限于不同光照强度、面部表情变化，以及驾驶环境（如天气）相关的数据。

2）特征提取。识别和提取驾驶人面部的关键特征，如眼睛闭合频率、眨眼速度、眼睛闭合时长、嘴部表情等。研究如何利用这些多模态特征来判断驾驶人是否疲劳。

3）算法开发。学生本人可以根据所学内容，选择合适的机器学习方法（如支持向量机、决策树、神经网络等）设计疲劳检测框架。在熟悉深度学习的前提下，学生也可以设计基于深度学习网络的多模态疲劳检测框架。基于所设计的框架，描述算法的工作流程，并阐明选择或设计该算法的原因。

4）性能评估。学生需要设计一系列测试用例以验证算法的准确性和实时性，评估算法在不同条件下的性能表现，包括光照变化、驾驶人种族多样性等因素的影响，确保算法能够在实际驾驶环境中实时响应。

5）报告提交。报告内容包括实验设计和数据收集方法、疲劳检测算法的设计理念和实现细节，以及算法的测试结果和性能评估。

参 考 文 献

[1] 杨聪. 智能座舱开发与实践 [M]. 北京：机械工业出版社，2022.

[2] PHAN A C, NGUYEN N H Q, TRIEU T N, et al. An efficient approach for detecting driver drowsiness based on deep learning [J]. Applied sciences, 2021, 11 (18)：8441.

[3] ZHANG X, SUGANO Y, FRITZ M, et al. Mpiigaze：real-world dataset and deep appearance-based gaze estimation [J]. IEEE transactions on pattern analysis and machine intelligence, 2017, 41 (1)：162-175.

[4] 李文博. 面向汽车智能座舱的驾驶员情绪行为影响、识别与调节方法研究 [D]. 重庆：重庆大学，2021.

[5] LI X, LIN H, DU J, et al. Computer vision-based driver fatigue detection framework with personalization threshold and multi-feature fusion [J]. Signal, image and video processing, 2024, 18 (1)：505-514.

[6] GUPTA P, KAUTZ K. Online detection and classification of dynamic hand gestures with recurrent 3d convolutional neural networks [C] //CVPR. 2016.

[7] MURALI P K, KABOLI M, DAHIYA R. Intelligent in-vehicle interaction technologies [J]. Advanced intelligent systems, 2022, 4 (2)：2100122 (1-27) .

[8] YING N, JIANG Y, GUO C, et al. A Multimodal driver emotion recognition algorithm based on the audio and video signals in internet of vehicles platform [J]. IEEE internet of things journal, 2024.

[9] MOU L, ZHAO Y, ZHOU C, et al. Driver emotion recognition with a hybrid attentional multimodal fusion framework [J]. IEEE transactions on affective computing, 2023.

[10] PEGG S, LI K, HU X. RTFS-Net：recurrent time-frequency modelling for efficient audio-visual speech separation [J]. arXiv preprint arXiv：2309. 17189, 2023.

[11] AXYONOV A, RYUMIN D, IVANKO D, et al. Audio-visual speech recognition in-the-wild：multi-angle vehicle cabin corpus and attention-based method [C]//ICASSP 2024-2024 IEEE International Conference on Acoustics, Speech and Signal Processing (ICASSP) . IEEE, 2024：8195-8199.

[12] 王亚辉. 智能座舱 HMI 设计：从人因理论到设计实践 [M]. 北京：清华大学出版社，2023.

[13] CHEN Y, TAO G, REN H, et al. Accurate seat belt detection in road surveillance images based on CNN and SVM [J]. Neurocomputing, 2018, 274：80-87.

第 5 章

智能网联汽车的智能控制系统

章知识图谱

5.1 引言

作为智能网联汽车技术的核心，智能控制系统在车辆的操控性、安全性、舒适性和便捷性方面起着至关重要的作用。其融合了先进的传感技术、数据处理技术、无线通信技术，形成一套高度集成、实时响应、灵活适应各种驾驶环境的技术体系。通过智能控制系统，车辆能够精准感知外部环境和自身状态，实时做出最优决策，并精确执行相应的控制指令，从而显著提升驾驶的安全性、效率与舒适度。此外，车辆智能控制系统还能够与云端服务、网络基础设施以及用户终端紧密相连，构建起"云-网-端"一体化的智能交通生态系统，进一步强化了车辆的互联性、协作性与服务性。

智能网联汽车的智能控制系统主要由车辆底盘控制系统、辅助驾驶控制系统和云控系统三部分组成，每一部分都承载着特定的功能，共同构成了车辆智能驾驶的核心技术体系。本章紧密结合智能网联汽车智能控制技术发展前沿，主要介绍以下内容：

首先，本章将介绍车辆底盘控制系统工作原理。作为车辆运动的基础，底盘控制系统负责对驱动、转向、制动等关键执行部件进行精确控制。其构成包括传感器、控制单元和执行机构，通过线控技术实现了对传统机械结构的革新，赋予车辆更出色的操控性能和安全性。底盘控制系统的主要内容包括关键执行部件的建模与控制、车辆运动分析与关键参数辨识以及车辆稳定控制技术。其中，建模与控制涵盖了驱动装置、转向装置和制动装置的精细建模，以及基于自动控制理论的先进控制策略；运动分析与关键参数辨识则通过深入探究车辆受力、动力与制动特性，以及关键参数的辨识原理，为优化控制系统提供依据；稳定控制技术，如防抱制动系统、车辆稳定程序和底盘域协同控制，确保车辆在各种工况下都能保持良好的行驶稳定性和安全性。

其次，本章将对当前主流的智能网联汽车辅助驾驶控制系统技术进行阐述。辅助驾驶控制系统是提升驾驶体验、保障行车安全的关键技术手段，主要内容包括先进驾驶辅助系统、车辆自主控制技术、自动紧急制动与转向系统、自适应巡航控制与车道保持辅助系统等。其通过集成多种传感器和电子系统，为驾驶人提供全方位的驾驶辅助信息和自动干预措施，显著增强了行车安全性与舒适性。车辆自主控制技术，特别是纵向和横向控制，是实现自动驾驶的基础，通过对车辆速度、加速度、转向等的精准控制，确保车辆在各种道路条件下能够安全、平稳行驶。自动紧急制动与转向系统在必要时刻自动介入，有效避免或减轻碰撞事故。自适应巡航控制与车道保持辅助系统则能够提供自动驾驶和车道保持功能，极大减轻驾驶人负担并提高行车安全性。

最后，本章将介绍智能网联汽车云控系统。云控系统作为连接车辆、云端和用户的桥梁，通过新一代信息与通信技术实现人、车、路、云的深度融合。云控系统具备实时性、安全性、灵活性、可扩展性等特性，通过车载通信技术、数据处理技术、车联网域控制技术等关键技术，实现车辆管理、协同控制、数据分析等核心功能。在基于"云-网-端"的智能控制架构下，车辆数据上传云端进行处理与分析，再将控制指令反馈至车辆，实现远程控制和智能化管理。此外，云控系统可以在车辆管理、智能驾驶、用户服务等领域提供应用服务，为各场景下智能汽车运营管理提供强大的技术支持和平台基础。

通过本章学习，读者可以从智能控制系统的基本构成、关键执行部件建模与控制、车辆稳定控制技术、车辆辅助驾驶控制技术以及智能云控技术等方面全面了解智能网联汽车控制系统的组成、功能和应用，为进一步学习智能网联汽车自动驾驶相关知识打下坚实的基础。同时，本章还将介绍一些最新的研究成果和发展趋势，展望智能网联汽车控制系统未来的发展方向，为读者提供参考和启示。为了进一步巩固本章的学习内容，在本章末尾，还为读者专门设计了关于车辆辅助驾驶的综合实践。

5.2 智能网联汽车底盘控制系统

底盘控制系统是智能网联汽车的"小脑"，是掌控车辆整车运动的中枢，负责监测车辆状态、调节动力输出和确保稳定行驶，其通过对车辆底盘的驱动、制动、转向等子系统的综合调控，以满足整车驾驶需求并提升车辆在不同驾驶工况下的动力学性能。

5.2.1 底盘控制系统及构成

1. 智能网联汽车底盘控制系统架构

智能网联汽车底盘控制系统的常见架构如图 5-1 所示，其中控制器是底盘控制系统的核

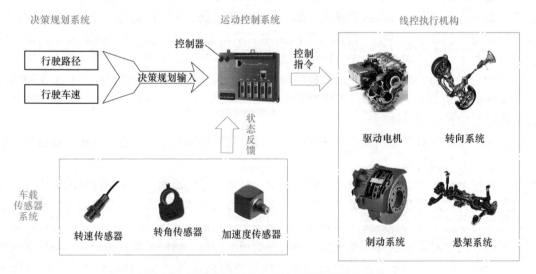

图 5-1　智能网联汽车底盘控制系统的常见架构

心，用于接收来自遍布整车的各类传感器信息，然后通过运动控制算法计算各执行机构的控制指令，再通过各类 I/O 与通信接口向执行机构发送指令。

2. 域控制器

在汽车工业的发展过程中，电子控制始终是汽车研发的关键核心技术，直接决定了整车性能水平。对于传统汽车来说，其控制系统是由分散在汽车各处的控制单元共同构成的。对于智能网联汽车来说，随着底盘线控化程度越来越高，智能驾驶需求不断提高，传统先"分立开发"后"协同集成"的设计范式已不再满足全新汽车平台的要求，目前控制系统正在向"域控制"方向发展，如图 5-2 所示。

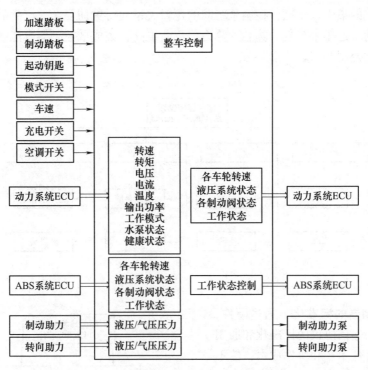

图 5-2　基于域控制的整车控制器功能架构

（1）域控制器的方案　当前，车辆控制系统的实现主要采用两种方案：传统域控制器架构和集成域控制器架构。如图 5-3 所示，在传统域控制器架构中，各个车辆电子控制单元（Electronic Control Unit，ECU）通过以太网/CAN/LIN 等方式与车辆的域控制器连接。在这种架构下，车辆的各种功能软件被安装在 ECU 和域控制器上。通常情况下，车辆通过调用 ECU 的软件来实现各种功能，但当 ECU 发生故障时，域控制器可协调相关功能。

集成域控制器架构（图 5-4）是当前的主

图 5-3　传统域控制器架构

图 5-4　集成域控制器架构

流发展方向。在这种架构下，域控制器直接连接传感器和执行器。实现车辆功能的各种算法仅放置在域控制器上，传感器只需负责数据收集，将收集到的数据传输到域控制器进行处理，再传输到执行器执行相应操作。

（2）**域控制器的特点**　域控制器相对于传统的 ECU 具有以下特点：集成度要求更高，能够相对集中的控制每个域，取代了传统复杂繁多的 ECU 控制，使整个系统管理更加简便且具有高度一致性。图 5-5 展示了整车域控制器架构，包括底盘域、车身域、动力域和自动驾驶域控制器等，它们都与整车域控制器相连。整车域控制器可视为"大脑"，而各子系统的域控制器则类似于"神经中枢"，传感器和执行器则相当于"表皮神经"和"肌肉"等。由于各类控制域的集中，车辆各控制系统间的逻辑关系变得更加复杂，产生的信息量也变得更多。然而，随着近年来车载计算芯片算力的不断提高，集成域控制器也能够很好地满足车辆的智能网联化控制要求。

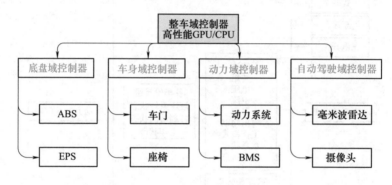

图 5-5　整车域控制器架构

（3）**域控制器的标准化**　通过硬件、中间件、接口、通信协议的标准化和通用化，可以有效降低生产和协作成本，使不同类型的技术供应商能够专注于不同的工作领域。硬件厂商主要负责生产硬件，软件公司专注于开发软件和算法，而数据公司则提供数据服务。整车功能或应用主要依赖软件来实现。图 5-6 展示了一种标准化域控制器实例，通过在底盘域控制器上

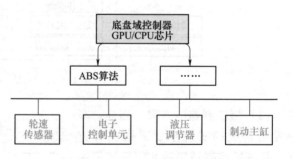

图 5-6　标准化域控制器实例

连接传感器和执行器，并在域控制器中安装 ABS 算法，就可以实现车辆的防抱制动系统。同样，通过为域控制器连接各种传感器和执行器，并加载不同的算法，可以实现车辆的多种功能。

（4）**域控制器的软件化**　在新的电子和计算架构下，硬件不再被某个功能独享，而是可以被抽象成服务，成为可以共享的资源。如图 5-7 所示，域控制器的软件部分主要通过虚拟机实现，通过在已有操作系统上不断加载新的虚拟机，能够实现一个域控制器同时控制多个系统的目的。右半部分则利用 Docker 等容器化、虚拟化服务，通过将软件微服务化，使

每一个微服务成为一个独立的整体，这样能够有效降低控制软件开发和部署的复杂性。

（5）域控制器的远程可配置化 如图 5-8 所示，智能网联汽车发展中的一个重要趋势是整车厂将其核心算法放到云端，而车辆域控制器则主要用于数据收集。利用计算能力更强的云端服务进行调度和部署，并将计算结果返回到车辆端，

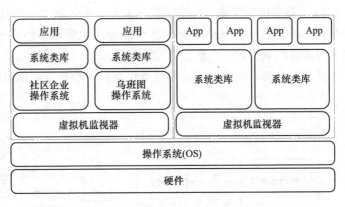

图 5-7 域控制器上层软件部分

这种做法有助于降低子系统设计冗余，从而降低运营成本。

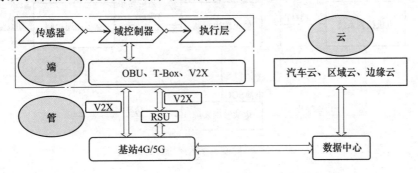

图 5-8 域控制器的远程配置流程

3. 底盘控制的基本架构

（1）主要功能 智能网联汽车整车控制系统的主要任务是根据驾驶人的驾驶意图（如加速、制动等信号）和各个车辆控制单元的当前状态，对车辆的动力输出、能量管理、转向、制动等控制动作做出最优协调控制决策，以确保车辆在动力性、经济性、安全性和舒适性方面的良好表现，具体如图 5-9 所示。

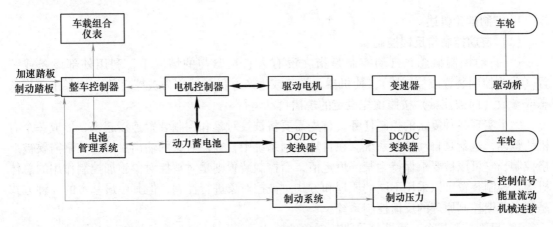

图 5-9 整车控制系统功能结构框图

（2）**整车控制逻辑** 智能网联汽车的整车控制器具有多项功能，如图 5-10 所示，包括整车控制模式判断和驱动控制、整车能量优化管理、整车通信网络管理、制动能量回馈控制、故障诊断和处理、车辆状态监测与显示等。整车控制器通过 CAN 总线和 IO 端口获取诸如加速踏板开度、电池 SOC、车速等信息，并根据这些信息输出不同的控制动作。

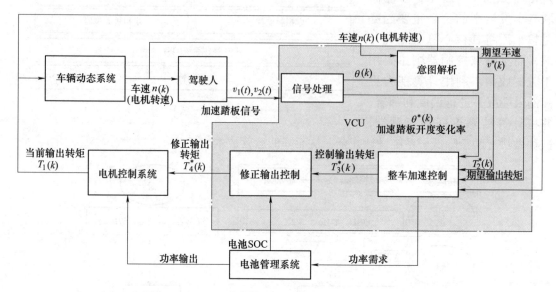

图 5-10　整车控制器驱动控制结构框图

通过采集各种状态信息（例如加速及制动踏板位置、当前车速、充电信号、整车故障信息等），整车控制器能够判断当前所需的整车工作模式。然后，根据当前的参数和状态以及一段时间内的历史参数和状态，计算出当前车辆的转矩能力，并根据需求输出合理的最终实际转矩。例如，当驾驶人踩下加速踏板时，整车控制器向电机控制系统发送电机输出转矩信号，电机控制系统按照驾驶人的意图输出转矩。

5.2.2　车辆关键执行部件建模与控制

1. 控制理论概述

（1）自动控制与反馈控制

1）自动控制概念。自动控制是指在没有人直接参与的情况下，利用外部设备或装置（称为控制装置或控制器），使机器、设备或生产过程（统称为被控对象）的某个工作状态或参数（即被控量）按照预先设定的规律自动运行。

为了实现各种复杂的控制任务，首先需要将被控对象和控制装置连接起来，形成一个有机的整体，这就是自动控制系统。在自动控制系统中，被控对象的输出量即被控量需要被严格控制，它可以被要求保持为某一恒定值，而控制装置则是对被控对象施加控制作用的总体机构。控制装置可以采用不同的原理和方式对被控对象进行控制，但其中最基本的一种方式是基于反馈控制原理的反馈控制系统。

2）反馈控制概念。反馈是将被控对象的输出量返回到输入端，并与输入信号进行比较产生偏差信号的过程。若将反馈信号与输入信号相减，使得偏差逐渐减小，则称为负反馈；

反之，则称为正反馈。

反馈控制即采用负反馈并利用偏差进行控制的过程，由于引入被控量的反馈信息，整个控制过程成为闭环过程，因此反馈控制也称为闭环控制。

在反馈控制系统中，控制装置对被控对象施加的控制作用取决于被控量的反馈信息，用来不断调整被控量与输入量之间的偏差，从而实现对被控对象的控制任务。

3) 自动控制系统的基本组成。对于闭环控制系统而言，虽然每个系统的组成元件可能各不相同，但它们都具有类似的结构，如图 5-11 所示。

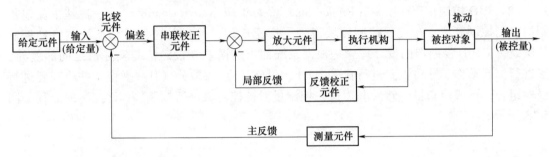

图 5-11　自动控制系统的基本组成

①给定元件：提供与期望的被控量相对应的系统输入量，即给定值。

②比较元件：将测量元件检测到的被控对象的实际输出值与给定装置提供的给定值进行比较，计算它们之间的偏差。

③放大元件：对微弱的偏差信号进行放大和转换，输出足够功率或执行机构所需的物理量，驱动被控对象。

④执行机构：根据放大元件的输出信号，直接驱动被控对象，执行控制任务，使被控量与期望值趋于一致。

⑤测量元件：对被控量进行测量，并将测量值反馈到系统的输入端。

⑥校正元件：参数或结构便于调整的元件，通过串联或反馈的方式连接在系统中，以改善系统性能。

4) 自动控制系统的工作原理。典型反馈（闭环）控制系统的工作原理如图 5-12 所示，其基本控制过程如下：

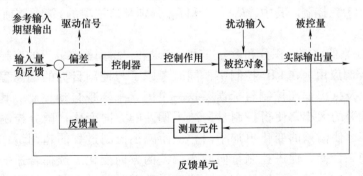

图 5-12　典型反馈（闭环）控制系统的工作原理

①被控量偏离给定值的要求（可能是给定值发生变化，也可能是给定值不变，但因扰动作用导致被控量发生变化）。

②测量元件测量被控量的大小，经过转换后由比较元件将其与给定值进行比较，得出偏差。

③根据偏差的大小，经过放大、调节、执行等元件处理后，产生控制作用；偏差越大，控制作用越大，反之亦然。

④控制作用使被控量回归到或趋近于要求值，从而消除或减小偏差。

（2）PID 控制 PID 控制（Proportional Integral Derivative Control）是一种基于反馈机制的自动控制算法，在过程控制领域得到了广泛应用，是目前应用最为广泛的自动控制算法之一。PID 控制器的设计理念是根据系统的当前误差（设定值与实际值之间的差异）来进行控制动作。它将误差进行比例（P）、积分（I）和微分（D）操作，并将三者进行线性组合，形成控制量，然后利用这一控制量对被控对象进行控制。PID 控制的流程如图5-13 所示。

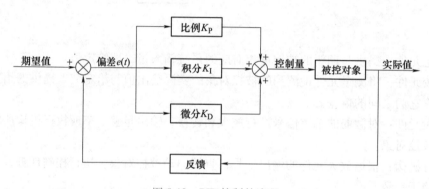

图 5-13 PID 控制的流程

PID 控制器的原理如下：

1）根据反馈值和期望值求出误差。例如，在轨迹跟踪控制中，误差即为车辆当前位置与期望路径之间的距离。

2）根据误差值进行比例、积分和微分三项的计算。这三项分别代表比例（P）、积分（I）和微分（D）控制。其中，K_P、K_I 和 K_D 分别是这三项的系数，它们表示对输出控制量的影响权重。

3）将计算出来的比例、积分和微分三项进行求和，得到最终输出的控制量。

（3）PID 控制应用 在 PID 控制中，同时考虑了与控制目标的偏离程度、向控制目标靠拢的速度以及持续偏离控制目标误差这三个因素来实现自动控制。其中，比例控制的作用是根据偏差的大小，使得控制量向减小偏差的方向变化；微分控制的作用是根据偏差的变化速率，使偏差的变化更加平滑，从而减小控制过程的超调量；而积分控制能够消除系统的稳态误差，促进控制量向减小偏差的方向变化。选择合适的 K_P、K_I 和 K_D 是使用 PID 控制器的关键，而这三个参数的值通常需要通过不断尝试调整，并结合实际工作经验进行确定。

在车辆控制器中，PID 控制常应用于以下场景：

1）电机转矩控制。对于车辆的电机控制，PID 控制可用于电机转矩的精确控制。通过监测电机的速度、电流和转矩需求，PID 控制器可以调节电机的相电流，以实现所需的转矩输出。这有助于确保车辆在不同驾驶条件下能提供平稳的动力输出。

2）转向系统控制。在电动助力转向系统或四轮转向系统中，PID 控制器可以用于控制转向系统的助力输出和转向响应。通过监测方向盘转角和车辆速度等输入，PID 控制器可以调节转向系统的助力输出，以实现更轻松的转向操作和更稳定的车辆操控性能。

3）车辆稳定控制。在车辆稳定控制系统中，PID 控制器通常用于控制车辆的横向稳定性，例如电子稳定控制系统。通过监测车辆的侧向加速度和方向盘转角等输入，PID 控制器可以调节车辆的制动力和驱动力分配，以维持车辆的稳定性。

4）驱动力分配。对于具有多个驱动电机车辆，PID 控制器可以用于优化不同车轮之间的驱动力分配，以实现最佳的牵引性能和车辆稳定性。通过监测车轮速度、转矩需求和车辆姿态，PID 控制器可以调节电机输出和驱动系统，以确保每个车轮都能提供适当的牵引力。

2. 驱动装置建模与控制

作为汽车电动化的三大核心部件之一，电机驱动系统的系统建模和驱动控制技术已成为国内外汽车研究的重点。驱动电机在电动汽车中扮演着核心角色，主要用于提供车辆行驶的动力或实现制动能量回收。其控制精度和可靠性直接影响着整车的操控性和稳定性。目前，电动汽车通常采用交流异步电机或永磁同步电机作为动力源。电机驱动控制技术主要负责管理电机的转速、转矩和能量转换等方面，以满足驾驶人需求并最大限度地提高能源利用率。建立准确的电机驱动模型和设计快速有效的控制方法是保证电动汽车驱动控制性能的关键。

驱动控制是确保电动汽车在不同驾驶情境下实现理想动力输出的关键。在建模过程中，需要考虑到电机、电池、功率电子器件等关键组件。控制算法需要根据驾驶需求和车辆状态来控制电机的转速和转矩输出，以实现加速、匀速、减速行驶等功能。在此基础上，驱动控制系统需要根据车辆的加速、减速、行驶速度等因素动态调整电机输出，以提供平滑的驾驶感受和最佳的动力响应。电机的转矩控制和功率控制是电动汽车驱动控制的关键。

(1) 驱动电机转矩模型　驱动电机转矩控制技术旨在实现对电机输出转矩的精确控制，先进的方法如直接转矩控制和矢量控制通过独立控制电流和磁通实现高精度控制。这些技术涉及磁场定向、电流调节等算法，以满足不同应用需求和性能要求。

驱动电机的力矩响应是一个动态响应过程，假定：电机处于快速响应阶段，综合考虑力矩指令传输、自身控制以及机构执行存在一定的时滞，可将驱动电机力矩响应模型简化为一阶惯性环节，即：

$$T_0 = \min\{T_d, T_{\max}\} \operatorname{sgn}(T_d) \frac{1}{1 + \tau s} \tag{5.2.1}$$

式中，T_0 为电机输出力矩；T_d 为电机目标输出力矩；$T_{\max}$ 为电机当前转速下最大输出力矩；τ 为时间常数，可由驱动电机的力矩响应数据辨识获得；$\operatorname{sgn}(T_d)$ 为符号函数，当 $T_d < 0$ 时，返回值为 -1，当 $T_d = 0$ 时，返回值为 0，当 $T_d > 0$ 时，返回值为 1。

驱动电机的外特性曲线如图 5-14 所示，其指出了电机转速与驱动转矩之间的关系。随着电机转速的增加，电机的功率逐渐增大，当转速增加到 n_0 时，驱动电机将会达到最大功率，此区域称为恒转矩工作区域；当转速超过 n_0 时，随着电机转速的增加，电机功率在这区间保持不变，这一区域称为恒功率工作区域。

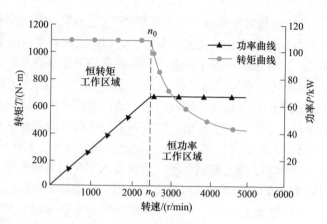

图 5-14　驱动电机的外特性曲线

（2）**驱动电机转矩控制**　驱动电机转矩控制是电机驱动系统的核心技术之一，目前主流的控制方式包括直接转矩控制和矢量控制两种。

1）直接转矩控制。直接转矩控制将电机转矩作为直接控制量，以定子磁链为定向标准，具有系统复杂度低、对电机参数依赖性不高等优点。然而，它无法实现电流闭环控制，且在低速时转矩脉动明显，难以满足整车爬坡和低速大转矩控制的需求。目前，电压矢量调节法和占空比调节法是直接转矩控制的主要方法。电压矢量调节法能有效减少转矩脉动，但控制系统较为复杂；而占空比调节法的关键在于确定电压矢量的作用时间，以精确控制周期内的电压矢量作用时间来抑制转矩波动。直接转矩控制的主要原理是通过实时监测电机的状态变量（如电流和电压），计算出所需的电磁转矩和磁通，并通过适当的开关动作来实现这些目标。

2）矢量控制。矢量控制通过坐标变换将驱动电机模型转换为具有直流电机调速性能的物理模型，具有调速范围广、转矩控制平稳且脉冲小的特点，能够满足整车舒适性和动力性需求。在不同的应用领域，矢量控制采用不同的电流控制方法，如电流控制、最大功率因数控制（$\cos\varphi=1$）、最大转矩电流比控制和恒磁链控制等。经过对这些控制方法的比较分析，发现中小功率调速系统多采用电流控制和最大转矩电流比控制方法，而大功率调速系统则多采用恒磁链控制和最大功率因数控制方法。矢量控制的核心思想是将交流电机的控制转换为类似于直流电机的控制，通过分解电机的磁场和转子电流为两个独立的分量（称为"磁轴"和"转矩轴"），实现对电机转矩和速度的独立精确控制，满足各种车辆电机控制应用的需求。

（3）**电机功率控制技术**　电机功率控制技术是电动汽车驱动控制中的一个重要组成部分，旨在调节电机的输出功率，直接影响车辆的加速性能、续驶里程和能源利用效率。这项技术允许驱动控制系统根据驾驶需求和路况变化精确调节车辆性能。功率控制可以通过多种方式实现，包括调节电机的电压、电流或转速。

电动汽车通常采用交流电机作为动力源，而动力电池则是直流电池。为了将直流电转换为交流电以驱动交流电机，需要使用逆变器进行转换。其中，一种常见的方法是利用PWM（脉冲宽度调制）技术。通过PWM技术，可以在数字电路中模拟出模拟信号，从而实现对电机的功率输出控制。PWM技术通过调节电压的占空比，以一系列脉冲信号的形式控制电机的平均输入电压，进而调节电机的输出功率。改变PWM信号的占空比可以实现对电机的精确控制，使其在各种工作条件下保持稳定的性能。

3. 转向装置建模与控制

线控转向系统突破了传统机械转向系统的结构限制，具备更加灵活的控制模式和敏捷精准的转向响应特性，能够满足辅助驾驶、个性化驾驶以及自动驾驶的转向控制需求。根据执行机构的不同，线控转向可分为线控电动转向系统和线控电液复合转向系统。

为了满足现阶段智能网联汽车自动驾驶的控制需求，具备人机混合驾驶功能的线控电动转向系统受到了广泛关注。该系统由传统机械转向系统发展而来，主要包括方向盘和转向管柱集成部分，以及转向执行机构与前轮集成部分两部分。它能够在满足车辆转向控制需求的同时，实现驾驶人手感模拟和路感模拟，从而提供良好的驾驶体验。

转向控制是确保电动汽车在行驶过程中稳定、准确地转向的关键部分。在建模过程中，需要考虑转向系统的机械结构、转向电机、转向传感器等要素。控制算法根据驾驶人的转向输入和车辆当前的运动状态，计算出相应的转向力和转向角度，以确保车辆稳定地沿着预期路径行驶。

（1）转向装置动力学模型 线控转向的主要原理是将驾驶人的转向意图（方向盘转角 δ 和驾驶人手力矩 τ_h）传输给主控制器，主控制器结合采集到的车速（v）、横摆角速度（ω_r）、质心侧偏角（β）等信息，通过匹配预先制定的局部路径规划策略，输出控制指令给转向执行电机与路感模拟电机，从而通过执行电机输出转向力矩（τ_e）实现转向控制，同时通过路感模拟电机输出转向阻力矩（τ_r）实现转向路感模拟。线控电动转向的动力学模型如图 5-15 所示。

考虑线控转向系统的高度集成化造成各执行部件耦合性强、控制维度高、系统特性参数

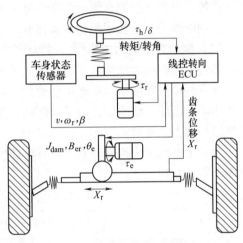

图 5-15 线控电动转向的动力学模型

难获取等问题，如何构建高效能的转向系统动力学模型，以适应纯电动汽车模块化、智能化控制需求已成为当前研究的核心。当前针对线控转向系统的建模方式主要包括键合图理论法、实验分析法、模型降阶法等。为了方便对线控转向系统进行动力学建模，本小节简化了转向系统前轮和转向轴，着重研究作用力等效到转向轴上的动力学模型，将转向执行电机作为转向控制系统的唯一输入，并将转向系统所有的作用力均等效于万向节，从而得到转向系统动力学模型为：

$$\begin{cases} J_{sw}\ddot{\delta} + B_{sw}\dot{\delta} + K_{sr}\delta = \tau_h \\ J_{dam}\ddot{\theta}_e + B_{er}\dot{\theta}_e + K_e\theta_e = \tau_e \end{cases} \tag{5.2.2}$$

式中，δ 为方向盘转角；J_{sw} 为方向盘转动惯量；B_{sw} 为方向盘黏性阻尼系数；K_{sr} 为转向柱扭转刚度；τ_h 为驾驶人手力矩；θ_e 为转向执行电机转角；J_{dam} 为转向执行电机输出轴上的等效转动惯量；B_{er} 为转向执行电机输出轴上的黏性阻尼系数；K_e 为转向输出轴上的扭转刚度；τ_e 为转向执行电机输出力矩。

（2）转向装置控制 转向性能评价是线控转向的重要考量之一，直接影响车辆的操纵

稳定性。当前研究的焦点在于设计高效的线控转向控制系统。在这方面，国内外学者已经对线控转向控制策略进行了深入探讨，主要包括方向盘路感模拟控制、转角控制以及变传动比控制等。此外，为了实现对车辆横摆角速度和质心侧偏角的精准跟踪，一些优化算法如神经网络和卡尔曼滤波得到了广泛应用，这些算法能有效提升线控转向系统的操纵性能。同时，鲁棒控制方法如滑模控制常被用于抑制线控转向系统内部时滞以及外部干扰对转向系统性能的影响，从而有效提升了系统对不同驾驶场景的适应能力。

4. 制动装置建模与控制

线控制动系统摆脱了传统制动系统（例如真空助力器、机械连接件等）的结构限制，能够快速建立并精确控制制动压力。制动控制对于确保车辆在需要减速或停车时能够安全、稳定地实现减速和停车至关重要。在建模过程中，需要考虑制动系统的结构、制动器、制动液压系统等要素。控制算法会根据驾驶人的制动输入和车辆当前的运动状态，调节制动器施加适当的制动力，以实现平稳的减速和停车。

（1）制动装置动力学模型 对电子液压制动系统的工作原理分析可知，在增压过程中，蓄能器气室体积的增加近似为绝热膨胀过程，蓄能器在增压过程中关键参数的变化满足泊松方程，在制动过程中，制动液由油管处流向制动轮缸，需考虑制动液的流速对蓄能器充液进程的影响。因此，精准描述电子液压线控系统的增压过程，需要对高压蓄能器及轮缸等主要部件进行动力学建模。

为了更好地对线控制动系统进行整体性能分析，需要建立电子液压制动系统增压过程的动力学微分方程：

$$\frac{\mathrm{d}p_\mathrm{d}}{\mathrm{d}t} = \frac{C_1 A_1}{K V_\mathrm{s}} \sqrt{\frac{2}{\rho}\left[p_2\left(\frac{V_2}{V_2 + q_\mathrm{r}t}\right)^n - p_\mathrm{b}\right]} \tag{5.2.3}$$

式中，p_d 为液压制动系统输出压力；t 为时间；C_1 为油液流量系数；A_1 为油箱口至压力口的开口面积；K 为制动液的体积弹性模量；V_s 为油管体积；ρ 为油液的密度；p_2 为蓄能器未充液时的气室气压；V_2 为蓄能器未充液时气室体积；q_r 为液压油流动的均值速度；n 为热力学绝热系数；p_b 为制动轮缸压力。

（2）制动装置控制 目前，针对轮缸压力控制的常用方法包括 PID 算法和模糊控制算法。它们能够相对快速地达到目标压力，并具有一定的鲁棒性，不依赖于精准的物理数学模型。然而，这些方法仅适用于单输入/单输出系统，而电子液压线控制动系统则是典型的多输入/多输出系统，其中涉及多个制动轮缸和电磁阀的集成控制。在这种系统中，如何保证响应速度与压力跟踪的同时协调多个分布式电磁阀无延时工作，并设计容错控制机制，是当前线控制动控制的难点。

为了实现高效的线控制动控制，已经开始应用模型预测控制、鲁棒控制和自适应控制等方法来进行压力控制和多电磁阀协调。模型预测控制通过建立液压系统的预测模型，实现对制动压力的高精度控制；鲁棒控制确保系统在一定的参数摄动下，维持其制动性能；自适应控制能够实时调整系统参数，有效提高线控制动系统的控制精度和环境适应性。

5.2.3　车辆运动分析与关键参数辨识

1. 车辆受力分析

（1）电动汽车受力分析 以纯电动汽车为例，分析车轮在行驶过程中的受力情况。如

图 5-16 所示，电动汽车行驶过程中的运动特性，取决于其前进方向上的合力，行驶过程中所受到的力主要分为牵引 F_t 和总阻力 F_r（包括加速阻力 F_j）两种。

当电动汽车处于静止或匀速行驶状态时，其行驶方程可以表示为：

$$F_t = F_r \qquad (5.2.4)$$

当电动汽车加速行驶时，加速度可表示为

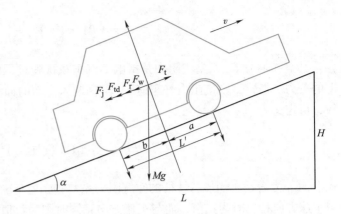

图 5-16　车辆受力分析

$$\frac{\mathrm{d}v}{\mathrm{d}t} = \frac{F_t - F_r}{\delta M} \qquad (5.2.5)$$

式中，v 为电动汽车速度（km/h）；δ 为车辆动力系统中表征旋转组件效应的质量系数；M 为车辆的总质量。该式表明电动汽车的速度和加速度取决于牵引力、阻力和车辆的质量。

1）牵引力 F_t。牵引力 F_t 的计算公式为

$$F_t = \frac{\eta_T i_g i_0 T_{tp}}{r_d} \qquad (5.2.6)$$

式中，η_T 为传动系的机械效率；i_g 为变速器的传动比；i_0 为主减速器的传动比；T_{tp} 为电机输出转矩；r_d 为车轮的有效半径。

2）总阻力 F_r。车辆行驶阻力主要包含车轮的滚动阻力 F_f、空气阻力 F_w、爬坡时的坡度阻力 F_{rd}（即重力在电动汽车行驶方向上的分力）和行驶过程中的加速阻力 F_j。由此，可得到电动汽车行驶阻力合力方程为：

$$F_r = F_f + F_w + F_{rd} + F_j \qquad (5.2.7)$$

① 滚动阻力 F_f。车轮的滚动阻力为：

$$F_f = Pf_r \qquad (5.2.8)$$

式中，f_r 为滚动阻力系数；P 为作用于滚动车轮中心的竖直方向的载荷。

如果此时车轮在坡上行驶，车轮的滚动阻力为

$$F_f = Pf_r \cos\alpha \qquad (5.2.9)$$

式中，α 为坡路的倾斜角。

滚动阻力系数 f_r 取决于轮胎材料、轮胎结构、轮胎温度、轮胎充气压力、外轮胎面的几何形状、路面粗糙程度、路面材料以及路面上有无液体等因素。

实际上，行驶车速对滚动阻力系数有很大影响。在车辆性能计算中，为了便于分析，可认为滚动阻力系数是速度的线性函数。对于在混凝土路面上行驶的电动汽车，可采用如下适合于一般充气压力范围的计算公式：

$$f_r = 0.01 \times \left(1 + \frac{v}{100}\right) \tag{5.2.10}$$

②空气阻力 F_w。 空气阻力是指电动汽车在行驶过程中，空气动力作用在车辆行驶方向上的分力。通常，空气阻力是车速 v、车辆迎风正面的面积 A_f、空气密度 ρ 和车辆形状的函数，可定义为：

$$F_w = \frac{1}{2}\rho A_f C_D (v + v_w)^2 \tag{5.2.11}$$

式中，C_D 为表示车辆形状特征的空气阻力系数；v_w 为车辆运行方向上的风速分量，当它取向与车速方向相反时为正值，而与车速方向相同时则为负值。

根据式（5.2.11）可以看出，空气阻力与 C_D 及 A_f 成正比。车辆迎风正面的面积 A_f 受车内空间限制不宜变小，所以减小 C_D 是降低空气阻力的主要手段。

③坡度阻力 F_{rd}。 爬坡阻力一般指电动汽车上下坡时，其自身重量将产生一个始终指向下坡方向的分力 F_g。 这一分力阻碍上坡时向前的运动，即：

$$F_g = Mg\sin\alpha \tag{5.2.12}$$

式中，α 为坡路的倾斜角。轮胎的滚动阻力和爬坡阻力合称为爬坡坡度路面阻力，即：

$$F_{rd} = F_f + F_g = Mg(f_r\cos\alpha + \sin\alpha) \tag{5.2.13}$$

当路面倾角比较小时，路面阻力可以简化为：

$$F_{rd} = F_f + F_g = Mg\left(f_r + \frac{H}{L}\right) \tag{5.2.14}$$

令 $\psi = f_r + \dfrac{H}{L}$，$\psi$ 为道路阻力系数，则路面阻力可以表示为：

$$F_{rd} = Mg\psi \tag{5.2.15}$$

④加速阻力 F_j。 电动汽车加速行驶时，用来克服其加速运动时的惯性力，就是加速阻力。电动汽车的质量分为平移质量和旋转质量两部分，加速时不仅平移质量产生惯性力，旋转质量也要产生惯性力偶矩。为了便于计算，一般把旋转质量的惯性力偶矩转化为平移质量的惯性力，对于固定传动比的汽车，常以系数 δ 作为计入旋转质量惯性力偶矩后的汽车旋转质量换算系数，因而电动汽车的加速阻力可写为：

$$F_j = \delta M\frac{dv}{dt} \tag{5.2.16}$$

式中，δ 为电动汽车旋转质量换算系数；$\dfrac{dv}{dt}$ 为其加速度。

电动汽车旋转质量换算系数 δ 主要与飞轮的转动惯量、车轮的转动惯量及传动系的传动比有关，计算公式如下：

$$\delta = 1 + \frac{1}{M}\frac{\sum I_w}{r_d^2} + \frac{1}{M}\frac{I_f i_g^2 i_0^2 \eta_T}{r_d^2} \tag{5.2.17}$$

式中，I_w 为车轮的转动惯量；I_f 为飞轮转动惯量；r_d 为车轮有效半径；i_g 为变速器传动比；i_0 为主减速器传动比；η_T 为传动效率。

（2）电动汽车动力学方程　根据电动汽车纵向受力情况，作用在车辆上的主要外力包括：前、后车轮的滚动阻力 F_{rf} 和 F_{rr}（它们分别能够产生滚动阻力矩 T_{rf} 和 T_{rr}）；空气阻力 F_w；爬坡阻力 F_{rd}；加速阻力 F_j；分别作用于前、后车轮的牵引力 F_{tf} 和 F_{tr}。对后轮驱动的车辆而言，F_{tf} 为 0；而对前轮驱动的车辆，则 F_{tr} 为 0。

电动汽车纵向运动的动力学方程可表示为：

$$M \frac{dv}{dt} = (F_{tf} + F_{tr}) - (F_{rf} + F_{rr} + F_w + F_{rd}) \tag{5.2.18}$$

式中，等号右边的第一个括号中是总牵引力，第二个括号中是总阻力；$\dfrac{dv}{dt}$ 为电动汽车沿纵向的线加速度；M 为电动汽车的质量。

若想获得轮胎与地面接触面所能支持的最大牵引力，必须确定前、后车轴上竖直方向的载荷。通过累加作用于点 R（轮胎与地面接触面的中心）的所有力矩，便可得到前轴上竖直方向的载荷 W_f：

$$W_f = \frac{MgL_b\cos\alpha - \left(T_{rf} + T_{rr} + F_w h_w + Mgh_g\sin\alpha + Mh_g \dfrac{dv}{dt}\right)}{L} \tag{5.2.19}$$

同理，可得到作用于后轴上的竖直方向载荷 W_r：

$$W_r = \frac{MgL_a\cos\alpha - \left(T_{rf} + T_{rr} + F_w h_w + Mgh_g\sin\alpha + Mh_g \dfrac{dv}{dt}\right)}{L} \tag{5.2.20}$$

对于电动汽车，假设空气阻力作用点高度 h_w 近似车辆质心的高度 h_g，则式（5.2.19）和式（5.2.20）可简化为：

$$W_f = \frac{L_b}{L}Mg\cos\alpha - \frac{h_g}{L}\left(F_w + F_g + Mgf_r\frac{r_d}{h_g}\cos\alpha + M\frac{dv}{dt}\right) \tag{5.2.21}$$

$$W_r = \frac{L_a}{L}Mg\cos\alpha + \frac{h_g}{L}\left(F_w + F_g + Mgf_r\frac{r_d}{h_g}\cos\alpha + M\frac{dv}{dt}\right) \tag{5.2.22}$$

式中，r_d 为车轮的有效半径。

根据式（5.2.12）和式（5.2.14），可将式（5.2.21）、式（5.2.22）重写为：

$$W_f = \frac{L_b}{L}Mg\cos\alpha - \frac{h_g}{L}\left[F_t - F_r\left(1 - \frac{r_d}{h_g}\right)\right] \tag{5.2.23}$$

$$W_r = \frac{L_a}{L}Mg\cos\alpha + \frac{h_g}{L}\left[F_t - F_r\left(1 - \frac{r_d}{h_g}\right)\right] \tag{5.2.24}$$

式（5.2.23）和式（5.2.24）中，等号右边的第一项分别是当电动汽车静止在水平地面上时作用在前、后车轴上的静载荷，第二项分别为其竖直方向载荷的动态分量；$F_t = F_{tf} + F_{tr}$ 为车辆的总牵引力；F_r 为车辆的滚动阻力。

轮胎与地面接触面所能支持的最大牵引力（大于该最大牵引力的任意小量的变化将引起轮胎在地面上的自旋），通常以竖直方向载荷和路面附着系数 μ 的乘积方式给出。

对前轮驱动的车辆有：

$$F_{\text{tmax}} = \mu W_{\text{f}} = \mu\left\{\frac{L_{\text{b}}}{L}Mg\cos\alpha - \frac{h_{\text{g}}}{L}\left[F_{\text{tmax}} - F_{\text{r}}\left(1 - \frac{r_{\text{d}}}{h_{\text{g}}}\right)\right]\right\} \tag{5.2.25}$$

$$F_{\text{tmax}} = \frac{\mu Mg\cos\alpha\,\dfrac{L_{\text{b}} + f_{\text{r}}(h_{\text{g}} - r_{\text{d}})}{L}}{1 + \mu\dfrac{h_{\text{g}}}{L}} \tag{5.2.26}$$

式中，f_{r} 为滚动阻力系数。

而对于后轮驱动的车辆有：

$$F_{\text{tmax}} = \mu W_{\text{f}} = \mu\left\{\frac{L_{\text{a}}}{L}Mg\cos\alpha - \frac{h_{\text{g}}}{L}\left[F_{\text{tmax}} - F_{\text{r}}\left(1 - \frac{r_{\text{d}}}{h_{\text{g}}}\right)\right]\right\} \tag{5.2.27}$$

$$F_{\text{tmax}} = \frac{\mu Mg\cos\alpha\,\dfrac{L_{\text{a}} + f_{\text{r}}(h_{\text{g}} - r_{\text{d}})}{L}}{1 + \mu\dfrac{h_{\text{g}}}{L}} \tag{5.2.28}$$

车辆行驶时，通过传动装置并由动力装置转换而来的驱动轮上的最大牵引力，不应超过轮胎与地面间附着力的最大值，否则驱动轮将在地面上打转，导致车辆行驶不稳定。

（3）电动汽车行驶的轮胎附着率与滑移率

1）轮胎附着率：电动汽车动力系统所输出的驱动力是决定其动力性的一个主要因素。驱动力大，加速性能更好，爬坡能力也更强，但是当电动汽车的实际驱动力超过最大驱动力的限度时，驱动轮将在地面上打转。因此，电动汽车的动力性不仅受驱动力的制约，还受到轮胎与地面附着条件的影响。

地面对轮胎切向反作用力的极限值称为附着力，在硬路面上，它与驱动轮法向反作用力 F_{Z} 成正比，常写成：

$$F_{\text{Xmax}} = F_{\varphi} = F_{\text{Z}}\varphi \tag{5.2.29}$$

式中，φ 为附着系数。

作用在驱动轮上的力矩 T_{r} 引起的地面切向反作用不能大于附着力，否则会发生驱动轮滑转现象，即对于后轮驱动的汽车有：

$$\frac{T_{\text{t}} - T_{\text{fr}}}{r} = F_{\text{Xr}} \leqslant F_{\text{Zr}}\varphi \tag{5.2.30}$$

式（5.2.30）就是汽车行驶的附着条件，又可写成：

$$\frac{F_{\text{Xr}}}{F_{\text{Zr}}} \leqslant \varphi \tag{5.2.31}$$

式中，$\dfrac{F_{\text{Xr}}}{F_{\text{Zr}}}$ 称为后轮驱动汽车驱动轮的附着率 $C_{\varphi\text{t}}$，则：

$$C_{\varphi\text{t}} < \varphi \tag{5.2.32}$$

同理，对于前轮驱动汽车，其前驱动轮的附着率不能大于地面附着率。

综上所述，汽车的附着力取决于附着系数和地面作用于驱动轮法向的反作用力，而附着系数则主要取决于路面种类、路面状况及行驶车速等。

2）轮胎滑移率：当电动汽车行驶在潮湿、结冰、积雪或软土路面上时，轮胎与地面间的附着力是影响车辆性能的主要因素。在这种情况下，作用于驱动轮的牵引力矩将使车轮在上述地面上发生显著滑移。因此，作用于驱动轮的最大牵引力取决于轮胎与地面间的附着力所能提供的纵向力，而不是电机所能供给的最大转矩。在良好铺砌的干燥路面上，轮胎的弹性导致轮胎滑移的可能性很小，而在其他类型的地面上，驱动轮的最大牵引力与运动车轮的滑移却紧密相关。

轮胎的滑移率 s 通常定义为：

$$s = \left(1 - \frac{v}{r\omega}\right) \times 100\% = \left(1 - \frac{r_\mathrm{d}}{r}\right) \times 100\% \tag{5.2.33}$$

式中，v 为轮胎中心的平移速度；r 为自由滑动轮胎的滚动半径；ω 为轮胎的角速度；r_d 为轮胎的有效滚动半径，即轮胎中心的平移速度与轮胎角速度之比。

当车辆处于牵引情况下时，其速度 v 小于 $r\omega$，因此轮胎滑移率是一个 $0 \sim 1.0$ 的正值。然而在制动期间轮胎滑移率则应被定义为：

$$s = \left(1 - \frac{r\omega}{v}\right) \times 100\% = \left(1 - \frac{r}{r_\mathrm{d}}\right) \times 100\% \tag{5.2.34}$$

可见，此时滑移率 s 也是一个 $0 \sim 1.0$ 的正值。

对于一定的滑移率，轮胎的最大牵引力通常表示为

$$F_\mathrm{x} = P\mu \tag{5.2.35}$$

式中，P 为轮胎竖直方向的载荷；μ 为牵引力系数，它是滑移率的函数。正常的驱动状态下，轮胎的滑移率必须限制在 15% ~ 20% 的范围内。

2. 车辆动力与制动分析

（1）电动汽车的动力分析　电动汽车动力性能是反映其性能的重要指标，通常可以通过加速性能、爬坡性能和最高车速三个指标来进行评定。

1）加速性能。电动汽车的加速性能一般由其加速时间进行衡量，也可通过平直路面上电动汽车从零加速到某一确定高速所行驶的距离予以表征。电动汽车的加速度可以表示为

$$a_\mathrm{j} = \frac{\mathrm{d}v}{\mathrm{d}t} = \frac{F_\mathrm{t} - F_\mathrm{f} - F_\mathrm{w}}{\delta M} = \frac{\dfrac{T_\mathrm{tp} i_\mathrm{g} i_0 \, \eta_\mathrm{T}}{r_\mathrm{d}} - Mgf_\mathrm{r} - \rho \, \dfrac{1}{2} C_\mathrm{D} A_\mathrm{f} v^2}{\delta M} \tag{5.2.36}$$

由加速度表达式（5.2.36）可知，电动汽车从低速 v_1 加速到高速 v_2 的加速时间 t_a 和行程 s_a 分别为：

$$t_\mathrm{a} = \int_{v_1}^{v_2} \frac{\delta M}{\dfrac{T_\mathrm{tp} i_\mathrm{g} i_0 \eta_\mathrm{T}}{r_\mathrm{d}} - Mgf_\mathrm{r} - \dfrac{1}{2}\rho C_\mathrm{D} A_\mathrm{f} v^2} \mathrm{d}v \tag{5.2.37}$$

$$s_a = \int_{v_1}^{v_2} \frac{\delta M v}{\dfrac{T_{tp} i_g i_0 \, \eta_r}{r_d} - Mg f_r - \dfrac{1}{2}\rho C_D A_f v^2} \mathrm{d}v \tag{5.2.38}$$

一般而言，驱动电机的起动性能和短时过载能力决定了电动汽车的加速性能。

2）爬坡性能。爬坡性能通常定义为电动汽车以最大驱动力在良好的路面行驶过程中，所能爬行的最大坡度。若要满足车辆的爬坡性能要求，则电动汽车行驶方程为：

$$F_t = F_g + F_f + F_w \tag{5.2.39}$$

式中，$F_g = Mg\sin\alpha$ 为坡道阻力；$F_f = Mg f_r \cos\alpha$ 为滚动阻力；α 为坡道角度。

车辆爬坡度的计算公式为：

$$\alpha = \arcsin \frac{F_t - F_w}{Mg\sqrt{1+f_r^2}} = \arctan f_r \tag{5.2.40}$$

对于电动汽车而言，其最大爬坡度一般要求大于 20%，爬坡度的大小通常取决于驱动电机的最大转矩特性与短时过载能力。

3）最高车速。电动汽车的最高车速是指在水平良好的路面上，电机全功率情况下电动汽车所能达到的恒定巡航速度。电动汽车最高车速取决于车辆牵引力和阻力之间或动力装置的最大转速和传动装置的传动比之间的平衡。牵引力和阻力之间的平衡可表达为：

$$\frac{T_{tp} i_g i_0 \, \eta_T}{r_d} = Mg f_r \cos\alpha + \frac{1}{2}\rho C_D A_f v^2 \tag{5.2.41}$$

式（5.2.41）表明，当其左端表示的牵引力等于右端表示的阻力时，车辆达到最高车速。

（2）电动汽车的制动分析 电动汽车的制动性能指汽车能在短距离内停车且维持行驶方向稳定性和下长坡时能维持一定速度的能力。制动性能是电动汽车最为重要的特性之一，它直接关系到行驶的安全性，一些重大交通事故往往与制动距离太长有关，所以具有良好的制动性能是电动汽车行驶安全的重要保障。影响电动汽车制动性能的因素主要有汽车的制动机构、人体机能以及路面的状况等。

1）制动力。电动汽车制动过程中，制动片紧压在制动盘上，在制动盘上产生了摩擦力矩。该制动力矩使轮胎与地面在接触表面上产生制动力，可表示为：

$$F_b = \frac{T_b}{\tau_d} \tag{5.2.42}$$

制动力随着制动力矩的增大而增大，当制动力到达轮胎与地面间的附着力所能支持的最大制动力时，即使制动力矩继续增大，制动力也不再增大。这一受制于附着力的最大制动力可表达为：

$$F_{bmax} = \mu_b W \tag{5.2.43}$$

式中，μ_b 为轮胎与地面间的附着系数；W 为车轮的垂直载荷。

2）制动力分配。图 5-17 所示为平坦路面上电动汽车制动时作用于车辆上的力。与制动力相比，滚动阻力和空气阻力很小，因此在图中忽略。a_b 是车辆制动时的负加速度，可表述为：

$$a_b = \frac{F_{bf} + F_{br}}{M} \quad (5.2.44)$$

式中，F_{bf} 和 F_{br} 分别是作用于前后轮上的制动力。

最大制动力受限于轮胎与地面之间的附着力，同时正比于作用在轮胎上竖直方向的载荷。因而，由制动力矩产生的实际制动力也应正比于竖直方向的载荷，其结果是前后轮同时获得了最大制动力。制动

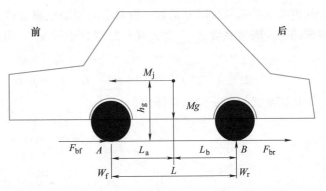

图 5-17 制动时车辆的受力图

期间，载荷将从后轴转移到前轴。考虑前后轮与地面接触点 A 和 B 的力矩平衡关系，作用在前后轴上的竖直方向的载荷 W_f、W_r 分别为：

$$W_f = \frac{Mg}{L}\left(L_b + h_g \frac{a_b}{g}\right) \tag{5.2.45}$$

$$W_r = \frac{Mg}{L}\left(L_a - h_g \frac{a_b}{g}\right) \tag{5.2.46}$$

前后轴上的制动力分别正比于竖直方向的载荷，于是可得：

$$\frac{F_{bf}}{F_{br}} = \frac{W_f}{W_r} = \frac{L_b + \dfrac{h_g a_b}{g}}{L_b - \dfrac{h_g a_b}{g}} \tag{5.2.47}$$

式中，a_b 为车辆以附着系数 μ 在路面上行驶时获得的最大加速度。

将式（5.2.45）至式（5.2.47）联立求解，可得作用于前后轴上的理想制动力。理想制动力分布曲线是线性的双曲线。若要在任何路面上都能同时使前后轮制动，则作用于前后轮上的制动力必须完全与这一曲线相符。

在车辆设计中，作用于前后轴上的实际制动力分布通常被设计为一个不变的线性比例关系。这一比例关系为前轴上的制动力与车辆总制动力之比，即：

$$\beta = \frac{F_{bf}}{F_b} \tag{5.2.48}$$

式中，$F_b = F_{bf} + F_{br}$ 为车辆的总制动力。

而前后轴上的实际制动力随 β 的变化而变化，故可将它们表示为：

$$F_{bf} = \beta F_b \tag{5.2.49}$$

$$F_{br} = (1 - \beta) F_b \tag{5.2.50}$$

于是可得：

$$\frac{F_{bf}}{F_{br}} = \frac{\beta}{1 - \beta} \tag{5.2.51}$$

理想和实际制动力分布曲线仅有一个交点，即仅在此情况下前后轴被同时抱死，称此点

处的附着系数为同步附着系数，所对应的制动减速度称为临界减速度。这个交点表明了一个特定的路面附着系数 μ_0，将式（5.2.27）中的 a_b/g 用 μ_0 替代，即得：

$$\frac{\beta}{1-\beta} = \frac{L_b + \mu_0 h_g}{L_a - \mu_0 h_g} \tag{5.2.52}$$

从而由式（5.2.52）可导出：

$$\mu_0 = \frac{L\beta - L_b}{h_g} \tag{5.2.53}$$

$$\beta = \frac{L_b - \mu_0 h_g}{L} \tag{5.2.54}$$

电动汽车制动时，当附着系数小于 μ_0 时，前轮将首先抱死；相反，当路面附着系数大于 μ_0 时，则后轮首先抱死。当后轮首先抱死时，车辆将丧失方向的稳定性，后轮胎承受横向力的能力降低到零。此时，侧风、路面的侧倾或离心力等都会导致车辆产生侧滑力矩，甚至使车头调转；先抱死前轮将会引发方向失控，驾驶人不可能再进行有效的操纵。通常情况下，抱死前轮不会引起方向上的不稳定性，这是因为每当前轮发生侧向运动时，车辆的惯性力将对后轴偏转中心产生自校正力矩，从而有助于使车辆返回到直线路径。

3. 车辆状态估计与参数辨识原理

在电动汽车的底盘控制中，车辆状态估计和参数辨识是至关重要的环节。车辆状态估计通过传感器和算法融合，获取车辆当前的位置、速度、姿态等信息，为控制系统提供准确的状态反馈。参数辨识则通过实验数据或观测数据，识别动力系统、悬架系统、轮胎特性等关键参数，为控制系统提供准确的输入。这些工作为控制系统提供了更精准的信息，使其能够更好地调节电机输出、制动力分配、转向角度等参数，从而提升车辆的驾驶性能、舒适性和安全性。随着技术的不断发展，车辆状态估计和参数辨识的方法和技术也在不断进步，为电动汽车的底盘控制提供了更可靠和高效的支持。

（1）车辆关键状态估计 车辆的纵向和侧向车速以及质心侧偏角等状态参数对于动力学控制和主动安全控制至关重要。准确的状态信息可以显著改善车辆的控制效果，使车辆在极端恶劣的工况下依然能够保持良好的稳定性和安全性。车辆状态参数的准确获取是闭环控制系统中的关键环节，也是智能网联汽车技术深入发展的基础和前提。重要的车辆状态信息包括横摆角速度、质心侧偏角、轮胎力以及纵向力和侧向速度等。然而，由于成本和技术限制，量产汽车通常不会配备轮胎力、车速、质心侧偏角等传感器，因此相应的车辆状态无法直接测量得到。

在这种情况下，依赖车载传感器测量的信息间接计算车辆关键状态参数是一个被广泛接受的有效解决方案。这种间接获取的车辆状态信息通常分为两类：一类是根据车辆的纵向和侧向加速度以及横摆角速度测量信号，直接应用车辆的运动学方程进行积分求解，以得到车辆的纵向和侧向车速信息。

另一类常用且有效的状态估计方法是采用车载传感器，结合动力学理论，并利用先进的观测器来估计车辆状态信息，车辆状态估计框架如图 5-18 所示。可以看出，车辆行驶状态估计的过程首先通过整车网络采集车载传感器信号，包括车辆的纵向加速度、侧向加速度、横摆角速度、车轮转角和车轮转速等。这些传感器信号作为车辆行驶状态估计器中滤波器和车辆模型/轮胎模型的信号输入，经过车辆模型/轮胎模型的解算输出轮胎的纵向力和侧向力。而这些轮胎力又作为车辆行驶状态估计器中两个子滤波器和主滤波器的另一个输入。主滤波器接收到这些信号后进行初始化，信息分配系数默认值为0，并将行驶状态量、协方差矩阵和过程噪声矩阵同时分配给各子滤波器。每个子滤波器对接收到的传感器信号和分配的信号进行整合，首先完成时间更新，得到先验状态估计值，然后根据各自的测量值进行测量更新，得到后验局部估计值。接着，这些数据一同传递给主滤波器进行全局最优估计。最优估计值作为输出，同时按照特定的分配原则再次对各子滤波器进行信息分配，完成一次迭代。随着时间的不断迭代，车辆行驶状态估计器形成闭环，并将全局最优估计值反馈给轮胎模型，对其参数进行不断修正，从而实现对车辆行驶状态（如纵向车速和横摆角速度）的准确估计。

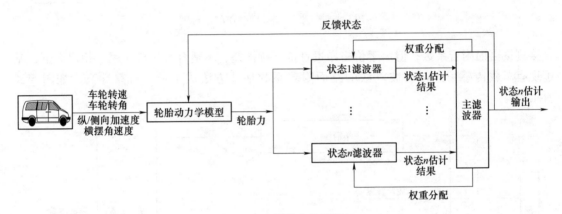

图 5-18　车辆状态估计框架

（2）车辆参数辨识　车辆参数辨识对于车辆动力学控制至关重要。车辆模型参数一般指整车整备质量、横摆转动惯量、轮胎侧偏刚度等车辆固有参数。不准确的车辆模型参数会导致状态估计性能下降，严重影响车辆动力学控制效果，甚至引发车辆失稳等问题。

在这些车辆模型参数中，轮胎侧偏刚度受多种因素影响，如载荷、路面附着系数和轮胎滑移率等，其参数辨识是车辆模型参数辨识中的难点之一。图 5-19 展示了典型轮胎侧偏刚度辨识的流程图。首先，通过传感器测量获得方向盘转角、车速、侧向加速度、横摆角速度等车辆状态信息，并将信息输入车辆动力学模型和参数辨识模块中。参数辨识模块对原始信息进行滤波估计处理，得到初步结果。同时，将侧向加速度、轮胎侧偏角等状态信息输入轮胎模型中进行简单变换，转换后的参数信息通过循环迭代输入轮胎侧偏刚度模型中进一步分析，得到优化区间。然后，结合参数辨识模块输出的初步结果，进行进一步的参数优化，从而得到最终结果。

（3）道路参数辨识　道路参数辨识是车辆控制中的关键环节，其中，路面附着系数和道路坡度两个参数对车辆控制有重要影响。路面附着系数是轮胎力与其垂向载荷的比值，准确获取路面附着系数可以有效利用附着潜能，提升车辆的安全性和稳定性。在冰雪路面行驶时，由于路面附着系数较小，车辆容易发生侧滑、漂移、甩尾等现象，因此如何精确获取路面附着系数成为车辆动力学控制领域的研究重点。虽然利用高精度的光学或声学传感器可以

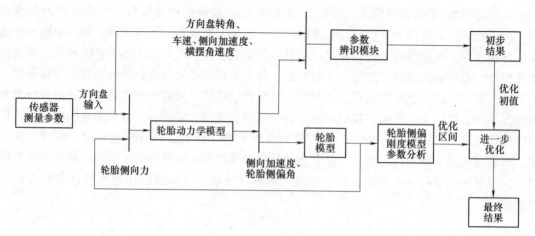

图 5-19　典型轮胎侧偏刚度辨识的流程图

直接测量路面附着系数，但由于价格昂贵且抗干扰性差，不适合大规模应用。相比之下，基于现有车载传感信息与滤波算法的路面附着系数估计方法成本低、可靠性高，如图 5-20 所示。

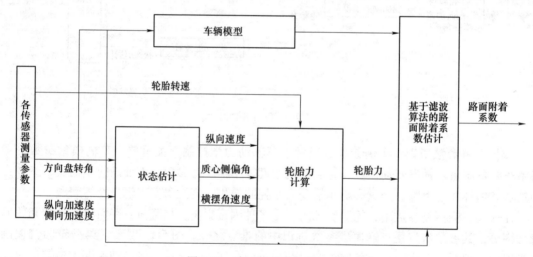

图 5-20　路面附着系数估计方法

道路坡度的估计方法与路面附着系数类似，可分为基于运动学的估计和基于动力学的估计。基于运动学的估计方法需要额外安装加速度传感器；而基于动力学的估计方法对传感器依赖性更小，其基本原理是利用车载加速度传感器和轮速传感器获得的车辆加速度差值，根据车辆纵向动力学模型，采用卡尔曼滤波算法计算道路坡度值。

5.2.4　车辆稳定控制技术

1. 车辆稳定控制系统概述

汽车在带给人们出行便利的同时，也造成了大量的交通事故。越来越多的交通事故数据表明，驾驶人的决策和操纵失误是导致汽车交通事故的重要原因。而这其中，由于极端行驶工况下驾驶人难以驾驭车辆而引起的交通事故又占了相当大的比例，如图 5-21 所示。

在正常驾驶情况下，车辆可以将驾驶人的方向盘操作准确地转化为车辆的转弯行为。这使得驾驶人可以轻松地控制车辆，实现预期的行驶轨迹。然而，在车辆速度过快、方向盘操作过于激烈或者路面湿滑时，车辆可能无法准确地响应驾驶人的意图。此时车辆可能会出现"激转失控"，导致驾驶人难以应对，甚至造成交通事故，造成人员和车辆的损失。

为了解决车辆制动时出现的抱死现象，即车轮由于过度制动而完全锁死，失去与路面的摩擦力，防抱制动系统（Anti-lock Braking System，ABS）技术被提出并被广泛应用。另外，为了解决车辆在极

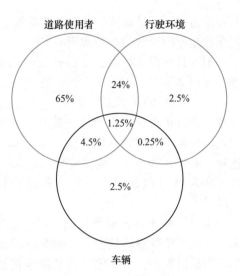

图 5-21 交通事故中的影响因素

端工况下的安全行驶和稳定控制问题，电子稳定程序（Electronic Stability Program，ESP）技术被引入。ESP 主要通过调整车轮制动力和驱动电机输出转矩来限制车辆的侧偏角，防止车辆出现激烈转向，并保持车辆的侧偏角在一定范围内，从而增加车辆的横摆力矩。

对于智能网联汽车而言，车辆稳定控制系统是整车智能控制系统的重要组成部分，对车辆安全运行有着重要影响。集成车辆稳定控制系统在车辆底盘控制的基础上，能够提高车辆在各种道路场景下的行驶稳定性，从而改善车辆的道路行驶安全性和驾驶舒适性。

2. 车辆防抱制动系统（ABS）

（1）防抱制动系统概述 汽车的制动性能对行车安全至关重要。过长的制动距离和紧急制动时车轮抱死及侧滑常常导致严重的交通事故，因此车辆的制动性能是确保安全行驶的关键因素。

抱死是指车辆在制动时使轮胎停止旋转的现象，容易导致车辆失控并引发事故。为了防止车轮抱死和滑移，汽车生产商在车辆上安装了一种被称为 ABS 的主动安全装置。ABS 的作用是在制动时防止车轮抱死和滑动，并将车轮的滑动保持在安全范围内（通常约为 20%），从而确保车轮和地面之间的最大附着力，提高制动时的方向稳定性、转向控制力，并缩短制动距离，从而使制动更为安全有效，如图 5-22 所示。

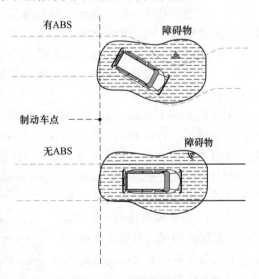

图 5-22 ABS 基本工作原理图

在车辆稳定控制中，ABS 扮演着重要的角色。当驾驶人踩下制动踏板时，ABS 会智能地感知车轮速度和车辆的运动状态，调节每个车轮的制动力，防止车轮抱死的同时保持车辆的稳定性和方向控制能力，以确保车辆在各种路况下保持稳定，并提供更高的行车安全性和

驾驶舒适性。这种智能的制动调节确保了在紧急制动时车辆仍然处于最佳操控状态，减少了因车轮抱死而导致的失控和侧滑风险。

ABS 具有以下特点：①保持制动时车辆的方向稳定性；②提供制动时的转向控制力；③缩短制动距离；④减少轮胎磨损。

（2）ABS 的基本工作原理 ABS 通过间歇性制动来防止车辆的轮胎停止旋转，其主要功能是改善整车的制动性能，防止在制动时车轮抱死（即停止滚动），确保驾驶人能够在制动过程中保持方向控制，并防止车辆后轴发生侧滑。

为了了解 ABS 的触发机制，可以使用滑移率来描述车轮的滑动状态。如图 5-23 所示，在车辆制动过程中，当车轮的滑移率维持在 20% 左右时，车轮与地面的纵向附着系数达到最大值。此时，车轮能够获得地面传递的最大制动力。然而，如果制动力进一步增加，车轮的滑移率将迅速增大，而纵向附着系数将不再增加，反而会逐渐减小。当车轮的滑移率超过一个临界值 λ_0 时，纵向附着系数将进入非稳定

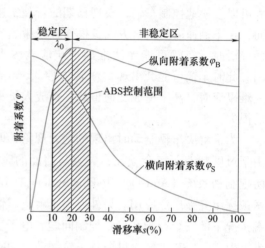

图 5-23　车轮横向附着系数、纵向
附着系数和滑移率的关系曲线

区，此时车轮可能出现抱死现象。因此，需要将车轮的滑移率控制在稳定区内，以确保车辆制动过程的稳定性。

另一方面，从横向附着系数和滑移率的关系曲线可以看出，滑移率越小，横向附着系数越大，车轮能够承受的侧向力矩也越大。当车轮抱死时，横向附着系数几乎为零，车轮完全失去了承受侧向力的能力。如果这种情况发生在前轮上，车辆将失去转向能力；而如果发生在后轮上，车辆将发生后轴侧滑，失去稳定性。因此，ABS 的主要控制目标之一就是保持车轮的滑移率在稳定区域内。

ABS 的基本工作原理是，当车辆发生紧急制动时，通过安装在各个车轮上的高灵敏度车轮转速传感器进行检测。一旦发现某个车轮发生抱死，ECU 即刻控制压力调节器，减少该轮制动器的制动压力，使车轮重新开始旋转，从而防止车轮抱死。这种工作方式可用"抱死—松开—抱死—松开"的循环过程来描述。通过这种控制方式，车轮能够始终处于接近抱死的状态，但仍能够轻微滚动，有效地克服了紧急制动时车轮抱死可能导致的车辆偏移和车身失控等问题。

（3）ABS 的结构和组成
ABS 主要由电子控制单元、轮速传感器、液压式调节器及制动压力调节装置等组成，基本结构如图 5-24 所示。

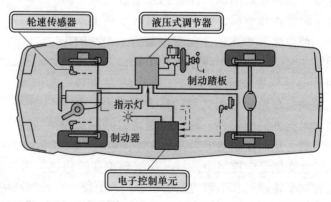

图 5-24　ABS 的基本结构

1）电子控制单元。ABS 的控制中心是 ECU，它由硬件和软件两部分组成。ECU 的硬件包括输入电路、运算电路、电磁阀及电动液压泵控制电路和安全保护电路等，而 ECU 的软件则具有运算控制和系统监测两大功能。当系统的各个组成部分正常运行时，ECU 会接收传感器的输入信号，然后根据一定的控制策略和运算逻辑进行处理和计算，生成相应的控制指令，以控制制动压力调节装置。当 ECU 监测到系统工作异常时，会自动停止 ABS 的工作，并点亮 ABS 警告灯。此时，传统的制动系统将正常工作，不受任何影响。

2）轮速传感器。轮速传感器负责及时向 ECU 提供可靠、精确的车轮转速值。轮速传感器主要分为电磁式、霍尔式和磁阻式。电磁式传感器是一种被动式轮速传感器，无须外部电源即可产生相应的电信号，结构简单且成本低廉。然而，电磁式传感器在低速时输出信号较弱，导致 ABS 无法正常工作；而在高速时，其频率响应不足，容易产生错误信号。此外，电磁式传感器还存在抗电磁波干扰能力较差和不能识别车轮转动方向的缺点。目前，ABS 更多地采用霍尔式或磁阻式主动轮速传感器，以克服电磁式传感器的不足。

3）制动压力调节装置。制动压力调节装置是 ABS 的压力执行机构，负责根据 ECU 的控制指令，通过控制 ABS 电磁阀的通断，改变制动管路中的压力，并对相应的车轮进行增压、保压或减压动作，以确保车辆保持最佳的制动状态。常用的制动压力调节装置包括气压式和液压式。

（4）车轮滑移率控制方法　目前，ABS 量产方案中通常采用逻辑门限值法来控制车轮的滑移率。这种方法借鉴了博世公司在 *Brakes, Brake Control and Driver Assistance Systems* 一书中描述的车轮角加速度辅助参考滑移率的控制方法。在这种方法中，车轮角加速度是主要的控制参数，而参考滑移率则是辅助的控制参数。

逻辑门限值法的基本思想是在制动过程中通过逻辑门限值来判断车轮的状态，并根据不同的情况进行制动力的调节，以维持车轮的滑移率在一个合适的范围内。在这个过程中，车轮角加速度常作为主要的控制参数，因为它可以直接反映车轮的滑动状态。而参考滑移率则作为辅助参数，用来调整逻辑门限值，以更精确地控制车轮的制动力。通过这种方法，ABS能够根据车辆当前的行驶状态和路面情况，及时地对车轮进行制动力的调节，从而有效地防止车轮抱死和侧滑，提高车辆的行驶稳定性和制动性能。

（5）ABS 控制策略　目前，ABS 采用三种常见的控制策略来调节车轮的制动压力，分别是：单轮控制、低选控制和高选控制。它们的工作方式如下：

1）单轮控制。这种策略旨在确保每个车轮充分利用其可用的附着系数，以实现最大的制动强度。

2）低选控制。在低选控制策略下，同轴两侧的车轮同时接受制动压力控制，但制动力的大小由附着较低的那侧车轮来决定。尽管这种方式不能充分发挥行驶在高附着系数路面上的车轮的附着能力，但能够获得较大的转弯侧向力。此外，由于左右车轮的制动力相近，车辆不会产生横摆，从而确保了车辆的稳定性。低选控制广泛适用于后轴车轮的制动控制。

3）高选控制。与低选控制相比，高选控制是指在同轴两侧车轮同时接受制动压力控制时，制动力的大小由附着较高的那侧车轮决定。虽然这种方式能够获得更高的制动强度，但在低附着路面上，附着较低的车轮可能会抱死，导致车辆失去转向能力。此外，由于作用于两侧车轮的制动力不均匀，还会产生横摆力矩。因此，高选控制通常用于前轴车轮的制动控制。

实际应用中，为了确保车辆制动时具有较短的制动距离和良好的方向稳定性，ABS 并不是针对单个车轮进行独立控制的，而是根据前后轮的不同情况选择不同的控制策略。

3. 车辆电子稳定程序（ESP）

车辆电子稳定程序（ESP）控制系统，又称为车身动态稳定系统，是另一种车辆主动安全控制系统，通过调节车轮纵向力大小及匹配来控制车辆的横摆运动，从而使车辆具备良好的操纵性和方向稳定性。ESP 系统整合了多项功能，包括 ABS、制动辅助系统（Brake Assist System，BAS）和加速防滑（Acceleration Slip Regulation，ASR）控制系统等。其主要作用是在异常路面、危急工况及紧急情况下主动干预车辆的动态行为，以提高车辆的安全性。ESP 系统还能够提前识别侧滑的风险，并在物理极限范围内保持车辆的稳定。通过调节车轮的纵向力以及匹配各项辅助系统的工作，为驾驶人提供更加安全的行车环境。

（1）ESP 基本工作原理　ESP 系统的基本原理是通过传感器和运算逻辑来识别驾驶人对车辆的期望运动状态，并测量和估算车辆的实际运动状态。一旦发现两者之间的差异大于给定的阈值，ESP 系统便根据一定的控制逻辑对车轮的纵向力大小进行相应的控制和调节，从而改变作用在车辆上的横摆力矩。这种额外的横摆力矩会使车辆发生横摆运动，使车辆的实际运动状态更接近于驾驶人期望的运动状态。

当车辆行驶在湿滑路面上时，可能会出现前轮或后轮受到侧向力而导致侧滑的情况。如果前轮侧滑，车辆的路径跟踪能力将丧失，行驶轨迹将偏离；如果后轮侧滑，例如过度转向导致后轮产生较大的侧偏角，车辆可能会发生侧滑甩尾并失去稳定性。ESP 系统通过控制车轮的纵向力，可以有效应对这些情况，提升车辆的操控性和稳定性。ESP 控制原理如图 5-25 所示。

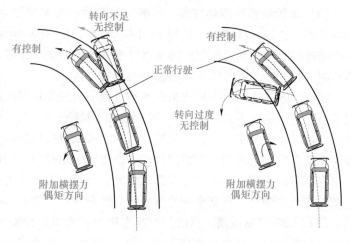

图 5-25　ESP 控制原理

为了确保车辆的车身稳定性，ESP 系统需要有效地控制车辆的侧滑情况。ESP 首先抑制前轮的侧滑，以保持车辆的路径跟踪能力；其次抑制后轮的侧滑，以避免车辆发生甩尾，保持车辆的稳定性。在车辆行驶中，特别是在湿滑的道路上，前轮侧滑会导致较大的横向加速度，而后轮侧滑则会产生较大的侧偏角。

为了有效抑制前轮的侧滑，ESP 系统需要采取以下措施：首先，减小驱动电机的输出，降低车速；同时，增加制动力，使车身向内旋转，从而平衡车辆的侧滑情况。而在抑制后轮的侧滑时，ESP 系统需要采取不同的策略：同样，需要减小驱动电机的输出，降低车速；同时，需要增加向外的旋转运动，以平衡由侧滑引起的向内运动，防止车身发生甩尾掉头的情况发生。通过这些控制措施，ESP 系统能够有效地管理车辆的侧滑情况，提高车辆的操控性和稳定性，从而提升驾驶安全性。

(2) ESP 系统控制特点

1）主动干预。相比 ABS 仅能对车辆制动系统进行控制，ESP 系统不仅能对驾驶人主导的操作进行响应和辅助，还能通过高频率实时检测的传感器和 ECU 主导，主动调控驱动电机转速、转矩，并调整每个车轮的驱动力和制动力。ESP 系统修正车辆的转向不足和转向过度，以确保车辆稳定、安全地行驶。

2）实时监控。ESP 系统能够以每秒 25 次的高频率实时监控驾驶人的操控动作、路面反应以及车辆的运行状况，并能够及时向驱动电机管理系统和制动系统发送指令。完备的 ESP 系统包括多项功能，如车距控制、防驾驶人疲劳、限速识别、并线警告、停车入位、夜视仪、周围环境识别、综合稳定控制和 BAS 等。

3）通过 CAN 总线完善控制功能。ESP 系统的 ECU 与驱动电机传动系统的 ECU 通过 CAN 总线进行互联，使得系统能够更高速、更有效地发挥控制功能。ESP 可以获取自动变速器即时的机械传动比、液力变矩器的变矩比和档位等信息，以估算驱动轮上的驱动力。例如，在后轮驱动的车辆上，当出现转向过度时，ESP 会预先通过缓慢制动外侧前轮来稳定车辆；而当转向不足时，ESP 则会通过缓慢制动内侧后轮来纠正行驶方向。

4）事先预警。当驾驶人操作不当或路面情况异常时，ESP 会通过警告灯或电子显示屏提前警示驾驶人。ESP 系统既能控制驱动轮又能控制从动轮的牵引力，当系统识别出行驶在低附着系数的路面时，会警示驾驶人不要过度踩下加速踏板，以确保车辆的安全性，同时也显著改善大功率车辆起步时的舒适性。

(3) ESP 系统结构及控制策略　在高速转弯或湿滑路面上行驶时，ESP 系统提供了最佳的车辆稳定性和方向控制。ECU 通过方向盘转角传感器确定驾驶人计划的行驶方向，并利用纵向加速度传感器、横向角速度传感器、横摆转角传感器和轮速传感器获取的信息来计算车辆实际行驶方向。

1）ESP 系统结构。ESP 系统由传感器、ECU 和执行器三大部分组成。图 5-26 给出了汽车 ESP 系统的控制框图。控制器以理想的横摆角速度 γ_d 和实际的横摆角速度 e 的偏差为被控变量，以开关量为输出变量，用来控制整车中的液压控制单元对车轮制动，从而调整车辆的运行姿态；整车是包括液压单元、制动管路和制动器的车辆模型；传感器包括轮速传感器、方向盘转角传感器和横摆角速度传感器，分别用来检测轮速 v、转向角度 δ 和横摆角速度 γ；信号处理主要是对传感器输出的信号进行滤波、整形等处理；参考模型是用来计算理想的横摆角速度。

为了获取驾驶人对车辆的期望以及车辆的实际运动状态，ESP 系统需要比 ABS 和牵引力控制系统拥有更多的传感器，包括方向盘转角传感器、横摆角速度传感器、纵向和横向加速度传感器、轮速传感器等。ESP 控制系统各功能部件位置示意图如图 5-27 所示。

①方向盘转角传感器。方向盘转角传感器是 ESP 系统的重要组成部分，用于将驾驶人的转向操作转换为车辆行驶方向的信号。这种传感器通常利用光电编码器和接近式光电耦合器来确定方向盘的转角。一旦点火开关打开，并且驾驶人开始转动方向盘，传感器就会产生脉冲序列，ECU 通过 CAN 总线接收并解析这些信号，以了解驾驶人的意图。

②横摆角速度传感器。横摆角速度传感器的作用是监测车辆围绕垂直轴的偏转，并输出相应的偏转角速度信号。这一信号反映了车辆稳定性的状态，一旦偏转角速度达到预设的阈

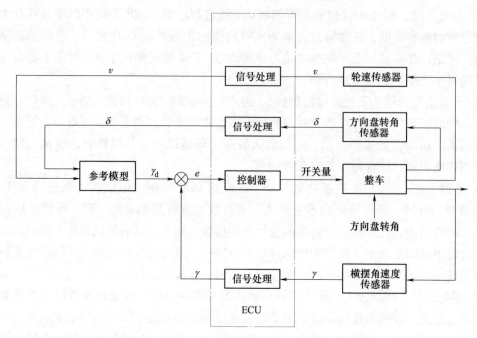

图 5-26　汽车 ESP 系统的控制框图

值，表明车辆可能发生侧滑或甩尾等危险情况，ESP 系统将被触发进行控制。传感器内部通常采用微型振动平面来感知车辆的偏转情况，并将其转换为电信号输出。

③纵向/横向加速度传感器。ESP 系统还包括纵向/横向加速度传感器，它们分别安装在车辆前进方向和垂直于前进方向，并以 90°夹角布置。这些传感器利用微机械式加速度传感器来感知车辆在纵向和横向上的加速度情况，将其转换为相应的电压信号输出，帮助系统及时地识别车辆的运动状态并采取相应的控制措施。

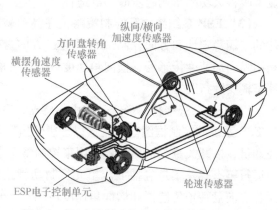

图 5-27　ESP 控制系统各功能部件位置示意图

④轮速传感器。轮速传感器是 ESP 系统中另一个重要的组成部分，用于检测车轮的转速。通常情况下，这种传感器安装在车轮总成的非旋转部分，并与车轮一起旋转的齿圈相对位置。随着齿圈的转动，传感器产生交变电压信号，其频率与车轮转速成正比。利用信号处理电路将传感器输出的信号转换为方波信号，以此根据方波频率来计算车轮的实际转速。

2）ESP 控制策略。在 ESP 控制中，通常采用逻辑门限值控制方法。该方法利用一些参数的门限值进行控制，例如车辆的横摆角速度和前轮转角，以直接控制横摆力矩，从而确保车辆在预定轨道上行驶。这种方法对于非线性系统非常有效。逻辑门限值控制方法系统可靠，控制参数较少，构成简单。然而，调整控制参数需要较多的经验。通过同时制动车辆的左右车轮，产生一个额外的横摆力矩作用于车身，以调整车辆的运动姿态，防止车辆失去控制并降低危险性。

目前，主动制动车轮的选择方案主要有单轮制动和双轮制动。主动单侧双轮制动能够产生比单轮制动更大的附加横摆力矩，见表5-1。

表5-1　主动制动车轮选择策略

$e(\gamma_d - \gamma)$	δ	转向情况	制动车轮
+	$\delta \geqslant 0$	转向过度	右侧车轮制动
+	$\delta < 0$	转向不足	右侧车轮制动
-	$\delta \geqslant 0$	转向不足	左侧车轮制动
-	$\delta < 0$	转向过度	左侧车轮制动
0	任意 δ	—	不操作

规定横摆角速度 γ 向右为正，向左为负；前轮转角 δ 向左时 $\delta \geqslant 0$，反之 $\delta < 0$；e 为理想摆角速度 γ_d 与实际横摆角速度 γ 的偏差，当 $\gamma_d - \gamma > 0$ 时为+，反之为-。

5.3　智能网联汽车辅助驾驶控制系统

随着汽车智能化水平的提高，车辆开始装备各种先进驾驶辅助系统，如自动紧急制动系统、自动紧急转向系统、自适应巡航控制系统、车道保持辅助系统等。这些先进驾驶辅助系统在智能网联汽车中广泛应用，大大提高了汽车行驶安全性和舒适性，并减轻了车辆的驾驶负担。

5.3.1　先进驾驶辅助系统概述

1. 先进驾驶辅助系统的定义

中华人民共和国国家标准《道路车辆先进驾驶辅助系统（ADAS）术语及定义》（GB/T 39263—2020）中对先进驾驶辅助系统进行了如下定义：先进驾驶辅助系统（Advanced Driver Assistance Systems，ADAS）是利用安装在车辆上的传感、通信、决策及执行等装置，实时监测驾驶人、车辆及其行驶环境，并通过影像、灯光、声音、触觉提示/警告或控制等方式辅助驾驶人执行驾驶任务或主动避免/减轻碰撞危害的各类系统的总称，如图5-28所示。

图5-28　先进驾驶辅助系统

在智能网联汽车先进驾驶辅助系统的研究中，感知预警功能是最早成熟的部分。这些系统主要用于警示驾驶人可能未察觉到的危险交通和道路情况，或者辅助驾驶人改善驾驶行为，从而增强车辆的驾驶安全性。与此同时，随着车载芯片算力的增强，主动控制功能也开始迅速发展和应用。这些功能使车辆能够主动干预驾驶过程，以应对感知到的潜在危险情况或提供所需的驾驶辅助，进一步提升了车辆的驾驶安全性和便利性。随着先进驾驶辅助系统（ADAS）技术的不断进步，智能网联汽车开始逐渐朝着自动化驾驶的方向发展。

2. 先进驾驶辅助系统的组成

先进驾驶辅助系统遵循着"感知预警—主动控制"的发展路径，作为无人驾驶的过渡形态，其系统构成可以根据功能分为环境感知单元、信息处理单元和控制执行单元等模块。如图 5-29 所示，环境感知单元充当系统的"眼睛"，负责感知车辆周围环境和道路条件。信息处理单元则是系统的"大脑"，负责分析环境感知单元获取的数据，并做出相应决策。控制执行单元则是系统的"手脚"，负责执行信息处理单元下达的指令，控制车辆的行驶状态。

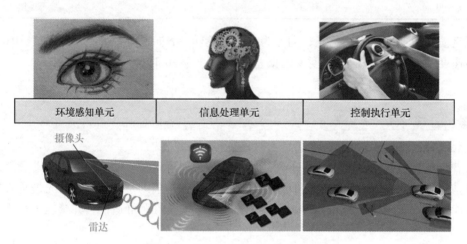

图 5-29　先进驾驶辅助系统的组成

（1）环境感知单元　环境感知单元通过智能传感器或 V2X 通信技术获取智能网联汽车周围的道路、车辆、行人、交通标志和交通信号灯等信息，并将其传输给信息处理单元。智能传感器包括视觉传感器、超声波雷达、毫米波雷达和激光雷达，通常会将这些智能传感器融合使用。V2X 通信技术则涵盖 V2V（车辆与车辆）、V2I（车辆与基础设施）和 V2P（车辆与行人）等通信方式。

（2）信息处理单元　信息处理单元接收来自环境感知单元的信息，进行道路、车辆和行人等识别，为车道保持辅助、自动紧急制动、自适应巡航控制等先进驾驶辅助系统提供支持。信息处理单元包括硬件部分（如 CPU 或 GPU）和软件算法。随着机器学习、深度学习等人工智能技术的发展，软件算法越来越多地应用于信息处理，以提高处理速度和准确度。

（3）控制执行单元　控制执行单元接收信息处理单元下达的指令，对驾驶人进行预警或执行车辆控制，以确保安全行驶。先进驾驶辅助系统涵盖多种类型，每种类型的环境感知、信息处理和控制执行单元都可能不同。即使相同类型的先进驾驶辅助系统，不同厂商的产品也可能存在差异，尤其在智能传感器和信息处理算法方面，差异可能非常大。

3. 先进驾驶辅助系统的类型

从对驾驶人辅助的方式来看，ADAS 系统可以分为信息辅助类先进驾驶辅助系统和控制辅助类先进驾驶辅助系统两个部分。

（1）信息辅助类先进驾驶辅助系统　这类系统的关键在于利用各种传感器感知车辆周围的环境，并将这些数据转化为驾驶人可理解的提示或警示信息。根据视觉传感器、超声波雷达和激光雷达等设备收集的数据，系统能够向驾驶人提供有关路况、车辆位置、行人行为等方面的信息。例如，当系统检测到前方车辆紧急制动或交叉路口有行人穿越时，它会向驾驶人发送警示信息，帮助其及时采取行动，提高驾驶安全性和舒适性。

（2）控制辅助类先进驾驶辅助系统　这类系统不仅提供信息，还通过智能辅助驾驶算法直接对车辆进行干预或控制。基于传感器感知到的环境信息，系统可以自动调整车辆的速度、方向或制动，以减少驾驶人的负担或避免潜在的危险情况。例如，在紧急制动情况下，系统可以自动起动紧急制动系统，帮助车辆迅速停止，从而避免碰撞事故的发生。这种控制辅助类先进驾驶辅助系统能够提高驾驶人在特定场景下的驾驶安全性，同时也能增强驾驶的便利性和舒适性。

5.3.2　车辆自主控制技术

1. 车辆自主控制方式

从"感知-决策-规划"的角度来看，智能网联汽车的自主控制按照实现方式可分为直接式自主控制和分层式自主控制。

（1）直接式自主控制　直接式自主控制通过控制器直接控制期望制动压力和驱动电机转矩，从而直接控制车辆的纵向速度。这种方法能够使车辆实际纵向速度迅速达到期望值，响应速度快。

直接式自主控制考虑了车辆控制系统的复杂性和非线性等特点，具有集成程度高、模型准确性强的特点。但是其开发难度较高，灵活性较差。其结构图如图 5-30 所示。

图 5-30　直接式自主控制结构图

（2）分层式自主控制　分层式自主控制根据车辆控制目标的不同设计了上位控制器和下位控制器。上位控制器根据车辆当前状态产生期望的车辆控制目标值，而下位控制器根据上位控制的期望值产生期望的控制动作，实现对控制目标的分层控制，如图 5-31 所示。分层式自主控制通过协调驱动电机和制动分层控制，开发相对易实现。然而，由于分层式自主控制可能会忽略参数不确定性、模型误差以及外界干扰等因素的影响，其建模准确性会受到一定影响。

智能网联汽车的自主控制主要由车辆的纵向控制和横向控制共同实现。根据车辆智能辅助驾驶过程中各项参数的性能要求，设计纵向和横向控制系统，协调各方向上的控制规划，已经成为车辆自主控制中面临的重要任务之一。

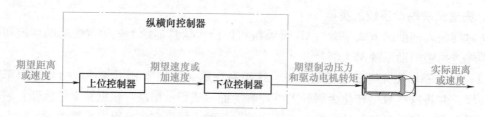

图 5-31　分层式自主控制结构图

2. 车辆纵向控制

纵向控制是通过控制器操控车辆的驱动系统和制动系统，实现对车辆纵向速度的安全、节能、高效调节。在纵向运动控制的执行过程中，车辆已知前方车辆的位置和速度等信息，并结合自身当前的运动状态，对自身的纵向运动状态进行调整。采用相应的控制算法，调整车辆的速度和加速度，以确保后车与前车保持相对安全的状态。其控制原理如图 5-32 所示。

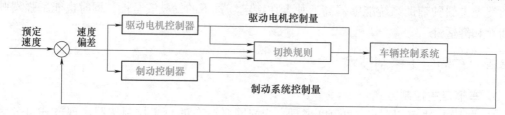

图 5-32　车辆纵向控制原理

典型的智能网联汽车纵向控制应用之一是巡航控制系统，该系统最早由 Ralph Teetor 于1948 年发明。巡航控制系统根据驾驶人预设的巡航速度，结合变速器信号和当前车速，通过调整驱动电机转矩和档位对车速进行控制，实现稳定的车辆巡航行驶。随着自适应巡航控制（ACC）的出现（图 5-33），系统能够更好地应对周围车辆对本车巡航控制的影响。ACC系统利用车载传感器（如毫米波雷达和激光雷达等），探测前方车辆的速度和距离信息，并通过自适应的车速与距离调节算法实现稳定的跟车行驶。当目标车辆在安全距离内且速度低于主车巡航速度时，ACC 系统根据主车状态和车间距，确定主车巡航的控制逻辑，向执行部件发送控制指令，以实现主车对前车的安全、平稳跟车。

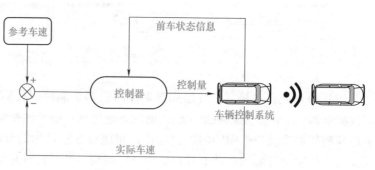

图 5-33　自适应巡航控制系统原理

实现稳定、安全、可靠的自适应巡航控制的关键在于车间距保持策略与车速控制方法。常用的巡航系统间距保持策略包括恒定时间距离控制策略与恒定空间距离控制策略。

（1）恒定时间距离控制策略　恒定时间距离控制策略是一种最接近人类驾驶人的车间距保持策略。它确保主车与前车的车间距与主车的速度成正比。换言之，随着主车速度的增加，车间距也会相应增加，从而维持安全、稳定的车辆行驶状态。此外，恒定时间距离控制策略还包括静态车距补偿，其主要目标是解决车辆低速行驶时车间距过小的问题。通过调整车辆的理想车间距，其在各种速度下都能保持适当的安全距离，从而确保了车辆行驶的安全性和稳定性。

恒定时间距离控制策略的表达式为：

$$d(t) = x_p(t) - x(t) = \tau v(t) + d_0 \tag{5.3.1}$$

式中，$d(t)$ 为主车与前车间的距离；$x_p(t)$ 为前车位置；$x(t)$ 为主车位置；τ 为时间常数；$v(t)$ 为主车车速；d_0 为静态车距补偿。

（2）恒定空间距离控制策略　恒定空间距离控制策略，顾名思义，是一种保持车辆之间固定间距的策略，不考虑车辆速度等其他状态量的影响。在这种策略下，主车与前车之间的车间距被设置为一个固定的数值，无论主车的速度如何变化，都会尽量保持这一固定距离。

相比恒定时间距离控制策略，恒定空间距离控制策略更注重在不同速度下保持相同的车间距，而不是根据主车速度调整跟车距离。这种策略的优势在于能够在不同速度下保持一致的安全距离，不受速度变化的影响，简化了系统设计和控制逻辑。

恒定空间距离策略的表达式为：

$$d(t) = x_p(t) - x(t) = d_{con} \tag{5.3.2}$$

式中，d_{con} 为恒定距离值。

该策略相比恒定时间距离控制策略较难实现，需要在网联通信环境下借助实时信息对车速进行精准控制，但该策略可以降低车与车的间距，有效提高交通流量，并减少跟车行驶空气阻力，具有极大的节能潜力。

3. 车辆横向控制

横向控制是通过控制器操控车辆的转向系统和制动系统，来管理车辆在水平方向上的运动状态，从而使车辆能够保持稳定、安全、舒适的行驶状态。横向运动控制的基本原理是根据期望轨迹和实际车辆轨迹的偏差，并按照设定的控制逻辑调整车辆的方向盘转角，使车辆能够沿着期望路径自主行驶，其控制原理如图 5-34 所示。

图 5-34　车辆横向控制原理

最典型的横向控制应用是车道保持辅助控制系统，其基本原理是通过实时监测车辆与车道边线的相对位置，控制车辆的横向运动，从而辅助车辆保持在原车道内行驶。车道保持系统主要由摄像头、转向系统等组成。其中，摄像头负责识别标记线并判断车辆是否偏离轨迹，控制器将信息反馈至方向盘控制模块，电动助力转向系统通过横向控制算法来输出转向助力，进而修正行驶方向，使得车辆能够稳妥地行驶在道路上。

智能网联汽车横向控制旨在实现对理想运动轨迹的跟踪。通过控制车辆的方向盘或前轮转角，系统可以实现对车辆轨迹的稳定、舒适跟踪，如图 5-35 所示。其主要目标是选取车辆上的一个控制点，以跟踪一条与时间无关的几何曲线。具体来说，系统让控制点 P_c 跟随期望路径上的目标点 P_d，在给定速度下，使控制点与期望路径之间的横向位移误差和航向角误差趋近于零。

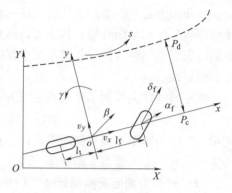

图 5-35　智能网联汽车的横向控制目标

横向控制的核心在于横向轨迹跟踪算法，这些算法包括 PID 控制、纯跟踪算法、最优控制、鲁棒控制、滑模控制、模型预测控制、模糊控制等。而其中，应用最为广泛的是 PID 控制。PID 控制算法将车辆当前的横向跟踪偏差作为输入量，通过对跟踪偏差进行比例、积分、微分控制，以获得前轮转角，其在时域的微分方程表达式为：

$$u(t) = K_P \left[e(t) + \frac{1}{T_I} \int_0^t e(t)\,\mathrm{d}t + T_D \frac{\mathrm{d}e(t)}{\mathrm{d}t} \right] \tag{5.3.3}$$

式中，K_P 为比例系数；$e(t)$ 为横向跟踪偏差；T_I 为积分时间常数；T_D 为微分时间常数。

比例系数 K_P 主要用来减小横向跟踪的误差，当横向跟踪误差出现时，控制器会产生与当前误差成比例的前轮转角信号，K_P 过大会导致前轮转角的超调量较大，使得车辆较大程度偏离期望行驶轨迹；微分时间常数 T_I 主要是为了消除横向跟踪的稳态误差，实现对期望路径的无误差跟踪，但是积分作用容易导致前轮转角响应速度变慢；微分时间常数 T_D 反映了横向跟踪误差的变化率，具有超前调节作用，能提高车辆横向控制系统的响应速度。

纯跟踪算法则主要基于车辆几何学模型进行理想前轮转角的计算，如图 5-36 所示，其原理是通过前视距离 L 计算能够达到目标跟踪点的转弯半径 R，并通过车辆几何运动学模型实现前轮转角的计算，最终实现目标轨迹的跟踪。

在已知航向偏差 θ 和前视距离 L 的情况下，利用正弦定理求得期望转弯半径如下：

$$\frac{L}{\sin(2\theta)} = \frac{R}{\sin\left(\frac{\pi}{2} - \theta\right)} \tag{5.3.4}$$

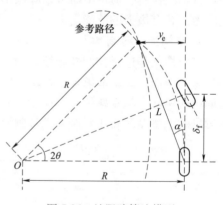

图 5-36　纯跟踪算法模型

则在已知车辆轴距 L_{axis} 的情况下，期望前轮转角表达式如下：

$$\delta = \arctan \frac{2L_{\mathrm{axis}}\sin\theta}{L} \tag{5.3.5}$$

车辆的横向控制除要求较小的横向跟踪误差外，通常还要求较小的前轮转角变化率以实现稳定的车辆控制。因此，还可以将车辆的横向控制问题建模为多目标优化最优控制问题，即：

$$J = \int_{t_0}^{\infty} \left[\boldsymbol{x}^{\mathrm{T}}(t)\boldsymbol{Q}(t)\boldsymbol{x}(t) + \boldsymbol{u}^{\mathrm{T}}(t)\boldsymbol{R}(t)\boldsymbol{u}(t) \right]\mathrm{d}t \tag{5.3.6}$$

式中，$x(t)$ 为横向跟踪误差；$u(t)$ 为前轮转角变化率；$Q(t)$ 为半正定加权矩阵；$R(t)$ 为正定加权矩阵。通过求解目标函数获得最小值时的前轮转角，以最小的前轮转角变化率保持横向跟踪误差的控制效果，从而实现前轮转角变化率和横向跟踪误差综合最优的目的。

4. 车辆纵横向协同控制

对于智能网联汽车而言，独立的纵向控制系统或者横向控制系统难以满足车辆实际运行时的要求，且不能保障各种道路工况下的车辆控制需求。为实现纵横向控制器在实际情况下的控制效果，需要将横向控制与纵向控制协同起来并优化控制参数，构建自动驾驶汽车综合控制系统。横向协同控制系统能够实现车辆辅助驾驶系统的纵横向控制耦合，其控制架构包括决策层、控制层与模型层，如图 5-37 所示。

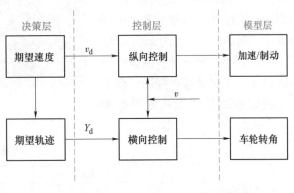

图 5-37　纵横向协同控制框架

决策层根据感知系统获取的车辆状态及环境信息，规划行驶路径并确定期望速度。控制层接收这些期望值，通过分析和计算产生车辆转向、电机转矩和制动器的控制输出，确保车辆沿预定轨迹以期望速度行驶。模型层通过数学模型综合考虑车辆的纵横向运动，形成一个协同控制架构，其中车速是连接横向和纵向控制系统的关键，使得转向和加速度的控制决策都与车速紧密相关。这三层的紧密配合实现了自动驾驶系统的精确控制和轨迹跟踪。

此外，为了实现更稳定的智能自主控制，可以设计基于未来轨迹预测的模型预测控制器，如图 5-38 所示。该控制器不仅考虑当前的纵向或横向路径误差，还能将未来的路径误差考虑在内。该控制器由预测模型、滚动优化和反馈校正组成，通过对预测时

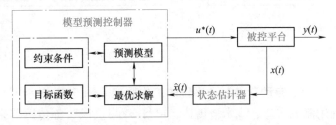

图 5-38　模型预测控制器

域内车辆的纵向或横向位移进行预测，结合目标函数和车辆稳定性等约束条件进行最优化求解，从而获得最优控制参数，然后输入控制器对车辆进行控制，再次进行最优化求解，如此反复，获得优异的车辆横向控制效果。

5.3.3　自动紧急制动与转向系统

1. 自动紧急制动系统

（1）自动紧急制动系统的定义　自动紧急制动系统（Autonomous Emergency Braking，AEB）是一种车辆安全辅助系统，旨在实时监测车辆前方行驶环境，并在可能发生碰撞危险时自动起动车辆制动系统，以减缓车辆速度，从而避免碰撞或减轻碰撞的程度。AEB 系统一般包含紧急制动、前向碰撞预警以及紧急制动辅助等功能，如图 5-39 所示。

AEB 系统主要由四个关键模块组成：信息感知系统模块、AEB 功能模块、动力学控制

模块和制动执行模块。信息感知系统模块利用传感器来识别前方潜在的碰撞对象；AEB 功能模块根据运动轨迹是否重合以及是否存在潜在的碰撞可能性来确定目标车辆；动力学控制模块负责建立避撞模型和算法，并根据车辆的动力学特征，修正避撞控制目标；制动执行模块负责实现制动减速控制。自动紧急制动系统总体架构如图 5-40 所示。

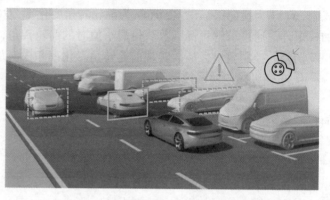

图 5-39　自动紧急制动系统示意图

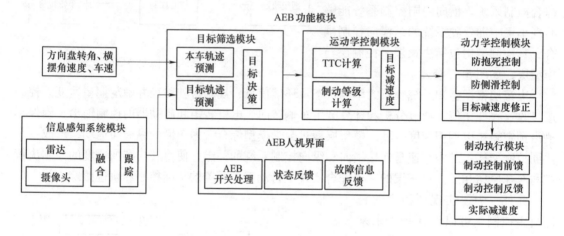

图 5-40　自动紧急制动系统总体架构

（2）自动紧急制动系统的工作原理　图 5-41 展示了自动紧急制动系统工作过程。系统利用激光雷达、毫米波雷达、单目/双目摄像头等传感器来感知前方目标物，并根据目标物体的信息（如相对距离、速度和加速度等）计算碰撞可能性及其危险程度。一旦碰撞危险程度达到设定的临界报警点，系统会通过声音、视觉等方式向驾驶人发出预警信息，提示其采取避撞操作。同时，在制动回路中预先形成一定液压力，以确保在需要紧急制动时能够更快地达到预期的制动水平。

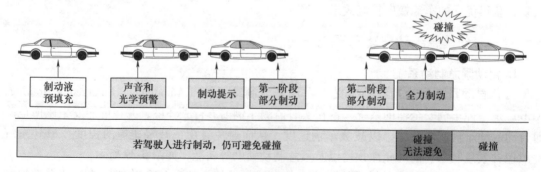

图 5-41　自动紧急制动系统工作过程

在声光预警动作后，如果驾驶人未做出反应，系统会进一步通过脉冲式制动或方向盘振动等方式提醒驾驶人接管车辆。如果监测到驾驶人仍未及时做出避撞反应，系统将首先进行部分制动。当系统计算的碰撞危险程度达到临界制动点时，即主车与前方目标物体的碰撞几乎无法避免时，系统将通过全力制动的方式来降低或避免碰撞。

AEB 的控制算法是实现 AEB 功能的核心。主要根据车辆与前方目标障碍物的相对距离、相对速度等信息，结合车辆自身的运动状态参数，计算是否需要紧急制动以及需要的制动力大小。图 5-42 展示了自动紧急制动系统控制逻辑基本框架图，其具体过程包括以下四个步骤：

1）根据前车行驶状态和自身车辆行驶状态，计算报警距离阈值和安全距离阈值。

2）当实际相对距离小于报警阈值距离时，进行驾驶人预警报警，提醒驾驶人采取制动动作。

3）如果驾驶人响应预警信号，进行人为制动，但制动强度小于 AEB 期望的制动强度，再起动 AEB 系统进行辅助驾驶人制动控制，以达到期望的制动强度。

4）如果驾驶人没有响应预警信号，并且相对距离小于安全距离，此时 AEB 进行自动制动控制，根据实际制动距离与不同制动距离的关系选择合适的制动强度进行制动控制。

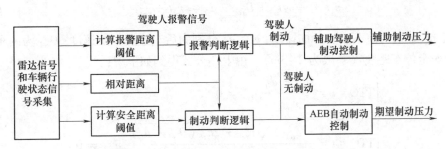

图 5-42　自动紧急制动系统控制逻辑基本框架图

（3）自动紧急制动系统的算法　AEB 系统采用的避障算法主要分为基于安全距离阈值的避撞算法和基于安全时间阈值的避撞算法两种。

1）基于安全距离阈值的避撞算法。基于安全距离阈值的避撞算法以车辆之间的安全距离作为碰撞风险的衡量标准，当车辆与目标车辆的距离小于安全距离时，AEB 系统将发出警报或介入制动。算法中设置的紧急制动安全距离和预警安全距离主要由主车和目标车辆的最大制动减速度、两车的相对车速、制动系统延迟时间和驾驶人的反应时间等参数确定。通过将实际车辆间距同算法中的预警安全距离和紧急制动安全距离进行比较，系统引导车辆发出相应的警告提醒并辅助进行紧急制动操作。

一种经典的安全距离避撞策略采用的是基于安全距离阈值的避撞算法，该算法基于两级预警，即预警安全距离和紧急制动安全距离。预警安全距离 d_w 可表示为：

$$d_w = t_H v_{rel} + d_H \tag{5.3.7}$$

式中，t_H 为策略中的时间系数；v_{rel} 为相对车速；d_H 为策略中的距离系数。

紧急制动安全距离 d_{br} 可表示为：

$$d_{br} = \begin{cases} t_2 v_{rel} + t_1 t_2 a_1 - 0.5 a_1 t_1^2, \dfrac{v_2}{a_2} \geq t_2 \\ t_2 v - 0.5 a_1 (t_2 - t_1)^2 - \dfrac{v_2^2}{2 a_2}, \dfrac{v_2}{a_2} < t_2 \end{cases} \tag{5.3.8}$$

式中，v 为主车车速；v_2 为目标车车速；a_1、a_2 分别为主车及目标车的最大制动减速度；t_1、t_2 分别为系统延迟时间和驾驶人反应时间。

2）基于安全时间阈值的避撞算法。基于安全时间阈值的避撞算法将碰撞时间（Time to Collision，TTC）指标作为衡量碰撞风险的标准，并根据车辆行驶的不同工况设计不同的碰撞时间阈值。其考虑的是在当前车辆速度下，如果不进行紧急制动时与前方障碍物发生碰撞所需要的时间。通过将两车实际时间间隔与算法中的安全时间阈值进行对比判断，指导车辆做出相应的预警提醒和辅助紧急制动的操作。当车辆与目标车辆的时间间隔小于安全时间阈值时，AEB 系统将进行预警或介入制动。

碰撞时间算法是指从当前时刻开始，两车保持当前车速行驶直到发生碰撞所需的时间，两车前后行驶在路上时，只有当后车车速大于前车车速时才会进入 TTC 算法。为了避免碰撞，前后车应满足以下关系式：

$$v_1 t + \frac{1}{2} a_1 t^2 + D_{rel} - d_0 \geq v_2 t + \frac{1}{2} a_2 t^2 \tag{5.3.9}$$

式中，v_1、a_1 分别为前车速度、加速度；v_2、a_2 分别为后车速度、加速度；D_{rel} 为两车相对距离；d_0 为安全停车距离（一般为 2~3m）。由上述公式得到如下解：

$$\begin{cases} TTC = t = \dfrac{D_{rel} - d_0}{v_{rel}}, a_{rel} = 0 \\ TTC = t = \dfrac{-v_{rel} + \sqrt{v_{rel}^2 + 2 a_{rel}(D_{rel} - d_0)}}{a_{rel}}, a_{rel} \neq 0 \end{cases} \tag{5.3.10}$$

式中，v_{rel}、a_{rel} 分别为两车相对速度、相对加速度。

算法中的安全时间阈值主要由主车与目标车辆的相对速度、相对加速度、制动系统的制动距离与反应时间，以及驾驶人反应时间等参数共同确定。一般情况下，设定时间阈值如下：TTC（预警危险）= 2.6s，TTC（部分制动）= 1.6s，TTC（全力制动）= 0.6s。

相较于基于安全距离阈值的避撞算法，基于安全时间阈值的避撞算法能够更加直观地反映碰撞风险，因为它考虑了车辆在当前速度下与前方障碍物之间的时间关系，使得 AEB 系统能够更加准确地判断何时需要进行紧急制动以避免碰撞发生。

2. 自动紧急转向系统

（1）自动紧急转向系统的定义　相关事故研究表明，在某些场景中，仅采用制动措施进行避障效果不佳。例如，在车辆高速行驶时，突然出现行人横穿道路的情况。即使前向碰撞预警和紧急制动系统及时发现情况并采取措施，但由于碰撞时间过短，仍然无法完全避免碰撞。在这种情况下，车辆的速度较快，即使 AEB 系统发挥作用，对行人的伤害仍然可能是致命的。

特别是在高速和低附着条件下，车辆采取横向避撞策略所需的空间通常比纵向避撞策略的更小。即使错过了最后的制动机会，车辆仍可通过自动紧急转向的方式有效地避免碰撞。

因此，除了控制纵向运动的 AEB 辅助驾驶系统外，还有一种在紧急情况下施加转向的辅助驾驶系统，称为自动紧急转向（Autonomous Emergency Steering，AES）系统。AES 系统旨在通过施加转向辅助措施来进一步减轻碰撞的严重程度，从而提高紧急情况下的安全性，如图 5-43 所示。

图 5-43　自动紧急转向系统示意图

AES 系统利用车辆的雷达、视觉等传感器监测前方障碍物等环境信息，当紧急制动无法完全避免碰撞时，AES 系统会单独或组合使用转向助力系统、车身电子稳定系统或者后轮主动转向机构产生横摆力矩。通过控制车辆的横向运动轨迹，以避免碰撞，从而显著降低碰撞风险和事故严重程度，提高车辆行驶的安全性。

（2）自动紧急转向系统的组成　典型的 AES 系统主要由感知层、规划层和控制层组成，如图 5-44 所示。

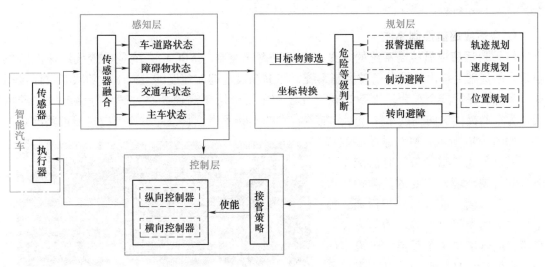

图 5-44　自动紧急转向系统架构

感知层主要感知主车的运动状态、障碍车、相邻车道车辆的状态以及主车与车道线的相对位置等信息，其中感知自身状态的传感器包括定位系统、惯性测量单元、轮速传感器、方向盘转矩和转角传感器等，感知周围环境的传感器主要包括毫米波雷达、激光雷达、摄像头等。环境感知传感器的配置取决于功能需求，对于不超出本车道范围控制车辆转向避让的要求，大多采用毫米波雷达加摄像头的配置方案；但如果在控制车辆转向避让时需要考虑变道的情形，通常需要在侧部与前部增加超声波雷达甚至激光雷达来增强系统的感知能力，其所需硬件配置如图 5-45 所示。

规划层基于感知层得到的目标物运动状态、车道线、自身运动状态等信息，综合考虑周围的交通车辆以及障碍物的信息，来计算主车的安全状态和碰撞危险等级。碰撞等级较低时采用报警等形式提醒驾驶人，若驾驶人没有采取有效的操作或者碰撞危险等级较高时，系统会进行制动避障，在全力制动仍无法避免碰撞时，主车会进行转向避障的路径规划，生成期望的速度和位置曲线。

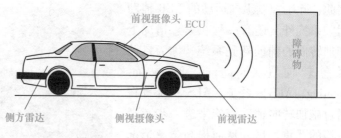

图 5-45　自动紧急转向系统硬件配置

控制层基于规划层输出的期望轨迹以及感知层的相关信息，进行车辆纵横向的轨迹跟踪控制。其中，横向控制主要通过助力转向系统中的执行器进行工作，若驾驶人有控制车辆的意图，控制层需要将车辆的控制权转移给驾驶人，以退出紧急转向避障系统。

（3）自动紧急转向系统的工作原理　由于 AES 的控制过程较为激进，容易影响其他车道车辆的行驶，目前在实际应用中多与 AEB 系统集成，作为一种备选的紧急避撞方法。当传感器检测到行人目标时，依次触发前方碰撞预警、紧急制动辅助、自动紧急制动和自动紧急转向系统。在最后的阶段，AEB 与 AES 基本同时触发。

5.3.4　自适应巡航控制与车道保持辅助系统

1. 自适应巡航控制系统

（1）自适应巡航控制系统的定义　自适应巡航控制（ACC）系统是在传统定速巡航控制系统的基础上提出的辅助驾驶控制系统，能够在设定巡航速度的基础上，随跟车目标自动调节车速、保持安全车距。该系统在设计之初主要应用于高速公路、高架等路况较好的场景，为车辆提供纵向辅助车速控制。随着技术的不断发展，其也能够逐渐应对城市路况。

如图 5-46 所示，ACC 系统在运行时，通过车载传感设备实时监测车辆前方的行驶环境，主要的监测指标有前方有无车辆、前车与主车距离、前车与主车的相对速度等。当前方没有车辆，或前车与主车距离大于设定的安全阈值时，ACC 系统控制主车以预设的速度行驶，即定速巡航模式；当

图 5-46　自适应巡航控制系统示意图

前车与主车距离较小或接近速度过大时，ACC 系统则以设定的控制策略控制主车行驶，如降低车速以保持安全距离等。此外，ACC 系统在控制车辆加速和制动时，通常会将加速和制动速度限制在不影响舒适的程度。因此，ACC 系统能够有效实现特定路况下的驾驶辅助，减轻驾驶人的负担，同时降低事故率。

（2）自适应巡航控制系统的组成　自适应巡航控制系统由信息感知单元、电子控制单元（ECU）、执行单元和人机交互界面组成，如图 5-47 所示。信息感知单元将传感器测量的距离、速度和加速度等信号输入电子控制单元；电子控制单元对主车行驶环境及运动状态进行分析、计算、决策，输出转矩和制动压力信号；执行单元用于完成电子控制单元的指令，通过电机控制器和制动控制器来调节主车的行驶速度；人机交互界面为驾驶人对系统的运行

进行观察和干预控制提供操作界面。

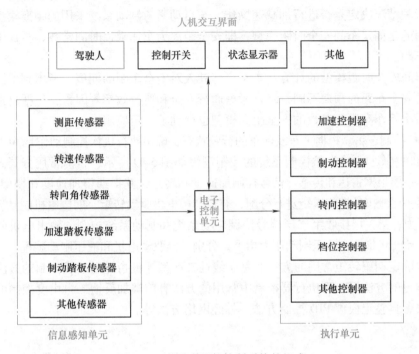

图 5-47 自适应巡航控制系统的组成

（3）自适应巡航控制系统的工作原理 自适应巡航控制系统的工作原理如图 5-48 所示，起动 ACC 系统后，车辆在行驶过程中，安装在其前部的测距传感器持续扫描汽车前方道路，同时转速传感器采集车速信号。如果主车前方没有车辆或与前方目标车辆距离很远且速度很快，控制模式选择模块就会激活巡航控制模式，ACC 系统将根据设定的车速自动调节驱动电机转矩输出，使车辆达到设定车速并巡航行驶；如果前方目标车辆存在且离主车较近或速度很慢，控制模式选择模块就会激活跟随控制模式，ACC 系统将根据驾驶人设定的安全车距和转速传感器采集的本车速度计算出期望车距，并与测距传感器采集的实际距离比较，自动调节制动压力和驱动电机功率等使汽车以一个安全车距稳定地跟随前方目标车辆行驶。同时，ACC 系统会把汽车目前的一些状态参数显示在人机交互界面上，方便驾驶人的判断，并在 ACC 系统无法避免碰撞时及时警告驾驶人并由驾驶人处理紧急状况。

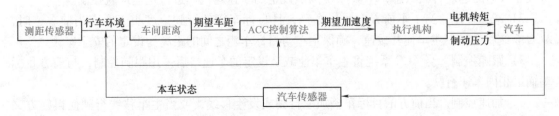

图 5-48 自适应巡航控制系统的工作原理

在此基础上，为了保障 ACC 系统的稳定控制，需要多种模型和控制方法的支撑。

1）安全距离模型。安全距离模型用于在车距控制过程中实时计算主车的安全状态，并根据前车行驶情况决定是否进行加减速操作。与自动紧急制动系统采用的距离模型类似，目前广泛应用的是固定车间安全时距模型，即安全距离为车速乘以时间常数，再加上静止时的最小安全车距。

固定车间安全时距模型的计算基本符合驾驶人对安全车距的期望。考虑到不同驾驶风格的驾驶人对安全车距的预期不同，综合考虑通行安全和通行效率等因素，包括自适应调节时间常数与最小停车车距等参数的安全距离模型也得到了一定应用。

2）ACC 控制逻辑。根据主车及前车的行驶状态，确定执行机构控制动作是 ACC 系统的核心。智能网联汽车自适应巡航控制系统的控制逻辑如图 5-49 所示，目前常用分层式控制结构来实现：第一层根据雷达和传感器信号控制加速度和转矩，获得期望加速度和期望转矩信号；第二层对第一层输出的期望转矩进行分配，获得期望电机驱动转矩、期望电机制动转矩和期望液压制动压力；第三层接收第二层信号协调驱动系统和制动系统控制，输出电机驱动转矩指令、电机制动转矩指令和液压制动压力指令，分别控制驱动电机和液压制动装置。

其中，确定期望转矩常用的方法有基于线性二次型评价指标和最优控制的方法、基于驾驶习惯自学习的方法等，而执行器控制中常用的方法有前馈加反馈二自由度控制的方法、滑模控制方法、自整定模糊 PID 控制方法、神经网络方法等。

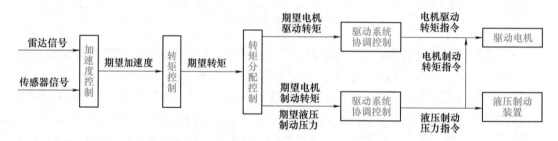

图 5-49 自适应巡航控制系统的控制逻辑

（4）自适应巡航控制系统的工作模式 汽车自适应巡航控制系统的工作模式主要有定速巡航、减速控制、跟随控制、加速控制、停车控制以及起动控制，如图 5-50 所示。图中设定主车车速为 100km/h，目标车辆车速为 80km/h。

1）定速巡航。定速巡航是 ACC 系统的基本功能。当主车前方无目标车辆行驶时，主车将处于普通的巡航行驶状态，ACC 系统按照设定的车速对汽车进行定速巡航控制。

2）减速控制。当主车前方有目标车辆，且目标车辆的行驶速度小于主车当前车速时，ACC 系统将会控制主车使其减速，确保主车与目标车辆之间的距离为设定的安全车距。

3）跟随控制。当 ACC 系统将主车车速减至设定的车速之后采用跟随控制，与前方目标车辆以相同车速行驶。

4）加速控制。当前方的目标车辆加速行驶或发生移线，或当主车移线行驶使得前方又无车辆行驶时，ACC 系统将对主车进行加速控制，使得主车恢复到设定的车速。恢复至设定车速后再对汽车进行巡航控制。

5）停车控制。若目标车辆减速停车，则 ACC 系统会控制主车完成停车。

6）起动控制。当主车处于停车等待状态，且前方目标车辆突然起动时，主车也将起动，与目标车辆保持一致。

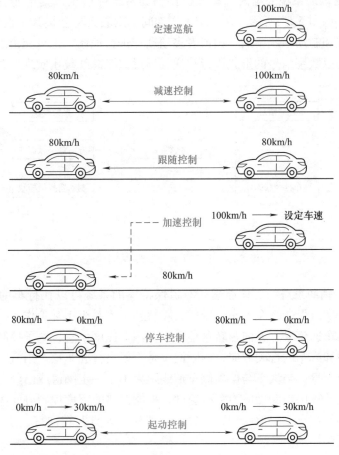

图 5-50 自适应巡航控制系统的工作模式

2. 车道保持辅助系统

（1）车道保持辅助系统的定义 车道保持辅助（Lane Keeping Assist，LKA）系统利用摄像头等传感器感知并计算车辆在车道中的位置及运动状态信息，利用车辆的转向系统对车辆进行车道居中控制，防止车辆偏离行驶车道，从而提高行驶安全性，如图5-51 所示。

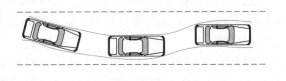

图 5-51 车道保持辅助系统示意图

车道保持辅助（LKA）系统包含三个子功能，分别是车道偏离预警（Lane Departure Warning，LDW）、车道偏离预防（Lane Departure Prevention，LDP）和车道居中控制（Lane Centering Control，LCC）。当系统检测到车辆偏离车道时，LDW 通过声音、视觉、振动等方式向驾驶人发出预警；若警示无果，在车辆即将驶离车道时，LDP 施加短时的转向干预，修正车辆位置；LCC 持续监控并调整车辆位置，主动将车辆保持在车道中心线附近。LKA 功能的实现需要解决两个关键问题：①如何判定车辆将要驶出车道；②如何控制车辆再次回到车道。

（2）车道保持辅助系统的组成　车道保持辅助系统由信息采集单元、电子控制单元和执行单元等组成，如图 5-52 所示。在系统工作期间，驾驶人将会接收车道偏离的报警信息，并选择对转向系统和制动系统中的一项或者多项动作进行控制，也可交由系统完全控制。系统中所有的信息均以数字信号的形式进行传递，通过汽车总线技术实现。

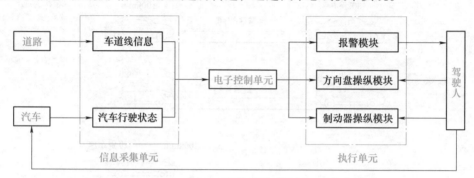

图 5-52　车道保持辅助系统的组成

（3）车道保持辅助系统的工作原理　车道保持辅助系统可以在行车的全程或速度达到某一阈值后开启，实时保持汽车在车道中的行驶轨迹。当系统正常工作时，信息采集单元通过车载传感器采集车速信号、方向盘转角信号以及汽车速度信息，电子控制单元对信息进行处理，比较车道线和汽车的行驶方向，判断汽车是否偏离行驶车道。当汽车行驶可能偏离车道线时，发出报警信息；当汽车与偏离侧车道线距离小于一定阈值或已经有车轮偏离出车道线，电子控制单元计算出辅助操舵力和减速度，根据偏离的程度控制方向盘和制动器的操纵模块，施加转向力使汽车稳定地回到正常轨道；若驾驶人打开转向灯，正常进行变线行驶，则系统不会做出任何提示。

为了判定车辆在车道中的行驶状态，LDW 能够借助视觉传感器与图像算法判断车辆是否将要偏离车道。通过对图像数据进行高斯灰度滤波、Canny 边缘检测、霍夫变换等处理获得车道标识，根据偏离距离（Distance to Lane Centre，DLC）、越过车道线标识的时间（Time to Lane Crossing，TLC）等指标对车辆偏离趋势进行分析，在车辆接近或保持在车道边缘附近时发出警告。

DLC 法可以检测车辆与车道边界之间的相对距离。当道路曲率半径大于 1000m 且车辆行驶方向与道路方向偏差小于 5°时，可以将道路左右边界拟合成双曲线，如图 5-53 所示。

$$y - y_0 = A_i(x - x_0) + \frac{B}{x - x_0}, i \in \{1, \mathrm{r}\} \tag{5.3.11}$$

式中，x_0，y_0 为道路左右边界切线的交点；A_i，B 为待定系数；l，r 分别代表左、右。

横向偏移量可据下式计算：

$$l_0 = \frac{A}{\Delta A} W \tag{5.3.12}$$

式中，W 为车道宽度；$A = \dfrac{A_1 + A_r}{2}$，其中，A_1、A_r 分别表示与左、右侧车道边界相关的待定系数，用于计算左侧（右侧）边界的曲线斜率或形状；$\Delta A = A_1 - A_r$。

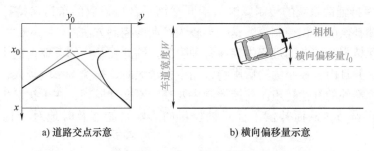

a) 道路交点示意　　　　b) 横向偏移量示意

图 5-53　DLC 算法示意

一般而言，只分析静态的横向偏移量 l_0，不足以判断车辆偏离车道的趋势。TLC 是在假设车速和方向盘转角不变的情况下，估计车辆越过车道线标识的时间，并据此进行预警，如图 5-54 所示。

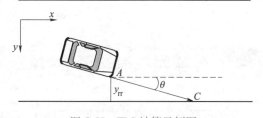

图 5-54　TLC 算法示意

以直线路段的 TLC 计算为例，当路段近似为直线时，车辆一般在车道中心线附近行驶，行驶轨迹较为平稳。当车辆的方向盘转角和前轮转角都为零时，车辆的行驶轨迹近似为直线，如图 5-55 所示。

以车辆前方行驶水平方向为 x 轴正向，以垂直 x 轴、方向朝下为 y 轴正向，建立二维平

图 5-55　TLC 计算示例图

面坐标系。图中 A 点为车辆右前轮位置处，C 点为车辆即将跨越车道边界线的位置点。要计算车辆即将偏离车道边界的剩余时间 TLC（下文用符号 T 表示），首先要求得偏离距离 DLC（沿着车辆当前行驶方向，延伸到与道路边界相交点处，下文用符号 D 表示），即图 5-55 中的 AC 线段长。由图中的几何关系，结合三角函数知识可得：

$$D = \overline{AC} = \frac{y_{rr}}{\sin\theta} \tag{5.3.13}$$

式中，θ 为车辆的相对偏航角；y_{rr} 为车辆右前轮距道路右边界的横向距离，可由车载检测器直接或间接获得。

由式（5.3.13）求得偏离距离后，便可以得到车辆偏离时间，如下：

$$T = \frac{D}{v} = \frac{y_{rr}}{v\sin\theta} \tag{5.3.14}$$

式中，v 为车辆速度。

当检测到车辆即将偏离当前车道时，系统会根据车辆横向偏移量及航向角误差控制车辆

转向系统完成车辆方向修正。LKA 系统中让车辆再次回到车道的功能由 LDP 或 LCC 来实现。其中，LDP 通过短时的干预，将车辆保持在车道内，而 LCC 则施加持续的控制，使车辆保持在车道的中央。

（4）车道保持辅助系统的控制算法　不同车辆平台可采取的车道保持控制方法也有所不同，基于前馈补偿的模糊控制算法是一类较为经典的控制方法。

由于车道保持主动转向的过程中存在各种阻力，因此在单一的反馈控制中无法使前轮转角达到期望值，并且由于控制的滞后影响，当干扰较大时，被控量影响较大，因此需要设计前馈控制，计算额外的补偿转矩。前馈控制主要基于不变性原理，在干扰发生而被控量未变时对控制量进行调节，从而补偿干扰对被控量的影响，能够及时地对干扰进行抑制，如图 5-56 所示。

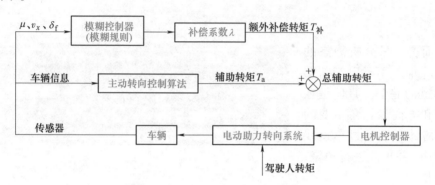

图 5-56　车道保持前馈补偿控制策略

5.4　智能网联汽车云控系统

智能网联汽车云控系统是通过新一代信息与通信技术将人、车、路、云的物理和信息空间融合为一体，基于系统协同感知、决策与控制，实现智能网联汽车安全、节能、舒适及高效运行的信息物理系统，也可称为"车路云一体化融合控制系统"（以下简称"云控系统"）。本节将首先介绍智能网联汽车云控系统的架构、关键技术及主要功能，随后对智能网联汽车云控系统的智能控制进行阐述，最后给出具有典型性的智能网联汽车云控应用系统。

5.4.1　智能网联汽车云控系统架构及关键技术

1. 云控系统总体架构及构成

（1）云控系统架构　云控系统是一个复杂的信息物理系统，该系统由智能网联汽车与其他交通参与者、路侧基础设施、云控基础平台、云控应用平台、保证系统发挥作用的相关支撑平台以及贯穿整个系统各个部分的通信网构成，其系统架构及组成如图 5-57 所示。

图 5-57 展示了云控系统组成部分之间的关系。智能网联汽车云控平台（以下简称"云控平台"）是云控系统的重要组成部分，由云控基础平台和各类企业或相关单位根据各自需求而建设的云控应用平台组成。云控应用平台通过云控基础平台获取全面的、标准化的智

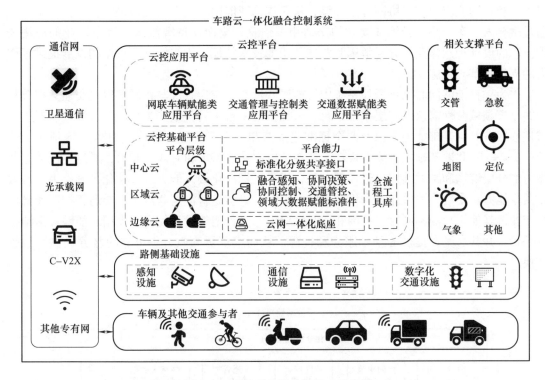

图 5-57　云控系统架构及组成示意图

能汽车相关动态基础数据，结合企业或单位私有化数据为产业提供差异化、竞争类的增值应用服务。云控平台通常是一个概念对象，其通过与云控基础平台和云控应用平台的关系界定，为产业提供清晰、统一的系统级概念。

车辆及其他交通参与者的信息既可以由路侧基础设施采集和处理后上传云控基础平台，也可以由无线通信网直接上传云控基础平台；云控基础平台汇聚车辆和道路交通动态信息，融合地图、交管、气象和定位等平台的相关数据，进行综合处理后，以标准化分级共享的方式支撑不同时延要求下的云控应用需求，在此基础上建立面向智能网联汽车产业的云控应用，为车辆增强安全、节约能耗以及提升区域交通效率提供服务；企业、机构及政府相关部门已有网联车辆赋能类应用平台、交通管理与控制类应用平台和交通数据赋能类应用平台，通过云控基础平台无须追加基础设施建设，即可便捷地获得更为全面的交通基础数据，以提升其服务水平。

云控系统架构中，通信网根据各个部分之间标准化信息传输与交互的要求，将各个组成部分以安全、高效和可靠的方式有机联系在一起，保障云控系统成为逻辑协同、物理分散、可支撑智能网联汽车产业发展的信息物理系统。

（2）云控系统构成

1）云控基础平台。在云控系统中，云控基础平台扮演着关键的角色，作为云控平台的基础层，它具备了多项基础服务机制，包括实时信息融合与共享、实时计算编排、智能应用编排、大数据分析和信息安全等。这些服务机制为智能网联汽车、用户、管理机构以及服务机构等提供了车辆运行、基础设施、交通环境和交通管理等方面的实时动态基础数据，并构建了大规模网联应用实时协同计算环境，从而成为智能网联汽车的基础设施。云控基础平台通过融合人、车、路、云等各要素的交通相关信息，全面支持智能网联汽车产业的应用需求。它的设计理念体现了分层解耦和跨域共用的技术特征，为智能网联汽车的发展提供了强大的支撑和基础设施。

作为一种能够同时满足云控系统中智能网联汽车、交通管理与控制，以及交通数据分析与共享等领域共性需求的底层基础平台，云控基础平台主要包括五类标准件，涵盖了封装领域核心服务共性基础能力，以及两个标准化接口和一个全流程工具库，如图 5-58 所示。这种"5+2+1"共性基础能力体系旨在满足各类应用功能需求和时效性要求，通过实现数据与能力的分层解耦和跨域共用，云控基础平台提供了标准化接入能力、共性化基础能力、开放化共享能力、集约化增效能力和模式可复制能力，以满足智能网联汽车、交通管控职能部门和产业链其他用户的不同时空范围和实时性要求。这种架构设计使得各类用户能够灵活地接入平台，并共享平台提供的基础服务和资源，从而实现更高效、更可靠的服务提供和数据交换。

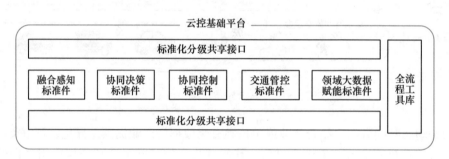

图 5-58　云控基础平台共性基础能力体系

云控基础平台的架构如图 5-59 所示，其主要由边缘云、区域云和中心云三级云组成，形成逻辑协同、物理分散的云计算中心。云控基础平台主要提供核心的标准互联服务、动态基础数据实时融合与分级共享服务、智能网联驾驶与智能交通应用实时运行服务等。边缘云主要服务于城市街区，运行实时或准实时的云控应用；区域云服务于市或省级，运行准实时或非实时的云控应用；而中心云则服务于全国范围，运行非实时的云控应用。三者的服务范围依次扩大，每一级的云平台都统筹前一级，服务实时性逐渐降低，但服务范围逐步扩大，这有助于满足网联应用对实时性和服务范围的不同需求。

2）云控应用平台。云控应用是云控系统对外提供服务的核心窗口，建立在云控基础平台之上的云控应用平台主要针对不同应用场景，通过整合人、车、路、云信息，并结合V2X 和车辆远程控制技术，采用"端-边-云"协同方式，实现车辆行驶性能提升和运营全链路精细化管理。

云控应用由云控基础平台提供资源支持以及云控应用平台提供服务支持，主要服务于网联汽车、交通管控职能部门以及产业链其他用户的业务需求，为用户提供差异化、定制化的服务，其主要包括智能网联驾驶应用、智能交通应用以及车辆与交通大数据相关应用等。根据传输时延要求的不同，云控应用可分为实时协同应用和非实时协同应用。

3）路侧基础设施。云控系统的路侧基础设施通常被布置在路侧的杆件上，主要包括路

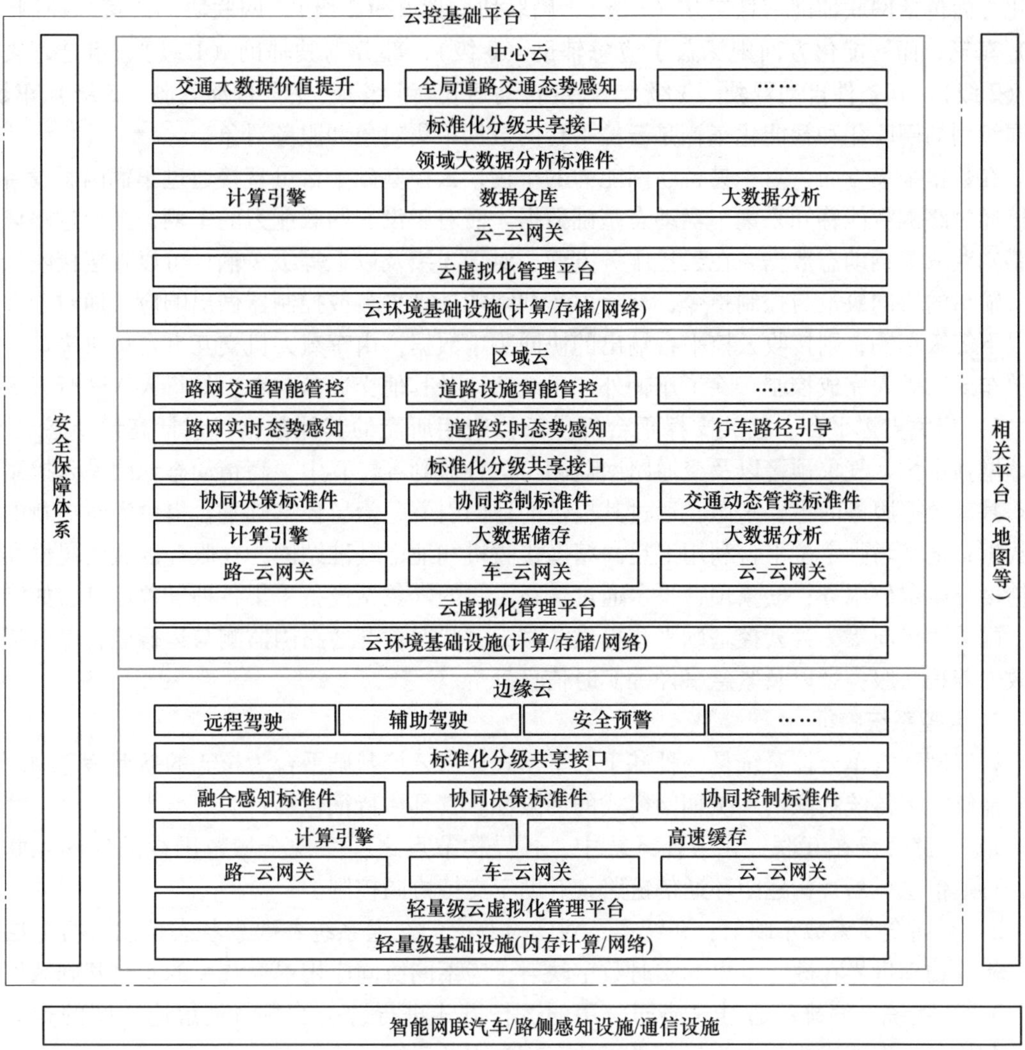

云控基础平台

中心云

| 交通大数据价值提升 | 全局道路交通态势感知 | …… |

标准化分级共享接口

领域大数据分析标准件

| 计算引擎 | 数据仓库 | 大数据分析 |

云–云网关

云虚拟化管理平台

云环境基础设施(计算/存储/网络)

区域云

| 路网交通智能管控 | 道路设施智能管控 | …… |
| 路网实时态势感知 | 道路实时态势感知 | 行车路径引导 |

标准化分级共享接口

协同决策标准件	协同控制标准件	交通动态管控标准件
计算引擎	大数据储存	大数据分析
路–云网关	车–云网关	云–云网关

云虚拟化管理平台

云环境基础设施(计算/存储/网络)

边缘云

| 远程驾驶 | 辅助驾驶 | 安全预警 | …… |

标准化分级共享接口

融合感知标准件	协同决策标准件	协同控制标准件
计算引擎	高速缓存
路–云网关	车–云网关	云–云网关

轻量级云虚拟化管理平台

轻量级基础设施(内存计算/网络)

安全保障体系

相关平台(地图等)

智能网联汽车/路侧感知设施/通信设施

图 5-59 云控基础平台的架构

侧单元(RSU)、路侧计算单元(RCU)以及路侧感知设备,比如摄像头、毫米波雷达和激光雷达等。此外,交通信号设施,如红绿灯等,也是其重要组成部分。这些设施的设置旨在实现车路互联互通、环境感知、局部辅助定位以及实时获取交通信号等功能。

4)通信网。云控系统的通信网络由无线接入网、承载网和核心网等组成。它集成了不同类型的通信网络,并采用标准化通信机制,以实现智能网联汽车、路侧设备与三级云之间的广泛互联通信。无线接入网提供多样化的通信能力,包括车辆与周边环境的通信(V2I)、车辆间通信(V2V)、车辆与行人通信(V2P)、车辆与网络(V2N)/边缘云的通信。而路侧设备与云控基础平台各级云之间则由多级有线网络进行承载。云控系统充分利用了5G、软件定义网络、时间敏感网络和高精度定位网络等先进通信技术,以实现高可靠性、高性能和高灵活性的互联通信。

5)车辆及其他交通参与者。云控系统中的车辆涵盖了不同级别的网联化和智能化。网联化方面包括网联辅助信息交互（1级）、网联协同感知（2级）、网联协同决策与控制（3级）车辆；而智能化方面则涵盖了应急辅助（0级）、部分驾驶辅助（1级）、组合驾驶辅助（2级）、有条件自动驾驶（3级）、高度自动驾驶（4级）、完全自动驾驶（5级）车辆。不同级别的网联化和智能化车辆是云控平台的数据采集对象和服务对象。

在数据采集方面，对于具备联网能力的车辆，云控基础平台可直接通过车辆网联设备或间接通过路侧智能感知采集车辆动态基础数据。而对于没有网联能力的车辆，则通过路侧智能感知获取车辆动态数据。在云控服务方面，对于3级及以上等级车辆，可以直接接收云控平台输出的协同决策与控制指令，然后由车载智能计算平台或控制器做出响应。而对于2级及以下等级车辆，则接收云控平台输出的协同决策数据，由车载人机交互平台接收决策，并由单车或驾驶人完成控制。除了车辆外，系统还涉及其他交通参与者，如行人、骑行人等。

6）相关支撑平台。相关支撑平台提供云控应用所需的其他数据，包括高精动态地图、地基增强定位、气象预警以及交通路网监测与运行监管等。其中，高精动态地图是云控系统动态基础数据服务的主要来源，通过其提供的地图引擎，为云控基础平台提供实时更新的动态数据；地基增强定位平台利用卫星高精度接收机和地面基准站网，在服务区域内提供实时高精度导航定位服务；气象预警平台通过道路沿线的气象站设备采集各种气象信息，如能见度、雨量、风向等，为云控基础平台提供实时天气状况；交通路网监测与运行监管平台提供路政、养护、服务区以及紧急事件等实时信息。

2. 云控系统特征

智能网联汽车云控系统是一种基于共享模式、以云控基础平台为核心的新型信息物理系统，能够突破传统物联网系统烟囱模式的局限性。其具体特征包括：

1）车路云泛在互联：在云控系统中，各异构节点之间实现全域范围内的广泛互联通信，打通信息孤岛，构建闭环通信链路，有助于支持协同控制。

2）交通全要素数字映射：系统通过对实时获取的交通系统各要素状态信息进行分层融合，构建物理世界在数字世界的实时数字映射，为不同协同应用提供统一的实时基础数据。

3）应用统一编排：通过对协同应用的运行方式进行统一编排，消解应用间的行为冲突，利用各应用的优势能力，提升系统的车辆与交通运行优化性能。

4）高效计算调度：系统对协同应用运行的动态位置及所需计算资源进行统一调度，实现系统资源的高效利用，确保协同应用在高并发下按需实时运行，从而保障车辆与交通的运行安全。

5）系统运行高可靠：通过车路感知融合、集中计算编排、应用多重备份等方式，实现车辆与交通运行优化的高可靠性。

3. 云控系统关键技术

云控系统作为一种新型信息物理系统，整合了多个学科领域的前沿技术。为了建设和发展云控系统，需要攻克多个关键技术，包括边缘云架构技术、动态资源调度技术、感知与时空定位技术、车辆与交通控制技术以及云网一体化技术等。

1）边缘云架构技术。边缘云是一种新兴的技术手段，用于实现云控系统对高并发、实时类云控应用的支持。传统的云计算架构往往无法满足实时通信、数据交换和协同计算的需求。边缘云架构的设计目标是将实时通信、数据交换和协同计算技术整合，以实现系统的实时响应、低时延和高并发。相关技术工作包括制定统一的数据交互标准、开发基础数据分级共享接口、优化数据存储模型、建立高性能消息系统、采用轻量级基础设施和虚拟化管理平台等。

2）动态资源调度技术。云控系统需要运行大量应用以服务于智能网联汽车和交通系统。为了解决各应用在资源使用上的冲突，需要采用动态资源调度技术。这种技术可以根据云控应用的实时性、通信方式、资源使用和运行方式等要求，选择合适的运行地点和分配资源，以保障服务的实时可靠运行。相关技术包括负载均衡、生命周期管理、规则引擎等。

3）感知与时空定位技术。云控系统对车辆和路侧设施的感知能力需要具备强工况适应性、良好的鲁棒性和确定的实时性。同时，对于交通参与者位置、路侧设施位置和交通事件位置等信息，需要保证可靠的精度、低时延和复杂场景的可用性和安全性。相关技术包括高精度地图、高精度定位技术、基于语义特征的传感器数据智能配准等。

4）车辆与交通控制技术。云控系统通过对车辆进行协同控制来增强行车安全、提升行车效率和节能性，同时对交通行为进行监测和调控来保障交通运行效率。相关技术包括单车、多车、车路协同决策与控制等共性基础服务。

5）云网一体化技术。为满足智能网联汽车和智能交通业务对数据传输网络的高要求，云控系统需要采用云网一体化技术。这种技术包括边缘计算技术，运营商提供的产业互联网专线和城域光纤的综合通信网络技术，车云、路云和云云网关技术，低时延高可靠 V2X 通信技术，网络切片技术等。这些技术可以提高系统的实时性、可用性和并发性，从而满足云控系统的需求。

4. 云控系统功能分类

云控系统能够增强车辆行车安全、提升行车效率和节能性以及提升交通运行性能，离不开网联技术、自动驾驶技术与路侧基础设施。基于云控应用的服务方式，将云控系统的功能分为 4 个类别，见表 5-2。

表 5-2　云控系统功能类别与说明

云控系统功能类别	云控应用内容	控制主体（责任主要按业务设计）	网联化等级最低要求
1	感知增强，提示与预警，决策或规划建议	驾驶人或车辆	2
2	单车网联决策、规划或控制，基于自动驾驶的有限场景混合交通调节	驾驶人或车辆	3
3	多车网联协同决策、规划或控制，基于自动驾驶的有限场景混合交通控制	驾驶人或车辆负责单车安全，云控应用协调车车/车路行为	3
4	路网全域车辆与交通统一融合控制	驾驶人或车辆负责单车安全，云控应用协调车车/车路行为	3

云控系统功能类别从技术角度上明确了控制主体的选择思路，但这些设计并不是唯一的实现方式。在具体应用场景下，考虑业务与用户需求，在满足性能要求条件下，可对控制主体进行灵活设计。

5.4.2 基于"云-网-端"的智能控制

1. 云控系统的"云-网-端"控制架构

云控系统能够汇聚车、路等多维度动态信息，基于云端的强大算力支持，通过融合感知、协同决策、协同控制等业务引擎，能够为智能网联汽车提供更多的运行控制与管理功能和服务，其控制架构自底向上由物理层、基础层、平台层及应用层构成，如图5-60所示。

（1）物理层 物理层位于"云-网-端"控制架构最底层，主要包括车载终端及交通基础设施。车载终端包括传感器、控制器、执行器和数据终端等多个组件。其中，传感器负责监测车辆周围环境和车辆状态，采集实时车辆感知数据并传输至控制器；控制器是车载终端的核心，负责将来自传感器的数据处理后发送给数据终端，并根据数据终端接收的云端控制信息进行处理和决策，生成相应的车辆控制指令；执行器根据控制器指令实际执行动作，调节车辆各种机械和电子系统，如驱动电机、转向和制动系统，实现对车辆的智能化管理和控制；数据终端则负责接收和发送相关车辆感知数据和云端控制信息。交通基础设施则主要包括参与到车辆云控系统中的各类交通监测及控制设备，如交通摄像头、道闸、交通信号灯等。

（2）基础层 基础层包括网络层、资源层和数据层，用于连接"云-网-端"控制架构中的物理层和平台层，负责云控系统数据的传输及管理。网络层为接入设备可能用到的网络，包括4G/5G网络、C-V2X网络、光承载网络、卫星通信和其他专有网络；资源层为部署平台所需的硬件资源，包括计算、存储等业务；数据层用于数据管理与分析，包括数据采集与集成、数据清洗与预处理、数据建模与存储等。

（3）平台层 平台层位于基础层之上，是"云-网-端"控制架构的大脑，主要负责实现业务规则和业务逻辑，处理业务对象之间的关系，包括标准化分级共享接口、领域标准件、全流程工具库。标准化分级共享接口主要包括车辆类、交通类、多维分析类数据接口组件。领域标准件分为融合感知标准件、协同决策标准件、协同控制标准件、交通管控标准件以及领域大数据赋能标准件，主要体现为感知融合引擎、车路云协同引擎、协同控制引擎、大数据引擎等，并依据各类引擎的功能特点，部署在不同层级的云控基础平台上。全流程工具库面向云控基础平台设计、开发、部署、运行过程中的实际需求，主要分为平台运维引擎、能力开放引擎以及平台服务引擎三部分，为平台层提供相关软件工具，提升开发效率，支撑智能化运维。

（4）应用层 应用层在"云-网-端"控制架构中处于最顶层，负责对特定用户提供相应的应用服务。能够分别面向网联/自动驾驶车辆提供行驶控制、感知增强、协同决策等应用，面向政府职能部门提供高速公路管理、交通优化、交通管理、公交调度等应用，面向产业链上的用户提供OEM服务、出行服务、保险服务、测试认证等应用。

上述"云-网-端"控制架构能够与云控系统较好融合，其中物理层对应云控系统的参与者及路侧基础设施；基础层和平台层对应云控系统的通信网及云控基础平台，可对外提供类似于基础设施或平台级服务；应用层则对应云控系统的云控应用，可对外提供软件级服务。

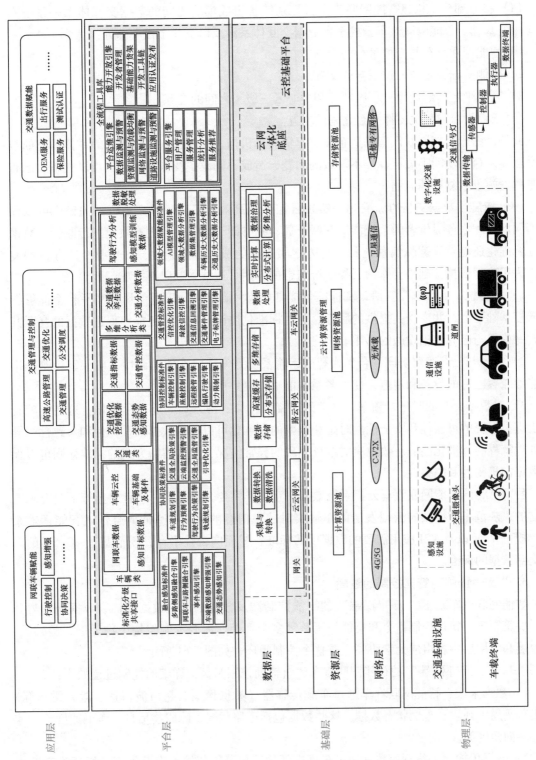

图 5-60　云控平台逻辑架构

2. 云控系统的数据交互体系

（1）核心部分 构建智能网联汽车云控系统各组成模块之间的数据交互体系是系统实际应用的基础。智能网联汽车云控平台数据交互体系涉及以下几个核心部分：

1）智能网联汽车与云控平台的交互。

2）路侧基础设施与云控平台的交互。

3）云控平台内部边缘云、区域云和中心云三级云之间的交互。

4）云控平台与相关支撑平台之间的交互。

此外，由于智能网联汽车制造企业、车辆监管机构、车路云一体化系统等主体构建的数据交互体系存在功能类似但标准不一致的问题，造成不同设备及系统间数据难以共享、已有的基础设施难以复用等问题。

（2）措施 数据交互的标准化是实现云控系统高效、安全、可靠运行的关键，可以保证不同厂家和服务提供者的系统能够互联互通，并有助于监管部门更有效地进行监管。数据交互标准化还能够显著降低系统各参与方之间集成的成本和复杂性，加快整个产业链的发展。为了确保云控基础平台作为云控系统纽带的作用，通常采取以下措施：

1）制定统一的数据交互协议和标准化接口规范，确保不同厂商的设备和平台都能够接入云控基础平台，并享受其提供的服务。这些标准化协议和接口规范能够促进数据的互联共享，并确保与已有基础设施的复用。

2）考虑与已有车路协同、合作式智能运输系统等领域标准的协调性，确保云控基础平台能够兼容已有的设备和规范，使得各系统能够无缝集成和运行。

3）对数据交互的时延、频率、异常处理流程、加解密方式等进行标准化，这些措施有助于提高系统的可靠性和安全性。时延和频率的标准化可以确保数据的及时性和一致性，异常处理流程的标准化能够有效地应对系统出现的异常情况，而加解密方式的标准化则可以保护数据的机密性和完整性。

目前已有的智能网联汽车云控系统数据交互标准主要分为三类：①针对监管部门要求而设立的，规范车载终端向云端发送的车辆实时状态信息的标准；②面向合作式智能运输系统，规范 V2V 以及 V2I 应用需要的数据项的标准；③面向云控平台，规范基于 4G/5G 的车云交互数据的标准。

3. "云-网-端"智能控制的逻辑

智能网联汽车基于"云-网-端"的智能控制涉及数据采集、数据传输、数据处理与分析、决策制定、执行控制指令和反馈与调整等多个环节，需要控制架构中物理层、基础层、平台层和应用层中各组成元素协同完成整个控制闭环，如图 5-61 所示。

以基于"云-网-端"的智能网联汽车领航辅助控制为例，详细的控制过程如下：

1）数据采集：智能网联汽车通过车载传感器（如摄像头、超声波雷达、激光雷达等）采集车辆周围环境和车辆状态数据。这些数据包括道路状况、障碍物信息、车辆速度、加速度、转向角度等。

2）数据传输：采集到的数据通过车辆内部的通信网络传输至车载终端，再通过车载终端与云端服务器之间的网络连接传输至云端。

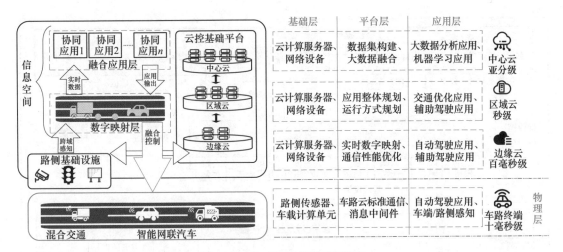

图 5-61 云-网-端智能控制逻辑

3）数据处理与分析：云端服务器接收到车辆传来的数据后，进行数据处理与分析，包括数据清洗、特征提取、模式识别、行为预测等步骤，通过各种算法和模型对数据进行深度学习和分析。

4）决策制定：基于数据处理与分析的结果，云端服务器制定车辆行驶策略和决策，包括路线规划、速度调节、转向控制、避障策略等步骤，以确保车辆安全、高效地行驶。

5）执行控制指令：云端服务器生成的控制指令通过网络传输至车载终端，经过车载控制器处理后，转化为具体的执行动作。执行器根据控制指令控制车辆的各种机械和电子系统，如驱动电机、转向系统、制动系统等，实现对车辆的实时控制。

6）反馈与调整：车辆执行控制指令后，车载传感器再次采集车辆周围环境和车辆状态数据，并传输至云端。云端服务器根据反馈数据对当前控制策略进行评估和调整，不断优化控制策略，以适应实际道路情况和车辆状态的变化。

5.4.3 智能网联汽车云控系统应用

1. 主要参与者及作用

云控系统的产业生态构成非常丰富，主要包括城内、城际和特定区域产业生态。如图 5-62 所示，从产业链角度来看，云控系统的主要参与者包括政府及行业监管机构、供应商/运营商、网联车辆提供商、出行业务服务商以及特定业务提供商等。政府及行业监管机构是推动云控系统及各项基础设施标准、规划、建设、管理、复用与共享的主要方。供应商/运营商则是提供云控系统各项基础设施与基础能力的关键方。网联车辆提供商是云控系统的主要服务对象，而出行业务服务商和特定业务提供商则利用云控系统的能力，并展面向出行和特定场景的服务。

（1）政府及行业监管机构 在云控系统的发展中发挥领导和协调作用，负责顶层设计、法律法规、技术标准、数据权属以及设施共享等方面。它们推动云控系统及各项基础设施的

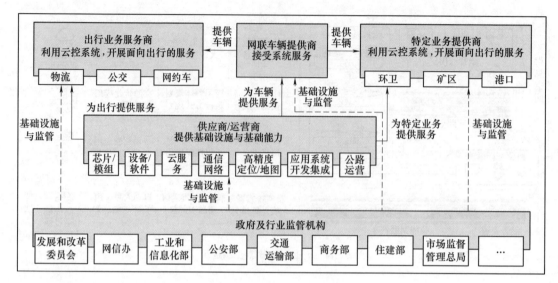

图 5-62　云控系统产业链

建设与运营，以确保其顺利推进并符合相关法规和标准。

（2）供应商/运营商　为云控系统提供核心能力建设所需的各类设备和服务，设备和服务包括平台 IT 基础设施、路侧感知与计算能力、车端通信设备以及高精度地图和定位等。主要的供应商涵盖了芯片/模组、设备/软件、云服务、通信网络以及高精度定位/地图等领域。

（3）网联车辆提供商　可以提供所有类型的智能网联汽车，包括乘用车、商用车等，这些车型不仅是云控系统的数据来源，也是系统的服务对象。通过云控系统，车辆能够实现实时数据传输和接收，以及协同执行系统优化的决策，从而实现安全、高效、绿色、舒适的车辆运行与驾乘体验。

（4）出行业务服务商　出行业务服务商是云控系统的用户，他们可以利用系统优化和升级已有的服务，并开展新的业务示范及运营。这些业务包括物流、公交、网约车等，通过云控系统提供的数据和技术支持，实现服务的优化和创新。

2. 云控系统的应用架构及场景

（1）应用架构　当前，云控应用的基本架构已经初步达成了一致性结论，云控平台的服务对象为智能网联汽车、交通管控职能部门及产业链其他用户。其中网联汽车是云控平台的基础核心服务对象，在此基础上为智能交通与政府监管提供云控特色应用，满足交通优化以及基础设施、车辆、数据、事件等监管需求。云控基础平台的产业效益也体现在对产业链相关机构的服务，可通过大数据服务进一步延伸到多个相关行业，实现产业效果外溢。云控应用平台的功能架构如图 5-63 所示。

（2）应用场景　对云控平台不同的服务对象（例如对车企、互联网、高校等不同类型的企业单位）进行标准化应用服务场景的调研，可以得出服务对象的应用场景，其示意图如图 5-64 所示。

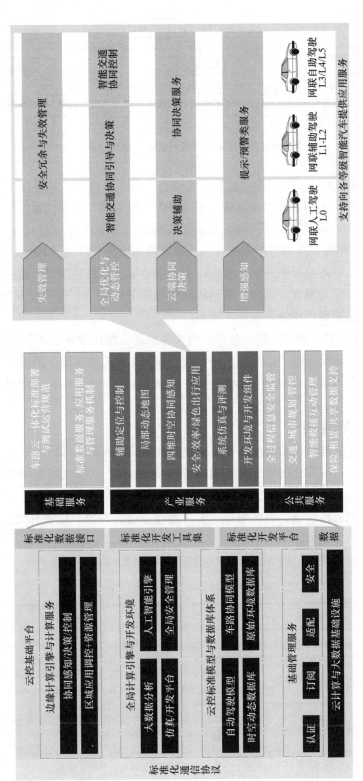

图 5-63 云控应用平台的功能架构

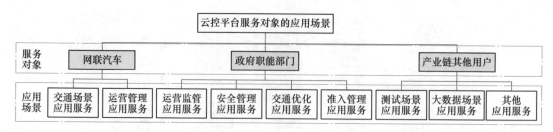

图 5-64　云控平台服务对象的应用场景示意图

1）针对网联汽车的应用服务，包括交通场景应用服务和运营管理应用服务。交通场景应用服务主要针对车辆的智能交通行驶，包括路况实时监测、路径规划优化等；而运营管理应用服务主要用于车队管理、车辆调度等运营方面。

2）针对政府职能部门的应用服务，包含监管应用服务、安全管理应用服务、交通优化应用服务以及准入管理应用服务。监管应用服务帮助政府监督和管理车辆行驶情况；安全管理应用服务则聚焦于交通安全问题；交通优化应用服务则致力于优化交通流量和减少拥堵；准入管理应用服务则确保车辆合规进入道路。

3）针对产业链其他用户的应用服务，包含测试场景应用服务、大数据场景应用服务以及其他应用服务。测试场景应用服务用于智能网联汽车在模拟环境下的测试和验证；大数据场景应用服务则利用车辆和道路等数据进行分析和挖掘；其他应用服务则根据具体需求提供各种定制化服务。

3. 云控系统典型应用

智能网联汽车云控应用系统是由各类企业、机构及政府相关部门等基于各自需求而建设的，可获取最全的、标准化的智能汽车相关动态基础数据，可实现智能网联车辆行驶性能提升与运营的全链路、精细化管理，为企业提供基于产业各类需求的差异化、定制化服务，以支持网联式高级别自动驾驶、盲区预警、实时监控、远程控制、远程升级、最佳路径规划、网络安全监控等诸多功能。

根据不同的应用需求，表 5-3 列举了云控系统的典型应用及内容。

表 5-3　云控系统的典型应用及内容

需求	应用分类	应用内容
网联汽车	单车感知增强与提醒类	仅实现对车辆感知性能的增强，提示与预警，决策或规划建议
	单车网联决策与控制类	实现单车的网联决策、规划或控制，以及利用单车控制能力实现混合交通（含非自动驾驶车辆）的优化调节
	多车协同决策与控制类	实现多车协同决策、规划或控制，以及多车协同下有限场景的混合交通优化控制
	车辆与交通融合控制类	实现全域车辆与交通统一的融合控制

（续）

需求	应用分类	应用内容
政府职能部门	交通秩序管理部门	为其提供区域路网实时交通态势感知、交通事故评估、交通流量统计、交通拥堵分析、数字孪生、态势推演、交通流诱导与道路交通管控等应用支撑服务。结合区域级的协同决策和协同控制技术，提供制定交通组织优化方案、交通信息发布、信号灯绿波协调控制、区域信号协同优化、可变车道控制、临时交通管制、应急预案管理等服务
	公交与客货运管理部门	结合车端、路侧感知数据以及公交与客货运相关支撑平台数据，可通过对居民出行特征和出行方式进行时空特征分析，协助编制公交线路和班次安排，优化公交运力配置，形成实时公交信息和公交出行建议，引导居民合理出行，缓解路网交通压力；还可对客货运流向进行分析，协助规划客货运通道，支持对客货运业务的运行监管工作等
	公路或市政道路维护部门	可根据车端和路侧感知数据，监测区域内的路面状态，定期生成道路维护方案，为道路设备、设施与资产监管等提供支撑服务。还可对道路破损、结冰、湿滑、泼洒物覆盖等异常情况，提供识别、预警、及时生成应急维护方案等服务，确保路面状态不影响行车安全和通行效率
	交通规划部门	对路网承载能力、路口负荷、交通生成量、交通发生与吸引量等关键指标数据的时空特征进行挖掘，为预测路网交通需求提供支撑服务。还可利用相关支撑平台提供的路网信息和地块信息，协助交通规划部门规划新的路段和路口，对交通规划方案进行评估
产业链其他用户	车企	基于对海量数据的分析、挖掘和建模，可为车企提供车辆全生命周期质量分析，生产制造优化分析、新产品研发仿真、供应链风险评估等数据赋能服务。可通过驾驶行为分类分析，细分客户群体，为车辆设计和系统设置提供建议，优化出厂配置，强化用户黏性，扩大车辆销售
	零部件供应商	基于车辆大数据，分析网联车辆的行驶工况，判断易损零部件的预期寿命，指导相关零部件供应商完成对车辆的优化调整或车身零部件的改进升级。其典型应用包括传感器自适应标定、轮胎匹配性调整、制动片寿命增强等易损件强度改进优化以及重度用车场景下非易损件可靠性分析等。通过将分析结果反馈给相关零部件供应商，可以提升车辆零部件安全性和可靠性
	其他用户	基于交通大数据的深度分析、实时更新、价值挖掘与信息融合，实现对产业链其他用户的大数据赋能，推动相关产业发展，其典型应用包括定制化出行服务、车辆画像、驾驶行为画像、车险动态定价、测试及验证数据集等

本章从车辆底盘控制系统、辅助驾驶控制系统、云控系统三个方面系统介绍了智能网联汽车的智能控制系统技术。其中，底盘控制系统的主要内容包括关键执行部件的建模与控制、车辆运动分析与关键参数辨识以及车辆稳定控制技术；辅助驾驶控制系统的主要内容包括车辆自主控制技术、自动紧急制动与转向系统，以及自适应巡航控制与车道保持辅助系统；智能网联汽车云控系统的主要内容包括系统架构及关键技术、基于"云-网-端"的智能控制以及云控系统应用。通过本章学习，读者将能够对智能网联汽车控制系统的组成、功能和应用产生系统性认识，为进一步学习智能网联汽车的自动驾驶相关知识打下基础。

思考题

1. 智能网联汽车底盘控制系统和传统汽车底盘控制系统有什么区别和联系？
2. 根据自动控制原理，尝试给出智能网联汽车底盘域中某个关键部件的控制框架。
3. 智能网联汽车搭载了大量的智能传感器和 V2X 通信设备，为车辆带来很多全新的感知信息，尝试举例说明这些新信息的加入能够给车辆底盘控制系统带来哪些新的思路。
4. 简述自动紧急制动系统两种避障算法的原理和特点。
5. 简述车道保持辅助系统的工作方式及相关算法原理。
6. 列举智能网联汽车云控系统的组成部分并给出每部分的功能。
7. 通过智能网联汽车及路侧设备和云端的连接，车辆可以获得更丰富的信息，实现更丰富的功能。尝试列举 2~3 个智能网联汽车利用云端信息实现的功能。

 实验设计

根据以下要求进行前向碰撞预警系统的 MATLAB 仿真实例设计：

驾驶场景为汽车前向碰撞预警场景，本场景包括一辆移动的本车和一辆静止的目标车辆，目标车辆位于道路 150m 处。本车的初始速度为 60km/h，然后应用制动以实现 $3m/s^2$ 的恒定减速。然后本车在目标车辆后保险杠前 2m 处完全停下来。本车采样毫米波雷达检测前方车辆，毫米波雷达距离地面 20cm。传感器以 10Hz 产生原始检测数据，并具有 20° 的方位角视野和 4° 的角度分辨率。最大射程 150m，距离分辨率 2.5m。

使用 MATLAB 中的 Automated Driving Toolbox 进行实验仿真，相关代码如下：

```
% _* FCW Driving Scenario *_
addpath(fullfile(matlabroot,'toolbox','shared','tracking','fusionlib'));
rng default;
initialDist=150; % m
```

```
initialSpeed=60; % kph
brakeAccel=3;    % m/s^2
finalDist=2;     % m
[scenario,egoCar]=helperCreateSensorDemoScenario('FCW',initialDist,initial-
Speed,brakeAccel,finalDist);

% _* Forward-Facing Long-Range Radar *_
radarSensor=drivingRadarDataGenerator(...
    'SensorIndex',1,...
    'TargetReportFormat','Detections',...
    'UpdateRate',10,...
    'MountingLocation',[egoCar.Wheelbase+egoCar.FrontOverhang 0 0.2],...
    'FieldOfView',[20 5],...
    'RangeLimits',[0 150],...
    'AzimuthResolution',4,...
    'RangeResolution',2.5,...
'Profiles',actorProfiles(scenario))

% _* Simulation of Radar Detections *_
% Create display for FCW scenario
[bep,figScene]=helperCreateSensorDemoDisplay(scenario,egoCar,radarSensor);
metrics=struct;                 % Initialize struct to collect scenario metrics
while advance(scenario)         % Update vehicle positions
    gTruth=targetPoses(egoCar); % Get target positions in ego vehicle coordinates

    % Generate time-stamped radar detections
    time=scenario.SimulationTime;
    [dets,~,isValidTime]=radarSensor(gTruth,time);

    if isValidTime
        % Update Bird's-Eye Plot with detections and road boundaries
        helperUpdateSensorDemoDisplay(bep,egoCar,radarSensor,dets);

        % Collect radar detections and ground truth for offline analysis
        metrics=helperCollectScenarioMetrics(metrics,gTruth,dets);
    end

    % Take a snapshot for the published example
    helperPublishSnapshot(figScene,time>=9.1);
end
```

输出结果如图 5-65 所示，可以看到驾驶场景中汽车的运动和检测，本车在目标车辆后保险杠前 2m 完全停止。

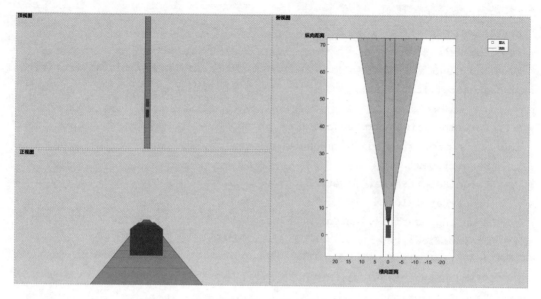

图 5-65　输出结果

参 考 文 献

[1] 赵万忠，张寒，邹松春，等. 线控转向系统控制技术综述 [J]. 汽车安全与节能学报，2021，12（1）：18-34.

[2] 徐哲. 汽车线控液压制动系统特性及控制研究 [D]. 南京：南京航空航天大学，2014.

[3] 樊鑫虎，石扬帆，王博文，等. 车辆 ABS/EBD/DYC/ESP 控制技术研究综述 [J]. 汽车实用技术，2021，46（10）：184-185.

[4] 马建，李学博，赵轩，等. 电动汽车复合制动控制研究现状综述 [J]. 中国公路学报，2022，35（11）：271-294.

[5] 郭景华，李克强，罗禹贡. 智能车辆运动控制研究综述 [J]. 汽车安全与节能学报，2016，7（2）：151-159.

[6] 郑川，杜煜，刘子健. 自动驾驶汽车横向控制方法研究综述 [J]. 汽车工程师，2024（5）：1-10.

[7] 何仁，冯海鹏. 自动紧急制动（AEB）技术的研究与进展 [J]. 汽车安全与节能学报，2019，10（1）：1-15.

[8] 秦严严，王昊，王炜，等. 自适应巡航控制车辆跟驰模型综述 [J]. 交通运输工程学报，2017，17（3）：121-130.

[9] 中国智能网联汽车产业创新联盟. 车路云一体化融合控制系统白皮书 [S]. 2020.

[10] 全国汽车标准化技术委员会. 智能网联汽车云控平台标准领航研究 [S]. 2023.

[11] 李骏，李克强，王云鹏. 智能网联汽车导论 [M]. 北京：清华大学出版社，2022.

[12] 皮大伟，王洪亮. 智能网联汽车技术 [M]. 北京：清华大学出版社，2023.

[13] 崔胜民. 智能网联汽车先进驾驶辅助系统（ADAS）[M]. 北京：化学工业出版社，2022.

第6章

基于感知-理解-决策-控制的自动驾驶系统

章知识图谱

说课视频

6.1 引言

在当今科技飞速发展的背景下,自动驾驶技术成为汽车工业和智能交通领域的重要研究方向。自动驾驶系统通过集成感知、理解、决策和控制等多个环节,实现车辆在复杂交通环境中的自主行驶,提高了出行的安全性和效率。本章围绕基于感知-理解-决策-控制的自动驾驶系统展开,系统性地阐述其关键技术与发展趋势。

自动驾驶系统的核心在于感知技术、理解技术和决策控制技术的有机结合。感知技术利用多种传感器(如激光雷达、毫米波雷达、摄像头等)实时捕捉车辆周围环境的信息;理解技术通过计算机视觉和深度学习算法处理感知数据,识别和分类道路、行人、障碍物等;决策控制技术则依据理解结果进行路径规划和车辆控制,以确保安全高效的驾驶体验。自动驾驶技术的发展经历了从辅助驾驶到部分自动驾驶,再到高度自动驾驶的逐步演变,每一步都离不开感知技术、理解技术和决策控制技术的不断进步。

目前,自动驾驶技术在传感器融合、多源数据处理、人工智能算法等方面取得了显著进展,行业呈现出智能化和网络化的发展趋势。新型传感器和高性能计算平台的应用,使得自动驾驶系统具备了更强的环境感知能力和数据处理能力;人工智能算法特别是深度学习的应用,使得自动驾驶系统在目标检测、语义理解、路径规划等方面的性能得到了大幅提升。

本章主要内容涵盖了自动驾驶系统的组成与功能、核心技术及其应用。首先介绍了自动驾驶系统的整体架构,包括感知系统、定位系统和规划控制系统;其次详细讲解了各类传感器及其信息融合方法;然后探讨了目标检测与跟踪、语义分割与理解等关键技术;最后阐述了路径规划与车辆控制的实现方法,提供了实用案例和技术拓展阅读。通过对自动驾驶系统的案例分析与扩展阅读,读者可以更深入地了解该领域的最新技术进展与应用实例。

通过本章内容的学习,读者应能够理解自动驾驶系统的基本组成与功能,掌握感知技术、理解技术和决策控制技术的基本原理与方法,了解行业发展趋势与最新技术应用。希望读者能以系统性、全面性为原则,采用由浅入深、逐步深入的方式,从宏观到微观、从理论到实践,逐步掌握自动驾驶技术的核心内容。

6.2 自动驾驶系统的组成

6.2.1 车辆感知系统

自动驾驶技术的核心组成部分是车辆感知系统。通过安装在智能网联汽车上的传感器或V2X 通信技术实时捕获并解析车辆周围环境的信息，并将这些信息传输给车载控制中心，应用于先进驾驶辅助系统或自动驾驶系统，为车辆提供决策依据，确保行驶的安全性与高效性。图 6-1 展示了智能网联汽车在行驶过程中如何通过感知系统获取车辆周围的信息。

图 6-1　智能网联汽车的环境感知

车辆在行驶过程中的感知对象主要涉及以下几个方面：

交通信号：包括交通灯、交通标志、道路标志线等，对车辆遵守交通规则至关重要。

周围车辆：车辆需要感知周围其他车辆的位置、速度和行驶方向，以保持安全距离。

行人和骑行者：识别和评估行人和骑行者的行动路径，以确保他们的安全。

障碍物：包括静态障碍物（如路障、施工区域）和动态障碍物。

路面状况：感知路面的湿滑、结冰、坑洼等状况，以调整行车策略。

天气条件：包括雨、雪、雾、强光等，这些条件会影响能见度和道路状况。

交通流量：评估道路上的车辆密度和行驶速度，以优化行车路线和速度。

道路几何结构：包括弯道、坡度、交叉口等，这些因素会影响车辆的行驶路径和速度。

导航信息：通过 GPS 或车辆导航系统接收信息，帮助车辆确定当前位置和行驶方向。

车辆自身状态：包括油量、轮胎压力、发动机状态等，以确保车辆安全行驶。

1. 自主感知技术分类

车辆自主感知系统的核心组成主要包括超声波雷达、毫米波雷达、激光雷达、视觉传感器等，如图 6-2 所示。本小节将对各类传感器工作原理及功能进行介绍。

（1）超声波雷达　超声波雷达是一种常用的车载测距传感器，其工作原理涉及超声波的发射、反射和接收。传感器发射超声波，遇到障碍物后反射回来，并被接收器捕获。通过测量超声波的往返时间并结合其在空气中的已知传播速度，可以计算出障碍物至传感器的距离，如图 6-3 所示。超声波雷达成本低廉，广泛应用于倒车碰撞预警和自动泊车系统，但其

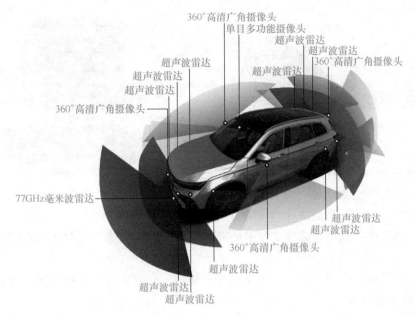

图 6-2　自主感知传感器

在高速或远距离应用中存在能量衰减、易受天气影响和散射角大等缺点，通常探测范围限于 0.5~3m，因此更适用于低速短距离场景。

（2）**毫米波雷达**　毫米波雷达是一种先进的车载传感器，工作于 1~10mm 的毫米波段，有效融合了微波与光电技术的优点。这种雷达通常使用线性调频连续波技术，通过发射随时间变化的频率波，并将其与目标反射回的信号混频，利用频率差（多普勒频移）准确测定目标距离。毫米波雷达可分为远距离雷达和近距离雷达两种类型：近距离雷达（24GHz）可探测距离为 10~50m，用于盲点监测；而远距离雷达（77GHz）可探测距离为 100~200m，适用于自适应巡航控制和自动紧急制动系统，提供高级辅助驾驶功能。

（3）**激光雷达**　激光雷达（Light Detection and Ranging，LiDAR）是自动驾驶和高级辅助驾驶系统的关键传感器之一，工作原理是发射激光光束并接收反射回的信号，通过信号处理系统分析这些信号来精确测量目标的距离、方位和其他空间信息。根据激光线束的数量，激光雷达分为单线和多线两种类型。单线雷达通常安装在车辆前方，用于探测前方障碍；多线雷达则安装在车顶，能通过旋转扫描机制全方位探测环境。多线雷达可以提供不同平面的扫描信息，但增加的线束数量也意味着更大的数据量，对存储和处理系统提出更高的要求。虽然激光雷达可以通过点云数据进行目标分类和三维场景重建，但由于数据量大和精确分类的高样本需求，其在障碍物识别中的应用尚不普遍，主要应用是结合车辆定位信息，离线绘制高精度地图。如图 6-4 所示为激光雷达的构成。

（4）**视觉传感器**　视觉传感器通过高清车载摄像头捕捉道路环境、天气条件、车辆轨迹和速度等信息。这些传感器要求高图像质量和高帧频以确保图像实时输出。车载摄像头根据功能可分为：

1）单目摄像机：通过光学系统和成像设备持续输出实时图像，能根据无人驾驶汽车需求调整曝光和自动平衡图像质量。

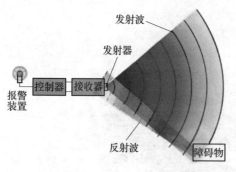

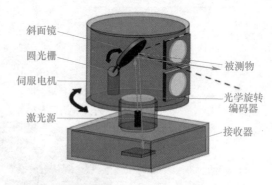

图 6-3 超声波雷达识别障碍物的工作原理图　　　　　图 6-4 激光雷达的构成

2）双目摄像机：利用立体视觉技术处理两个摄像头的图像，实现从二维图像到三维空间的转换。

3）全景摄像机：由多个相机（通常六个）组成，360°全方位捕捉图像，并通过拼接和校正技术生成全景图像。

（5）自身传感器　自身传感器的主要目的是感知车辆自身的运动状态，包括位置、朝向、速度等。常用的自身传感器有 GPS、惯性测量单元（Inertial Measurement Unit，IMU）等，广泛应用于车辆自身状态监测。

2. 传感器信息融合的概念和方法

传感器信息融合技术通过综合不同传感器（如超声波雷达、激光雷达和摄像头）收集的数据来全面精确感知环境。这些传感器捕捉环境的各种信息，利用先进的数据处理算法，

将异构数据整合成统一且精确的环境描述。多传感器融合可以类比人类通过多感官（视觉、听觉、嗅觉和触觉）收集信息，并在大脑中结合经验进行处理，以做出快速准确的判断。在车辆上，传感器相当于感官，信息融合系统相当于大脑。这种融合不仅利用了每个传感器的优势，还通过多层次的信息整合，增强了系统的智能化水平和环境认知能力。图 6-5 所示为多传感器信息融合技术示意图。

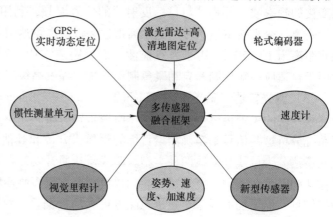

图 6-5 多传感器信息融合技术示意图

信息融合按照抽象程度和处理阶段可以分为三个层次：数据层、特征层和决策层。

数据层信息融合：在这一层次，信息融合发生在原始数据阶段，即在任何预处理之前。它融合来自不同传感器的原始观测数据，也称为像素级融合，是信息融合中最基础的层次。

特征层信息融合：处于中间层次，主要从传感器数据中提取关键特征，如表示量或统计量，这些特征表征环境属性。基于这些特征，进行多传感器数据的分类、综合和分析，特征

提取的质量直接影响融合效果。

决策层信息融合：在此层次，每个传感器独立完成对观测目标的基本处理，如预处理、特征抽取和识别，形成初步结论。这些结论在决策层关联处理和综合分析后，产生一个比单一传感器决策更明确和更精确的联合决策结果。

融合的信息越接近信息源，获得的精度越高。因此，随着融合层次的提高，虽然对各传感器的同质性要求会降低，系统容错性也会增强，但是融合时信息保存的细节会减少，精确度也会降低。因此选择融合过程时要考虑系统实现的可能性、传感器子系统局部处理能力和通信保障能力等方面问题。表 6-1 对三种融合层次的特点进行了综合比较。

表 6-1 三种融合层次的特点

融合层次	信息损失	实时性	精度	容错性	抗干扰力	计算量	融合水平
数据层	小	差	高	差	差	大	低
特征层	中	中	中	中	中	中	中
决策层	大	好	低	优	优	小	高

例如，智能网联汽车所采用的主要传感器为雷达和摄像机，目标是融合这两种不同类型的传感器收集的数据以提高非结构化道路的识别准确度和精度。雷达提供障碍物的距离和扫描角度信息，而摄像机捕获二维图像。由于这两种传感器数据的本质差异，数据层融合不可行。考虑到非结构化道路环境对识别算法的高抗干扰需求，选择在决策层进行融合：雷达和摄像机分别处理各自采集的信息，然后将处理结果发送到融合中心进行决策级别的融合。

6.2.2 车辆定位系统

车辆定位系统通过整合来自多种传感器的数据，为车辆提供精确的定位信息。其通常具备强大的基础地图识别和环境融合认知能力，以保证对定位精度和可靠性的严格要求。

1. 定位技术基础

定位技术基础在于多传感器信号的采集与处理，运用滤波技术融合多传感器数据，提升位置估计的精确度和稳定性。

（1）定位信息来源 车辆定位信息的获取涉及多种传感器和相关的信息处理技术。除了前文介绍的几种设备和技术外，车辆定位技术还依赖于全球导航卫星系统和惯性导航系统。

全球导航卫星系统（Global Navigation Satellite System，GNSS）是一种利用卫星信号提供全球定位、导航和时间测量服务的系统。它包括美国的 GPS、俄罗斯的格洛纳斯导航卫星系统（Global Navigation Satellite System，GLONASS）、欧洲的伽利略（Galileo）定位系统和中国的北斗卫星导航系统（BeiDou Satellite Navigation System，BDS）。通过提供精确的位置和时间信息，自动驾驶系统能够准确定位自身并进行路径规划，确保车辆在复杂的交通环境中安全高效地行驶。

惯性导航系统利用加速度计和陀螺仪测量加速度和旋转，从而计算出对象的位置、速度和姿态变化。在自动驾驶领域，惯性导航系统为车辆提供了即使在 GNSS 信号不可用的环境下也能持续追踪其动态的能力。如果通过与 GNSS 等外部定位服务融合，惯性导航系统可以显著提高自动驾驶车辆的定位准确性和可靠性，确保更平稳、更安全的导航和控制。

（2）滤波算法　在自动驾驶系统中，数据准确性对于车辆的安全和有效导航至关重要。多种滤波算法被广泛应用于车辆的状态估计和定位中，以处理来自不同车辆传感器的数据。

1）卡尔曼滤波（Kalman Filter，KF）：KF 是一种递归滤波器，用于估计线性动态系统中的状态。其核心机制包括两个关键步骤：预测和更新。在预测阶段，KF 使用当前状态估计和控制输入来预测下一个状态。在更新步骤中，它使用新的观测数据来校正预测，从而减少估计误差。卡尔曼滤波适用于处理线性系统和高斯噪声，是自动驾驶系统中实现连续状态估计的基础技术，如车辆的速度和加速度估计，为后续的导航和控制提供数据。

2）扩展卡尔曼滤波（Extended Kalman Filter，EKF）：EKF 用于处理具有非线性模型的系统。EKF 通过在每个时间步对非线性模型进行线性化，使得非线性问题可以近似为线性问题，从而使用 KF 的框架进行处理。这种方法提高了车辆定位系统处理非线性系统的能力，使其在自动驾驶系统中的应用更为广泛，特别是在复杂环境下的车辆定位和导航中，如曲率变化的道路上车辆的定位，车辆定位系统通过处理非线性动态，提高了定位的精度和鲁棒性。

3）粒子滤波（Particle Filter，PF）：PF 是一种基于蒙特卡洛方法的滤波技术，它通过生成一系列随机样本来近似系统状态的概率分布。每个粒子代表了可能的系统状态，通过粒子的分布，可以捕捉到非线性和非高斯噪声下的系统状态。因此，PF 特别适用于处理高度非线性的系统和复杂的噪声模型，如在复杂或不确定环境下的车辆定位，能够提供比 KF 和 EKF 更为灵活和鲁棒的状态估计。

2. 基于同步定位与建图技术的高精度建图

高精度地图也称为高分辨率地图或高清自动驾驶地图，在智能网联汽车技术体系中占据了至关重要的位置。高精度地图与传统电子地图相比，精度和更新频率更高，数据维度更高，面向的对象与提供的功能更多。

（1）高精度建图流程　高精度地图的构建需要数据采集、数据处理、目标检测、人工验证和地图发布这几个步骤。高精度地图的构建流程如图 6-6 所示。

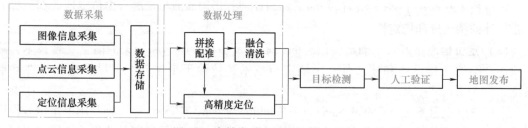

图 6-6　高精度动态地图的构建流程

1）数据采集：数据采集任务由配备了激光雷达、摄像头、GNSS 以及惯性测量单元等多种传感器的采集车承担。其中激光雷达和摄像头分别用于获取周边环境的激光点云和图像数据，GNSS 和惯性测量单元协同工作，精确记录车辆的位置和姿态数据。

2）数据处理：数据处理涉及对原始数据的整理、分类和精简，以生成不含语义信息的初始高精度动态地图模板。这个过程将相邻两帧点云和图像数据精确配准，进而对相同元素进行融合和清洗，完成初始地图的构建。

3）目标检测：完成初始高精度地图的构建后，通常使用人工智能辅助检测地图中的要素对象，包括车道线、交通标识、道路边缘等。

4）人工验证与地图发布：由于自动目标检测会存在一定的误差或错误，因此需要人工验证环节来对地图进行进一步修正，以保证其准确性。在完成人工验证并确保地图数据精确可靠后，才能发布最终的高精度地图。

（2）高精度建图方法　同步定位与建图（Simultaneous Localization And Mapping，SLAM）技术是一种常用的地图构建技术，在没有环境地图信息的情况下，车辆在运动过程中通过车载传感器感知周边环境建立地图模型，同时完成对自身的定位。根据传感器的类型不同，SLAM 分为视觉 SLAM 和激光 SLAM，其构建的点云地图如图 6-7 所示。

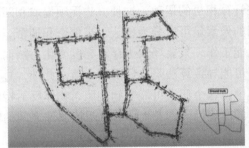

图 6-7　视觉 SLAM 和激光 SLAM 构建的点云地图

在应用效果上，激光 SLAM 和视觉 SLAM 各有优劣。通常激光 SLAM 构建的地图精度较高，可直接用于定位导航，但其相应的成本也较高。视觉 SLAM 则可以方便地从图像中提取语义信息，提高定位的鲁棒性，但其依赖良好的光照条件。本书以视觉 SLAM 为例详细说明如何构建高精度地图。

（3）视觉 SLAM 技术　视觉 SLAM 框架如图 6-8 所示，包括数据采集、前端匹配、后端优化、回环检测、地图构建五部分。

图 6-8　视觉 SLAM 框架

1）数据采集：传感器数据主要来源于车载摄像头采集的图像信息，包括单目相机、双目相机和深度相机三种。单目相机通过观测物体在移动中的视角变化来估算其深度。双目相机则借鉴人眼原理，通过比较两个摄像头拍摄的图像来估计距离。深度相机则主动发射光并接收反射光来测量物体距离，分为结构光法和飞行时间法（Time-of-Flight，ToF）两种。结构光法是通过将经过特定编码的光斑从发射器投射到物体上，物体反射红外光，红外接收器接收反射光形成图片。根据光斑的畸变情况，计算物体各点到相机平面的距离。ToF 传感器通过发射红外光信号到环境中，然后测量光波从发射到反射回传感器所需的时间。这个时间间隔被用来计算光线往返距离，进而推算出物体的准确位置。

2）前端匹配：前端匹配也被称为视觉里程计，旨在利用不同时刻的图像帧估算相邻帧间的相机位姿变换，构建局部地图。根据是否需要提取特征，前端匹配可分为特征点法和直接法两种。

特征点法主要依赖于图像中具有显著特征的点来进行相机运动的估计。这些特征点，无论是自然形成的角点还是人工设计的如尺度不变特征转换（Scale-Invariant Feature Transform，SIFT）、加速稳健特征（Speeded-Up Robust Features，SURF）等，都具有在不同视角下保持特征不变的能力，从而确保准确匹配。特征点由关键点和描述子组成，关键点定义了位置和方向信息，而描述子则编码了关键点周围的像素信息。特征点法的优点在于其鲁棒性和辨识性，能够在多种复杂环境下稳定工作。然而，它需要计算关键点和描述子，增加了算法的复杂度。

直接法则直接利用图像的像素灰度信息来计算相机的运动。这种方法无须提取和匹配特征点，因此减少了计算时间。直接法根据使用的像素量可以分为稀疏、半稠密和稠密三种类型。其优点在于即使在特征不显著的场景下也能工作，只要场景中存在亮度变化。然而，直接法也有其局限性。它完全依赖于梯度搜索，可能导致算法陷入局部最小值。此外，直接法是基于像素灰度值不变的假设，但在实际应用中，这个假设可能受到光照、物体反射特性以及相机曝光参数等因素的影响，从而影响算法的准确性。图 6-9 所示为两帧图像之间的特征匹配。

图 6-9　两帧图像之间的特征匹配

3）后端优化：后端优化负责消除前端匹配结果产生的累计误差，利用滤波理论和优化理论来处理 SLAM 过程中产生的噪声，进而得到最优的位姿估计。经典的 SLAM 模型由一个状态转移方程和一个观测方程构成，如下式所示：

$$\begin{cases} x_k = f(x_{k-1},\ u_k) + w_k \\ z_{k,\ j} = g(y_j,\ x_k) + v_{k,\ j} \end{cases} \tag{6.2.1}$$

式中，x_k 为相机的位姿；u_k 为传感器读数；f 为运动函数；y_j 为路标；$z_{k,\ j}$ 为路标在图像上的像素位置；g 为观测函数；w_k 和 $v_{k,\ j}$ 分别为运动方程和观测方程的噪声，其服从零均值的高斯分布。

在滤波理论中，可假设状态量 x，y 同样服从高斯分布，这样可将均值看作是对变量的最优估计，而协方差矩阵则表示该状态的不确定性。在线性高斯系统中，卡尔曼滤波器成了该系统中的最优无偏估计。然而由于 SLAM 过程中的运动方程和观测方程通常是非线性的，因此可对该非线性系统进行线性近似，使用扩展卡尔曼滤波进行估计。另一种后端算法是采用非线性优化方法，尤其是以图优化为典型代表。图优化实质上是将优化问题以图的形式展现，其中图由多个顶点和棱边构成。在 SLAM 过程中，车辆在各个时刻的位姿可视为图中的顶点（即待优化的变量），而不同位姿间的变换关系则构成了图中的边（即误差项）。图优化的核心目标是通过调整车辆的位姿（即调整顶点位置），使得总体误差（即边的权重之和）达到最小。

4）回环检测：回环检测主要解决 SLAM 过程中随着时间推移而产生的累积误差的问题，算法需要能够辨识所经过的场景地点，通过各帧图像间的相似性来完成回环检测。如果检测成功，则可为后端提供额外的信息，后端据此进一步优化轨迹与地图，减小累积误差。实现回环检测的方法主要分为两种：基于里程计的方法和基于外观的方法。基于里程计的方法依赖于物理移动的距离和角度来检测回环，但受限于累积误差，其效果并不理想。相比之下，基于外观的方法通过比较场景的视觉相似性来检测回环，成为当前的主流技术。词袋模型是基于外观的方法中一种有效的技术。在这个模型中，通过聚类算法从大量特征中构建一个"字典"，其中每个"单词"代表一类特征。每帧图像可以通过在该字典中查找其特征来表示为一个向量，向量中的每个元素代表对应单词的存在与否或出现频率。通过比较两帧图像向量的相似度，可以判断它们是否属于同一场景，从而实现回环检测。图 6-10 展示了回环检测的效果。

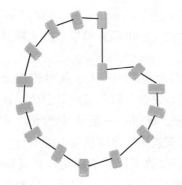

图 6-10 回环检测的效果

5）地图构建：地图构建即根据估计的运动轨迹和采集的图像信息，建立环境地图。目前地图构建以度量地图为主。度量地图聚焦于物体间的位置关系，可根据数据量进一步细化为稀疏与稠密两种类型。稀疏地图主要建模部分物体特征，以路标形式存在，用于自我定位。而稠密地图则倾向于对观测到的所有信息进行建模，采用特定分辨率的最小单元来构建。每个单元都有一个状态，通常包括占用、空闲和未知三种，用以描述该单元内是否有物体存在。在通过稠密地图准确确定障碍物的位置后，导航算法能够规划出从起点到终点的高效且安全的行驶路径，同时有效避免与障碍物的碰撞。此外，SLAM 技术也利用稠密地图来捕捉周围环境信息，实现三维场景的重建，并以直观的方式呈现给用户。基于视觉 SLAM 构建的二维栅格地图如图 6-11 所示。

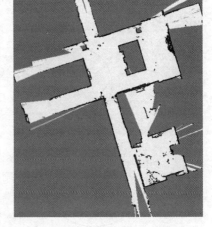

图 6-11 基于视觉 SLAM 构建的二维栅格地图

3. 高精度协同定位系统

通过 SLAM 技术，可以得到实时的高精度地图。利用 GNSS 给出车辆位置、速度信息，并利用惯性导航系统数据以及地图匹配信息对车辆位置实时更新，下面介绍其定位原理。

（1）GNSS 定位原理 GNSS 选择空间人造卫星作为参照点，以精确测定物体在空间中的位置。根据几何学原理，只需知道地球上某点与三颗人造卫星间的精确距离，便可通过三角定位法确定该点的位置。

假设地面上的某待测点 P 到卫星 S_1 的距离为 r_1，可知 P 点所在空间的可能位置可集缩到以卫星 S_1 为球心、半径为 r_1 的球面上。假设测得 P 点到第二颗卫星 S_2 的距离为 r_2，即 P 点同时位于以第二颗卫星 S_2 为球心、半径为 r_2 的球面上。随后再次测得 P 点到第三颗卫星 S_3 的距离为 r_3，则 P 点也处于以第三颗卫星 S_3 为球心、半径为 r_3 的球面上。由于 P 点位于三个球面的交会处，这样就可以计算出 P 点的位置，如图 6-12 所示。

从 GNSS 定位的过程可以看出，其本质是测量学的空间后方交会。由于 GNSS 采用单程测距，卫星钟与用户接收机钟难以严格同步，导致观测站与卫星间的距离受到时钟不同步的影响。钟差是指准确世界时与天文钟时间之间的差异。虽然导航电文中提供了修正卫星钟差的参数，但接收机的钟差往往难以精确确定。为解决这个问题，通常采用的方法是将接收机的钟差设为未知参数，与观测站坐标一同求解。因此，至少需要同步观测 4 颗卫星的伪距数据，以确保定位的准确性。

（2）差分定位原理 GNSS 定位精度受卫星和接收机时钟误差、信号传播误差等因素的影响，可以通过模型修正其中一些系统误差，但残余误差导致单点绝对定位误差量级仍无法满足智能网联汽车技术需要。为了尽可能消除误差，可以于一定地域范围内部署多台接收机。通过对多台接收机的观测值求差分的办法，能有效提高定位精度，即进行差分定位。

差分定位原理如图 6-13 所示。使用两台以上的接收机作同步观测，其最基本情况是将两台接收机分别安置在两个测站上，并同步观测相同的卫星。将一台已知精确坐标的接收机作为差分基准站，基准站连续接收定位信号，与基准站已知的位置坐标进行比较，从而计算出差分修正量。然后，基准站通过数据链路发送差分修正量，基准站覆盖范围内的流动站接受该差分修正量，用于减少或者消除卫星轨道误差、卫星和接收机时钟误差等所引起的误差，从而提高定位精度。

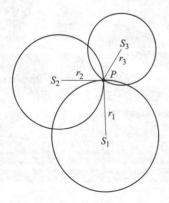

图 6-12 GNSS 定位基本原理

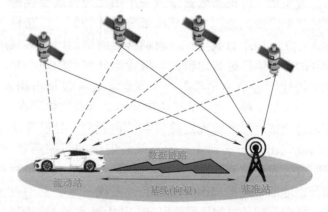

图 6-13 GPS 差分定位原理

（3）**惯性导航定位原理** 惯性导航系统是一种以惯性测量单元为核心感知元件的导航参数解算系统，应用航迹推算提供载体位置、速度和姿态等信息。惯性测量单元包括陀螺仪和加速度计，采集汽车的行驶数据。加速度计能够测定载体在惯性空间中绝对加速度与重力加速度之和，这一合成力被称为"比力"。根据加速度计的工作原理，它能够输出沿测量轴方向的比力数据，这些数据中包含了载体的绝对加速度信息。与此同时，陀螺仪则负责输出车体相对于惯性坐标系的角加速度信号。这两个惯性传感器组的测量轴设计得相互平行，共享一个原点和敏感轴。因此，如果在汽车上能得到互相正交的 3 个敏感轴上的加速度计和陀螺仪输出，并且已知测量轴的准确指向，就可以获取汽车在三维空间内的运动加速度和角速度。惯性导航系统利用载体先前的位置、惯性测量单元测量的加速度和角速度来确定其当前位置。

航迹推算定位是一种基于已知起始点和连续测量目标运动过程中的方向和距离来确定移动目标位置的方法。这种方法最初被用于船舶和车辆的航行定位中，其原理是通过对航向、航速和航行时间的连续测量和计算，推算出目标在下一时刻的位置。航迹推算技术常与惯性导航系统结合使用，帮助修正和补充惯性导航系统的误差。特别是在复杂环境和长时间运行的情况下，这种结合使用的方式可以提高导航系统的整体精度和可靠性。

（4）**协同定位** GNSS 定位信息更新频率较低，难以满足智能网联汽车实时性需求，同时定位信号会因某些特殊地段而中断。而惯性导航系统搭载高频传感器，能连续提供较高精度的汽车位置、速度和航向信息，但长时间运行会导致定位误差累积。因此，结合 GNSS 与惯性导航系统，利用 GNSS 的高精度定位信息定期校正惯性导航系统的累积误差，同时，惯性导航系统也能弥补 GNSS 在特定场景下的定位失效问题。再与地图匹配技术相结合，利用高精度地图提供的信息，可进一步提高系统的定位精度。图6-14 是通用的协同定位框架，结合了

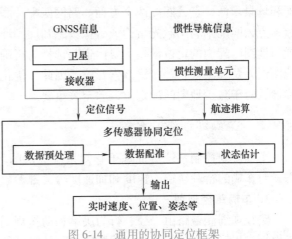

图 6-14 通用的协同定位框架

GNSS 信息和惯性导航信息，通过数据预处理、数据配准及状态估计输出车辆所需的实时速度、位置和姿态。

数据预处理是融合多传感器信息的关键步骤，主要包括初始化和配准。初始化确保每个传感器与系统坐标系对齐。配准则涉及时间配准和空间配准，前者调整不同传感器数据至同一时刻，后者统一不同坐标系下的数据。时间配准解决测量周期和网络延迟导致的时间差异问题，空间配准则消除坐标表达差异。完成这些步骤后，可利用贝叶斯估计、DS 证据推理和卡尔曼滤波等方法融合估计载体状态，实现位置、速度和姿态数据的实时更新。这一过程可确保多传感器数据的准确融合，为后续应用提供可靠数据基础。

（5）**地图匹配定位** 高精度地图涵盖了详尽的道路信息，精确到车道级别，包括车道线类型、宽度、停止线位置、道路边缘位置及路边地标等。地图匹配定位技术利用传感器捕捉的实时道路物理信息，与高精度地图进行比对，从而确定载体的位置。当卫星定位和航迹

推算定位存在明显误差时，地图匹配技术可为自动驾驶车辆提供关键的定位校正信息。

地图匹配定位是在车辆大致位置已知的基础上，进行高精度地图局部搜索的过程。首先，借助汽车搭载的卫星定位和惯性导航系统，进行初始的粗略位置判断，从而确定在高精度地图中的局部搜索范围。接着，将激光雷达实时采集的数据与实时高精度地图数据变换统一到相同的坐标系上进行匹配。一旦匹配成功，即可准确确认汽车的定位位置信息。地图匹配定位流程如图 6-15 所示。

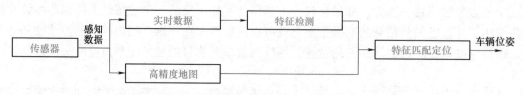

图 6-15　地图匹配定位流程

地图匹配通过软件方法，校正卫星定位、航迹推算或其他定位方法可能产生的误差。其核心思想是将车辆的实时位置与环境信息、环境地图进行对比和匹配，从而确定车辆所在的具体路段，并精确计算其在该路段上的位置与姿态，进而实现误差的校正。传统的地图匹配算法主要关注路网匹配，但随着高精度地图的不断发展，地图匹配的内容已经扩展到路网匹配和场景影像、点云匹配两个方面。路网匹配关联定位数据到电子地图道路网络，而场景影像、点云匹配则利用激光雷达或摄像头感知周围环境，与三维点云图匹配以估计车辆精确位置。地图匹配中的定位误差主要由道路选择的正确性决定，受到路况、传感器误差、高精度地图误差及算法误差等多重因素影响。因此，优化局部搜索范围和算法，提高道路选择的准确性，对于减少地图匹配定位误差至关重要。

6.2.3　车辆规划控制系统

车辆规划控制系统负责基于感知系统提供的环境信息和车辆模型，估计车辆的当前状态，对车辆的行驶轨迹、速度和加速度等关键参数进行精确规划和控制。

1. 车辆路径规划

路径规划涵盖路由寻径、行为决策和动作规划，这三个要素共同服务于整体路径设计。该规划过程依据上层的感知和预测数据，具体可分为全局与局部的两种规划形式。

（1）路由寻径　全局路径规划主要对应于路由寻径部分，其核心功能是自动驾驶汽车软件系统中的导航指引，即在宏观层面上为自动驾驶汽车的规划控制模块设定行驶道路，确保从起始点顺利到达目的地点。这一功能与传统导航类似，但在细节上，它依赖于专为自动驾驶汽车设计的高精度地图，因此与传统导航有显著差异。全局路径规划基于已知的电子地图和起点、终点信息，通过路径搜索算法找出最优化的全局期望路径，如时间最短或路径长度最短等。这种规划既可以在行驶前进行离线规划，也可以在行驶过程中进行实时重规划。全局路径规划的作用在于为车辆提供一个明确的行驶方向，避免车辆盲目探索环境。在规划过程中，不同环境会采用不同的最优标准。例如，在平面环境中，最优标准可能是路径长度最短或时间最短；而在越野环境中，最优标准则可能更注重"安全性"，包括路径的可行宽度和路面不平度，以确保车辆运行的安全。作为无人车控制规划系统的上游模块，路由寻径模块的输出高度依赖于高精度地图（HD-Map）的绘制。在高精度地图定义的路网（Road

Graph）和道路（Lane）划分基础上，路由寻径模块在特定最优策略下，需计算出一个从起点到终点的最佳道路行驶序列。这一问题通常可以采用 A^* 算法或 Dijkstra 算法等常见方法来解决。

（2）行为决策　路由寻径模块产生的路径信息，直接成为中游行为决策模块的核心输入。行为决策模块在接收路由寻径结果的同时，也融入感知预测和地图信息。通过综合考量这些输入，行为决策模块在宏观层面决定自动驾驶汽车的行驶策略。这些策略涵盖了正常跟车、交通信号灯变化和行人避让，以及与其他车辆在路口的交互等多种行为。行为决策模块的实现方式多样，其输出指令集合也根据具体实现形式而有所不同。在自动驾驶系统设计中，行为决策模块可能作为独立模块存在，也可能与下游动作规划模块在某些功能上相互融合。为了确保两者紧密配合，设计实现时须确保行为决策模块的输出逻辑与动作规划模块逻辑相协调。行为决策层面整合了车辆周边信息，这些信息包括自动驾驶汽车当前的位置、速度、朝向和所在车道，以及一定距离内所有关键的感知障碍物信息。行为决策层需基于这些信息，制定自动驾驶汽车的行驶策略，包括目标车道、车辆状态、历史决策记录、周边障碍物信息、交通标识信息、当地交通规则等。自动驾驶汽车的行为决策模块是一个信息交汇的中心。鉴于涉及的信息种类繁多和受到本地交通规则的制约，行为决策问题往往难以通过单一数学模型完全解决。

（3）动作规划　动作规划，即局部路径规划，以车辆当前位置的局部坐标系为基准，将全局路径规划的结果依据车辆的实时定位信息转化为车辆坐标系中的表示，形成局部参考路径，为局部路径规划提供方向指引。局部期望路径代表自动驾驶车辆在未来一段时间内所期望的行驶轨迹，要求路径上的每一点都能准确反映车辆的状态信息。简而言之，局部期望路径可视为自动驾驶车辆未来行驶状态的集合，其中每个点的坐标和切线方向代表车辆的位置和航向，而路径点的曲率半径则对应着车辆的转弯半径。在车辆实际行驶过程中，其位置、航向和转弯半径会随时间连续变化，因此规划的局部路径也必须满足这些参数的连续变化要求。局部路径规划的主要任务是，在给定环境地图的基础上，找到一条既符合车辆运动学约束又满足舒适性指标的无碰撞路径。这条路径需要同时具备对全局路径的跟踪能力和对障碍物的规避能力。例如，通过路径生成与路径选择相结合的局部路径规划方法，路径生成部分负责跟踪全局路径，而路径选择部分则负责分析并避开障碍物。

2. 车辆状态估计

车辆状态估计（State Estimation）指通过各种传感器数据和算法来预测车辆在一定时间内的状态。车辆的状态不仅包括基本的物理位置和速度，还包括加速度、方向、转向角度等动态信息。准确的车辆状态估计是实现车辆自动导航、主动避障、路径规划等算法的前提。

（1）感知与数据采集

1）传感器技术：自动驾驶系统中用于状态估计的常用传感器包括 GNSS、惯性测量单元、激光雷达，在前文中已做详细介绍。状态估计选用传感器需要考虑传感器的误差不相关性以及传感器的相互补充性。比如惯性测量单元可以填充 GNSS 两次定位间隔期间的定位输出，用于平滑 GNSS 的定位结果；GNSS 为惯性测量单元提供初值，消除惯性测量单元单独使用出现的偏移问题；激光雷达可以解决定位精度的问题，而 GNSS 可以为激光雷达定位地图匹配提供地图范围数据。

2）传感器标定：传感器标定能够确保各个传感器协同工作，通常分为内参标定、外参标定和时间校准。内参标定旨在确定传感器制造时固定的参数，如轮速计中的车轮半径或激光雷达的扫描线角度。外参标定则关注传感器之间的相对位置和姿态，通过位姿变换统一数据坐标。而时间校准对于数据融合至关重要，它确保不同频率输出的传感器数据能按照最相近的时间进行对齐。实际应用中，通过设计图样、手工测量、在线估计等方法获取内外参数，并通过硬件和算法的设计来确保时间戳的对齐，从而实现传感器间的无缝配合。

（2）状态估计与预测

1）车辆状态：自动驾驶对车辆状态的描述一般包括：位置（一般为三维空间坐标：p_x，p_y，p_z）、速度（一般为三维空间速度：v_x，v_y，v_z）、朝向（四元数，q_x，q_y，q_z，q_w），整体是一个 10 维向量。

自动驾驶汽车一般包含多个摄像头和雷达、惯性测量单元、3D 激光雷达、GNSS 接收器、轮速计，这些传感器在运行过程中时刻都在以不同的频率发送不同类型的数据，多传感器融合模块需要将这些信息融合起来，不断更新自动驾驶车辆的状态。多传感器融合进行状态估计的流程如图 6-16 所示。

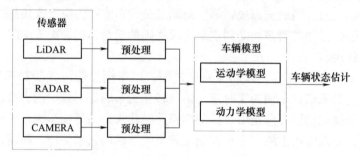

图 6-16　多传感器融合进行状态估计的流程

2）精度要求：不同的应用场景对车辆状态估计的精度的要求不同，比如高速场景下的车道保持功能一般要求亚米级精度。例如，车辆宽度为 1.8m，机动车道宽度为 3m，所以车辆两侧有约 60cm 的冗余空间。在这种场景下，如果要实现车道保持的功能，只要状态估计的精度小于 60cm 就可以满足实际应用的需求。但在拥挤的城市道路交通场景下，对状态估计的精度要求是越高越好，状态估计的精度越高，自动驾驶就越安全。

3）更新频率要求：以人类驾驶汽车为例，一个人开车过程中闭着眼睛，但为了保证行车安全，每间隔 1s 睁开一次眼睛，以确定自己所在的位置。在空旷的道路场景下，1Hz 的位置确认频率就可以保证安全，但是在繁忙的交通道路上，1s 确认一次位置的做法就非常不靠谱了。但是，越高的定位频率带来越高的计算资源消耗，而车载计算资源是有限的，并且还是感知、控制、决策、路径规划等所有功能共享的，所以在更新频率和计算资源之间需要有一个平衡。根据经验，15～30Hz 的状态更新频率就能够满足自动驾驶的应用需求，当然在计算资源允许的情况下，状态更新频率越高越好。

3. 车辆轨迹跟踪控制

对于自动驾驶车辆来说，规划好的路径通常由一系列路径点构成，这些路径点通常包含空间位置信息、姿态信息、速度和加速度等，这些路径点被称为全局路径点。路径和轨迹的区别在于，轨迹还包含了时间信息轨迹点，它在路径点的基础上加入了时间约束，通常将这些轨迹点称为局部路径点。自主控制的核心问题是轨迹跟踪控制。轨迹跟踪控制是指给定参考轨迹的情况下，通过控制车辆的转向系统、节气门和制动系统，使车辆按照参考轨迹行驶的方法。下面介绍几种自动驾驶系统的规划和控制策略。

（1）预瞄跟随控制　预瞄跟随控制是基于驾驶人的操控特性而设计的，其中驾驶人模型在导航技术中占据重要地位。我们可以将基于偏差调节的期望路径跟随控制系统视为一种简化的驾驶人模型。在实际驾驶中，驾驶人会根据外界环境、道路状况以及车辆当前的运行状态进行操控。通过预测车辆当前位置与道路中心线之间的侧向位移和航向偏差，并据此调整方向盘的角度，使预测偏差降至零。这种预测偏差被称为预瞄侧向位移偏差或预瞄航向偏差。通过依据这些预瞄偏差调整方向盘角度，驾驶人能够实现对期望行驶路径的精确跟踪。综上所述，控制系统利用车辆行驶参数（如道路曲率）、预瞄偏差以及车辆动力学模型，计算出所需的方向盘或前轮转角，从而实现对目标路径的跟踪。预瞄跟随控制器由"预瞄环节"和"跟随环节"两个主要部分构成，其工作原理如图 6-17 所示。其中 f 表示输入的预期轨迹，y 表示实际输出车辆轨迹。

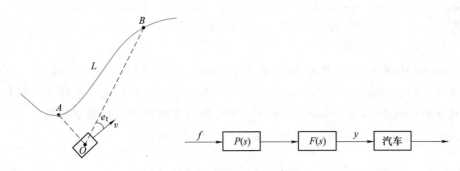

图 6-17　预瞄机制示意图

系统传递函数为：

$$\frac{y}{f(s)} = P(s)F(s) \tag{6.2.2}$$

式中，$P(s)$ 为预瞄环节传递函数；$F(s)$ 为跟随环节传递函数。

在低频域条件下，理想状态下的预瞄跟随控制系统应该满足：

$$P(s)F(s) = 1 \tag{6.2.3}$$

（2）前馈控制与反馈控制　前馈控制系统是根据扰动或给定值的变化按补偿原理工作的控制系统。其特点是当扰动产生后，被控变量还未变化以前，根据扰动作用的大小进行控制，以补偿扰动作用对被控变量的影响。在曲线道路上对自动驾驶汽车进行方向控制时，一般状态方程为：

$$\dot{x} = Ax + Bu \tag{6.2.4}$$

式中，u 为前轮转角 δ。

此时，道路曲率 $\dot{\varphi}_{des}$ 作为扰动项存在，需要对其进行补偿，上式应改写为：

$$\dot{x} = Ax + B\delta + B\dot{\varphi}_{des} \tag{6.2.5}$$

由此引入和道路曲率相关的前馈控制器以帮助消除跟踪误差。

反馈控制是指将系统的输出信息返送到输入端，并利用输入与输出的偏差进行控制的过程。反馈控制其实是用过去的情况来指导现在和将来。在控制系统中，如果返回的信息的作用是抵消输入信息，称为负反馈，负反馈可以使系统趋于稳定；若其作用是增强输入信息，则称为正反馈，正反馈可以使信号得到加强。

对于自动驾驶汽车运动控制来说，常使用负反馈控制器来消除系统存在的误差，汽车的状态方程仍为式（6.2.4）表示。为了满足控制系统的控制要求，并使控制系统构成全状态反馈控制系统，需要设计反馈控制律：

$$u = -Kx \qquad (6.2.6)$$

此外，车辆控制还包括横向控制和纵向控制。横向控制主要负责车辆的转向和保持车道，涉及转向角度的调整以及通过电子稳定程序维持车辆行驶方向的稳定。纵向控制则涉及车辆的加速和制动，管理车速以适应交通流或遵守速度限制，同时也包括自适应巡航控制系统，该系统能自动调整车速，以保持与前车安全的行车距离。这两种控制系统共同作用，确保车辆能在各种道路条件下安全、有效地行驶，相关内容已在第 5 章详细介绍过。

 案例分析：A*算法MATLAB实践。

A* 算法于 1968 年由计算机科学家 Peter Hart、Nils Nilsson 和 Bertram Raphael 提出，它将 Dijkstra 和 Best-First Search 二者的优点结合起来，兼顾了 Dijkstra 的准确度和 Best-First Search 的效率，可以快速有效地寻找到图中的最短路径，是应用最广的寻路算法。具体内容扫码见数字资源。

6.3　自动驾驶系统的感知识别技术

感知理解技术是自动驾驶系统中至关重要的一部分，主要负责通过传感器收集的数据来解析道路、交通标志、行人和车辆等信息。这一技术依托于计算机视觉领域的进展，尤其是目标检测与跟踪、语义分割与理解，以及场景理解与环境建模技术。目标检测与跟踪技术是感知系统的基石，利用深度学习和神经网络技术，能够精确识别道路上的物体，并迅速确定它们的位置、形状和速度，为系统提供详尽的环境数据。语义分割与理解技术进一步增强了系统的解读能力，通过精细化分割图像并为各区域赋予语义标签，不仅能识别物体的存在，还能理解其含义和功能，为驾驶决策提供全面准确的信息。场景理解与环境建模技术则通过全面感知和解析周围环境，构建三维立体的环境模型，精准定位车辆位置并预测物体运动轨迹，确保驾驶安全。

6.3.1　目标检测与跟踪技术

在计算机视觉中，目标检测（Object Detection）的任务是找出图像中所有感兴趣的目标，确定它们的类别和位置。在自动驾驶场景中，目标检测是自动驾驶系统由感知信息迈向决策过程的关键一步，它包括了对复杂交通场景中车辆、行人、障碍物、车道线和交通信号灯等一系列要素的检测（图6-18）。

由于各类物体有不同的外观、形状和姿态，加上成像时光照、遮挡等因素的干扰，目标

图 6-18　交通场景中的目标检测

检测一直是自动驾驶系统中最具有挑战性的问题之一。目标跟踪是指在视频中连续追踪目标对象的位置、运动状态等信息。在目标检测的基础上，目标跟踪关注同一目标在不同帧之间的连续性。

基于深度学习的目标检测算法主要分为两种类型：基于两阶段（Two-Stage）和基于单阶段（One-Stage）的方法。两阶段目标检测算法首先生成候选框（Region Proposal），然后对这些候选框进行目标分类与位置回归。经典的两阶段算法包括 R-CNN、Fast R-CNN 和 R-FCN，本书以 R-CNN 为例进行讨论。相较之下，单阶段目标检测算法通过单一的神经网络同时预测目标的类别和位置，无须候选框生成步骤。经典的单阶段算法有 YOLO 和 SSD，本书将以 YOLO 为例进行阐述。

本书主要关注算法及模型设计的理念讲解，以及数学知识如何辅助模型设计，而不深入介绍具体的模型结构和参数配置。在当前科技迅速发展的背景下，新模型、新数据集和新算法层出不穷，不断涌现出精度更高、效果更佳、速度更快的模型。

1. 两阶段目标检测算法（R-CNN）

在 R-CNN 问世以前，目标检测需要使用传统计算机视觉方法，手工设计特征如 SIFT 和 HOG，然后使用经典机器学习算法回归出相应的类别。随着 CNN 出现，目标检测进入了深度学习时代。R-CNN 是将原本用于分类任务的 CNN 拓展到目标检测领域的开山之作。它采用了分治思想，即首先将图像划分为小的区域，之后再对这些区域提取特征并进行图像分类。因此，此类算法被称为两阶段目标检测算法。

R-CNN 算法的整体流程如图 6-19 所示，主要包含候选框提取、特征提取以及支持向量机（SVM）分类三部分。该算法首先会对输入的图像进行候选框提取，区域数量大约为2000，但此时它们并不具有类别信息。接着，算法使用卷积神经网络从每个候选框中提取出一个固定长度的特征向量，再将提取到的特征输入支持向量机分类器中，以获得每个候选框的类别得分，进而输出其分类结果。

在候选框提取方面，R-CNN 会在一张图像中尽可能少而精地生成多个可能包含物体的候选框，使用的具体算法为选择性搜索。首先，使用 Felzenszwalb 和 Huttenlocher 提出的基

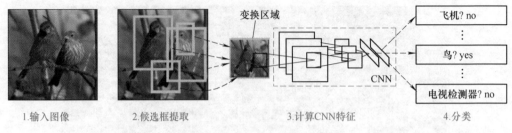

飞机? no

鸟? yes

电视检测器? no

CNN

变换区域

1.输入图像　　2.候选框提取　　3.计算CNN特征　　4.分类

图6-19　R-CNN算法的整体流程

于图聚类的高效图像分割方法得到初始分割区域，之后利用贪心算法结合相似度测量值对区域进行迭代分组。每次分组合并操作都生成一个新的候选区域，最终得到不同层次的候选区域。这些候选区域会不断扩大，直到只剩下一个区域即整个图像。最后，将所有生成的候选区域转换为候选框，这些候选框会作为后续特征提取模块的输入进一步处理。其中，初始区域的分割算法是一种基于图聚类的方法，该算法通过测量灰度或 RGB 值的相对距离来评估像素点间的相似性。对于两个区域或一个区域与一个像素点，考虑它们之间连接边的不相似度。当两个像素之间的不相似度小于设定的阈值时，它们会合并。通过迭代这一过程，像素点逐渐合并成区域，这一过程类似于区域生长。初始时，每个像素点视为一个顶点，通过最小生成树算法（如 Kruskal 算法或 Prim 算法）连接，形成分割区域。合并过程中，通过设定内部和外部差异阈值来进一步合并像素点或区域，具体算法步骤如下：

1）计算每个像素点与其 8 邻域或 4 邻域的不相似度。

2）将边按不相似度从小到大排序得到 e_1，e_2，…，e_n。

3）从排序后的边中选择 e_i。

4）对选中的边 e_j（连接的顶点 v_i 和 v_j 不在同一区域）进行合并判断：如果不相似度小于两顶点内部不相似度，则合并两顶点并更新阈值和类标号；如果 $i<n$，选择下一条边回到步骤4）；如果完成所有边，结束区域合并。

5）初始区域集合 R 完成后，开始执行选择性搜索算法。计算 R 中相邻区域的相似度，构建相似度集合 S。如果 S 不为空，执行以下步骤：获取 S 中的最大相似度 $s(r_i, r_j)$；合并 r_i 和 r_j 为新区域 r_t；从 S 中移除所有与 r_i 和 r_j 相关的相似度；使用步骤 1）中的方法，为新区域 r_t 与其相邻区域计算相似度，构建集合 S_t；将 S_t 添加到 S；将新区域 r_t 加入区域集 R。

6）当 S 为空，将 R 中的区域作为最终的目标位置框 L，得到算法结果。

在获得候选框之后，算法将执行特征提取步骤。R-CNN 使用预训练的 AlexNet 模型来从潜在区域中提取特征。由于这些候选框的图像尺寸不一致，必须先将图像缩放到统一的大小以适应网络，确保卷积网络输出的特征尺度一致。原始的 AlexNet 模型设计用于对1000 种物体进行分类，其最后的全连接层输出有 1000 个节点。而对于 R-CNN，这一层需要修改以适应不同的类别数。例如，如果有 20 个类别，则输出层需要调整为 21 个节点（20 个物体类别节点，另外加上 1 个背景类别节点），以增加对背景的识别。网络结构保留 AlexNet 的五层卷积和两层全连接层，但进行了微调以适应特定的目标检测任务。

在分类处理方面，卷积神经网络提取的特征被输入 SVM 分类器中以构建分类模型。每个类别对应一个 SVM 分类器，因此如果有 20 个类别，则将有 20 个 SVM 分类器。每个分类器仅需判断是否属于其对应的类别，如果多个分类结果同时为正（Positive），则选择概率值最高的结果。通过 SVM 处理后，将获得约 2000 个候选框的类别概率。候选框还需要进一步的筛选和后处理，首先，可以通过"有无物体"这一类别过滤掉大量候选框。若某候选框的最大类别概率低于阈值，则也可以将其过滤掉。剩余候选框可能会有重叠，此时可通过应用非极大值抑制来优化候选框。具体的算法流程如下：

1）对 2000×20 维矩阵中的每列按从大到小排序。

2）从每列中得分最高的候选框开始，与该列后续的候选框计算交并比。如果交并比（Intersection over Union，IoU）超过设定阈值，则剔除得分较低的候选框。这有助于处理图像中可能存在的同一类多个物体。

3）从每列次高得分的候选框开始，重复上述步骤。

4）按此方式遍历该列中的所有候选框。

5）对矩阵中所有列，即所有物体类别，重复执行非极大值抑制。

6）移除每个类别中得分低于类别特定阈值的候选框。

2. 单阶段目标检测算法（YOLO）

相比于两阶段目标检测方法，单阶段目标检测方法时间复杂度更低，更适用于实时性任务，该法以 YOLO 和 Single Shot MultiBox Detector 两大系列为代表。YOLO 提出之前，目标检测方法利用分类器实现目标分类与检测，而 YOLO 将目标检测看作一个回归问题，输出目标为图像空间上代表特定类别的边界框及其对应的类别概率。该算法输入一整张图像后使用单个神经网络即可达到目标检测的效果，因此，网络可以直接基于检测性能进行端到端优化，而且在识别性能上也有很大提升，速度达到每秒 45 帧。

YOLO 算法的目标检测流程如图 6-20 所示，首先将待检测的图像分为若干个网格，在每个网格中检测是否存在目标，回归计算每一个网格所捕获目标的准确边界框定位（b_x，b_y，b_w，b_h）、置信度 c 以及目标分类概率。置信度 c 定义为：

$$c = Pr(\mathrm{obj})\mathrm{IoU}_{\mathrm{truth}}^{\mathrm{pred}} \tag{6.3.1}$$

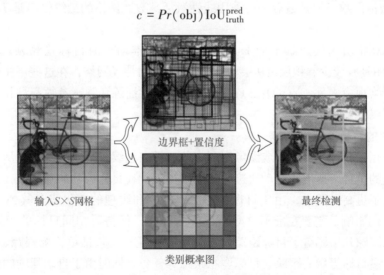

图 6-20　YOLO 算法的目标检测流程

置信度代表了单元格中存在某类物体的概率 $Pr(\mathrm{obj})$ 同预测边界框与真实边界框之间交并比（IoU）的乘积。另外，b_x 和 b_y 分别代表所预测的待检测目标边界框中心位置，b_w 和 b_h

分别表示所预测的待检测目标边界框的宽度和高度。每个网格单元还预测条件类别概率 $Pr(\text{Class}_i \mid \text{Obj})$ ，这些概率是以网格包含待检测目标为条件的，每个网格单元只预测一组类别概率，而不关注边界框的数量。最后经过非极大值抑制操作对候选边界框进行筛选，保留同时满足置信度和分类概率的检测结果，图 6-21 为 YOLO 网络结构图。

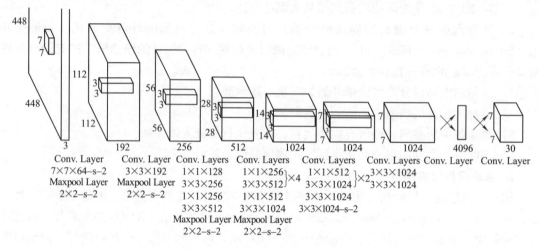

图 6-21　YOLO 网络结构图

YOLO 网络架构设计参考 GooLeNet 模型，共包含 24 个卷积层和 2 个全连接层。其中，卷积层用来提取图像特征，全连接层的作用是预测包围盒位置和类别概率值。网络首先将输入的图像大小调整为 448×448，随后进行图像卷积操作，主要使用 1×1 大小的卷积层来做通道压缩，然后紧跟 3×3 卷积，替代了 GooLeNet 中的 Inception 结构。卷积层和全连接层采用 Leaky ReLU 激活函数，但是最后一层采用线性激活函数，网络的最终输出是 7×7×30 的预测张量。

基于 YOLO 推出的快速版本的 Fast YOLO，旨在推动实时目标检测领域的发展进步。Fast YOLO 使用具有较少卷积层（9 层而不是 24 层）的神经网络，在这些层中使用较少的滤波器。除了网络规模之外，YOLO 和 Fast YOLO 的所有训练和测试参数都是相同的，快速版的推断速度可以达到每秒 150 帧。

3. 视频中的目标跟踪

目标跟踪是指通过分析视频或图像序列中的目标在连续帧之间的变化，从而确定目标在不同时间段内的位置、速度和运动轨迹等信息的过程。在目标检测的基础上，目标跟踪对模型和算法提出了更高的要求，由于目标的形态、尺度和纹理的变化或者其他干扰因素（如遮挡或消失）的影响，需要在准确检测出目标的同时，保持对相同目标的识别。自动驾驶系统中的目标跟踪几乎涵盖了目标跟踪领域的所有子任务，包括单目标跟踪、多目标跟踪、行人重识别、多目标摄像头跟踪、目标姿态跟踪等任务。同时由于自动驾驶的运行环境，对目标跟踪的实时性也提出了极高的要求。

早期的目标跟踪方法以人为设计特征匹配为主（如 SIFT 特征提取，Harris 角点检测），将提取到的特征进行互相关匹配，最终锁定目标进行跟踪。随后发展的光流法则通过分析像素在连续帧间的位移来追踪目标。但是，光流法需要满足三种假设：图像的光照强度保持不变，空间一致性以及时间连续性。随着深度学习的引入，网络学习的特征被应用于跟踪框架，提供了更强的表达能力和更佳的跟踪结果，但也增加了计算量，对实时性跟踪构成挑战，目前关于目标跟踪的算法族如图 6-22 所示。

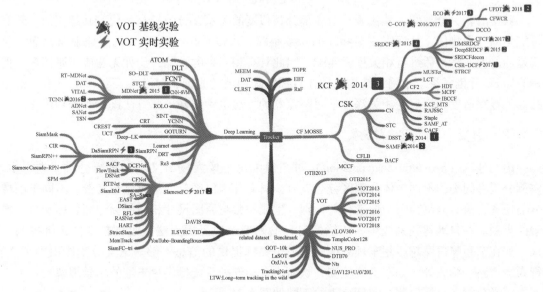

图 6-22 目标跟踪的算法族

在深度学习分支中，2017 年提出的 SiamFC 是一种孪生神经网络，接下来我们简单介绍 SiamFC 的网络结构及其设计思路。

SiamFC 是一种端到端训练的新型全卷积孪生网络，其主要思路也是利用神经网络强大的特征提取能力进行特征匹配，为视频中的目标检测提供了一种基本的跟踪算法。该跟踪算法结构简单，能够以超高帧速率运行，并在当时的多个基准测试中实现了最先进的性能。SiamFC 的网络结构如图 6-23 所示。

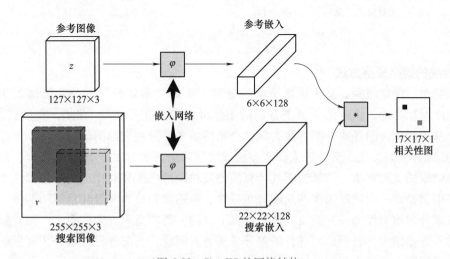

图 6-23 SiamFC 的网络结构

图 6-23 中，z 为需要追踪的目标，x 为待搜索的图像，任务为在图像 x 中找到 z 的位置，SiamFC 同时对两个 x 和 z 进行特征提取（即为图中的 φ 运算），之后将提取到的特征向量输入互相关层进行如下运算：

$$f(z, x) = \varphi(z)\varphi(x) + b \qquad (6.3.2)$$

获得的相关分数图，就代表了对应部分相似度的关系，分数越高，代表其越相似，越有可能是同一个物体，从而完成对物体的持续跟踪。可以看出，SiamFC 的思路非常简单，仅仅是通过提取特征后进行相关搜索匹配，因此具有相当多的缺陷，比如无法应对遮挡等，但是 SiamFC 开创了将孪生网络结构应用在目标跟踪领域的先河，显著提高了深度学习方法跟踪器的跟踪速度，之后的相关深度学习跟踪器的方法也大多基于此方法进行改进和优化。

6.3.2　语义分割与理解技术

语义分割（Semantic Segmentation）对图像中每个像素按语义类别进行分类。进一步，实例分割将同类的不同个体分别区分。有时，语义分割仅区分前景物体与背景。不同于图像分类任务，语义分割为每个像素分配类别，生成一张与原图尺寸相同的标记图，标示每个像素的类别。在自动驾驶系统中，传统的目标检测矩形边界框无法满足细粒度像素级控制需求，如在窄距障碍穿越或超车规划中，矩形边界框提供的信息不够。语义分割能识别车辆、行人、道路、标志等，如车道线检测，从而为自动驾驶系统提供更丰富的场景理解。

语义分割、目标检测与实例分割的不同如图 6-24 所示。

图 6-24　语义分割、目标检测与实例分割的不同

1. 传统的语义分割方法

从最简单的像素级别、基于像素聚类的分割方法到"图划分"的分割方法，在深度学习"一统江湖"之前，图像语义分割方面的工作可谓"百花齐放"。在此，我们仅以 OTSU 算法这个基于阈值法的经典分割方法为例，介绍传统语义分割方面的研究。

OTSU 图像分割算法，又称最大类间差法或大津算法，由大津于 1979 年提出，是图像分割中阈值选取的优选算法。该算法因其计算简便及对图像亮度和对比度的高鲁棒性而广泛应用于数字图像处理。它依据图像的灰度分布特性，将图像划分为背景和目标两部分。考虑到方差是灰度分布均匀性的一种度量，理想情况下，同一类的类内方差应很小，而背景与目标之间的类间方差越大，表明这两部分的差异越显著。因此，当部分目标误分为背景或部分背景误分为目标时，会减小两部分的差异，增加错分概率。OTSU 算法通过最大化类间方差来实现最佳分割，从而最小化错分概率。该方法的基本思想是根据选取的阈值将图像分为目标和背景两个部分，计算该灰度值下的类间方差值，将类间方差最大时对应的阈值/灰度值作为最佳阈值。

设图像尺寸为 $M×N$，其二值化最佳阈值为 T，该阈值将图像分为背景和目标两个类别。其中属于背景的像素点数量为 N_0，属于目标的像素点数量为 N_1。背景像素点占整幅图像的比例为 $\omega_0 = N_0/(M \times N)$，其灰度均值为 μ_0，目标像素点占整幅图像的比例为 $\omega_1 = N_1/(M \times N)$，其灰度均值为 μ_1，整幅图像的灰度均值 μ 可以表示为：

$$\mu = \frac{\mu_0 \times N_0 + \mu_1 \times N_1}{M \times N} = \mu_0\,\omega_0 + \mu_1\,\omega_1$$

OTSU 可以根据图像自动生成最佳分割阈值，OTSU 的核心思想是类间方差最大化。

令 $\{0, 1, 2, \cdots, L-1\}$ 表示一幅大小为 $M \times N$ 像素的数字图像中的 L 个不同的灰度级，n_i 表示灰度级为 i 的像素数。

图像中的像素总数为：

$$n = n_0 + n_1 + \cdots + n_{L-1}$$

像素的灰度级为 i 的概率为：$p_i = \dfrac{n_i}{n}$。且有：$\displaystyle\sum_{i=0}^{L-1} p_i = 1$。

现在，假设我们选择一个阈值 $T(k) = k$，$0 < k < L-1$，并使用它把输入图像阈值化处理为两类 C_1 和 C_2，其中 C_1 由图像中灰度值在范围 $[0, k]$ 内的所有像素组成，C_2 由灰度值在范围 $[k+1, L-1]$ 内的所有像素组成。

则像素被分类到 C_1 中的概率为：

$$P_1(k) = \sum_{i=0}^{k} p_i \tag{6.3.3}$$

像素被分类到 C_2 中的概率为：

$$P_2(k) = \sum_{i=k+1}^{L-1} p_i = 1 - P_1(k)$$

则分配到类 C_1 中的像素的平均灰度值为：

$$m_1(k) = \sum_{i=0}^{k} iP(i\,|\,C_1) = \sum_{i=0}^{k} \frac{iP(C_1\,|\,i)P(i)}{P(C_1)} = \frac{1}{P_1(k)} \sum_{i=0}^{k} ip_i$$

类似地，分配到类 C_2 中的像素的平均灰度值为：

$$m_2(k) = \sum_{i=k+1}^{L-1} iP(i\,|\,C_2) = \frac{1}{P_2(k)} \sum_{i=k+1}^{L-1} ip_i$$

灰度级为 0 到 k 的像素的平均灰度值为：

$$m_k = \sum_{i=0}^{k} ip_i \tag{6.3.4}$$

整个图像的平均灰度值为：

$$m_G = \sum_{i=0}^{L-1} ip_i \tag{6.3.5}$$

可以验证下式成立：

$$P_1(k)\,m_1(k) + P_2(k)\,m_2(k) = m_G$$
$$P_1(k) + P_2(k) = 1 \tag{6.3.6}$$

则类间方差定义为：

$$\sigma_B^2 = P_1 (m_1 - m_G)^2 + P_2 (m_2 - m_G)^2 = P_1 P_2 (m_1 - m_2)^2 = \frac{(m_G P_1 - m)^2}{P_1 (1 - P_1)}$$

$$(6.3.7)$$

全局方差为：

$$\sigma_G^2 = \sum_{i=0}^{i-1} (i - m_G)^2 p_i \qquad (6.3.8)$$

令 $\eta = \dfrac{\sigma_B^2(k)}{\sigma_G^2}$，其中：

$$\sigma_B^2(k) = \frac{[m_G P_1(k) - m(k)]^2}{P_1(k) [1 - P_1(k)]} \qquad (6.3.9)$$

由式（6.3.7）可知，两个均值 m_1 和 m_2 彼此隔得越远，σ_B^2 越大，这表明类间方差是类之间的可分性度量。因为 σ_G^2 是一个常数，所以 η 是一个归一化后的可分性度量。

所以我们要求得最佳阈值 k^*，使得 σ_B^2 最大，即：

$$\sigma_B^2(k^*) = \max_{0 \leqslant k \leqslant L-1} \sigma_B^2(k)$$

OTSU 算法步骤如下：

1）计算输入图像的归一化直方图。使用 $p_i(i = 0, 1, 2, \cdots, L-1)$ 表示该直方图的各个分量。

2）根据式（6.3.3），对于 $k = 0, 1, 2, \cdots, L-1$，计算 $P_1(k)$。

3）根据式（6.3.4），对于 $k = 0, 1, 2, \cdots, L-1$，计算 m_k。

4）根据式（6.3.5）计算全局灰度均值 m_G。

5）根据式（6.3.9），对于 $k = 0, 1, 2, \cdots, L-1$，计算类间方差 $\sigma_B^2(k)$。

6）得到 OTSU 阈值 k^*，即使得 $\sigma_B^2(k^*)$ 最大的 k 值。如果最大值不唯一，则将各个最大 k 值平均得到 k^* 值。

7）在 $k = k^*$ 处计算可分性度量 η。

2. 基于深度学习的语义分割方法

基于深度学习的语义分割方法基本上都是由全卷积网络（Fully Convolutional Network，FCN）发展而来的，是 Jonathan Long 等人于 2015 年提出的。相比于传统的卷积神经网络（CNN），FCN 的主要创新在于将传统 CNN 中的全连接层替换为全卷积层，从而使网络能够接受任意大小的输入，并输出对应大小的密集像素分类结果。不同场景的语义分割示意图如图 6-25 所示。FCN 的网络结构如图 6-26 所示。

FCN 的主要贡献有三个：卷积化、上采样、跳跃结构。卷积化是将普通的分类网络，比如 VGG16、ResNet 50/101 等网络丢弃全连接层，换上对应的卷积层，直接从抽象的特征中恢复每个像素所属的类别，形成一种端到端的网络结构（图 6-27）。上采样，也称为转置卷积，用于恢复经过多次池化（如 VGG16 五次池化）后缩小的图片尺寸，以生成与原图等大的分割图。转置卷积的操作类似于常规卷积的相乘相加过程，不同之处在于转置卷积是一对多的映射。其前向和后向传播过程只需将常规卷积的相应步骤颠倒即可。跳跃结构用于优

图 6-25 不同场景的语义分割示意图

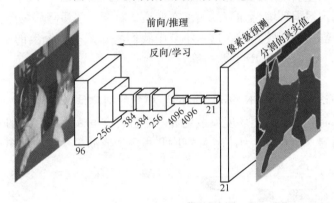

图 6-26 FCN 的网络结构

化语义分割结果,通过从不同池化层上采样并结合这些信息,以提升全卷积后的输出准确率。

FCN 采用的编码器-解码器结构,通过降采样后上采样的方式,成为语义分割的基本架构。这种结构模仿了人类视觉处理过程:光波通过眼球到达视网膜,转化为神经脉冲,再由大脑解码成图像。编码器-解码器结构因其强大的泛化能力和鲁棒性,在计算机视觉及多模态任务处理中得到广泛应用。

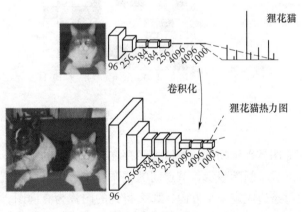

图 6-27 卷积化

6.4 自动驾驶系统的决策规划控制技术

决策规划控制技术是自动驾驶系统的核心组成部分,负责从环境感知和车辆状态信息中提取关键特征,并根据预定义的目标和约束,生成合适的行为和运动规划,实现车辆的智能决策和精准控制。决策规划控制通过导航规划算法，基于地图数据、传感器信息和目标位置等输入，计算出车辆的最佳路线和行驶方向，确保车辆能够安全、高效地到达目的地；行为与运动规划算法决定车辆的整体行驶策略，例如超车、跟随、躲避障碍等，并生成车辆的具体轨迹和动作控制指令，以实现行为规划的要求；最后通过模型预测控制建立车辆动力学模型和环境模型，预测车辆未来的状态和行为，并根据预测结果进行实时控制决策。

6.4.1 导航规划算法

自动驾驶中，从涉及的时空大小将导航规划分为全局路径规划和局部路径规划。其中全局路径规划指在已知全局地图的情况下，从车辆当前位置规划出一条到目的地位置的全局路径；局部路径规划则根据环境感知到的信息在变道、转弯、躲避障碍物等情况下实时规划出一条安全、平顺、舒适的行驶路径。这一小节中我们将介绍一些经典的全局路径规划算法，包括 Dijkstra 算法、A* 算法和 RRT 算法等。

1. 图的表示

路径规划中的路网（Route Network Graph）模型的构建是一个复杂的问题，执行任何类型的路径规划，都需要先将地图环境离散化为图形进行空间表示，常用的地图表示方法有拓扑地图、栅格地图等。图 6-28a 为使用 MATLAB 程序生成的简单栅格地图。

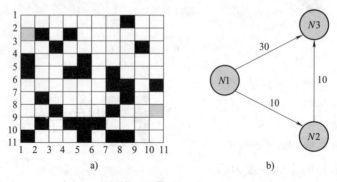

图 6-28　简单栅格地图和带权有向图

图是表示物体与物体之间存在某种关系的结构，物体在图中被称为节点或顶点，并用一组点或小圆圈表示。节点间的关系称作边，可以用直线或曲线来表示节点间的边。如果给图的每条边规定一个方向，那么得到的图称为有向图，其边也称为有向边，边没有方向的图称为无向图。在图的边中给出相关的数，称为权，权可以代表一个顶点到另一个顶点的距离、耗费等。全局路径规划时，通常将道路和道路之间的连接情况、通行规则、道路的路宽等各种信息处理成有向图，每一个有向边都是带权重的，图 6-28b 为简单带权有向图示例。全局路径的规划问题就变成了在带权有向图组成的路网中，搜索一条最优的路径。

2. 广度优先遍历

搜索算法是用于在图或树等数据结构中查找目标节点或解决问题的算法。广度优先搜索算法（Breadth-First Search，BFS）从起始节点开始，逐层地向外扩展，先访问与起始节点距离为 1 的节点，然后是距离为 2 的节点，以此类推，直到找到目标节点或者遍历整个图或树。我们使用 0-1 的格子地图，即 0 代表该格子可通行，1 代表该格子存在障碍物，不可通行。图 6-29a 格子地图表示没有障碍物的情况，我们用五角星代表起点，三角形代表终点。

图 6-29b 格子地图是运行完 BFS 算法后的寻径过程图，其中每一个格子中的数目代表该格子是在第几步的时候被搜索到的，如 1 表示第一步被搜索到。我们将图中相同数字的格子连接起来，可以看出：BFS 是以起点作为中心，朝着四面八方散开搜索，直到当前的搜索边界碰到了目标点后停止扩散。在路径中找到"起点-1-2-3-4-5-终点"的这样一条路径即可表示从起点到目标

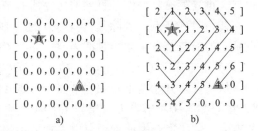

图 6-29　格子地图和寻径过程图

点的路径，而且，每一条"起点-1-2-3-4-5-终点"的路径都可以代表从起点到终点的路径。

BFS 是由先进先出的队列实现的，其访问一个节点和该节点的所有邻居节点，再去访问邻居节点和邻居节点的邻居节点，慢慢往外扩散，从而实现扩散搜索的目的。上面的 BFS 寻径图中，所有值为 1 的节点都是起点（五角星）的邻居，因此它们会被优先访问；当所有的 1 被访问完后，接着访问所有值为 1 的格子的邻居们，也就是图中所有值为 2 的格子，这样依次往外扩散，完成搜索，只要从起点开始的扩散搜索过程能够遍历到终点，那么起点和终点之间一定是连通的，即至少存在一条路径可以从起点到达终点。

3. Dijkstra 算法

在 BFS 算法中我们考虑了如何找到一条从起始点到目标点的路径，但是我们没有考虑路径权重和障碍物的情况。路径权重是指我们在通过这条路径的时候会付出多少代价（cost），比方说某一个格子对应的地形是一个山脉，如果我们要从这个格子通行的话就会付出较大的代价，当存在路径代价的情况下，我们使用 BFS 就很难寻找最优路径。例如，在图 6-28b 简单带权有向图中，当我们第一次访问 $N1$ 的邻居节点 $N3$ 时，计算出 $N1{\to}N3$ 的距离为 30，但当我们访问了 $N2$ 后通过 $N2$ 去访问 $N2$ 的邻居节点 $N3$ 时，发现 $N1{\to}N2{\to}N3$ 这条路径的距离只有 20，比第一次访问的 30 要小。因此，我们需要更改 BFS 算法中访问节点的逻辑，只有当该节点是第一次被访问或者该节点能够计算出更短的通行代价的时候，才访问该节点。Dijkstra 算法就是采用上述的逻辑。Dijkstra 算法是由荷兰计算机科学家 Dijkstra 于 1959 年提出的，是从一个节点遍历其余各节点的最短路径算法，解决的是有权图中最短路径问题。

下面以一个例子来说明整个算法的运行过程。图 6-30 是由多个节点和多个连接的边组成的图，每条边有一个权重，如果我们想从节点 A 出发，到达节点 I，最短的路径该怎么走？最短的路径长度又是多少？第一步，我们将有向图中所有的节点分成两个集合 P 和 Q，P 用来存放已知距离起点最短距离的节点，Q 用来存放剩余未知节点，一开始，P 中只有起点 A；第二步，我们设置起点 A 到自己的最短距离为 0，起点能直接到达的节点距离即为其边的长度，起点不能直接到达的节点的

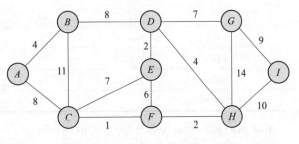

图 6-30　带权图

最短路径设为∞；第三步，从数组 Q 中找出离起点最近的节点，即路径最短的节点 K，并将其加入数组 P 中，同时，从数组 Q 中移除节点 K，然后更新数组 Q 中的各节点到起点 A 的距离；重复第三步操作，直到遍历完所有节点。

初始时刻节点 A 到除其自身以外的其他节点的距离都为正无穷，在表 6-2 记录下每个节点到它的前向节点，初始时都为空，此时 P 集合中只有节点 A，Q 集合中为其他节点。

$$P = \{A(0)\}; \quad Q = \{B(\infty),\ C(\infty),\ D(\infty),\ E(\infty),\ F(\infty),\ G(\infty),\ H(\infty),\ I(\infty)\}$$

从节点 A 开始搜索其邻居节点，节点 A 到节点 B 的距离为 4，节点 A 到节点 C 的距离为 8，在 Q 集合中将节点 B 和节点 C 的距离更新为 4 和 8，记录节点 B 和节点 C 的前向节点为节点 A；在 Q 集合中搜索距离出发点最小的节点，节点 B 为 4，节点 C 为 8，其他节点为正无穷，因此寻找到的距离最小的节点为节点 B，将其放到 P 集合中。

$$P = \{A(0),\ B(4)\}; \quad Q = \{C(8),\ D(\infty),\ E(\infty),\ F(\infty),\ G(\infty),\ H(\infty),\ I(\infty)\}$$

更新集合 P 中新标记的节点的邻居节点的路径，节点 B 的邻居节点为节点 D 和节点 C。节点 B 到节点 D 的距离为 8，因此从节点 A 经过节点 B 到节点 D 的最优路径的距离为 12，Q 中 D（∞）更新为 D（12）；节点 B 到节点 C 的距离为 11，从节点 A 经过节点 B 到节点 C 的距离为 15，比之前记录的节点 A 到节点 C 的距离 8 大，Q 中 C（8）不变，记录节点 D 的前向节点为节点 B，节点 C 的前向节点为节点 A；在 Q 集合中继续搜索距离出发点最小的节点，此时节点 D 的距离为 12，节点 C 的距离为 8，其余节点的距离为正无穷，因此寻找到的距离最小的节点为节点 C，将其放到 P 集合中。

$$P = \{A(0),\ B(4),\ C(8)\}; \quad Q = \{D(12),\ E(\infty),\ F(\infty),\ G(\infty),\ H(\infty),\ I(\infty)\}$$

重复上述过程，更新集合 P 中新标记的节点的邻居节点的路径，并在 Q 集合中继续搜索距离出发点最小的节点，并记录前向节点，直到 Q 集合中的节点为空或搜索到目标节点为止。在执行完上述过程后，Q 集合中搜索到目标节点 I，更新完节点路径后的所有节点距离出发点的路径和各个节点的前向节点的记录见表 6-2。

表 6-2　所有步骤执行完毕后的节点数据

节点名称	到起始节点距离	前向节点
A	0	
B	4	A
C	8	A
D	12	B
E	14	D
F	9	C
G	19	D
H	11	F
I	21	H

由此我们通过倒推前向节点可以得到，从起始节点 A 到节点 I 的最短路径距离为 21，其路径为节点 A→节点 C→节点 F→节点 H→节点 I。

Dijkstra 算法的基本思想是贪心算法，其执行时间和占用空间与图中节点数目有关，当节点数目较大时，Dijkstra 算法的时间复杂度会急剧增加。当图的规模较大时，直接应用该算法会存在速度慢或空间不够的问题。Dijkstra 算法作为经典的路径规划算法，在实验地图数据量较小情况下会得到很好的规划结果，但在实验地图数据量较大情况下很难满足路径规划的实时性要求。

4. A* 算法

Dijkstra 算法很好的解决了带权路径的求解问题，但在搜索的时候它是无方向的，同时向着四面发散搜索，而且很多时候我们的目标点并不一定在那些路径代价小的地方，Dijkstra 算法仅仅考虑了节点之间的距离，而没有考虑目标节点的位置。Dijkstra 算法会优先去搜寻那些路径代价小的地方，而不会朝着我们的目标点方向尝试进行搜索，但在实际情况下，我们期望算法在搜索时能够兼顾"已付出代价"和"目标点信息"两者，这就是我们常说的启发式搜索，即在搜索的时候能够受到一些外界信息的引导（例如目标点信息）。

A* 算法兼顾了 Dijkstra 的准确度和 BFS 的效率，可以快速有效地寻找到图中的最短路径，是应用最广的寻路算法。使用 A* 算法时通常要将地图网格化，采用栅格地图，并有选择地标识出障碍物与可通行区域。一般来说，栅格划分越细密，搜索点数越多，搜索过程越慢，计算量也越大；栅格划分越稀疏，搜索点数越少，相应的搜索精确性就越低。这里我们引入几个定义，两个集合分别定义为开列表（OpenList）和关列表（CloseList），以及一个估价函数 $F=G+H$。开列表用来存储等待检查的方格，关列表用来存储已到达的不再需要检查的方格。G 代表从起点到当前格子的距离，H 表示在不考虑障碍物的情况下，从当前格子到目标格子的距离。F 是起点经由当前格子到达目标格子的总代价，值越小，综合优先级越高。

代价 = 当前代价 + 预估代价，即估价函数 $F=G+H$，通过考虑当前地图格子与起始点的距离，以及当前格子与目标格子的距离来实现启发式搜索。对于当前格子到目标格子的距离 H，在 A* 算法中通常采用曼哈顿距离来计算 $H=|x_1-x_2|+|y_1-y_2|$，即物理上表示从当前格子出发，可以从 4 个方向向四周格子移动。下面用一个简单的例子对 A* 算法的寻路过程进行详细梳理。方格 S 为起点，方格 E 为终点，斜杠阴影方格表示障碍物（图 6-31）。在本例中，假设横纵向移动的代价为 10，对角线移动的代价为 14。

从起始点 S 开始，将 S 作为等待检查的方格节点放入开列表中，寻找起始点 S 附近可以达到的方格，将它们都放入开列表中，设置它们的父方格为 S，并将起点 S 放入关列表中；计算放入开列表的周围方格的代价值 F，利用估计函数 $F=G+H$，在每个格子上都标出计算出的 F、G、H 的值，左上角是 F，左下角是 G，右下角是 H，如图 6-31a 所示（以第三行第二列的格子 A 为例，其当前代价 G 为从起始格子 S 横向移动一格，因此 $G=10$；其预估代价通过计算格子 A 到终点格子 E 之间的曼哈顿距离，因此 $H=30$；则格子 A 的代价值为 $F=40$）。计算发现第三行第二列的格子 A 的移动代价 F 值最低，将它放入关列表中。

接着将 A 作为当前格子，对 A 的所有临近且可达到的方格进行检查，障碍物和关列表中的方格不考虑，将其他不在开列表中的方格加入开列表中，并设置这些方格的父方格为 A，计算每个方格的 F 值，如果某相邻的方格 B 已经存在于开列表中，则需要重新计算新的路径从起始 S 到方格 A 再到方格 B 的 G 值，新的 G 值更低时修改父方格为 A，重新计算 F 值，新的 G 值更高时则不需要更改，如图 6-31b 所示。对于当前格子 A 来说，它的相邻且可到达的 5 个格子中有 4 个已经在开列表中，我们以第二行第二列的格子 B 为例，从起点 S 经由格子 A 到达格子 B 的 *G* 值为 20(10+10) 大于从起点 S 直接沿对角线到达格子 B 的 *G* 值 14。显然 S 经由格子 A 到达格子 B 不是最优的路径，因此方格 B 的 *G* 值为 14 不变，其父方格仍为 S 不变。把 4 个已经在开列表中的相邻格子都检查后，没有发现经由当前方格的更好路径，不做任何改变。未在开列表中的第二行第三列的格子 C，计算它的 *F*、*G*、*H* 值并将它加入开列表中，设置其父方格为 A。

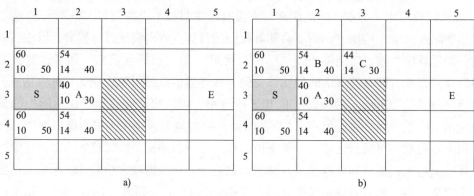

图 6-31　第一轮和第二轮计算后的结果

重复之前的步骤，从开列表中寻找出 *F* 值最小的格子并删除，将其添加到关列表中，同时设置为当前格子，再继续寻找临近且可以到达的方格，继续循环；当开列表中出现目标方格 E，说明路径已经找到；当开列表中没有数据，说明没有合适的路径。结束判断，以当前格子倒推，寻找其父方格，父方格的父方格……如此即可得到一条最优路径，本例中最终的路径如图 6-32a 所示，图 6-32b 为 MATLAB 仿真实现 A* 算法图。

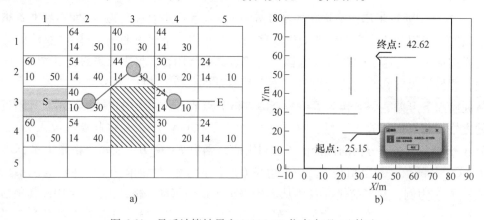

图 6-32　最后计算结果和 MATLAB 仿真实现 A* 算法

上述例子说明了 A* 算法的基本原理，A* 算法将 Dijkstra 算法与广度优先搜索算法相结合，通过使用启发式函数来指导搜索方向，能够有选择性地搜索更有可能达到目标节点的路径，从而提高搜索效率。在每一步中，A* 算法选择估算值最小的节点进行处理，确保每一步都朝着最有希望的方向前进，启发式函数的引入使得 A* 算法在大型图或复杂问题中的效率相对较高。

5. RRT 算法

尽管 A* 算法在路径规划中是一种高效的算法，但在处理复杂、高维空间时可能会遇到困难，因为 A* 算法需要完整的环境地图，并且在搜索过程中需要考虑所有可能的路径。为了应对这些问题，我们可以使用 RRT 算法，即快速扩展随机树（Rapidly-exploring Random Tree，RRT）算法。RRT 算法由 Steven M. LaValle 于 1998 年提出，是一种基于随机采样的搜索算法，通过不断扩展树型结构来逼近目标区域，从而找到路径。

RRT 算法和 A* 算法一样也是种启发式的算法，在搜索的过程中会用到目标点的位置信息。但是 RRT 算法不像 Dijkstra 算法和 A* 算法一样基于栅格地图信息一格一格地扩展搜索，而是以初始的一个根节点为基础，通过随机采样的方法在空间搜索，然后添加一个又一个的叶节点来不断扩展随机树，当目标点进入随机树里面后，随机树扩展立即停止，此时能找到一条从起始点到目标点的路径。

RRT 算法可以分成几个主要步骤：采样、扩树、终止条件判断。首先是采样过程，初始化后已经确定了规划的起始点，按照需要树会不断地向着目标点生长，如果让树型结构一直朝着目标点延伸，因为场景中存在着障碍物和不可通过的区域，很可能会出现无意义的搜索，导致树型扩展卡死在某一区域。因此，需要采用随机采样的方法，设置一个临时目标点，利用临时目标点来决定下一步树的扩展方向。在选择临时目标点的时候，应以一定的概率选择目标点作为临时目标点，剩下时刻应在地图中随机选择一个点作为临时目标点，这样当树在每次选择生长方向时，会有一定的概率向着目标点延伸，也有一定的概率会随机在地图中选择一个方向延伸一段距离，这样可以解决向单一方向延伸卡死的问题。

扩树过程根据最近邻节点和采样点之间的关系，生成新的节点，并将其添加到树中。因为采样过程的随机性，所以每次生长都存在一定的随机性，因此 RRT 树会逐渐出现许多分支，一般直接选择 RRT 树中离采样点最近的点，并向其延伸。新扩展的节点如果位于障碍物内或跨过了障碍物，即为非法扩建点，应舍去并重新采样扩树；假如在这段延伸中没有发生碰撞，而且新节点与现有的所有节点的距离大于判断阈值，则将这个新节点加入 RRT 树中。

因为每次延伸的距离是固定的，所以并不能保证最后一次延伸能够刚好到达终点的位置，更可能的情况是在终点周围来回跳动。因此需要设定阈值，假如本次延伸的新点与终点的距离小于阈值，停止整个算法循环，从最后一个点回溯到起始点，形成最后的规划路径（图 6-33）。

即使是相同的地图环境信息，两次使用 RRT 算法所得到的路径也是不同的，这是 RRT 算法具有随机性和非确定性的特点所导致的，正是因为 RRT 算法的随机采样和概率完备的特点，使得其不需要对环境具体建模，有很强的空间搜索能力，路径规划速度快，可以很好解决复杂环境下的路径规划问题。RRT 算

 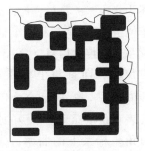

a)　　　　　　　　　　b)

图 6-33　MATLAB 仿真实现 RRT 算法

法因为随机性强，搜索没有目标性，冗余点多，每次规划产生的路径都不一样，不一定是最优路径，由于树的扩展是节点之间相连，最终生成的路径不平滑，不适用于动态环境的路径规划。

6.4.2 行为与运动规划算法

行为规划算法充当决策模块，根据全局路径和感知信息，为车辆提供行驶意图，例如避让障碍物或超车，但是行为规划算法并不会提供具体的运动建议。运动规划算法在行为规划的基础上，根据车辆的动力学约束和其他约束条件，搜索或优化出一条平滑、连续的轨迹，这条轨迹包含了详细的路径和速度信息，考虑了车辆的动力学约束和操纵性能等要求。运动规划算法的输出是决策规划模块的最终结果，并被传递给控制模块，以指导车辆的实际运动。路径-速度分解法将路径规划与速度规划分开进行，将道路+时间维度的三维问题分解为二维问题。通过行为与运动规划算法的结合，我们能够在全局路径规划的基础上，考虑动态环境和车辆的动力学约束，生成适应实际驾驶场景的平滑、安全的轨迹，这样的路径规划算法和控制系统可以让自动驾驶车辆在复杂的交通环境中实现可靠的导航和行驶。

1. 直角坐标系与自然坐标系

直角坐标系使用直角坐标来描述物体的位置，在直角坐标系中，一个点的位置可以由其相对于参考点的水平距离和垂直距离表示，对于描述绝对位置和执行简单的运动控制非常有效。然而在城市、高速等道路交通环境下，道路的弯曲形态多种多样，难以找到统一的曲线类型描述弯曲道路，如何统一简洁地描述道路边缘走势对于轨迹规划问题的求解效率有着重要影响。在结构化道路场景中存在中心指引线，车辆的行驶轨迹不会大幅度偏离指引线，因此可以利用指引线通过自然坐标系实现自动驾驶的规划。

自然坐标系使用道路的中心指引线作为参考线，使用参考线的切线向量和法线向量建立坐标系，用 s，l 表示坐标轴，如图 6-34 所示。这样一来，无论是何种弯曲情况的道路，只需要根据道路的中心线建立自然坐标系，与直角坐标系进行坐标转换，将不同道路转化到同一个坐标系下进行分析，简化了路径规划问题。随之而来的问题则是自然坐标系与直角坐标系之间的坐标转换，可以将直角坐标系和自然坐标系之间的转化看作是直角坐标系中车的运动轨迹在以道路为坐标轴的自然坐标系上的投影（图 6-35）。

首先来确定一些变量。直角坐标系下的车辆，其运动状态可以描述为 $\{\vec{x}_h, \theta_h, k_h, v_h, a_h\}$。$\vec{x}_h$ 为车辆当前位置，表示车辆在直角坐标系下的位置信息（x，y）；θ_h 为其方位角，即直角坐标系下的朝向；我们将 $\vec{x}_h$ 与 θ_h 结合，用 $\vec{r}_h$ 表示，代表直角坐标系下车辆的位矢；k_h 为直角坐标系下的曲率，代表车的位矢在车轨迹上的曲率；v_h 为直角坐标系下的线速度，无方向，无正负；a_h 为笛卡儿坐标系下的加速度；定义 $\vec{\tau}_h$ 为车的位矢在车轨迹上的切线方向单位向量；$\vec{n}_h$ 为车的位矢在车轨迹上

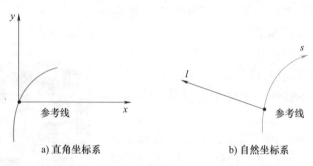

图 6-34　直角坐标系与自然坐标系比较

的法线方向单位向量。

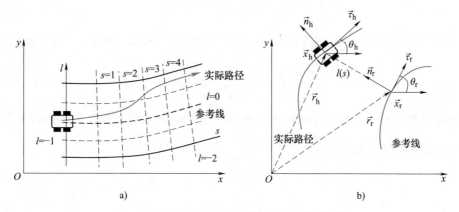

图 6-35　道路场景下的自然坐标系及其投影图

自然坐标系中，车辆的运动状态可以描述为 $\{s,\ \dot{s},\ \ddot{s},\ l,\ \dot{l},\ \ddot{l},\ l',\ l''\}$。$s$ 是自然坐标系的纵坐标；$\dot{s}$ 为自然坐标系纵坐标对时间的导数，即为沿参考线的速度，我们也可以把它看作车的轨迹在道路上的投影速率；$\ddot{s}$ 为沿参考线的加速度；l 为自然坐标系的横坐标；$\dot{l}$ 为自然坐标系的横向速度；$\ddot{l}$ 为自然坐标系的横向加速度；l' 为自然坐标系横向坐标对纵向坐标的导数；l'' 为自然坐标系横向坐标对纵向坐标的二阶导。

运动轨迹的位矢导数 $\vec{r}_h = \dfrac{\mathrm{d}\vec{r}_h}{\mathrm{d}t} = \dfrac{\mathrm{d}\vec{r}_h}{\mathrm{d}s_h}\dfrac{\mathrm{d}s_h}{\mathrm{d}t}$，当 $\mathrm{d}t \to 0$ 时，$\dfrac{|\mathrm{d}\vec{r}_h|}{\mathrm{d}s_h} \to 1$，因此可得：

$$\vec{r}_h = 1\vec{\tau}_h \frac{\mathrm{d}s_h}{\mathrm{d}t} = \vec{\tau}_h |\vec{v}_h| = \vec{v}_h \tag{6.4.1}$$

质点位矢在自然坐标系坐标轴曲线投影上的位矢导数 $\vec{r}_r$ 与 $\vec{r}_h$ 的求法类似：

$$\vec{r}_r = \frac{\mathrm{d}\vec{r}_r}{\mathrm{d}t} = \frac{\mathrm{d}\vec{r}_r}{\mathrm{d}s_r}\frac{\mathrm{d}s_r}{\mathrm{d}t} = \vec{\tau}_r \dot{s}_r \tag{6.4.2}$$

在大地表面，我们可以将局部路面看作一个平面，因此在自动驾驶路径规划的应用上，挠率可设定为 0，从而 frenet 公式可简化如下：

$$\begin{cases} \dfrac{\mathrm{d}\vec{\tau}}{\mathrm{d}s} = k\vec{n} \\[3mm] \dfrac{\mathrm{d}\vec{n}}{\mathrm{d}s} = -k\vec{\tau} \end{cases} \tag{6.4.3}$$

式中，k 为曲率；$\vec{\tau}$ 为切向量；$\vec{n}$ 为法向量。

利用向量三角形，根据简单的几何关系以及曲率的定义即可证明得到式（6.4.3），这里不多展开，感兴趣的同学可以自行了解。有了 frenet 公式（6.4.3），我们可以得到下列一系列辅助公式。

车的位矢在车轨迹上的切线方向对时间的导数为 $\vec{\tau}_h$，根据（6.4.3）可以得到：

$$\vec{\dot{\tau}}_h = \frac{d\vec{\tau}_h}{dt} = \frac{d\vec{\tau}_h}{ds_h}\frac{ds_h}{dt} = k_h\vec{n}_h\,|\vec{v}_h| \qquad (6.4.4)$$

车的位矢在车轨迹上的法线方向对时间的导数为 $\vec{\dot{n}}_h$，根据 (6.4.3) 可以得到：

$$\vec{\dot{n}}_h = \frac{d\vec{n}_h}{dt} = \frac{d\vec{n}_h}{ds_h}\frac{ds_h}{dt} = -k_h\vec{\tau}_h\,|\vec{v}_h| \qquad (6.4.5)$$

同理我们可得到，车的位矢在投影上的切线方向对时间的导数 $\vec{\dot{\tau}}_r$ 和车的位矢在投影上的法线方向对时间的导数 $\vec{\dot{n}}_r$ 为：

$$\vec{\dot{\tau}}_r = k_r\vec{n}_r\dot{s} \qquad (6.4.6)$$

$$\vec{\dot{n}}_r = -k_r\vec{\tau}_r\dot{s} \qquad (6.4.7)$$

我们在上述公式 (6.4.1) 中得到了 $\vec{v}_h = \vec{\tau}_h\,|\vec{v}_h|$，那么该如何得到加速度 $\vec{a}_h$ 呢？

$$\vec{a}_h = \frac{d\vec{v}_h}{dt} = \frac{d\,|\vec{v}_h|\vec{\tau}_h}{dt} = \frac{d\,|\vec{v}_h|}{dt}\vec{\tau}_h + |\vec{v}_h|\frac{d\vec{\tau}_h}{dt}$$

$$= |\vec{\dot{v}}_h|\vec{\tau}_h + |\vec{v}_h|\vec{\dot{\tau}}_h = |\vec{\dot{v}}_h|\vec{\tau}_h + |\vec{v}_h|^2\,k_h\vec{n}_h \qquad (6.4.8)$$

曲率 $k = \dfrac{1}{\rho}$，ρ 为曲率半径，因此 $\vec{a}_h = |\vec{\dot{v}}_h|\vec{\tau}_h + \dfrac{|\vec{v}_h|^2}{\rho}\vec{n}_h$，前一项为切向加速度，后一项为法向加速度。

将直角坐标系转换为自然坐标系，即已知 $\{\vec{x}_h,\ \theta_h,\ k_h,\ v_h,\ a_h\}$，求 $\{s,\ \dot{s},\ \ddot{s},\ l,\ \dot{l},\ \ddot{l},\ l',\ l''\}$ 的过程：我们需要用到上述所得辅助公式 (6.4.1) 至 (6.4.8)，此外还需要找到车在自然坐标系下的投影点在直角坐标系中的坐标，即 $\{\vec{x}_r,\ \theta_r,\ k_r\}$，同时，我们定义 k_r 为投影位矢在道路几何上的曲率，$\vec{\tau}_r$ 为投影位矢在道路几何上的切线方向单位向量，$\vec{n}_r$ 为投影位矢在道路几何上的法线方向单位向量；最后利用向量三角形通过微积分计算得到 $\{s,\ \dot{s},\ \ddot{s},\ l,\ \dot{l},\ \ddot{l},\ l',\ l''\}$。

我们利用匹配点法来寻找车的轨迹在曲线上的投影 $\{\vec{x}_r,\ \theta_r,\ k_r\}$。一般曲线上有一系列离散点，找到曲线上离位置 $(x,\ y)$ 最近的匹配点 $(x_r,\ y_r)$，以直线代替弧长：

$$s = \left[(x_1 - x_0)^2 + (y_1 - y_0)^2\right]^{\frac{1}{2}} + \left[(x_2 - x_1)^2 + (y_2 - y_1)^2\right]^{\frac{1}{2}} + \cdots \qquad (6.4.9)$$

寻找到匹配点 $(x_r,\ y_r)$ 后可利用几何关系得到车在自然坐标系下的投影点的参数 θ_r、k_r，进而得到车的投影的位矢 $\vec{r}_r$ 以及 $\vec{\tau}_r$、$\vec{n}_r$。

根据图 6-35b 中虚线所围成的矢量三角形，我们可以得到下列核心公式：

$$\vec{r}_r + l\vec{n}_r = \vec{r}_h \qquad (6.4.10)$$

接着我们可以计算出直角坐标转换到自然坐标的公式如下，具体计算过程这里不再给出，所有需要用到的公式在前面的介绍中均已给出，只需要利用核心公式 (6.4.10) 以及辅助公式 (6.4.1) 至 (6.4.8)，通过数学计算推导即可得到转换公式 (6.4.11)：

$$
\begin{cases}
l = (\vec{r}_h - \vec{r}_r) * \vec{n}_r \\[4pt]
\dot{l} = \vec{v} * \vec{n}_r \\[4pt]
\dot{s} = \dfrac{\vec{v} * \vec{\tau}_r}{1 - k_r l} \\[8pt]
\ddot{l} = \vec{a} * \vec{n}_r - k_r (1 - k_r l)\, \dot{s}^2 \\[8pt]
l' = \dfrac{\dot{l}}{\dot{s}} \\[8pt]
\ddot{s} = \dfrac{\vec{a} * \vec{\tau}_r}{1 - k_r l} + \dfrac{\dot{s}^2 k_r l'}{1 - k_r l} + \dfrac{\dot{s}^2 (k_r l' + k'_r l)}{1 - k_r l} \\[8pt]
l'' = \dfrac{\ddot{l} - l'\dot{s}}{\dot{s}^2}
\end{cases}
\tag{6.4.11}
$$

下面介绍如何从自然坐标转换到直角坐标。投影点在直角坐标系下的坐标、角度、切向量角度以及曲率都已知，即 $\{\vec{x}_r,\ \theta_r,\ k_r,\ \vec{\tau}_r,\ \vec{n}_r\}$ 已知，自然坐标系下车辆的运动状态 $\{s,\ \dot{s},\ \ddot{s},\ l,\ \dot{l},\ \ddot{l},\ l',\ l''\}$ 也已知，求 $\{\vec{x}_h,\ \theta_h,\ k_h,\ v_h,\ a_h\}$。

计算 $\vec{r}_h$，将 $\vec{x}_h$ 与 θ_h 结合用 $\vec{r}_h$ 代表车辆位矢，可由公式（6.4.10）得到。

计算 $\vec{v}_h$，根据公式（6.4.11）中的 $\dot{l}$ 和 $\dot{s}$，利用 $\vec{v}_h$ 与 X 轴的夹角 θ_h 以及 $\vec{\tau}_r$ 与 X 轴的夹角 θ_r，计算可得：

$$
|\vec{v}_h| = \left[\dot{l}^2 + (1 - k_r l)^2 \dot{s}^2\right]^{\frac{1}{2}}
\tag{6.4.12}
$$

结合计算 l' 的公式得到：

$$
\theta_h = \theta_r + \arctan\left(\frac{l'}{1 - k_r l}\right)
\tag{6.4.13}
$$

则 $\vec{v}_h$ 的切向 $\vec{\tau}_h = (\cos\theta_h,\ \sin\theta_h)$，法向 $\vec{n}_h = (-\sin\theta_h,\ \cos\theta_h)$。

计算 $\vec{a}_h$，根据公式（6.4.11）中的 $\ddot{l}$ 和 $\ddot{s}$ 可得：

$$
|\vec{a}_h| = \left\{\left[\ddot{l} + k_r(1 - k_r l)\,\dot{s}^2\right]^2 + \left[\ddot{s}(1 - k_r l) - \dot{s}^2 k_r l' + \dot{s}^2(k'_r l + k_r l')\right]^2\right\}^{\frac{1}{2}}
\tag{6.4.14}
$$

$\vec{a}_h$ 与 X 轴的夹角：

$$
\theta_{ah} = \arctan\left(\frac{\ddot{l} + k_r(1 - k_r l)\,\dot{s}^2}{\ddot{s}(1 - k_r l) - \dot{s}^2 k_r l' + \dot{s}^2(k'_r l + k_r l')}\right) + \theta_r
\tag{6.4.15}
$$

则 $\vec{\tau}_{ah} = (\cos\theta_{ah},\ \sin\theta_{ah})$，$\vec{a}_h = |\vec{a}|\vec{\tau}_{ah}$。

计算 k_h，根据辅助公式（6.4.8），$\vec{a}_h = |\vec{v}_h| \vec{\tau}_r \dashv |\vec{v}_h|^2 k_h \vec{n}_r$。

两边同时点乘 $\vec{n}_r$ 可得：

$$
k_h = \frac{\vec{a}_h \vec{n}_r}{|\vec{v}_h|^2}
\tag{6.4.16}
$$

至此，直角坐标系与自然坐标系之间的互相转换我们就全部介绍完毕，掌握公式（6.4.11）与公式（6.4.12）至（6.4.16），在需要进行坐标变换时会使用即可。

2. 参考线算法

参考线的本质是在生成的全局路径中截取一段路径做平滑，以平滑后的曲线（即参考线）作为自然坐标系曲线进行障碍物坐标投影和指导车辆跟随。生成参考线的过程要快速，参考线的生成需要找到车与导入的路径中的匹配点再找到投影点，接着选定距离进行采样，最后对参考线进行平滑处理。拟合是路径平滑中常用的方法，常见的拟合方法有样条曲线法、二次规划法等，这里主要介绍利用二次规划法对参考线进行平滑。

参考线平滑的首要目标是平滑性，可以用向量的模 $|\overrightarrow{P_1 P_2}|$ 来衡量平滑性，$|\overrightarrow{P_1 P_2}|$ 越小，P_1、P_2、P_3 三点连线越接近一条直线，参考线越平滑。平滑代价可表示为：

$$J_{\text{smooth}} = \sum_{i=2}^{N-1} |\overrightarrow{P_2 P_2'}|^2 = \sum_{i=2}^{N-1} [(x_{i-1} + x_{i+1} - 2x_i)^2 + (y_{i-1} + y_{i+1} - 2y_i)^2] \quad (6.4.17)$$

平滑后的参考线，希望能够保留实际道路的几何信息，不要把弯道处参考线也平滑成了直线，因此还要考虑道路的几何性（图6-36），几何性用平滑后点与原始点的距离来表示：

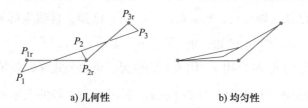

a) 几何性　　　　　　　　b) 均匀性

图 6-36　几何性与均匀性示意图

$$J_{\text{deviation}} = \sum_{i=1}^{N} |\overrightarrow{P_{ir} P_{ir}'}|^2 = \sum_{i=1}^{N} [(x_i - x_{ir})^2 + (y_i - y_{ir})^2] \quad (6.4.18)$$

同时平滑后的参考线的每两个相邻点之间的长度尽量均匀紧凑（图6-36），均匀代价可以表示为：

$$J_{\text{length}} = \sum_{i=1}^{N-1} |\overrightarrow{P_i P_{i+1}'}|^2 = \sum_{i=1}^{N-1} [(x_{i+1} - x_i)^2 + (y_{i+1} - y_i)^2] \quad (6.4.19)$$

由上述我们可以得到参考线平滑的三个代价因素，结合各个要素的权重得到参考线平滑的优化目标，定义为：

$$J = w_{\text{smooth}} J_{\text{smooth}} + w_{\text{deviation}} J_{\text{deviation}} + w_{\text{length}} J_{\text{length}} \quad (6.4.20)$$

那么平滑的目标就是选取合适的参数，使得平滑的代价函数最小，这就转化成了典型的二次规划问题。下面把上述问题表示为二次规划的标准形式。

首先我们可以将平滑代价转化为矩阵的形式，将求和的内容展开如下：

$$\sum_{i=2}^{N-1} [(x_{i-1} + x_{i+1} - 2x_i)^2 + (y_{i-1} + y_{i+1} - 2y_i)^2] =$$
$$[(x_1 + x_3 - 2x_2, \ y_1 + y_3 - 2y_2), \ (x_2 + x_4 - 2x_3, \ y_2 + y_4 - 2y_3), \ \cdots] \cdot$$
$$[(x_1 + x_3 - 2x_2, \ y_1 + y_3 - 2y_2), \ (x_2 + x_4 - 2x_3, \ y_2 + y_4 - 2y_3), \ \cdots]^{\text{T}}$$

$$(6.4.21)$$

上式中的内容可以写成矩阵的形式，如下所示：

$$[(x_1 + x_3 - 2x_2,\ y_1 + y_3 - 2y_2),\ (x_2 + x_4 - 2x_3,\ y_2 + y_4 - 2y_3),\ \cdots] = \boldsymbol{x}^{\mathrm{T}}\boldsymbol{A}_1^{\mathrm{T}}$$

$$(6.4.22)$$

由此可得平滑代价：

$$J_{\mathrm{smooth}} = w_{\mathrm{smooth}}\boldsymbol{x}^{\mathrm{T}}\boldsymbol{A}_1^{\mathrm{T}}\boldsymbol{A}_1\boldsymbol{x} \tag{6.4.23}$$

同理将几何相似性代价转化为矩阵形式，先将求和展开：

$$\sum_{i=1}^{N}\left[(x_i - x_{ir})^2 + (y_i - y_{ir})^2\right] =$$

$$\sum_{i=1}^{N}(x_i^2 + y_i^2) - 2\sum_{i=1}^{N}(x_i x_{ir} + y_i y_{ir}) + \sum_{i=1}^{N}(x_{ir}^2 + y_{ir}^2) \tag{6.4.24}$$

因为 x_{ir}，y_{ir} 已知，简化写成矩阵的形式，则几何相似性代价可表示如下：

$$J_{\mathrm{deviation}} = w_{\mathrm{deviation}}(\boldsymbol{x}^{\mathrm{T}}\boldsymbol{A}_2^{\mathrm{T}}\boldsymbol{A}_2\boldsymbol{x} + \boldsymbol{h}^{\mathrm{T}}\boldsymbol{x})$$

$$\boldsymbol{h} = \begin{pmatrix} -2x_{1\mathrm{r}} \\ -2y_{1\mathrm{r}} \\ \cdots \\ -2x_{nr} \\ -2y_{nr} \end{pmatrix} \tag{6.4.25}$$

将紧凑性代价转化为矩阵形式，同理展开并写成矩阵的形式：

$$\sum_{i=1}^{N-1}\left[(x_{i+1} - x_i)^2 + (y_{i+1} - y_i)^2\right] =$$

$$(x_1 - x_2,\ y_1 - y_2,\ x_2 - x_3,\ y_2 - y_3,\ \cdots)(x_1 - x_2,\ y_1 - y_2,\ x_2 - x_3,\ y_2 - y_3,\ \cdots)^{\mathrm{T}}$$

$$(6.4.26)$$

则紧凑性代价为：

$$J_{\mathrm{length}} = w_{\mathrm{length}}\boldsymbol{x}^{\mathrm{T}}\boldsymbol{A}_3^{\mathrm{T}}\boldsymbol{A}_3\boldsymbol{x} \tag{6.4.27}$$

综上所述，参考线平滑的代价可定义为三个代价的加权求和：

$$J = w_{\mathrm{smooth}}\boldsymbol{x}^{\mathrm{T}}\boldsymbol{A}_1^{\mathrm{T}}\boldsymbol{A}_1\boldsymbol{x} + w_{\mathrm{deviation}}(\boldsymbol{x}^{\mathrm{T}}\boldsymbol{A}_2^{\mathrm{T}}\boldsymbol{A}_2\boldsymbol{x} + \boldsymbol{h}^{\mathrm{T}}\boldsymbol{x}) + w_{\mathrm{length}}\boldsymbol{x}^{\mathrm{T}}\boldsymbol{A}_3^{\mathrm{T}}\boldsymbol{A}_3\boldsymbol{x}$$

$$= \boldsymbol{x}^{\mathrm{T}}(w_{\mathrm{smooth}}\boldsymbol{A}_1^{\mathrm{T}}\boldsymbol{A}_1 + w_{\mathrm{deviation}}\boldsymbol{A}_2^{\mathrm{T}}\boldsymbol{A}_2 + w_{\mathrm{length}}\boldsymbol{A}_3^{\mathrm{T}}\boldsymbol{A}_3)\boldsymbol{x} + w_{\mathrm{deviation}}\boldsymbol{h}^{\mathrm{T}}\boldsymbol{x} \tag{6.4.28}$$

而二次规划的一般形式为：

$$J_{\min} = \frac{1}{2}\boldsymbol{x}^{\mathrm{T}}H\boldsymbol{x} + \boldsymbol{f}^{\mathrm{T}}\boldsymbol{x} \tag{6.4.29}$$

同时需要满足约束条件：

$$Ax \leqslant b$$

$$lb \leqslant x \leqslant ub \tag{6.4.30}$$

由上述参考线平滑的代价定义对比可得：

$$\boldsymbol{H} = 2(w_{\mathrm{smooth}}\boldsymbol{A}_1^{\mathrm{T}}\boldsymbol{A}_1 + w_{\mathrm{deviation}}\boldsymbol{A}_2^{\mathrm{T}}\boldsymbol{A}_2 + w_{\mathrm{length}}\boldsymbol{A}_3^{\mathrm{T}}\boldsymbol{A}_3)$$

$$\boldsymbol{f}^{\mathrm{T}} = w_{\mathrm{deviation}}\boldsymbol{h}^{\mathrm{T}} \tag{6.4.31}$$

一般情况下，平滑的权重系数远远大于其他项的权重系数，我们希望平滑度的参考线距离原始路线的偏移量不能太大，虽然在代价函数中已经有了几何形状的权重项，但是其只是一个软约束，不能保证偏离的具体数值能够限制在这个范围内，所以这里添加了关于偏移量的硬约束，即位置约束。位置约束使得 x 与 x_r 相距不要太远，保证离散点相对于原始点的不过于偏离的约束方程为：

$$lb \leqslant |x - x_r| \leqslant ub$$
$$lb \leqslant |y - y_r| \leqslant ub \tag{6.4.32}$$

至此，参考线平滑问题就被转化为了二次规划的标准形式，后续我们可以采用成熟的求解器求解获得 x，从而实现导航轨迹的平滑，获得符合要求的参考线轨迹点。

3. 路径决策与规划

路径决策会生成一条粗略路径，不包含时间相关信息，因此这条路径无法应对环境中的可移动障碍物，但是可以对静止的障碍物进行避障。避障在自然坐标系下进行，以车辆向参考线投影为坐标原点建立自然坐标系，首先我们需要将所有静态障碍物都投影到自然坐标系下面，生成 s-l 图。然后根据参考线路径搜索出一条使得车辆从自然坐标系中的起始位置 (s_0, l_0) 运动至里程位置 $s = s_0 + s_{max}$ 处的粗略路径，同时我们还希望这条路径是最优路径。判断最优一般有三个标准，即平滑、和障碍物保持适当的距离、贴近参考线。在避障过程中，其二次规划问题是非凸问题，以平滑代价+障碍物距离代价+参考线距离代价设置的代价函数会有多个极小值点。对于非凸问题，一般考虑离散化将其转化成凸空间求解，因此可以离散化采样，然后在粗解附近进行迭代求解寻找最小值。离散空间的最优路径称为粗解，粗解负责开辟凸空间，在此凸空间上优化出最终解。在凸空间上优化出最终解采用二次规划的方法，而在离散空间上找到粗解则采用动态规划的方法。

DP（Dynamic Programming）算法又称动态规划算法，我们将道路进行分层采样，连接每两个点的曲线为五次多项式，通过对五次多项式系数及边界条件进行约束，可以获得一个由离散点组成的路径，而评价此路径的优劣程度则可以通过设置代价函数进行，代价设置为平滑代价、障碍物距离代价以及参考线距离代价，一、二、三阶导数求和，表示如下：

$$cost\_f_1 = w_1 \sum f'(s_i)^2 + w_2 \sum f''(s_i)^2 + w_3 \sum f'''(s_i)^2 + \\ \sum g[(s_i - s)^2 + (l_i - l)^2] + \sum l_i^2 \tag{6.4.33}$$

因为每个路径都有对应的代价，问题变为找图的最短路径问题，每一层的每一备选节点都记录自身父节点 ID 以及自身代价值。每一节点的代价值是其父节点代价值与父子节点路径片段的代价值之和。针对每一层的每一节点，其父节点一定出自上一层的 N_L 个节点中，当前节点以使自身代价值最低为原则选取或更新父节点（这种局部贪婪策略与 A* 算法相似）。DP 算法在每一层每一节点逐一确定父节点直至第 N_S 层的第 N_L 个节点为止。随后，从第 N_S 层的 N_L 个节点中选择代价值最低的那一个，对其父节点逐层回溯，从而形成一条自然坐标系下的粗略路径，也就是路径决策的输出结果。

在粗解开辟的凸空间中，s 位于道路边界 l_{min} 与 l_{max} 之内，二次规划的解空间在此凸空间内进行搜索。我们已知 s_1 对应于 $[l_{min}, l_{max}]$，s_2 对应于 $[l_{min2}, l_{max2}]$，$\cdots$，s_n 对应于 $[l_{minn}, l_{maxn}]$，需要求的是 $l = f(s)$ 满足 $f(s)$ 的二阶导数连续，$l_{mini} \leqslant f(s) \leqslant l_{maxi}$ 且 $f(s)$ 尽可能平滑。用分段加速度优化法求解上述问题，得到分段加速度约束，称作等式约束：

$$A_{eq} x = b_{eq} \tag{6.4.34}$$

车辆不是质点，有体积，针对车辆的四个角点进行碰撞约束，定义 d_1 为汽车质心到车头的距离，d_2 为车辆质心到车尾的距离，w 为车辆宽度（图 6-37）。

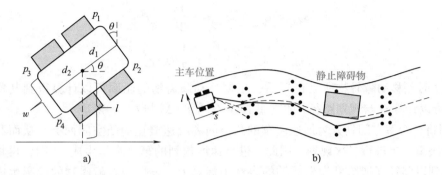

图 6-37 车辆四个角点几何关系图和 $s\text{-}l$ 坐标下的 DP 算法采样过程示意图

利用几何关系和三角函数的近似可得不等式约束：

$$\begin{cases} lb_i \leq l_i + d_1 l'_i + \dfrac{w}{2} \leq ub_i \\[2mm] lb_i \leq l_i + d_1 l'_i - \dfrac{w}{2} \leq ub_i \\[2mm] lb_i \leq l_i - d_2 l'_i + \dfrac{w}{2} \leq ub_i \\[2mm] lb_i \leq l_i - d_2 l'_i - \dfrac{w}{2} \leq ub_i \end{cases} \qquad (6.4.35)$$

总的二次规划的代价函数为：

$$\text{cost}\_f_2 = w_{\text{cost\_dl}} \left(\sum l'^2_i \right) + w_{\text{cost\_ddl}} \left(\sum l''^2_i \right) + w_{\text{cost\_dddl}} \left[\sum (l''_{i+1} - l''_i)^2 \right] +$$
$$w_{\text{cost\_ref}} \sum l^2_i + w_{\text{cost\_mid}} \left[\sum \left(l_i - \frac{l_{\text{min}i} + l_{\text{max}i}}{2} \right)^2 \right] \qquad (6.4.36)$$

约束则为上述等式约束与不等式约束，求解出 l_1，l'_1，l''_1，$\cdots$，l_n，l'_n，l''_n 与 s_1，s_2，$\cdots$，s_n 结合得到二次规划下的最优路径，再从自然坐标系转化为笛卡儿坐标系，路径规划完成。

4. 速度决策与规划

速度规划与路径规划的流程基本一致，当局部路径规划给定了一条或者若干条选出的路径曲线之后，运动规划模块需要解决的后续问题是在此局部路径的基础上加入与速度相关的信息。依然考虑利用二次规划算法来进行速度规划。在路径规划中，我们以生成的参考线作为自然坐标系的坐标轴，决策部分决定是往左绕还是往右绕，而在速度规划中，我们以路径规划生成的笛卡儿坐标系中的路径作为自然坐标系的坐标轴，然后将动态障碍物投影到自然坐标系中，生成 $s\text{-}t$ 图，进行速度决策，利用动态规划判断是减速避让还是加速超车，随后根据所做决策开辟出的凸空间进行二次规划，优化出一条平滑的 st 曲线。

$s\text{-}t$ 图是一个关于给定局部路径纵向位移和时间的二维关系图。任何一个 $s\text{-}t$ 图都基于一条已经给定的轨迹曲线，根据自动驾驶汽车预测模块对动态障碍物的轨迹预测，每个动态障碍物都会在这条给定的路径上有投影，从而产生对于一定 $s\text{-}t$ 区域的覆盖。

根据移动障碍物当前所处的位置、速度、加速度，预测时间 t 后移动障碍物所处的位置：

$$x_{t_{obj}} = x_{0_{obj}} + vx_{obj}t + \frac{1}{2}ax_{obj}t^2$$

$$y_{t_{obj}} = y_{0_{obj}} + vy_{obj}t + \frac{1}{2}ay_{obj}t^2 \tag{6.4.37}$$

得到 t 时刻移动障碍物所处位置后，根据移动障碍物的轮廓可以计算得到其覆盖区域 Q，而后可以计算 Q 与规划路径 s 的交集 $\Delta s = Q \cap s$，Δs 与 t 一一对应。

s-t 图将整个解空间划分为加速超车的凸空间和减速避让的凸空间两类，从而利用动态规划进行决策，再进行二次规划。因此，进行速度规划的第一步是生成 s-t 图，再将动态障碍物投影到以路径规划结果为坐标轴的自然坐标系上，根据动态障碍物的投影生成 s-t 图。动态障碍物的切入时间记为 t_{in}，切入位置记为 s_{in}，动态障碍物的切出时间记为 t_{out}，切出位置记为 s_{out}，其 s-t 图如图 6-38 所示。

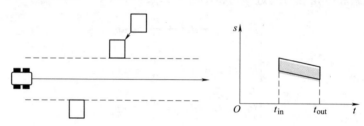

图 6-38　障碍物切入切出与 s-t 图

生成 s-t 图之后，下一步就是进行动态规划和二次规划。首先确定规划起点，当前规划轨迹的起点的切线方向与上一帧的轨迹的拼接点是保持一致的，因此速度规划起点的状态可以记为 $s = 0$，$\dot{s} = |\vec{v}|$，$\ddot{s} = |\vec{a}|$，接下来进行动态规划，记 s_{end} 为规划的终点，则 s_{end} 也是路径规划的路径长度，定义 t_{end} 为速度规划的时间终点，t_{end} 受到环境的复杂影响，规划不需要将 s_{end} 全部规划完毕，速度规划不强求一定要规划完 s_{end} 与 t_{end}。

动态规划的代价定义为：

$$dp_{cost} = 障碍物代价 + 加速度代价 + 推荐速度代价 + jerk\ 代价$$

在动态规划的每一层的每一备选节点都记录自身父节点 ID 以及自身代价值，同时选择每一层的最优节点路径保留计算下一层每一节点的代价，以此类推，计算出起点到各个点的路径代价，遍历最外层的节点从而找到代价最小的点作为速度规划的终点，从终点递推得到速度规划的动态规划粗解。

对车辆动力学进行约束，通过推导可得：

$$0 \leqslant \dot{s} \leqslant \left(\frac{a_{ymax}}{k_{appa}}\right)^{\frac{1}{2}} \tag{6.4.38}$$

式中，k_{appa} 为路径的曲率；a_{ymax} 是车辆纵向最大加速度，根据经验，一般为 $0.2 \times 9.8 m/s^2$。

对纵向动力学进行约束，即约束车辆的最大加速和减速的加速度，同时进行倒车约束：

$$-6 \leqslant \ddot{s} \leqslant 4$$

$$s_{i+1} \geqslant s_i \tag{6.4.39}$$

最后是连续性约束：

$$s_{i+1} = s_i + \dot{s}_i \mathrm{d}t + \frac{1}{2}\ddot{s}_i \mathrm{d}t^2 + \frac{1}{6}\left(\frac{\dddot{s}_{i+1} - \dddot{s}_i}{\mathrm{d}t}\right)\mathrm{d}t^3$$

$$\dot{s}_{i+1} = \dot{s}_i + \ddot{s}_i \mathrm{d}t + \frac{1}{2}\left(\frac{\dddot{s}_{i+1} - \dddot{s}_i}{\mathrm{d}t}\right)\mathrm{d}t^2 \tag{6.4.40}$$

二次规划的代价函数为推荐速度代价、加速度平滑代价以及跃度代价之和：

$$\mathrm{cost\_}f = \sum w_1\,(\dot{s}_i - v_{\mathrm{ref}})^2 + w_2\,(\ddot{s}_i)^2 + w_3\,(\dddot{s}_i)^2 \tag{6.4.41}$$

将规划出的路径与速度融合成轨迹，接着将轨迹插值增密后进行坐标转换和轨迹拼接，然后发给控制系统进行控制。

至此，整个自动驾驶的决策规划部分就介绍完毕了。速度规划结束后，决策规划模块将最终的速度规划结果传递给控制部分。控制部分将根据速度规划结果和当前车辆状态，执行相应的控制策略，调整车辆的速度和姿态，以达到期望的行驶效果。

6.4.3　模型预测控制

本小节基于运动学车辆模型的模型预测控制（Model Predictive Control，MPC）的MATLAB仿真进行介绍。MPC是一类追求短时间间隔内最优化控制的理论，符合自动驾驶系统高实时性的要求，它可以将控制延迟考虑到车辆模型中，从而避免传统控制方法的延迟问题。此外，模型预测控制还适用于处理多变量控制问题。

1. 模型预测控制算法基础

MPC通过建立车辆和环境的数学模型，预测未来一段时间内的系统行为，然后基于这些预测进行优化，以决定当前时刻的最优控制动作。MPC的核心包括预测建模、滚动优化和在线校正三个部分。

（1）预测建模　预测建模是模型预测控制的基础，涉及建立车辆动力学和环境互动的数学模型。模型需要足够准确地描述车辆对控制输入的响应以及外部因素对车辆状态的影响，能够根据历史信息和控制输入预测系统未来的输出。

（2）滚动优化　模型预测控制通过使某项性能评价指标最优来得到最优控制量，这种优化过程不是离线进行的，而是反复在线进行的。它在每个控制周期内，基于当前状态和预测模型，计算一系列未来可能的控制动作，并选择一系列优化的控制策略来最小化一个给定的成本函数。成本函数通常包括对车辆性能、安全性、经济性和舒适性的定量评价。通过求解一个有约束的优化问题，MPC能够确定当前时刻的最优控制输入。随后，仅将当前时刻的控制输入应用于系统，并在下一个控制周期重复这一过程。

（3）在线校正　在线校正是模型预测控制实现中的关键步骤，它通过实时反馈来校正模型预测与实际观测之间的差异。这确保了控制策略能够适应外部环境和内部状态的变化。为了抑制由模型失配或者环境干扰引起的控制偏差，在新的采样时刻，首先检测对象的实际输出，并利用这一实时信息对基于模型的预测进行修正，然后再进行新的优化。

模型预测控制的基本原理可以用图6-39a来表示。在控制过程中始终存在一条期望轨迹，如图中 a 线所示。以时刻 k 作为当前时刻，在当前的状态测量值和控制量测量值的基础上，结合预测模型，预测系统未来一段时域内 $[k, k+N]$ 的输出，如图中 b 线所示。通过求解满足目标函数以及各种约束的优化问题，得到在控制时域内一系列的控制序列，如图中

c 矩形波所示，并将该控制序列的第一个元素作为受控对象的实际控制量，当来到下一个时刻 $k+1$ 时，重复上述过程，滚动地完成带约束的优化问题，实现对被控对象的持续控制。

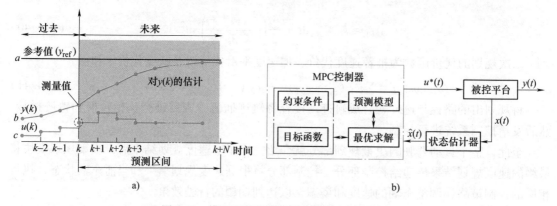

图 6-39　模型预测控制的基本原理和控制框图

模型预测控制的控制框图如图 6-39b 所示，包含 MPC 控制器、被控平台和状态估计器三个模块。MPC 控制器结合预测模型、目标函数+约束条件进行最优求解，得到当前时刻的最优控制序列 $u^*(t)$，将其输入被控平台，被控平台按照当前的控制量进行控制，然后将当前的状态量观测值 $x(t)$ 输入状态估计器，状态估计器对那些无法通过传感器观测得到或者观测成本过高的状态量进行估计，将估计的状态量 $\hat{x}(t)$ 输入 MPC 控制器，再次进行最优化求解以得到未来一段时间的控制序列。

2. 基于运动学模型的模型预测控制

（1）预测建模　本小节使用运动学自行车模型作为预测模型，如图 6-40a 所示。

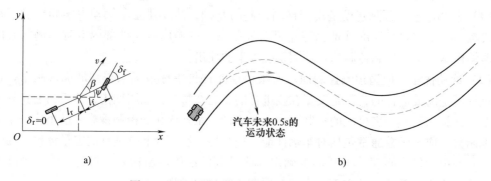

图 6-40　运动学自行车模型和汽车运动示意图

它的各个状态量的更新公式如下：

$$\begin{cases} x_{t+1} = x_t + v_t\cos(\psi_t + \beta)\,\mathrm{d}t \\ y_{t+1} = y_t + v_t\sin(\psi_t + \beta)\,\mathrm{d}t \\ \psi_{t+1} = \psi_t + \dfrac{v_t}{l_r}\sin(\beta)\,\mathrm{d}t \\ v_{t+1} = v_t + a\mathrm{d}t \end{cases} \tag{6.4.42}$$

式中，β 可以由如下公式计算求得：

$$\beta = \tan^{-1}\left(\frac{l_r}{l_f + l_r}\right)\tan(\delta_f) \tag{6.4.43}$$

预测模型能够根据运动学的规律计算出 dt 时间以后车辆的状态 (x, y, ψ, v)，由于自行车模型本身是建立在一定假设前提下，所以计算出来的状态只是理论上车辆的可能状态。图 6-40b 是一条 S 形路，图中的虚线是控制的参考线，控制的目标是让车辆尽量沿着参考线行驶。选取 10 个 dt，假设 $dt = 0.05\text{s}$，那么根据预测模型，在已知一组控制输入的前提下可以计算出车辆在未来 0.5s 的状态，如图中的短虚线所示。

（2）滚动优化　最优化问题首先需要定义损失函数，损失函数就是模型预测的轨迹和参考线之间的横向跟踪误差（Cross Track Error，CTE），优化的目标就是找出一组控制量 (a, δ_f)，即油门刹车系数和方向盘转角，使得损失函数最小化。

$$\text{Loss} = \text{CTE} = \sum_{i=1}^{10}(z_i - z_{\text{ref},i})^2 \tag{6.4.44}$$

上文中我们只考虑未来 10 个时间间隔内的模型预测，所以 i 的取值范围是 $[1, 10]$，$(z_i - z_{\text{ref},i})$ 是预测点到实际参考线的距离。为了完善预测控制，可以给损失函数添加更多的项，比如，如果不仅仅想控制车辆按照参考线行驶，还想控制车辆在这个短时间范围内在每个点上的速度，那么就可以在损失函数中添加一项速度的平方差：

$$\text{Loss} = \text{CTE} = \sum_{i=1}^{10}\left[(z_i - z_{\text{ref},i})^2 + (v_i - v_{\text{ref},i})^2\right] \tag{6.4.45}$$

损失函数还可添加许多项使控制变得更加平滑，如果希望油门刹车系数不突变，可以将前后两个油门刹车系数的差值的平方作为一项加入损失函数中：

$$\text{Loss} = \text{CTE} = \sum_{i=1}^{10}\left[(z_i - z_{\text{ref},i})^2 + (v_i - v_{\text{ref},i})^2 + (a_{i+1} - a_i)^2\right] \tag{6.4.46}$$

（3）在线校正　MPC 本质上还是一种反馈控制，当通过最优化方法得到一组控制输出以后，车辆执行控制指令并且继续以一定的频率反馈当前车辆的状态 z_t（图 6-41）。这个状态会被同时输入路径规划模块以及模型预测控制器（图 6-41）。路径规划模块会依据新的车辆状态，结合感知模块的信息以及地图信息重新做出规划。模型预测控制器则根据新的参考路径和车辆当前状态进行新一轮的预测控制。需要注意的是，车辆真实状态的反馈并不是在一个预测时间段的控制执行完以后才进行的，反馈的时间间隔往往小于一个预测时间段。

图 6-41　MPC 简化示意图

3. 车辆纵向速度跟踪的模型预测控制

以车辆纵向速度跟踪为例，介绍模型预测控制器的具体设计与求解方法。车辆的速度跟踪控制系统可以分为上级控制器和下级控制器。根据自动驾驶系统在真实运行场景中的"平稳""舒适"等需求，上级控制器计算期望加速度以更加"快速""柔顺"地跟踪期望的速度轨迹，而下级控制器通过协调驱动机构和制动机构来实现期望加速度。速度跟踪控制系统框图如图 6-42 所示。上级控制器使用 MPC 根据当前速度 v、当前加速度 a 和期望速度

v_{des} 计算得到期望加速度 a_{des}，下级控制器首先使用一个切换逻辑来判断驱动/制动控制，然后通过一个简单的比例-积分控制将期望加速度转化为执行器控制输入，对于车辆动力学，其为期望纵向驱动力 F 和期望制动主缸压力 p_{bdes}。

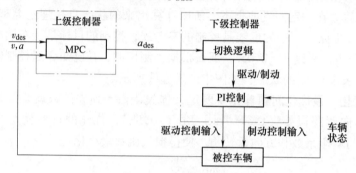

图 6-42　速度跟踪控制系统框图

点质量车辆动力学模型忽略了车辆的尺寸信息以及由横、纵向加速度引起的载荷转移，用一个质点运动描述车辆运动，在惯性坐标系中的运动方程和受力平衡可表示为：

$$\begin{cases} \dot{x} = v_x\cos\varphi - v_y\sin\varphi \\ \dot{y} = v_x\sin\varphi - v_y\cos\varphi \\ ma_y = F_y \\ ma_x = F_x - F_{dissp} \end{cases} \tag{6.4.47}$$

式中，F_x 和 F_y 为车辆在纵向和横向上受到的合力；$F_{dissp} = ma_d$ 表示车辆在纵向上受到的阻力合力，a_d 为阻力引起的车辆加速度。

车辆的纵向控制可使用一阶惯性系统来表示：

$$\dot{a} = \frac{K}{\tau_d}(a_{des} - a) \tag{6.4.48}$$

式中，$K = 1$ 为系统增益；τ_d 为时间常数。

车辆纵向运动的连续系统状态方程可表示为：

$$\dot{x} = Ax + Bu$$

$$A = \begin{bmatrix} 0 & 1 \\ 0 & -1/\tau_d \end{bmatrix}, \; B = \begin{bmatrix} 0 \\ K/\tau_d \end{bmatrix} \tag{6.4.49}$$

式中，$x = (u, a)^T$ 为系统状态向量；$u = a_{des}$ 为系统控制输入。

通过前向欧拉法（Forward Euler，FE）可得到离散系统状态方程：

$$x(k + 1) = A_k x(k) + B_k u(k)$$

$$A_k = \begin{bmatrix} 1 & T_s \\ 0 & 1 - T_s/\tau_d \end{bmatrix}, \; B_k = \begin{bmatrix} 0 \\ KT_s/\tau_d \end{bmatrix} \tag{6.4.50}$$

式中，k 为当前采样时刻；$k + 1$ 为下一采样时刻；T_s 为采样周期。

速度 v 作为系统输出，输出方程可表示为：

$$y(k) = Cx(k), \; C = \begin{bmatrix} 1 & 0 \end{bmatrix} \tag{6.4.51}$$

系统控制目标是速度跟踪精度，避免过大的加速度和急动度，性能评价函数定义为：

$$J(\boldsymbol{x}(t), \boldsymbol{u}(t-1), \Delta\boldsymbol{u}(k))$$

$$= \sum_{i=1}^{N_p} y_p(k+i|k) - y_{\text{ref}}(k+i|k)_Q^2 + \sum_{i=1}^{N_c-1} \Delta\boldsymbol{u}(k+i)_R^2 \qquad (6.4.52)$$

式中, $t-1$ 为上一采样时刻; N_p 为预测步长; N_c 为控制步长; $y_p(k+i|k)$ 为控制输出预测值; $y_{\text{ref}}(k+i|k)$ 为控制输出参考值; $(k+i|k)$ 为根据 k 采样时刻的信息来预测 $k+i$ 时刻的值, 其中 $i=1, 2, \cdots, N_p$; $\boldsymbol{u}(k+i)$ 和 $\Delta\boldsymbol{u}(k+i)$ 分别为 $k+i$ 时刻控制输入和控制输入增量, 其中 $i=0, 1, \cdots, N_c-1$; $\boldsymbol{Q}$ 和 $\boldsymbol{R}$ 分别为系统输出量、控制增量和控制量权重系数矩阵。式 (6.4.52) 等号右边的第一项反映了系统对参考轨线的跟随能力, 第二项反映了对控制量平稳变化的要求, 整个表达式的功能是使系统能够尽快且平稳地跟踪上期望的轨迹。

系统约束为加速度及其变化率, 表示为:

$$\boldsymbol{u}_{\min} \leq \boldsymbol{u}(k+i) \leq \boldsymbol{u}_{\max}, \ i=0, 1, \cdots, N_c-1$$

$$\Delta\boldsymbol{u}_{\min} \leq \Delta\boldsymbol{u}(k+i) \leq \Delta\boldsymbol{u}_{\max}, \ i=0, 1, \cdots, N_c-1 \qquad (6.4.53)$$

式中, $\boldsymbol{u}_{\min}$ 和 $\boldsymbol{u}_{\max}$ 为加速度阈值; $\Delta\boldsymbol{u}_{\min}$ 和 $\Delta\boldsymbol{u}_{\max}$ 为加速度增量的值。

MPC 控制的基本原理是在满足上式 (6.4.53) 中控制约束的前提下使得性能评价函数 J 值最小, 每个控制周期解决如下优化问题:

$$\min_{\Delta\boldsymbol{u}(k)} J(x(t), \boldsymbol{u}(t-1), \Delta\boldsymbol{u}(k)) \qquad (6.4.54)$$

通常将优化问题式 (6.4.54) 转化为标准的二次规划问题进行求解。

针对纵向运动离散状态方程式 (6.4.50), 构建新的状态向量 $\boldsymbol{\xi}(k|t)=[\boldsymbol{x}(k), \boldsymbol{u}(k-1)]^T$, 可以得到一个新的状态空间表达式:

$$\boldsymbol{\xi}(k+1) = \widetilde{\boldsymbol{A}}_k\boldsymbol{\xi}(k) + \widetilde{\boldsymbol{B}}_k\Delta\boldsymbol{u}(k)$$

$$\boldsymbol{\eta}(k) = \widetilde{\boldsymbol{C}}_k\boldsymbol{\xi}(k) \qquad (6.4.55)$$

式中, $\widetilde{\boldsymbol{A}}_k = \begin{bmatrix} \boldsymbol{A}_k & \boldsymbol{B}_k \\ \boldsymbol{0}_{m\times n} & \boldsymbol{I}_m \end{bmatrix}$, $\widetilde{\boldsymbol{B}}_k = \begin{bmatrix} \boldsymbol{B}_k \\ \boldsymbol{I}_m \end{bmatrix}$, $\widetilde{\boldsymbol{C}}_k = [\boldsymbol{C}_k, 0]$, $\boldsymbol{I}_m$ 分别表示一维单位矩阵和二维单位矩阵, 其中 $m=1, n=2$。

将系统未来时刻的输出以矩阵的形式表达:

$$Y = \boldsymbol{\Psi}\boldsymbol{\xi}(k) - \boldsymbol{\Theta}\Delta\boldsymbol{U} \qquad (6.4.56)$$

式中, $\Delta\boldsymbol{U} = [\Delta\boldsymbol{u}(k), \Delta\boldsymbol{u}(k+1), \cdots, \Delta\boldsymbol{u}(k+N_c)]^T$; $\boldsymbol{\Psi}$ 是输出矩阵; $\boldsymbol{\Theta}$ 是前馈矩阵。

通过观察式 (6.4.56), 我们可以清楚地看到, 在预测时域内的状态量和输出量都可以通过系统当前的状态量与 $\boldsymbol{\xi}(k)$ 和控制时域内的控制增量 $\Delta\boldsymbol{U}$ 计算得到, 这也就是模型预测控制算法中"预测"功能的实现。

定义参考输出向量为 $\boldsymbol{Y}_{\text{ref}}(k) = [\boldsymbol{\eta}_{\text{ref}}(k+1), \cdots, \boldsymbol{\eta}_{\text{ref}}(k+N)]^T$, 令 $\boldsymbol{E} = \boldsymbol{\Psi}\boldsymbol{\xi}(k)$, 将式 (6.4.56) 代入优化目标式 (6.4.52) 可以得到:

$$J = \Delta\boldsymbol{U}^T(\boldsymbol{\Theta}^T\boldsymbol{Q}_Q\boldsymbol{\Theta} + \boldsymbol{R}_R)\Delta\boldsymbol{U} + 2(\boldsymbol{E}^T\boldsymbol{Q}_Q\boldsymbol{\Theta} - \boldsymbol{Y}_{\text{ref}}\boldsymbol{Q}_Q\boldsymbol{\Theta})\Delta\boldsymbol{U} + L \qquad (6.4.57)$$

式中: L 表示常数项。

性能评价函数可以写作:

$$J = \Delta\boldsymbol{U}^T(\boldsymbol{\Theta}^T\boldsymbol{Q}_Q\boldsymbol{\Theta} + \boldsymbol{R}_R)\Delta\boldsymbol{U} + 2(\boldsymbol{E}^T\boldsymbol{Q}_Q\boldsymbol{\Theta} - \boldsymbol{Y}_{\text{ref}}\boldsymbol{Q}_Q\boldsymbol{\Theta})\Delta\boldsymbol{U} \qquad (6.4.58)$$

令 $\boldsymbol{H} = \boldsymbol{\Theta}^T\boldsymbol{Q}_Q\boldsymbol{\Theta} + \boldsymbol{R}_R$, $\boldsymbol{g} = \boldsymbol{E}^T\boldsymbol{Q}_Q\boldsymbol{\Theta} - \boldsymbol{Y}_{\text{ref}}\boldsymbol{Q}_Q\boldsymbol{\Theta}$, 则式 (6.4.58) 可改写为:

$$J = 2\left(\frac{1}{2}\Delta U^{\mathrm{T}} H \Delta U + g^{\mathrm{T}} \Delta U\right) \tag{6.4.59}$$

在优化求解时，式（6.4.59）等价于：

$$\frac{1}{2}J = \frac{1}{2}\Delta U^{\mathrm{T}} H \Delta U + g^{\mathrm{T}} \Delta U \tag{6.4.60}$$

考虑到控制量与控制增量存在如下关系：

$$u(k + i) = u(k + i - 1) + \Delta u(k) \tag{6.4.61}$$

注意到式（6.4.53）的约束对象分别为控制量和控制量的增量，在优化前需要将约束条件中的变量统一，式（6.4.53）可以转换为以下形式：

$$U_{\min} \leqslant A_k \Delta U + U_t \leqslant U_{\max}$$
$$\Delta U_{\min} \leqslant \Delta U_t \leqslant \Delta U_{\max} \tag{6.4.62}$$

式中，$U_t = 1_{N_c} \otimes u(k-1)$，$1_{N_c}$ 是行数为 N_c 的列向量，$u(k-1)$ 为上一时刻实际的控制量；$U_{\min}$、$U_{\max}$ 分别为控制时域内控制量的最小值、最大值集合；$\Delta U_{\min}$、$\Delta U_{\max}$ 分别为控制时域内控制增量的最小值、最大值集合。

至此，模型预测控制的优化求解问题可转化为一个标准二次型规划问题：

$$\min_{\Delta U} \frac{1}{2}\Delta U^{\mathrm{T}} H \Delta U + g^{\mathrm{T}} \Delta U$$
$$U_{\min} \leqslant A_k \Delta U + U_t \leqslant U_{\max}$$
$$\Delta U_{\min} \leqslant \Delta U_t \leqslant \Delta U_{\max} \tag{6.4.63}$$

针对式（6.4.63）可以使用 MATLAB 提供的二次规划求解器 quadprog 进行求解得到控制时域内的一系列控制输入增量：

$$\Delta U^* = \left[\Delta u^*(k), \ \Delta u^*(k+1), \ \cdots, \ u^*(k+N_c)\right]^{\mathrm{T}} \tag{6.4.64}$$

根据模型预测控制的基本原理，将该控制序列中第一个元素 $\Delta u^*(k)$ 作为实际的控制输入增量作用于系统，即：

$$u(k + i) = u(k + i - 1) + \Delta u^*(k) \tag{6.4.65}$$

在新的时刻，系统根据状态信息重新预测下一段时域的输出，通过优化过程得到一个新的控制增量序列。如此循环往复，直至系统完成控制过程。

综上所述，通过使用不同的预测模型和损失函数，可以构造出各种模型预测控制器。总体而言，模型预测控制往往可以分解成如下几步：

1）从 t 时刻开始，预测未来 n 步的输出信号。

2）基于模型的控制信号以及相应的输出信号，构造损失函数，并且通过调整控制信号最优化损失函数。

3）将控制信号输入系统。

4）等到下一个时间点，在新的状态重复步骤 1）。

模型预测控制具备处理多模型约束的天然优势，它能与规划控制和传感器数据预处理算法在感知过程中有效融合，是无人驾驶车辆控制中展现车辆运动学和动力学约束的理想手段。然而，在实际开发中，车辆模型的复杂性常受到其自由度的制约。当自由度较多时，车辆模型会变得极其复杂。近年来，基于神经网络和深度学习的方法在控制领域得到了应用。在涉及高维数据的控制系统中，引入深度学习具有显著意义。深度学习具备自动学习状态特征的能力，这使得它在无人驾驶系统的研究中具备得天独厚的优势。

扩展阅读：Apollo自动驾驶系统。

　　阿波罗（Apollo）是百度发布的面向汽车行业及自动驾驶领域的合作伙伴提供的软件平台，旨在向汽车行业及自动驾驶领域的合作伙伴提供一个开放、完整、安全的软件平台，帮助他们结合车辆和硬件系统，快速搭建一套属于自己的完整的自动驾驶系统。

 本章小结

　　本章详细阐述了自动驾驶系统的核心技术，包括感知理解、决策规划和控制三大模块。首先介绍了车辆感知系统的多种传感器技术及数据融合方法，以准确获取环境信息。接着介绍了车辆定位技术，如GNSS、SLAM等，实现精确定位和导航。然后重点论述了自动驾驶系统的感知理解技术，包括目标检测与跟踪、语义分割与理解、场景理解与环境建模等，利用机器学习和计算机视觉算法从传感器数据中提取高级语义信息。随后详细阐释了决策规划控制技术，包括导航规划算法、行为与运动规划算法等，在满足车辆动力学约束和各种规则下，规划出安全无碰撞的驾驶路径。总体而言，本章系统性地概述了自动驾驶系统的关键技术，阐明了感知、决策和控制各个环节的理论基础和技术方法，为实现高度自动化和自主驾驶奠定了技术路线。这些先进技术的融合集成，将大幅提高交通出行的安全性、效率和智能化水平，开启汽车产业的新时代。

💡 思考题

　　1. 车辆感知系统利用多种传感器获取环境信息，如何有效融合这些异构传感器数据？传感器数据融合算法的基本原理是什么？

　　2. 基于GNSS和基于SLAM的定位系统各有什么优缺点？在不同应用场景下，如何选择合适的车辆定位方案？

　　3. 车辆动力学模型是车辆控制系统的基础，请分析常用的车辆动力学模型有哪些，各自考虑了哪些影响因素。

　　4. 目标检测和跟踪广泛应用于自动驾驶系统，请比较两阶段和单阶段目标检测算法的优缺点，并分析在自动驾驶场景下应如何选择。

　　5. 语义分割与整个场景理解有何区别？在自动驾驶系统中，语义理解技术发挥了什么重要作用？

　　6. 导航规划算法中的图搜索算法有哪些代表性方法？它们在求解最优路径时的搜索策略和适用场景各是什么？

　　7. 自然坐标系相比直角坐标系在运动规划中有何优势？参考线算法的本质思想是什么？

参 考 文 献

[1] 崔胜民. 智能网联汽车自动驾驶仿真技术 [M]. 北京：化学工业出版社，2020.

[2] 王庞伟，张名芳. 智能网联汽车技术系列　智能网联汽车电子技术 [M]. 北京：机械工业出版社，2021.

[3] 席军强. 车辆信息技术 [M]. 北京：北京理工大学出版社，2013.

[4] 李晶华，弋国鹏. 智能网联汽车技术与应用 [M]. 北京：机械工业出版社，2021.

[5] 徐友春，朱愿. 智能车辆关键技术 [M]. 北京：化学工业出版社，2020.

[6] 崔胜民，卞合善. 智能网联汽车环境感知技术 [M]. 北京：人民邮电出版社，2020.

[7] 武志斐. 智能网联汽车技术概论 [M]. 北京：北京理工大学出版社，2022.

[8] 罗俊海，王章静. 信息、控制与系统技术丛书：多源数据融合和传感器管理 [M]. 北京：清华大学出版社，2015.

[9] TANG Q, LIANG J, ZHU F. A comparative review on multi-modal sensors fusion based on deep learning [J]. Signal processing, 2023：109165.

[10] WANG Z, WU Y, NIU Q. Multi-sensor fusion in automated driving：a survey [J]. Ieee access, 2019 (8)：2847-2868.

[11] FAYYAD J, JARADAT M A, GRUYER D, et al. Deep learning sensor fusion for autonomous vehicle perception and localization：a review [J]. Sensors, 2020, 20 (15)：4220.

[12] CUI Y, CHEN R, CHU W, et al. Deep learning for image and point cloud fusion in autonomous driving：a review [J]. IEEE transactions on intelligent transportation systems, 2021, 23 (2)：722-739.

[13] LOWE, DAVID G. Distinctive image features from scale-invariant keypoints [J]. International journal of computer vision, 2004：91-110.

[14] DALAL, NAVNEET, Triggs B. Histograms of oriented gradients for human detection [J]. IEEE computer society conference on computer vision and pattern recognition, 2005 (1) .

[15] CORTES, CORINNA, VAPNIK V. Support-vector networks [J]. Machine learning, 1995 (20)：273-297.

[16] REDMON, JOSEPH. You only look once：unified, real-time object detection [J]. Proceedings of the IEEE conference on computer vision and pattern recognition, 2016.

[17] WANG C Y, BOCHKOVSKIY A, LIAO H Y M. Trainable bag-of-freebies sets new state-of-the-art for real-time object detectors [C]//Proceedings of the IEEE/CVF conference on computer vision and pattern recognition, 2023：7464-7475.

[18] BERTINETTO L, VALMADRE J, HENRIQUES J F, et al. Fully-convolutional siamese networks for object tracking [C]//Computer Vision-ECCV 2016 Workshops：Amsterdam, 2016：850-865.

[19] BEWLEY A, GE Z, OTT L, et al. Simple online and realtime tracking [C]// IEEE international conference on image processing (ICIP) . IEEE, 2016：3464-3468.

[20] LONG J, SHELHAMER E, DARRELL T. Fully convolutional networks for semantic segmentation [C]//Proceedings of the IEEE conference on computer vision and pattern recognition, 2015：3431-3440.

[21] LIU, L K. Computing systems for autonomous driving：state of the art and challenges [J]. IEEE internet of things journal, 2021 (8) .

[22] Ma L, Xue J, Kawabata K, et al. Efficient sampling-based motion planning for on-road autonomous driving [J]. IEEE transactions on intelligent transportation systems, 2015, 16 (4)：1961-1976.

［23］GUO C，KIDONO K，TERASHIMA R，et al. Humanlike behavior generation in urban environment based on learning-based potentials with a low-cost lane graph ［J］. IEEE transactions on intelligent vehicles，2018，3（1）：46-60.

［24］HSU C M，LIAN F L，LIN Y C，et al. Road detection based on region similarity analysis ［C］// International Conference on Automatic Control & Artificial Intelligence. IET，2013.

［25］LIU L S，LIN J F，YAO J X，et al. Path planning for smart car based on dijkstra algorithm and dynamic window approach ［J］. Wireless communications and mobile computing，2021.

［26］ERKE S，BIN D，YIMING N，et al. An improved A-Star based path planning algorithm for autonomous land vehicles ［J］. International journal of advanced robotic systems，2020，17（5）：591-617.

［27］WANG L，WANG Z，YING Z，et al. A path planning framework based on an improved weighted heuristic RRT and optimization strategy ［J］. IEEE transactions on intelligent vehicles，2024，9（1）：1941-1952.

［28］SCHWARTING，WILKO，ALONSO-MORA J，et al. Planning and decision-making for autonomous vehicles ［J］. Annual review of control，robotics，and autonomous systems，2018（1）：187-210.

［29］JIANG Y，LIU Z，QIAN D，et al. Robust online path planning for autonomous vehicle using sequential quadratic programming ［J］. IEEE intelligent vehicles symposium（IV），2022：175-182.

［30］GU T，DOLAN J M . On-road motion planning for autonomous vehicles ［C］//International Conference on Intelligent Robotics & Applications. Springer-Verlag，2012.

［31］STANO P，MONTANARO U，TAVERNINI D，et al. Model predictive path tracking control for automated road vehicles：a review ［J］. Annual review of control，2022（55）：194-236.

第7章

基于大模型的端到端无人驾驶系统

章知识图谱　　说课视频

7.1　引言

基于感知、理解、决策与控制的模块化自动驾驶技术在我国发展迅速，成为当前主流的商业化应用方法。然而，鉴于驾驶场景的多样性和人为规则的限制性，实现全场景覆盖的规则体系尚存在难度。因此，基于端到端神经网络的自动驾驶技术开始引起行业更广泛的关注。尤其是特斯拉的全自动驾驶（Full Self-Driving，FSD）系统，展示了此技术路径的巨大潜力。

端到端自动驾驶技术依赖于大规模神经网络模型，能够直接从传感器输入至控制信号输出，通过广泛的数据训练，捕捉复杂环境特征及驾驶行为模式，实现驾驶决策的完整自动化。随着计算能力的增强及数据集的扩展，大型模型神经网络模型在自动驾驶多个领域展现出显著优势。这些模型不仅提升了处理复杂场景的能力，而且通过端到端学习的方法，减少了传统多阶段处理流程中的信息丢失和误差积累。

未来，端到端自动驾驶技术的发展将依赖于更强大的计算能力、更丰富的数据集以及更加先进的算法模型。特别是深度学习技术的发展，如 Transformer 模型和扩散模型（Diffusion Model），为自动驾驶提供了新的技术路径。同时，强化学习和迁移学习技术的应用，也为实现更加智能和自适应的自动驾驶系统提供了可能。

本章将详细探讨端到端大模型的科学基础、结构设计及其在无人驾驶系统中的基于大模型的端到端算法设计。通过深入分析这些先进技术的工作原理和应用现状，展望未来自动驾驶技术的发展趋势及其潜在影响。具体内容包括大模型的生物学、认知科学及计算科学基础，典型的大模型结构设计包括卷积神经网络（CNN）、Transformer 和 Vision Transformer（ViT），以及面向端到端无人驾驶的算法设计方法。

为了进一步巩固本章的学习内容，本章为读者设计了关于深度强化学习的实践训练，有助于读者上手实践。此外，为了进一步扩展读者的视野，本章内容专门增加了关于大语言模型驱动闭环端到端自动驾驶扩展阅读材料，有助于读者进一步掌握行业前沿发展动向。通过本章的学习，读者将全面了解基于大模型的端到端无人驾驶系统的理论基础、设计原理和实践应用，为深入研究及实际应用提供重要的参考与指导。

7.2 大模型的科学基础

以 ChatGPT 为代表的生成式大语言模型展现了强大的通用性人工智能能力，这类大模型技术功能的集约性强、实时响应能力出色，具备智能涌现能力和跨场景应用潜力，为端到端无人驾驶系统的发展和完善带来了契机。作为端到端无人驾驶技术的基础，大模型同样经过了长时间的发展，从一开始的规则系统和形式逻辑来实现智能，到模拟人类专家的知识和推理过程的专家系统和知识工程，再到连接主义和机器学习，让计算机系统在数据中学习，最后到当前的深度学习阶段，大数据极大地推动了人工智能的发展。

7.2.1 大模型的生物学基础

智能体在自然界中以生命形态存在，这促使人类的智能研究首先聚焦于生物学。早期的研究在还原论的指导下展开，旨在通过分析基础结构来理解功能特性。这一探索始于 16 世纪，当时大脑被认定为智能的物质基础。18 世纪，人类发现生物电信号及其关键功能；到了 19 世纪，大脑的分区功能得以明确。20 世纪初，神经元理论的确立开启了新时代。随着时间推移，我们对神经科学和脑科学的理解逐渐从还原论视角转向整体的系统论视角。下面将简要介绍两个相关的诺贝尔奖成果。

1. 生物神经网络的发现与人工神经网络的发明

现代神经科学的基础是神经元的发现，这归功于意大利科学家卡米洛·戈尔吉（Camillo Golgi）。1873 年，戈尔吉发明了 Golgi 染色法，使用铬酸盐和硝酸银将脑组织切片中的神经细胞染成棕黑色，显微镜下清晰地展示出复杂的网络结构。戈尔吉据此提出了弥散神经网络理论，认为神经组织是一个互联的共享细胞质网络。然而，西班牙科学家圣地亚哥·拉蒙·卡哈尔（Santiago Ramón y Cajal）采用新生脑组织进行 Golgi 染色法研究，得出神经系统由独立神经细胞组成的结论，形成了神经元学说。尽管戈尔吉和卡哈尔持相反观点，但他们的发现共同奠定了现代神经科学的基础，两人于 1906 年共获诺贝尔生理学或医学奖。Golgi 染色法处理后的神经细胞如图 7-1 所示。

电子显微镜的发明极大地提高了微观结构的观察清晰度，推动了科学的进步。1955 年，洛克菲勒研究所的桑福德·帕森斯（Sanford Parson）和乔治·埃米尔·帕拉德（George Emil Palade）使用电子显微镜发现了神经元之间的突触间隙，从而正式确认了神经元理论。这一发现初看似为戈尔吉（Golgi）和卡哈尔（Cajal）之间的争论画上句号。然而，随着时间推移和深入研究，新的证据不断出现。例如，2022 年帕维尔·伯克哈特（Pawel Burkhardt）等人在《自然》（Science）杂志上发表的研究指出，栉水母的皮下神经网络在发育早期形成了一个连续的质膜，而非由分离的突触连接的独立神经元，支持了戈尔吉的观点，并显示戈尔吉与卡哈尔的理论实际上是相辅相成的，共同推动了神经科学和脑科学的发展。

受生物神经网络研究的启发，20 世纪 40 年代的科学家们开始在数理计算领域探索模拟神经元的方法。1943 年，心理学家 W. 麦卡洛克（W. Mcculloch）和数理逻辑学家 W. 皮茨（W. Pitts）提出了基于生物神经元特性的第一个神经元数学模型，此模型采用二进制输入输出，并引入了阈值逻辑单元概念。这一模型随后不断被扩展和改进，逐步发展为现代人工神经网络。1951 年，图灵奖得主马文·明斯基（Marvin Lee Minsky）构建了首个人工神经网络模拟器——SNARE，并于 1956 年与 J. 麦卡锡（J. McCarthy）共同首次提出"人工智能"概念，他因此在 1969 年获得图灵奖。自此，人工神经网络经历了多次迭代与创新，1958 年，弗兰克·罗森布拉特改进了早期模型，开发出感知器模型，尽管初期只能处理线性分类。到 1969 年，明斯基（Minsky）和塞穆尔·佩珀特指出其处理非线性问题的局限，并提出多层感知器概念。1986 年，杰弗里·辛顿等人将多层网络与霍普菲尔德网络结合，发明了玻尔兹曼机，同时提出反向传播算法，极大拓宽了模型的应用范围。SNARE 中的神经元如图 7-2 所示。

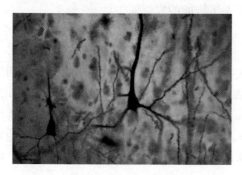

图 7-1　Golgi 染色法处理后的神经细胞　　　图 7-2　SNARE 中的神经元

2. 生物神经网络信息处理机制的发现与深度学习方法的发明

在 20 世纪中叶，科学家们已对单个神经元的结构和基于生物电信号的信号传递机制有初步理解，但大脑如何产生高级功能仍是谜。在此背景下，大卫·休伯尔（David Hunter Hubel）和托斯坦·威泽尔（Torsten Nils Wiesel）开始研究视觉系统的感知与发育机制。利用当时尖端的特殊记录电极技术，他们对猫的视觉神经系统进行了细致的探索，并能精确测量单个神经元的活动（图 7-3）。他们的研究显示，猫的视觉皮层可以层级化地处理信息，不同层级的神经元对图像模式的复杂度有不同的反应，如前端神经元对光暗边界敏感，中间层对线条和角点敏感，而后端则识别复杂几何形状。他们的进一步研究揭示了外界光刺激对视觉系统发育的重要性，并在视功能柱的发现及视觉皮层可塑性研究方面做出重要贡献。因此，休伯尔（Hubel）和威泽尔（Wiesel）与罗杰·斯佩里（Roger W. Sperry）共同获得 1981 年诺贝尔生理学或医学奖，表彰他们在视觉系统信息处理方面的突破性成就。

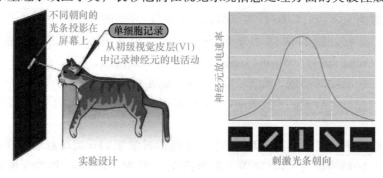

图 7-3　猫的视觉实验

随着对猫视觉认知规律的深入研究，科学家们发现神经元在视觉信号的逐层传递中能够逐步忽略空间位置信息，而集中于复杂形状的整体识别。为模拟这一过程，1980 年，日本科学家福岛邦彦构建了首个模拟视觉神经网络的模型，引入了卷积层和池化层的概念。尽管早期模型未直接使用"卷积"术语，福岛邦彦通过描述卷积为"位置上的移动"并结合池化技术，扩展了神经元的感受野，使其能够识别形状而非依赖位置。福岛邦彦的模型采用无监督学习自组织方法，虽然这种学习方法随后因反向传播算法的出现而逐渐被淘汰，但卷积层和池化层的核心概念仍广泛应用至今。

受福岛邦彦工作的启发，法国计算机科学家杨·勒昆（Yann LeCun）于 1989 年提出了 CNN 的概念。他定义了使用矩阵形式的卷积核进行图像卷积运算，并将其与池化层结合，形成神经网络的核心架构以实现视觉信息的逐层抽象提取。杨·勒昆应用三层隐藏层的网络和杰弗里·辛顿（Geoffrey Hinton）提出的反向传播算法成功实现了 256 像素图像的手写邮政编码识别。杨·勒昆、杰弗里·辛顿与约书亚·本吉奥进一步研究了网络深度和广度对性能的影响，发现深层网络在解决复杂问题上的优势，进而推动了深度学习研究的发展。因其在深度学习领域的突出贡献，三人于 2018 年共获图灵奖。

在诺贝尔奖颁奖典礼上，卡米洛·戈尔吉（Camillo Golgi）引用诺贝尔的话："每个新发现都将在人类脑中种下思想的种子，激发新一代去思考更加宏伟的科学理念。"这种发现和创新精神催生了生成式人工智能（AIGC）的发展。这一进程始于神经学家和生物学家对生物神经网络结构和视觉信息处理机制的基础研究，继而由数学家、心理学家和计算机科学家通过新技术进一步构建神经网络模型和深度学习方法论。最终，领先的人工智能企业通过大规模应用显著推进了 AIGC 技术的成熟和进步（图 7-4）。

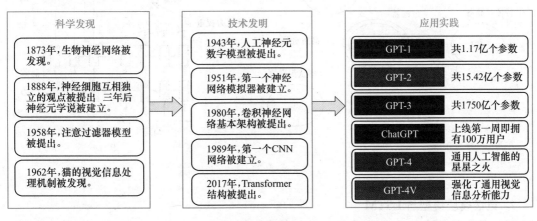

图 7-4　生物学与 AIGC

7.2.2　大模型的认知科学基础

认知科学，一门探索人脑及心智工作机制的学科，自 1975 年在美国斯隆基金的资助下成立。该学科融合了哲学、心理学、语言学、人类学、计算机科学和神经科学等多个领域，共同研究信息在认知过程中的传递方式。尽管认知科学确立较晚，它与生物学和数理计算科学紧密联系，促进了跨学科知识和机理的交流与融合，对人工智能的发展和机理研究提供了重要推动力。认知科学研究涉及感知、注意、记忆、语言、思维和意识等广泛领域。

1. 注意力模型与 Transformer

注意力机制允许大脑在海量信息中筛选并处理关键信息。1958 年，英国心理学家布罗德本特（Broadbent）提出过滤器模型，描述了注意力的选择性过程。他认为，人脑的信息处理能力有限，面对多个信号源时，需要一个过滤器来选择特定的信号，忽略其他信号。他的模型包括感觉记忆存储、选择过滤器、有限容量的高级处理系统和工作记忆，其中选择过滤器负责筛选能进入高级处理系统的信息。这一基本模型促进了后续更复杂的注意力模型的发展，如后期选择模型、注意力衰减模型等。此外，研究也从生理学角度探讨注意力机制，如 1977 年斯金纳（Skinner）和林英（Yingling）提出的丘脑网状核闸门理论解释了中脑结构如何调节注意力。

从 2010 年起，研究者开始将注意力机制应用于深度学习。2014 年，弗拉基米尔·米尼赫（Volodymyr Mnih）首次将注意力机制应用于计算机视觉，允许模型有选择性地关注图像特定区域。随后，巴达瑙（Bahdanau）等人将注意力应用于机器翻译，实现有效的语义对齐。2017 年，Google 提出基于全注意力机制的 Transformer 模型，标志着人工智能大模型时代的开始，该技术现广泛应用于自然语言处理等多个领域。注意过滤器模型和深度学习注意力机制如图 7-5 所示。

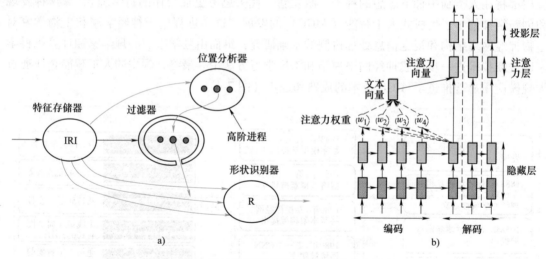

图 7-5　注意过滤器模型和深度学习注意力机制

2. 记忆模块模型与 LSTM

记忆是智能体存储和处理信息的关键机制。1968 年，认知心理学家理查德·阿特金森（Richard Atkinson）和理查德·希夫林（Richard Shiffrin）提出了记忆的模块化模型，将记忆分为感觉记忆、短时记忆和长时记忆。这些记忆类型在特定条件下可相互转化：外界信息首先存储于感觉记忆，经注意力筛选转入短时记忆，再通过重复复述进入长时记忆。此过程中信息可能会丢失，但长时记忆中的信息可在需要时被提取。基于此模型，学者们进一步探究了记忆功能的生理机制及其在大脑中的相关区域。

长短时记忆网络（LSTM）是 1997 年由霍克利特（Hochreiter）和施米杜贝尔（Schmidhuber）提出的计算模型，旨在模拟人类记忆功能。与传统循环神经网络（RNN）相比，LSTM 在保持链式结构的同时，引入了输入门、遗忘门和输出门三个门控模块，负责信息的精细控制。特别是遗忘门，它调节信息在网络中的保持和丢失，模拟记忆和遗忘过程，反映了记忆保持和遗忘的认知心理学原理。

3. 奖励机制与强化学习

奖惩机制自古以来就是维护社会秩序的重要工具。历史上，许多政治家和思想家如唐太宗和西汉的魏相都强调奖惩的重要性，指出其在劝善禁恶和治理国家中的核心作用。然而，对人类奖励系统的科学研究，特别是其深层次机制的探究，直到20世纪中叶才开始。

1954年，加拿大麦吉尔大学的彼得·米尔纳（Peter Milner）和詹姆斯·奥尔兹（James Olds）在进行小鼠脑部电刺激实验时，意外发现了大脑的奖励系统。他们观察到，当电极接触到小鼠脑干的特定区域时，小鼠显示出寻求电刺激的行为，甚至在离开通电区域后会主动返回。他们进一步设计了实验，允许小鼠通过按压拉杆自我获取电刺激，结果小鼠频繁操作拉杆，显示出强烈的行为驱动。小鼠电刺激实验装置如图7-6所示。此外，设置走迷宫和解决任务的实验，小鼠在完成任务后会获得电刺激奖励。这些研究显示，电刺激可以作为操作性强化剂，显著加强特定行为的发生，对于学习和行为习惯形成至关重要。

1961年，马文·明斯基在其论文 *Steps Toward Artificial Intelligence* 中首次阐述了强化学习的概念，并引入了"强化操作符""强化过程"等关键概念，为人工智能研究奠定了基础。1989年，克里斯·瓦特金斯提出了Q-learning算法，这是一种结合时间差分学习和最优控制的方法，能统一处理多种强化学习问题。2013年，DeepMind开发的深度Q网络（Deep Q-Network，DQN）融合了深度学习技术，可有效应对高维状态空间挑战，显著提升了

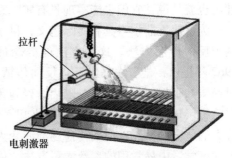

拉杆

电刺激器

图7-6　小鼠电刺激实验装置

强化学习在复杂环境中的性能。DQN技术的应用，如AlphaGo在围棋领域的成就，标志了强化学习的重大突破。此外，强化学习也被应用于GPT-3.5的研发中，调整人工智能生成内容的响应偏好，使得模型能更好地适应人类喜好，提供更符合需求的答复。

认知科学，作为20世纪70年代兴起的新学科，致力于解析智能体背后的行为成因，其不仅包括生物智能体，也涉及人工智能体。尽管认知科学和生物学都旨在揭示生命现象的内在机制，但它们的研究侧重点不同。生物学主要探究生物体的生理和生化运作，而认知科学则从行为角度分析智能体的行为成因，其成果能直接推动人工智能领域的创新。虽然已深入理解了神经网络的物理形态及信息传播规律，但学习、记忆、决策等高级复杂功能的机制仍充满未解之谜。解决这些问题不仅需要依靠仿生学，数理计算科学的运用也是关键，能为人工智能理论的发展提供严谨的数学基础。

7.2.3　大模型的计算科学基础

在生物学和认知科学的领域，虽然对神经网络的物理结构和信息传递已有深入理解，但对于更复杂的功能如学习、记忆和决策的机制，我们的认识仍不完全，充满未解之谜。目前的仿生模拟技术还未完全实现智能体的设计和开发，引入数理计算科学提供了解决这些问题的关键方法和工具。在人工智能的发展中，基于数学理论构建的神经网络模型训练方法和解析工具，不仅提供了严谨的理论支撑，也为人工智能理论的发展奠定了坚实基础。

1. 优化理论与机器学习

从数学的视角来看，深度神经网络可以被视为一个包含大量参数的复杂非线性函数。当神经网络的模型结构被确定后，模型参数的具体取值便成了决定该函数行为，也就是人工智能表现的关键因素。然而，自从神经网络模型被提出以来，如何确定这些参数的最佳值一直是科学家们面临的一个主要挑战。

在人工智能的早期发展阶段，研究人员尝试通过仿生学的方法来模拟大脑的学习机制。其中，加拿大心理学家唐纳德·赫布（Donald Hebb）在 1949 年提出了著名的赫布法则（Hebb's rule）。该法则描述了相邻神经元之间的相互作用：如果神经元 A 的活动能够反复或持续地引起神经元 B 的激活，那么这两个神经元之间的连接将会变得更加显著。基于赫布法则的赫布学习是一种无监督学习机制，它规定当神经网络中的两个神经元同时激活时，它们之间的连接权重会增加；如果激活不是同时发生的，则权重会减少。此后，基于赫布学习原理，研究者开发了多种变体，如克洛普夫（Klopf）提出的模型，这些模型能够在一定程度上模拟生物现象。尽管如此，赫布学习及其衍生模型并未能赋予神经网络以功能性，也就是说，它们未能实现具有实际意义的学习效果。

为了使机器学习具有实际意义，科学家们将学习过程视为一个数学优化问题，并据此发展了反向传播方法。这种方法的概念最早由弗兰克·罗森布拉特（Frank Rosenblatt）在1962 年提出，他首次描述了"反向传播纠错"（Back-propagating Error Correction），尽管当时尚未知晓如何具体实施。随后，经过塞波·林纳马（Seppo Linnainmaa）、大卫·E. 鲁梅尔哈特（David E. Rumelhart）、杰弗里·辛顿（Geoffrey Hinton）和扬·勒昆（Yann LeCun）等人的研究和发展，反向传播逐渐演变为一个广为人知的算法。因其出色的适应性，它已成为深度学习中最常用的参数学习方法。尽管如此，反向传播的核心机制——梯度下降法，通常用于解决凸优化问题，而神经网络通常被视为非凸函数。对此，一种普遍的解释是，在神经网络的"景观"中，存在许多局部最小值和至少一个全局最小值，由于网络的复杂性，这些局部最小值和全局最小值在性能上通常没有显著差异。此外，基于随机梯度下降的反向传播算法倾向于避免陷入泛化性能差的局部最小值，而更可能收敛于具有较好泛化能力的平坦局部最小值区域。除了这一核心原理，元学习、终身学习等研究领域也取得了诸多从优化理论角度出发的创新和改进成果。

值得注意的是，杰弗里·辛顿（Geoffrey Hinton）尽管是反向传播算法的创始人之一，但却对该方法持有持续的怀疑态度。他的疑虑主要源于一个事实：在生物大脑的学习过程中，并不存在可以用于求导的机制。为了解决这一矛盾，辛顿（Hinton）在 2023 年提出了一种新的基于扰动的学习策略。这种方法利用大量局部贪心损失来扩展学习的范围，并试图找到一种更符合生物学原理的学习算法。

2. 信息科学与特征提取

特征提取旨在将原始数据转换至一个更低维度的空间，这个新构建的特征空间应当有效地捕捉并保留数据的核心内容，同时排除不必要的冗余和干扰噪声。在信息科学的视角下，此过程本质上是数据的一种信息编码活动。尽管如此，科学家们至今仍在努力探索如何有效地执行特征提取，以应对这一关键的科学难题。

在早期，特征提取算法常借鉴人脑的理解机制，依赖丰富的领域知识。例如，梅尔频率倒谱系数（MFCC）在语音识别中的使用，其设计灵感来源于人类对频率的听觉感知。随着深度学习的兴起，特征提取的焦点转向了通过神经网络模型的自动化学习。在这些模型中，每一层通过非线性变换执行特征提取，类似于编码器，将输入特征转化为新的特征集，旨在信息压缩和去噪。神经网络模型的训练过程寻求在信息压缩和去噪之间找到最优平衡，损失函数在此过程中定义了模型预测的精度并指明训练目标。例如，变分自编码器（VAE）中的 KL 散度用于衡量编码特征与先验分布之间的相似度，以正则化特征表示。

信息科学不仅为特征提取提供了理论基础，还对其实践和发展方向产生了深远影响，同时提供了一种严格的数学框架，帮助设计、训练和理解复杂的神经网络模型。

3. 概率论与生成模型

生成模型是 AIGC 的核心，它能根据输入自动产生输出内容。这类模型的设计和训练主要使用概率论，通过学习输入与输出数据的联合概率分布。在使用时，模型通过输入数据确定输出数据的概率分布，并通过采样生成最终输出。生成模型的"创造性"来源于设计中融入的随机化元素，概率论为理解和再现数据生成过程提供了理论基础。生成模型的早期发展依赖于条件概率分布来描绘数据生成机制。自托马斯·贝叶斯在 1763 年发表其开创性论文后，贝叶斯理论逐渐形成，该理论提出所有未知量均可视为随机变量，并用概率分布描述。贝叶斯网络和隐马尔可夫模型等衍生技术能直接推断条件概率分布，并通过技术（如最大似然估计）优化参数。1986 年，杰弗里·辛顿提出的受限玻尔兹曼机，作为生成式随机神经网络的重要里程碑，使用能量函数描述系统状态，包括可见层与隐藏层，其概率分布基于玻尔兹曼分布。受限玻尔兹曼机的训练涉及使用马尔可夫链蒙特卡洛采样技术，尽管其多次迭代会带来高计算成本。

深度学习技术的迅速发展已经革新了生成模型领域，特别是生成对抗网络（GAN）和 VAE 的引入。VAE 利用概率编码器和解码器及易于采样的隐变量来描绘数据生成过程，通过变分推断来近似隐变量的后验分布，并同时优化重构损失与 KL 散度。此外，流模型和扩散模型等先进生成模型的研究同样基于概率论。概率论在理解数据分布特性和制定数据生成策略中起到了核心作用。随着概率论工具和理论的进步，如随机梯度变分推断和正则化自编码器的发展，生成模型将在处理复杂数据生成任务中实现更多技术突破。

7.3 端到端自动驾驶大模型的结构设计

图像的深度处理和信息提取一直是无人驾驶系统最为重要的环节之一。特斯拉创始人马斯克在无人驾驶系统的研制方向上坚持"第一性原理"，认为纯视觉方案的无人驾驶系统是无人驾驶算法的最终形态，即无人驾驶系统只需要图像信息便能完成无人驾驶功能。端到端纯视觉方案理论上拥有更高的上限，但无论其能否真的成为未来，视觉信息对于端到端无人驾驶系统都是至关重要的，因此，设计大模型结构以高效处理视觉信息成为学者们不懈研究的课题。

7.3.1 图像输入的大模型结构设计

现有大模型的基础架构是 Transformer，特别地，ViT 是第一个将 Transformer 应用于图像识别任务的模型，标志着计算机视觉领域的一大变革。ViT 将图像分割成序列化小块，并利用自注意力机制理解局部与全局视觉特征，为自动驾驶带来广阔的应用前景。相较于传统卷积神经网络，ViT 的主要优势包括：

增强环境感知能力：ViT 提供更细致的特征捕捉，能更准确识别如车辆、行人和交通标志等物体。

全局上下文理解：自注意力机制帮助 ViT 理解图像各部分之间的关系，全面把握交通状况，如识别拥堵或事故。

减少参数量和计算需求：在某些情况下，ViT 比 CNN 更高效，尤其是在处理需要全局特征理解的图像时，有助于降低车载系统的功率和存储需求。

提升决策效率：ViT 的高效特征处理能直接优化自动驾驶的决策流程，支持快速决策。

适应性更强的学习能力：ViT 对数据的需求相对较低，使其能快速适应新环境，这对自动驾驶技术在不同地区和条件下的部署至关重要。

接下来，我们将详细探讨 ViT 处理图像输入的架构及其在大模型中的具体应用。

1. 基于 CNN 的图像预处理技术

与一般的 Transformer 的序列文本输入不同，彩色图像具有以下两个特点：相较于文本输入，图像的信息更加高维。典型的用于分类任务的数据集中的图像包含 224×224 个像素点，每个像素点由 RGB 三通道值构成，因此总共有 150528 个输入维度。所以，如果每个像素都作为 Transformer 的输入，会使得网络权重参数数量爆炸，这将为所需的训练数据、内存和计算带来极大的挑战。像素统计相关性：图像中临近的像素是统计相关的，这种统计相关性体现在像素的横纵排列上，即它们之间存在着二维的空间局部性。但是 Transformer 网络不存在这种二维感知，其只能感知一维序列。这意味着如果像素以随机方式任意组合排列，Transformer 感受不到这种区别，而图像的语义信息实际上正蕴含在这些排列中。

基于以上特点，我们可以发现图像直接输入 Transformer 是不可靠的，结合 CNN 网络进行图像预处理成为一种必然。下面我们将介绍 CNN 图像编码结构，探讨这些模块的功能和特点。

（1）改变图像大小 由于不同传感器所捕获的图像分辨率大不相同，而网络需要的往往是固定大小的输入，因此往往利用 CNN 改变图像的大小。

1）下采样（Downsampling）。下采样可以缩小 2D 输入的大小，从而帮助网络获得更大的感受野，提取出深层次的图像特征。我们介绍三种主要的下采样方式。①随机下采样。随机下采样即在每个采样单元内（通常是一块矩形区域）随机选取一个 2D 位置进行保留，丢弃其余 2D 输入信息。例如将图像划分为若干个 2×2 的单元格，在每个单元格内只保留左上角的像素信息，这样原始图像就被下采样至原来的 1/4 大小。②最大池化（Max Pooling）。与随机采样不同，最大池化层会有选择地输出每个采样单元内的最大值，这种采样方式能够保留局部特征中最显著的信息，并且在一定程度上提高网络对平移操作的鲁棒性。③平均池化（Mean Pooling or Average Pooling）。平均池化会对输入特征图的每个局部区域计算平均值并作为输出。这种池化方式会模糊局部特征，但有时候可以提供更加平滑的特征表示。

2）上采样（Upsampling）。上采样操作能帮助特征图恢复到想要的大小。这里介绍四种常用的上采样方法。①重采样，将网络层扩展到两倍分辨率的最简单方法是在每个空间位置复制所有通道四次。②最大上采样（Max Unpooling），与使用最大池化操作进行下采样相对应，我们将值分配到它们起源的位置，其余位置使用 0 补充，即可完成分辨率的恢复。③双线性插值，可计算出任意填充位置的像素值，这种方法最大程度保留了平滑的特征信息。④转置卷积（Transpose Convolution），其原理可以通过将其与标准卷积操作进行比较来理解。与标准卷积操作中的卷积核相比，转置卷积核的维度是反过来的，这里转置的意思是将卷积核的行和列进行倒置。在卷积过程中，转置卷积核与输入特征图的每个像素位置进行加权求和，然后将结果填充到输出特征图中。由于转置卷积核通常具有更大的尺寸，因此它将输入特征图的每个像素"放大"到更大的输出特征图中。

（2）**改变通道数量** 有时我们想要改变一个隐藏层和下一个隐藏层之间的通道数量，而不需要进一步的空间池化。这通常是为了将不同路径的特征表示与另一个并行计算的特征表示拼接起来。为了实现这一点，我们应采用一个核大小为1的卷积。输出层的每个元素都是通过对相同位置的所有通道进行加权和来计算的。我们可以使用不同的权重重复此操作多次，以生成所需的尽可能多的输出通道。相关的卷积权值大小为 $1 \times 1 \times C_i \times C_o$。因此，这被称为1×1卷积。结合偏置和激活函数，它相当于在每个位置的通道上运行相同的全连接网络。

（3）**图像块（Patch）切割** 由于图像整体不具备序列数据的特点，因此在 ViT 中，图像首先会被转化为一系列的小块，也称为 patches，并将这些小块视为序列数据来处理。然后每个 patch 会被平铺成一维的向量。这个切割过程可以通过卷积操作实现，其中卷积核的大小、步长（stride）和填充（padding）通常会被设置为将图像分割成所需数量和尺寸的 patches。卷积操作可以用以下公式概括表示：

$$\text{Patch}_{i,j} = \text{Conv2D}(\text{Image}, W_{\text{kernel}}, \text{stide}, \text{padding}) \tag{7.3.1}$$

式中，$\text{Patch}_{i,j}$ 为第 i 行第 j 列的 patch；Conv2D 为二维卷积操作；Image 为输入的图像；W_{kernel} 为卷积核的权重；stide 为卷积时窗口移动的步数；padding 为在图像边界添加的零填充的大小。

例如，如果输入图像的大小为 224 像素×224 像素，并且我们希望得到 16 像素×16 像素大小的 patches，卷积核可能会设置为 16×16 大小，步长为 16，不使用 padding（或者使用合适的 padding 以保持图像尺寸）。这种操作能够将原始图像划分为 14×14 个 patch，因为 $\frac{224-16}{16}+1=14$。

（4）**块嵌入（Patch Embeddings）** 一旦图像被切割成小块，每个小块接下来会被展平并转换为模型可以处理的嵌入向量。这一过程通过将每个小块的像素值展平成一维向量，然后通过一个线性层（全连接层）来实现，该线性层将这些一维向量转换为固定维度的嵌入向量。这些嵌入向量被设计来表示图像块的内容和信息，类似于自然语言处理中词嵌入的概念。块嵌入的步骤对于将原始的图像数据转换为模型能够有效处理的形式至关重要。它不仅使得模型能够利用图像块中的信息，还为接下来的自注意力机制的应用奠定了基础。

（5）**位置编码** 由于 Transformer 模型本身不具备处理序列中元素顺序的能力，位置编码在 ViT 中扮演着至关重要的角色。位置编码的目的是为模型提供每个图像块在原始图像中位置的信息。在 ViT 中，位置编码通过为每个图像块嵌入向量添加一个固定的或可学习的位置向量来实现。这确保了即使在经过自注意力处理后，模型仍能够识别出各个图像块之间的相对或绝对位置关系。位置编码对于保持图像的空间连贯性至关重要。它使得模型能够理解图像中的对象和特征是如何在空间上组织和相互作用的，这对于图像理解和分类等任务是非常重要的。

通过图像块切割、块嵌入和位置编码这一系列预处理步骤，ViT 模型能够将传统的图像数据转换为适合自注意力机制处理的序列形式，为深入理解和处理图像内容奠定了基础。

2. 基于 Transformer 的图像特征处理

当图像被处理为适合 Transformer 处理的数据结构后，就需要利用自注意力机制提取处理后的图像特征，但各种模型的处理结构大相径庭，因此这里只对 ViT 模型的处理方式做简要介绍。

（1）Transformer 编码器　经过预处理的原始的二维图像被转化为一个个带有位置编码的图像块嵌入，这些图像块嵌入会经过多层感知机转换成高维的向量表示，随后就会经过Transformer 编码器。每个编码器由 L 个相同的层组成，每一层都包含多头自注意力机制和前馈神经网络，并经过两次残差连接和归一化操作，这些层可以并行处理整个图像块序列，捕获图像块之间的关系和图像内部的复杂关系。编码器的详细结构如图 7-7 所示。

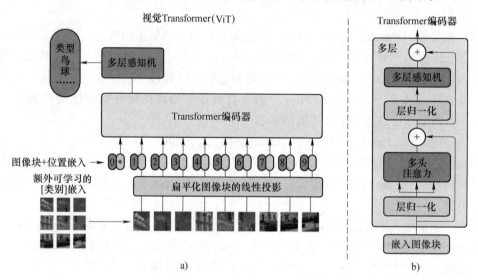

图 7-7　ViT 架构

（2）自注意力机制　自注意力机制是 Transformer 编码器的核心，它允许模型在处理图像块（Patches）的序列时，计算序列中每个元素对其他所有元素的注意力。在 ViT 中，这意味着模型可以捕获图像中不同区域之间的复杂依赖关系，无论这些区域在图像中的物理距离如何。通过自注意力机制，ViT 能够聚焦于图像的关键部分，并理解这些部分如何共同构成整体的视觉内容。

（3）多头注意力（Multi-Head Attention）　多头注意力是自注意力机制的一个扩展，它将注意力机制分成多个"头"，但是在不同的表示子空间上，每个头独立地执行自注意力计算。这样做的好处是多重的：首先，它允许模型在多个子空间并行地捕获信息，增加了模型的容量和灵活性；其次，不同的注意力头可以学习到图像不同部分的不同方面，比如一些注意力头可能专注于捕获颜色信息，而其他头可能专注于捕获形状或纹理。这种多头注意力机制使 ViT 能够更全面地理解图像内容。

（4）前馈网络（Feed-Forward Network）　在每个 Transformer 编码器层中，多头注意力

的输出被送入一个前馈网络，这是一个由两个线性变换组成的简单网络，中间夹有一个非线性激活函数（如 ReLU 函数）。前馈网络对每个位置（图像块）独立地作用，但对所有位置使用相同的参数。这个网络可以被看作是对每个图像块嵌入进行进一步的处理，提高了模型处理图像内容的能力。

（5）层归一化和残差连接　层归一化和残差连接是 Transformer 架构中重要的稳定和加速训练过程的技术。层归一化通过对每个编码器层的输入进行标准化，帮助缓解了训练深层网络时可能出现的梯度消失或爆炸问题。残差连接则通过将输入直接添加到子层的输出上，促进了不同层之间的信息流动，使得即使是很深的网络也能有效地训练。这两种技术的结合使 ViT 在处理复杂图像任务时更为稳定和高效。

通过以上这些技术的综合应用，Transformer 编码器使 ViT 成为一个强大的图像处理模型，它不仅能够捕获图像中的细节信息，还能理解这些信息如何在更高层次上相互作用，从而实现对图像的深入理解。

（6）分类头　在 Transformer 编码器处理完图像块序列后，模型的输出被送入分类头以进行最终的分类决策。分类头通常是一个简单的全连接层，它将编码器的输出转换成一个预测向量，每个元素对应一个类别的预测概率。

在 ViT 模型中，分类头主要由一个线性全连接层构成，它直接作用于 Transformer 编码器的最终输出上。具体来说，ViT 将编码器处理的图像块序列中的第一个块（通常称为"类别（Class）"标记或"CLS"标记）的输出作为图像的代表性特征。这个 CLS 标记在输入序列的开始被加入，并经过整个 Transformer 编码器，捕获了整个图像的全局信息。编码器的处理增强了这个特殊图像块的表示，使其包含进行分类所需的关键信息。

分类头的线性层将 CLS 标记的输出向量映射到一个新的向量上，这个新向量的维度与目标分类任务的类别数相匹配。每个元素在这个向量中代表了图像属于对应类别的原始得分。为了将这些得分转换为概率分布，通常在这个线性层之后应用一个 Softmax 函数。Softmax 函数确保了所有输出值的和为 1，使得每个值可以被解释为模型对图像属于各个类别的置信度。分类头虽然结构简单，但在 ViT 模型中扮演着至关重要的角色。它是连接编码器提取的图像特征与最终分类任务的桥梁，使得 ViT 不仅能够理解和处理图像内容，还能够根据理解的内容做出准确的分类判断。这个简单的线性层展示了深度学习中"端到端学习"的强大能力：一个经过充分训练的模型能够直接从原始像素值学习到复杂任务的解决方案。

通过分类头，ViT 成功地将 Transformer 架构应用于图像分类任务，展示了自注意力机制在处理视觉信息时的潜力和灵活性。

7.3.2　具备全栈关键任务的端到端自动驾驶模型设计

现代自动驾驶系统通常按照模块化任务的顺序运行，即感知、预测和规划。当前的常见方法是部署独立模型来处理各个任务，或设计具有独立头部的多任务范式。然而，这些方法可能会受到累积误差或任务协调不足的影响。例如，感知模块的误差可能会被传递到预测和规划模块，从而影响整体性能。此外，各任务模块之间缺乏有效的协调和信息共享，导致系统无法充分利用全局信息来做出最优决策。理想的自动驾驶模型结构框架应当精心设计和优化，以追求自动驾驶汽车的最终目标——实现高效和安全的规划。因此，本部分内容将介绍最新的自动驾驶模型设计架构 UniAD，主要介绍其模型设计的思路，具体模型构建代码可自行从开源网站下载学习。UniAD 的设计初衷是充分利用每个模块的优势，同时从全局角度提供互补的特征抽象以实现物体交互。这一框架通过统一的查询接口使各任务模块进行高效通信，从而相互促进，实现更精确和可靠的规划。UniAD 不仅能够处理复杂的驾驶场景，还能通过综合利用感知、预测和规划的联合信息，显著减少累积误差，提高系统的整体性和稳定性。这样一种全方位、一体化的设计，有望在自动驾驶技术的发展中取得突破，为实现真正的无人驾驶提供坚实的基础。

UniAD 包含四个基于 Transformer 解码器的感知和预测模块，以及最后的规划模块。查询矩阵在管道中起到连接作用。首先，多视角图像通过 BEVFormer 特征提取，获得 BEV 特征，也可以使用其他 BEV 方案、多帧、多模态融合。然后，TrackFormer 通过自身的查询矩阵 Track Q，从 BEV 特征中查询周围物体的信息来进行检测和跟踪。MapFormer 也使用自身的查询矩阵 Map Q 从 BEV 特征中查询道路元素（例如车道和分隔线）的信息，并执行地图的全景分割。接着，MotionFormer 则捕获 BEV 特征，以及物体、车辆与地图之间的交互信息，预测每个物体的未来轨迹。由于场景中每个物体的行动可能会对其他物体产生重大影响，该模块为所有考虑的物体做出联合预测。规划模块使用来自 MotionFormer 的自查询向量预测规划结果，并通过避开由 OccFormer 预测的占用区域来避免碰撞。具体来说，在 TrackFormer 中，Track query 通过与 BEV 特征以 attention 的方式进行交互，输出特征 Q_A。类似地，Map query 经过 MapFormer 的更新后，得到特征 Q_M。MotionFormer 使用 Motion query 与 Q_A、Q_M 以及 BEV 特征进行交互，得到未来轨迹以及特征 Q_X。OccFormer 以稠密的 BEV 特征为 Q 和 TrackFormer 输出的特征 Q_A 对应的位置信息 P_A 和 Q_X 作为 K 和 V 来构建实例级别的占据栅格。UniAD 端到端自动驾驶模型结构如图 7-8 所示。

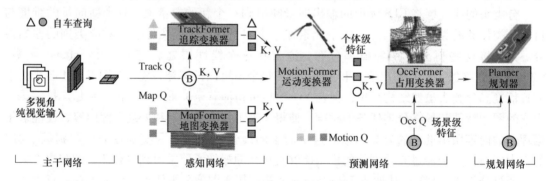

图 7-8　UniAD 端到端自动驾驶模型结构

1. 环境监测和轨迹预测

TrackFormer 模块可以同时进行检测与多目标跟踪，通过引入一组 Track query 去建模追踪物体在场景中的整个生命周期。其中，检测查询负责检测新出现的物体，跟踪查询负责在连续的帧中跟踪已经检测到的物体，通过在当前帧的跟踪查询与先前记录的查询之间进行交互来完成，自车查询则显式地对车辆自身进行建模，获得自车未来的轨迹。

MapFormer 是将 2D 全景分割的经典方案 Panoptic Segformer 迁移至 3D 场景，并用于在线地图分割。具体而言，用一组 Map query 表示地图中的不同元素，比如车道线、人行道、可行驶区域等，这些地图元素将有利于下游任务对周围环境信息的学习。Map query 经过 MapFormer 的更新后，将被传送至 MotionFormer 进行物体与地图元素的交互。

MotionFormer 以信息丰富的物体特征 Q_A （TrackFormer 输出）和地图特征 Q_M（MapFormer 输出）为输入，输出场景中所有智能体在多种模态下的未来轨迹。这种范式只需要进行一次网络的前向传播便能输出所有智能体的未来轨迹，相较于之前以智能体为中心的方法，省去了每步对坐标空间进行对齐的计算消耗。同时为了持续建模车辆自身的运动信息，利用 TrackFormer 中的自车查询向量学习自车的未来轨迹。MotionFormer 由多层交叉注意力模块组成，以达到不断精细化的目的。每层模块包含三次不同的注意力计算以建模不同类型的交互，分别是智能体-智能体、智能体-地图和智能体-轨迹目标，具体交互表示如下：

$$\begin{cases} Q_\text{a} = \text{MHCA}(\text{MHSA}(Q),\ Q_\text{A}) \\ Q_\text{m} = \text{MHCA}(\text{MHSA}(Q),\ Q_\text{M}) \end{cases} \tag{7.3.2}$$

$$Q_\text{g} = \text{DeformAttn}(Q,\ \hat{x}_T^{l-1},\ B) \tag{7.3.3}$$

式中，Q_a 为物体查询；Q_m 为地图查询；Q_g 为预期位置查询；$\hat{x}_T^{l-1}$ 为预测的未来位置；MHCA、MHSA 与 DeformAttn 分别为多头交叉注意力、多头注意力与可变形注意力。

交互结束后得到的轨迹查询向量（Motion query）将继续传递给占用栅格预测与规划模块。图 7-9 所示为 MotionFormer 的网络结构，它由 N 个堆叠的交互模块组成，每个模块内会进行智能体-智能体、智能体-地图和智能体-轨迹目标的关系建模。智能体-智能体和智能体-地图使用标准的 Transformer 解码器，智能体-轨迹目标为可变形的交叉注意力模块。

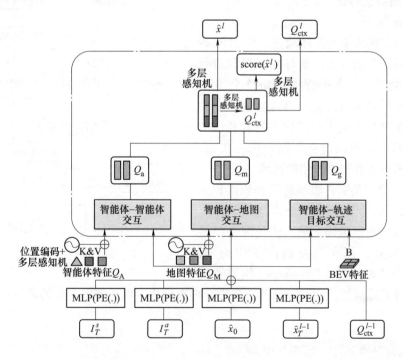

图 7-9　MotionFormer 网络结构

2. 占用预测

占用栅格图是一种离散化的 BEV 表示形式，其中每个格子的值代表当前位置是否被物体占用。占用栅格预测任务是指预测未来多步的占用栅格图，即未来 BEV 的占用情况。之前的方法通常会利用卷积神经网络与循环神经网络逐步预测未来多步 BEV 特征图并解码，但是却忽略了场景中物体的运动信息，这些信息与未来场景的占用栅格有很强的关联性。为了引入稀疏的物体运动信息，该算法在 OccFormer 中利用注意力机制，将场景中密集的各栅格表示为查询向量，将物体运动轨迹预测特征表示为键与值。通过多层 Transformer 解码器，查询向量将多次更新，用于表示未来时序的 BEV 特征图。为了更好地对齐物体与各栅格的位置关系，该算法引入了一种基于占用栅格的注意力掩码，该掩码使得注意力计算只在位置对应的栅格-物体特征之间进行。查询向量的更新过程如下：

$$D_{ds}^t = \text{MHCA}\left(\text{MHSA}(F_{ds}^t),\ G^t,\ attn_{mask} = O_m^t\right) \tag{7.3.4}$$

式中，F_{ds}^t 为 t 时刻的降采样后的车辆稠密特征，包含了每个像素的空间信息，用以预测未来的占用情况；G^t 为 t 时刻的物体特征，代表了每辆车的信息，比如位置、速度、方向等；O_m^t 为 t 时刻的注意力掩码，用于限制每个像素只能与当前时间步长 t 中占据该像素的物体进行交互。

通过多头交叉注意力机制（MHCA）和多头自注意力机制（MHSA），使得每个像素不仅能和周围像素的特征进行交互，还能和车辆的特征交互，从而得到车辆-物体交互稠密特征 D_{ds}^t，用以更新场景特征。

3. 轨迹规划

为了规划车辆未来的运动轨迹，将 Motion-Former 更新后的车辆查询向量与 BEV 特征进行注意力机制交互，让车辆查询感知整个 BEV 环境，隐式地学习周围环境与其他智能体。为了更显式地避免与周围车的碰撞，笔者利用占用栅格预测模块的输出对自车路径进行优化，避免进入未来可能有物体占用的区域。

Q_a 和 Q_{ctx} 分别是来自跟踪模块和轨迹预测模块的车辆查询特征，与命令嵌入（图 7-10）。通过多层感知机进行编码，最大池化层选择最显著的模态特征。用车辆查询向量作为 Q，BEV 特征作为 K&V 进入 Transformer 编码器模块。最终通过避障碰撞优化器对预测轨迹进行再次优化，以达到更安全的路径规划。

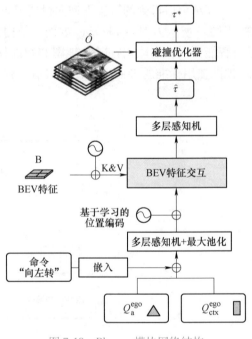

图 7-10　Planner 模块网络结构

7.4　端到端无人驾驶的算法设计

7.4.1　面向端到端无人驾驶的强化学习

自动驾驶除了场景感知理解，还涉及多个不再适用经典监督学习的任务。第一种任务的情况是，对车辆动作的预测会改变从自动驾驶车辆操作的环境中接收来的未来传感器观测值，例如，城市区域的最优行驶速度的任务。第二种任务的情况是，如碰撞时间、相对于车辆最优轨迹的横向误差之类的监督信号用于表示车辆的动力学以及环境的不确定性。该类问题需要定义一个目标最大化的随机成本函数。第三种任务的情况是，车辆需要在学习环境的同时预测每个时刻的最佳决策。该类问题对应一个给定了被观测的车辆和环境的特定空间。车辆及其周围环境的复杂性，给决策带来了巨大挑战。在所有这些情境中，我们的目标是解决一个序列决策过程，该过程在经典的强化学习框架下被论述。在此框架中，车辆需要不断学习并适应其环境，并在每一瞬间做出最优决策。这种最优决策行为被称为策略。

强化学习是通过与环境的不断交互，学习如何根据特定情境转化为行动以最大化数值奖励的过程。与大部分机器学习形式不同，这里的学习者并不会直接被告知应采取哪些具体行动，而需要通过尝试来探索哪些行为能够带来最大的奖励，如图 7-11 所示。一个行为的影响不仅限于即时的奖励，还可能改变接下来的场景，并由此影响所有后续的奖励。因此，试错探索和延迟奖励，构成了强化学习与众不同的两大核心特征。强化学习基本思想是捕获学习者在与环境互动实现目标过程中所面临的核心问题。显然，这样的学习者必须能够在一定程度上感知环境的状态，并能采取作用于该状态的行动。

1. 马尔可夫决策过程

求解强化学习问题可以理解为如何最大化个体在与环境交互过程中获得的累积奖励。环境的动力学特征确定了个体在交互时的状态序列和即时奖励，环境的状态是构建环境动力学特征所需要的所有信息。当环境状态是完全可观测时，个体可以通过构建马尔科夫决策过程

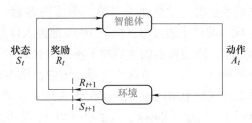

图 7-11　强化学习基本框架

来描述整个强化学习问题。有时候环境状态并不是完全可观测的，此时个体可以结合自身对于环境的历史观测数据来构建一个近似的完全可观测环境的描述。从这个角度来说，几乎所有的强化学习问题都可以被认为或可以被转化为马尔科夫决策过程。正确理解马尔科夫决策过程中的一些概念和关系对于正确理解强化学习问题非常重要。

在一个时序过程中，如果 $t+1$ 时刻的状态仅取决于 t 时刻的状态 S_t 而与 t 时刻之前的任何状态都无关时，则认为 t 时刻的状态 S_t 具有马尔科夫性。若过程中的每一个状态都具有马尔科夫性，则这个过程具备马尔科夫性。具备了马尔科夫性的随机过程称为马尔科夫过程。马尔科夫过程中的每一个状态 S_t 记录了过程历史上所有相关的信息，而且一旦 S_t 确定了，那么历史状态信息对于确定 S_{t+1} 均不再重要。描述一个马尔科夫过程的核心是状态转移概率矩阵：

$$\boldsymbol{P}_{ss'} = \mathbb{P}\left[S_{t+1} = s' \mid S_t = s\right] \tag{7.4.1}$$

公式（7.4.2）中的状态转移概率矩阵定义了从任意状态 s 到其所有后续状态 s' 的状态转移概率：

$$\boldsymbol{P}_{ss'} = \begin{bmatrix} P_{11} & \cdots & P_{1n} \\ \vdots & \ddots & \vdots \\ P_{n1} & \cdots & P_{nn} \end{bmatrix} \tag{7.4.2}$$

式中，矩阵 $\boldsymbol{P}_{ss'}$ 中每一行的数据表示从某一个状态到所有 n 个状态的转移概率值。

每一行的这些值加起来的和应该为 1。通常使用一个元组 $<S，\boldsymbol{P}>$ 来描述马尔科夫过程，其中 S 是有限数量的状态集，$\boldsymbol{P}$ 是状态转移概率矩阵。

图 7-12 描述了一个学员参加专业培训的马尔科夫过程。在这个过程中，学员需要顺利完成三节课并且通过最终的考试来获得证书。当学员处在第一节课时，会有 50% 的概率拿起手机玩手机游戏，另有 50% 的概率完成该节课的学习进入第二节课。一旦学员在第一节课中拿起手机玩手机游戏，则有 90% 的可能性继续沉迷于游戏，而仅有 10% 的概率放下手机重新听讲第一节课。学员处在第二节课时有 80% 的概率听完第二节课顺利进入第三节课的学习中，也有 20% 的概率因课程内容枯燥或难度较大而休息或者退出。学员在学习第三节课内容后，

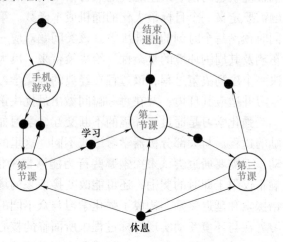

图 7-12　马尔科夫决策过程的状态转化图

有 60% 的概率通过考试继而 100% 地进入休息状态，也有 40% 的概率因为过于兴奋而出去娱乐泡吧，随后可能因为忘掉了不少学到的东西而分别以 20%、40% 和 50% 的概率需要重新返回第一、二、三节课中学习。图中使用内有文字的空心圆圈来描述学员可能所处的某一个状态。这些状态有：第一节课（C1）、第二节课（C2）、第三节课（C3）、休闲娱乐（Pub）、结业（Pass）、玩手机（FB），以及休息退出（Sleep）共 7 个状态。其中最后一个状态是终止状态，意味着学员一旦进入该状态则永久保持在该状态，或者说该状态的下一个状态将 100% 还是该状态。假设学员现处在状态"第一节课（C1）"中，我们按照马尔科夫过程给出的状态转移概率可以得到若干学员随后的状态转化序列。例如下面的 4 个序列都是可能存在的状态转化序列：

- C1 - C2 - C3 - Pass - Sleep
- C1 - FB - FB - C1 - C2 - Sleep
- C1 - C2 - C3 - Pub - C2 - C3 - Pass - Sleep
- C1 - FB - FB - C1 - C2 - C3 - Pub - C1 - FB - FB - FB - C1 - C2 - C3 - Pub - C2 - Sleep

从符合马尔科夫过程给定的状态转移概率矩阵生成一个状态序列的过程称为采样。而采样将得到一系列的状态转换过程，本书称为状态序列。当状态序列的最后一个状态是终止状态时，该状态序列称为完整的状态序列。马尔科夫过程只涉及状态之间的转移概率，并未触及强化学习问题中伴随的状态转换的奖励反馈。如果把奖励考虑进马尔科夫过程，则称为马尔科夫奖励过程。即由 $<S，\boldsymbol{P}，R，\gamma>$ 构成的一个元组，其中：

S 是一个有限状态集。

$\boldsymbol{P}$ 是集合中状态转移概率矩阵：$\boldsymbol{P}_{ss'} = \mathbb{P}\left[S_{t+1} = s' \mid S_t = s\right]$。

R 是一个奖励函数：$R_s = \mathbb{E}\left[R_{t+1} \mid S_t = s\right]$。

γ 是一个衰减因子：$\gamma \in \left[0，1\right]$。

在图 7-12 的基础上在每一个状态旁增加了一个奖励值，表明到达该状态后（或离开该

状态时）学员可以获得的奖励，如此构成了一个学员马尔科夫奖励过程。回报是一个马尔科夫奖励过程中从某一个状态 S_t 开始采样直到终止状态时所有奖励的有衰减的和，数学表达式如下：

$$G_t = \gamma^0 R_{t+1} + \gamma R_{t+2} + \cdots = \sum_{k=0}^{\infty} \gamma^k R_{t+k+1} \qquad (7.4.3)$$

从式（7.4.3）中可以看出，奖励是对应于状态序列中的某一时刻的状态的，计算从该状态开始直至结束还能获得的累积奖励。在一个状态序列中，不同时刻的状态一般对应着不同的回报。从该式中可以看出，回报并不是后续状态的奖励的直接相加，而是引入了一个取值范围在 $[0, 1]$ 的衰减系数 γ。引入该系数使得后续某一状态对当前状态回报的贡献要小于其奖励。这样设计从数学上可以避免在计算回报时因陷入循环而无法求解，从现实考虑也反映了远期奖励对于当前状态具有一定的不确定性，需要折扣计算。可以认为，回报间接给状态序列中的每一个状态设定了一个数据标签，反映了某状态的重要程度。由于回报的计算是基于一个状态序列的，从某状态开始，根据状态转移概率矩阵的定义，可能会采样生成多个不同的状态序列，而依据不同的状态序列得到的同一个状态的回报值一般不会相同。如何评价从不同状态序列计算得到的某个状态的回报呢？此外，一个状态还可能存在于一个状态序列的多个位置。参考学员马尔科夫过程的第四个状态序列中的状态"第一节课"，此时在一个状态序列下同一个状态可能会有不同的回报，如何理解这些不同回报的意义呢？不难看出回报对于描述一个状态的重要性还存在许多不方便的地方，为了准确描述一个状态的重要性，引入状态的"价值"这个概念。

价值是马尔科夫奖励过程中状态回报的期望，数学表达式为：

$$v(s) = \mathbb{E} \left[G_t \mid S_t = s \right] \qquad (7.4.4)$$

从式（7.4.4）可以看出，一个状态的价值是该状态的回报的期望，也就是说从该状态开始依据状态转移概率矩阵采样生成一系列的状态序列，对每一个状态序列计算该状态的回报，然后对该状态的所有回报计算平均值得到一个平均回报。当采样生成的状态序列越多，计算得到的平均回报就越接近该状态的价值，因而价值可以准确地反映某一状态的重要程度。如果存在一个函数，给定一个状态能得到该状态对应的价值，那么该函数就被称为价值函数，建立了从状态到价值的映射。从状态的价值的定义可以看出，通过得到每一个状态的价值，进而得到状态的价值函数对于求解强化学习问题是非常重要的。但通过计算回报的平均值来求解状态的价值不是一个可取的办法，因为一个马尔科夫过程针对一个状态可能可以产生无穷多个不同的状态序列。对价值函数中的回报按照其定义进行展开：

$$
\begin{aligned}
v(s) &= \mathbb{E} \left[G_t \mid S_t = s \right] \\
&= \mathbb{E} \left[R_{t+1} + \gamma R_{t+2} + \gamma^2 R_{t+3} + \cdots \mid S_t = s \right] \\
&= \mathbb{E} \left[R_{t+1} + \gamma (R_{t+2} + \gamma R_{t+3} + \cdots) \mid S_t = s \right] \\
&= \mathbb{E} \left[R_{t+1} + \gamma G_{t+1} \mid S_t = s \right] \\
&= \mathbb{E} \left[R_{t+1} + \gamma v(S_{t+1}) \mid S_t = s \right]
\end{aligned} \qquad (7.4.5)
$$

最终得到：

$$v(s) = \mathbb{E} \left[R_{t+1} + \gamma v(S_{t+1}) \mid S_t = s \right] \qquad (7.4.6)$$

式中，根据马尔科夫奖励过程的定义，R_{t+1} 的期望就是其自身，因为每次离开同一个状态得到的奖励都是一个固定的值。而下一时刻状态价值的期望，可以根据下一时刻状态的概率分布得到。如果用 s' 表示 s 状态下一时刻任一可能的状态，那么上述方程可以写成：

$$v(s) = R_s + \gamma \sum_{s' \in S} P_{ss'} v(s') \tag{7.4.7}$$

上式称为马尔科夫奖励过程中的贝尔曼方程，它提示一个状态的价值由该状态的奖励以及后续状态价值按概率分布求和、按一定的衰减比例联合组成。在强化学习问题中，如果个体知道了每一个状态的价值，就可以通过比较后续状态价值的大小而得到自身努力的方向是那些拥有较高价值的状态，这样一步步朝着拥有最高价值的状态进行转换。但是从前面的内容我们知道，个体需要采取一定的行为才能实现状态的转换，而状态转换又与环境动力学有关。很多时候个体期望自己的行为能够到达下一个价值较高的状态，但是它并不一定能顺利实现。这个时候个体更需要考虑在某一个状态下从所有可能的行为方案中选择哪个行为更有价值。要解释这个问题，则需要引入马尔科夫决策过程、行为、策略等概念。

马尔科夫奖励过程并不能直接用来指导解决强化学习问题，因为它不涉及个体行为的选择，因此有必要引入马尔科夫决策过程。马尔科夫决策过程是由$<S，A，\boldsymbol{P}，R，\gamma>$构成的一个元组，其中：

S 是一个有限状态集。

A 是一个有限行为集。

$\boldsymbol{P}$ 是集合中基于行为的状态转移概率矩阵：$\boldsymbol{P}_{ss'}^a = \mathbb{E}\left[R_{t+1} \mid S_t = s，A_t = a \right]$。

R 是基于状态和行为的奖励函数：$R_s^a = \mathbb{E}\left[R_{t+1} \mid S_t = s，A_t = a \right]$。

γ 是一个衰减因子：$\gamma \in \left[0，1 \right]$。

图 7-12 给出了马尔科夫决策过程的状态转化图。图中用空心圆圈表示状态，黑色实心圆圈表示个体的行为。根据马尔科夫决策过程的定义，奖励和状态转移概率均与行为直接相关，同一个状态下采取不同的行为得到的奖励是不一样的。此图还把 Pass 和 Sleep 状态合并成一个终止状态；另外，当个体在状态"第三节课"后选择"休息"这个动作时，将被环境按照动力学特征分配到另外三个状态。请注意，马尔科夫决策过程示例虽然与之前的马尔科夫奖励过程示例有许多相同的状态，但两者还是有很大的差别。马尔科夫决策过程由于引入了行为，使得状态转移矩阵和奖励函数与之前的马尔科夫奖励过程有明显的差别。在马尔科夫决策过程中，个体有根据自身对当前状态的认识从行为集中选择一个行为的权利，而个体在选择某一个行为后其后续状态则由环境的动力学决定。个体在给定状态下从行为集中选择一个行为的依据则称为策略，用字母 π 表示。策略 π 是某一状态下基于行为集合的一个概率分布：

$$\pi(a \mid s) = \prod [A_t = a \mid S_t = s] \tag{7.4.8}$$

在马尔科夫决策过程中，策略仅依靠当前状态就可以产生一个个体的行为，可以说策略仅与当前状态相关，而与历史状态无关。对于不同的状态，个体依据同一个策略也可能产生不同的行为；对于同一个状态，个体依据相同的策略也可能产生不同的行为。策略描述的是个体的行为产生的机制，是不随状态变化而变化的，被认为是静态的。

随机策略是一个很常用的策略，当个体使用随机策略时，个体在某一状态下选择的行为并不确定。借助随机策略，个体可以在同一状态下尝试不同的行为。当给定一个马尔科夫决策过程：$M = < S，A，\boldsymbol{P}，R，\gamma >$ 和一个策略 π，那么状态序列 $S_1，S_2，\cdots$ 是一个符合马尔科夫过程 $< S，\boldsymbol{P}_\pi >$ 的采样。类似地，联合状态和奖励的序列 $S_1，R_2，S_2，R_3，\cdots$ 是一个符合马尔科夫奖励过程 $< S,\ \boldsymbol{P}_\pi,\ R_\pi,\ \gamma >$ 的采样，并且在这个奖励过程中满足下面两个方程：

$$\boldsymbol{P}_{ss'}^{\pi} = \sum_{a \in A} \pi(a|s) \boldsymbol{P}_{ss'}^{a}$$

$$R_s^{\pi} = \sum_{a \in A} \pi(a|s) R_s^a \tag{7.4.9}$$

该公式体现了马尔科夫决策过程中一个策略对应了一个马尔科夫过程和一个马尔科夫奖励过程。不难理解，同一个马尔科夫决策过程，不同的策略会产生不同的马尔科夫（奖励）过程，进而会有不同的状态价值函数。因此在马尔科夫决策过程中，需要扩展先前定义的价值函数。

定义：价值函数 $v_\pi(s)$ 是在马尔科夫决策过程下基于策略 π 的状态价值函数，表示从状态 s 开始，遵循当前策略 π 时所获得的回报的期望：

$$v_\pi(s) = \mathbb{E}\left[G_t | S_t = s\right] \tag{7.4.10}$$

由于引入了行为，为了描述同一状态下采取不同行为的价值，定义一个基于策略 π 的行为价值函数 $q_\pi(s,\ a)$，表示在遵循策略 π 时，对当前状态 s 执行某一具体行为 a 所能得到的回报的期望：

$$q_\pi(s,\ a) = \mathbb{E}\left[G_t | S_t = s,\ A_t = a\right] \tag{7.4.11}$$

行为价值函数是与某一状态相关的，所以准确地说应该是状态行为对价值函数。为了简化，本书统一使用行为价值函数来表示状态行为对价值函数，而状态价值函数或价值函数多用于表示单纯基于状态的价值函数。定义了基于策略 π 的状态价值函数和行为价值函数后，依据贝尔曼方程，我们可以得到如下两个贝尔曼期望方程：

$$v_\pi(s) = \mathbb{E}\left[R_{t+1} + \gamma v_\pi(S_{t+1}) | S_t = s\right] \tag{7.4.12}$$

$$q_\pi(s,\ a) = \mathbb{E}\left[R_{t+1} + \gamma q_\pi(S_{t+1},\ A_{t+1}) | S_t = s,\ A_t = a\right] \tag{7.4.13}$$

由于行为是连接马尔科夫决策过程中状态转换的桥梁，一个行为的价值与状态的价值关系紧密。具体表现为一个状态的价值可以用该状态下所有行为价值来表达（图 7-13a）：

$$v_\pi(s) = \sum_{a \in A} \pi(a|s) q_\pi(s,\ a) \tag{7.4.14}$$

同样，一个行为的价值可以用该行为所能到达的后续状态的价值来表达（图 7-13b）：

$$q_\pi(s,\ a) = R_s^a + \gamma \sum_{s' \in S} P_{ss'}^a v_\pi(s') \tag{7.4.15}$$

结合上述两个公式（图 7-13c 和 7-13d），可以得到下面的结果：

$$v_\pi(s) = \sum_{a \in A} \pi(a|s) \left[R_s^a + \gamma \sum_{s' \in S} P_{ss'}^a v_\pi(s')\right] \tag{7.4.16}$$

或：

$$q_\pi(s,\ a) = R_s^a + \gamma \sum_{s' \in S} P_{ss'}^a \sum_{a' \in A} \pi(a'|s') q_\pi(s',\ a') \tag{7.4.17}$$

强化学习的目标就是要寻找一个最优的策略让个体在与环境交互过程中获得始终比其他策略都要多的回报，这个最优策略用 π^* 表示。一旦找到这个最优策略 π^*，那么就意味着该强化学习问题得到了解决。寻找最优策略是一件比较困难的事情，但是可以通过比较两个不同策略的优劣来确定一个较好的策略。

定义：最优状态价值函数是所有策略下产生的诸多状态价值函数中的最大者：

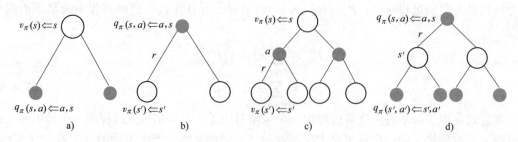

图 7-13　状态价值和行为价值

$$v^* = \max_{\pi} v_\pi(s) \tag{7.4.18}$$

定义：最优行为价值函数是所有策略下产生的诸多行为价值函数中的最大者：

$$q^*(s,\ a) = \max_{\pi} q_\pi(s,\ a) \tag{7.4.19}$$

定义：如果对于有限状态集里的任意一个状态 s，不等式 $v_\pi(s) \geqslant v_{\pi'}(s)$ 成立，则策略 π 优于 $\pi'(\pi \geqslant \pi')$。

对于任何马尔科夫决策过程，存在一个最优策略 π^* 优于或至少不差于所有其他策略。一个马尔科夫决策过程可能存在不止一个最优策略，但最优策略下的状态价值函数均等同于最优状态价值函数 $[v_\pi^*(s) = v^*(s)]$；最优策略下的行为价值函数均等同于最优行为价值函数 $[q_\pi^*(s,\ a) = q^*(s,\ a)]$。那么，最优策略可以通过最大化最优行为价值函数 $q^*(s,\ a)$ 来获得：

$$\pi^*(a|s) = \begin{cases} 1 & \text{if } a = \text{argmax} q^*(s,\ a) \\ 0 & \text{else} \end{cases} \tag{7.4.20}$$

该式表示，在最优行为价值函数已知时，在某一状态 s 下，对于行为集里的每一个行为 a 将对应一个最优行为价值 $q^*(s,\ a)$，最优策略 $\pi^*(a|s)$ 将给予所有最优行为价值中的最大值对应的行为以 100% 的概率，而其他行为被选择的概率则为 0。也就是说最优策略在面对每一个状态时将总是选择能够带来最大最优行为价值的行为。意味着一旦得到 $q^*(s,\ a)$，最优策略也就找到了。因此求解强化学习问题就转变为了求解最优行为价值函数问题。

2. 蒙特卡洛强化学习

蒙特卡洛强化学习，指在不清楚马尔可夫决策过程的状态转移概率的情况下，直接从经历完整的状态序列来估计状态的真实价值，认为某状态的价值等于在多个状态序列中以该状态计算得到的所有回报的平均。

完整的状态序列：指从某一个状态开始，个体与环境交互直到终止状态，环境给出终止状态的奖励为止。完整的状态序列不要求起始状态一定是某一个特定的状态，但是要求个体最终进入环境认可的某一个终止状态。

蒙特卡洛强化学习有如下特点：不依赖状态转移概率，直接从经历过的完整的状态序列中学习，使用的思想就是用平均回报值代替价值。理论上完整的状态序列越多，结果越准确。可以使用蒙特卡洛强化学习来评估一个给定的策略。基于特定策略 π 的一个序列信息可以表示为一个序列：$S_1,\ A_1,\ R_2,\ S_2,\ A_2,\ \cdots,\ S_t,\ A_t,\ R_{t+1},\ \cdots,\ S_k \sim \pi$。

t 时刻状态 S_t 的回报可以表述为：

$$G_t = R_{t+1} + \gamma R_{t+2} + \cdots + \gamma^{T-t-1} R_T \qquad (7.4.21)$$

式中，T 为终止时刻。

该策略下某一状态 s 的价值：

$$v_\pi(s) = \mathbb{E}_\pi [G_t | S_t = s] \qquad (7.4.22)$$

在蒙特卡洛算法评估策略时要针对多个包含同一状态的完整状态序列求回报继而再取回报的平均值。如果一个完整的状态序列中某一需要计算的状态出现在序列的多个位置，也就是说个体在与环境交互的过程中从某状态出发后又一次或多次返回过该状态。在这种情况下，根据回报的定义，在一个状态序列下，不同时刻的同一状态计算得到的回报值是不一样的。有两种方法可以选择，一种是仅把状态序列中第一次出现该状态时的回报值纳入回报平均值的计算中；另一种是针对一个状态序列中每次出现的该状态，计算对应的回报值并纳入回报平均值的计算中。

3. 时序差分强化学习

时序差分强化学习指从采样得到的不完整的状态序列学习，该方法通过合理的引导，先估计某状态在该状态序列完整后可能得到的回报，并在此基础上利用累进更新平均值的方法得到该状态的价值，再通过不断采样来持续更新这个价值。具体地说，在时序差分学习中，算法在估计某一个状态的回报时，用的是离开该状态的即刻奖励 R_{t+1} 与下一时刻状态 S_{t+1} 的预估状态价值乘以衰减系数 γ：

$$V(S_t) \leftarrow V(S_t) + \alpha [R_{t+1} + \gamma V(S_{t+1}) - V(S_t)] \qquad (7.4.23)$$

式中，$R_{t+1} + \gamma V(S_{t+1})$ 为时序差分目标值；$R_{t+1} + \gamma V(S_{t+1}) - V(S_t)$ 为时序差分误差。

通过求解在给定策略下的状态价值或行为价值函数是强化学习中的预测问题。如何通过个体的学习优化价值函数，同时改善自身行为的策略以最大化获得累积奖励的过程，是强化学习的控制问题。个体在与环境进行交互时，其实际交互的行为需要基于一个策略产生。在评估一个状态或行为的价值时，也需要基于一个策略，因为不同的策略下同一个状态或状态行为对的价值是不同的。把用来指导个体产生与环境进行实际交互行为的策略称为行为策略，把用来评价状态或行为价值的策略或者待优化的策略称为目标策略。

现时策略蒙特卡洛控制一般是通过 ϵ-贪婪策略采样一个或多个完整的状态序列后，平均得出某一状态行为对的价值，并持续进行策略的评估和改善。通常可以在仅得到一个完整状态序列后就进行一次策略迭代以加速迭代过程。使用 ϵ-贪婪策略进行现时蒙特卡洛控制仍然只能得到基于该策略的近似行为价值函数，这是因为该策略一直在进行探索，没有一个终止条件。因此我们必须关注以下两个方面：一方面我们不想丢掉任何更好的信息和状态；另一方面，随着我们策略的改善，我们最终希望能终止于某一个最优策略。为此引入了一个理论概念：GLIE(Greedy in the Limit with Infinite Exploration)。它包含两层意思，一是所有的状态行为对会被无限次探索：

$$\lim_{k \to \infty} N_k(s, a) = \infty \qquad (7.4.24)$$

二是随着采样趋向无穷多，策略收敛至一个贪婪策略：

$$\lim_{k \to \infty} \pi_k(a|s) = 1(a = \underset{a' \in A}{\mathrm{argmax}} Q_k(s, a')) \qquad (7.4.25)$$

存在如下的定理：GLIE 蒙特卡洛控制能收敛至最优的状态行为价值函数：

$$Q(s, a) \to q^*(s, a) \qquad (7.4.26)$$

在使用 ϵ-贪婪策略时，令 ϵ 随采样次数的无限增加而趋向于 0 就符合 GLIE。基于此的蒙特卡洛控制流程如下：

1) 基于给定策略 π，采样第 k 个完整的状态序列：$\{S_1, A_1, R_2, \cdots, S_T\}$。

2) 对于该状态序列里出现的状态行为对 (S_t, A_t)，更新其计数 N 和行为价值函数 Q：

$$N(S_t, A_t) \leftarrow N(S_t, A_t) + 1$$

$$Q(S_t, A_t) \leftarrow Q(S_t, A_t) + \frac{1}{N(S_t, A_t)}(G_t - Q(S_t, A_t)) \tag{7.4.27}$$

3) 基于新的行为价值函数 Q，以如下方式改善策略：

$$\epsilon \leftarrow 1/k$$

$$\pi \leftarrow \epsilon - \text{greedy}(Q) \tag{7.4.28}$$

在实际应用中，ϵ 的取值可不局限于取 $1/k$，只要符合 GLIE 特性的设计均可以收敛至最优策略。时序差分学习相比蒙特卡洛学习有很多优点：低变异性，可以在线实时学习，可以学习不完整状态序列等。在控制问题上使用时序差分法学习同样具备上述的一些优点，通过对 Sarsa 算法的解读可以理解现时策略时序差分算法。

Sarsa 算法：针对一个状态 S，个体通过行为策略产生一个行为 A，执行该行为进而产生一个状态行为对 (S, A)，环境收到个体的行为后会告诉个体即时奖励 R 以及后续进入的状态 S'，个体在状态 S' 时遵循当前的行为策略产生一个新行为 A'，个体此时并不执行该行为，而是通过行为价值函数得到后一个状态行为对 (S', A') 的价值，利用这个新的价值和即时奖励 R 来更新前一个状态行为对 (S, A) 的价值。与蒙特卡洛算法不同的是，Sarsa 算法在单个状态序列内的每一个时间步，在状态 S 下采取一个行为 A 到达状态 S' 后都要更新状态行为对 (S, A) 的价值 $Q(S, A)$。这一过程同样使用 ϵ-贪婪策略进行策略迭代：

$$Q(S, A) \leftarrow Q(S, A) + \alpha[R + \gamma Q(S', A') - Q(S, A)] \tag{7.4.29}$$

式中，参数 α 为学习速率参数；γ 为衰减因子。

当策略满足 GLIE 特性的同时学习速率参数 α 满足：

$$\sum_{t=1}^{\infty} \alpha_t = \infty, \quad \sum_{t=1}^{\infty} \alpha_t^2 < \infty \tag{7.4.30}$$

时，Sarsa 算法将收敛至最优策略和最优价值函数。

现时策略学习的特点就是产生实际行为的策略与评价价值所使用的策略是同一个策略，而借鉴策略学习中产生指导自身行为的策略 $\pi'(a|s)$ 与评价策略 $\pi(a|s)$ 是不同的策略。具体地说，个体通过策略 $\pi'(a|s)$ 生成行为与环境发生实际交互，但是在更新这个状态行为对的价值时使用的是目标策略 $\pi(a|s)$。借鉴学习使用时序差分方法在目标策略 $\pi(a|s)$ 的基础上更新行为价值，进而优化行为策略：

$$V(S_t) \leftarrow V(S_t) + \alpha\left\{\frac{\pi(A_t|S_t)}{\mu(A_t|S_t)}[R_{t+1} + \gamma V(S_{t+1})] - V(S_t)\right\} \tag{7.4.31}$$

式中，个体处在状态 S_t，基于行为策略 μ 产生了一个行为 A_t，执行该行为后进入新的状态 S_{t+1}。

借鉴策略学习要做的事情就是，比较借鉴策略和行为策略在状态 S_t 下产生同样的行为 A_t 的概率的比值，如果这个比值接近 1，说明两个策略在状态 S_t 下采取的行为 A_t 的概率差不多，此次对于状态 S_t 价值的更新同时得到两个策略的支持。如果这一概率比值很小，则表

明借鉴策略 π 在状态 S_t 下选择 A_t 的机会要小一些，此时为了从借鉴策略学习，我们认为这一步状态价值的更新不是很符合借鉴策略的，因而在更新时打些折扣，反之亦然。

如果行为策略 μ 是基于行为价值函数 $Q(s, a)$ 的 ϵ- 贪婪策略的，借鉴策略 π 是基于 $Q(s, a)$ 的完全贪婪策略，那么这种学习方法称为 Q 学习。Q 学习的目标是得到最优价值 $Q(s, a)$，在 Q 学习的过程中，t 时刻的与环境进行实际交互的行为 A_t 由行为策略 μ 产生：

$$A_t \sim \mu(\cdot \mid S_t) \tag{7.4.32}$$

式中，策略 μ 是一个 ϵ-贪婪策略。

而 $t+1$ 时刻用来更新 Q 值的行为 A'_{t+1} 由借鉴策略 π 产生：

$$A'_{t+1} \sim \pi(\cdot \mid S_{t+1}) \tag{7.4.33}$$

式中，策略 π 是一个完全贪婪策略。

$Q(S_t, A_t)$ 按下式更新：

$$Q(S_t, A_t) \leftarrow Q(S_t, A_t) + \alpha[R_{t+1} + \gamma Q(S_{t+1}, A') - Q(S_t, A_t)] \tag{7.4.34}$$

式中，时序差分目标是基于借鉴策略 π 产生的行为 A' 得到的。

根据这种价值更新的方式，状态 S_t 依据 ϵ-贪婪策略得到的行为 A_t 的价值将朝着 S_{t+1} 状态下贪婪策略确定的最大行为价值的方向做一定比例的更新。该算法能够使个体的行为策略 μ 更加接近贪婪策略，同时保证个体能持续探索并经历足够丰富的新状态，最终收敛至最优策略和最优行为价值函数。

Q 学习使用 Q 表来存储每个状态动作对的 Q 值，若状态和动作空间是离散且维度不高时，是比较有效的；若状态和动作空间是高维连续时，就会出现维度灾难。既然无法用一个表格来精确地存储与表示 Q 值，我们可以用一个参数化的函数来近似地表示行为价值函数 $Q(s, a)$，即：

$$Q(s, a) \approx f(s, a, \theta) \tag{7.4.35}$$

深度 Q 网络（DQN）算法：即通过神经网络来近似参数化函数，同时使用 Q 学习算法寻找最优策略。DQN 算法中主要使用经历回放来实现价值函数的收敛。具体做法为：通过个体与环境交互，保存既往的状态转换经历。那么对于每一个完整状态序列里的每一次状态转换，依据当前状态 S_t 以 ϵ-贪婪策略选择一个行为 A_t，执行该行为得到奖励 R_{t+1} 和下一个状态 S_{t+1}，将得到的状态转换存储至记忆中，当存储的容量足够大时，随机提取一定数量的状态转换，用状态转换中下一状态来计算当前状态的目标价值，计算目标价值与网络输出价值之间的均方差代价，使用小块梯度下降算法更新网络的参数。

算法流程如图 7-14 所示，使用 θ 代表近似价值函数的参数。该算法中的状态 S 都由特征 $\phi(S)$ 来表示。为了表述简便，本书直接使用 S 来代替 $\phi(S)$。每产生一个行为 A 并与环境实际交互后，个体都会进行一次学习并更新参数。更新参数时的目标价值基于如下公式：

$$Q_{\text{target}}(S_t, A_t) = R_t + \gamma \max Q(S'_t, A'_t; \theta^-) \tag{7.4.36}$$

公式（7.4.36）中的 θ^- 是上一个更新周期价值网络的参数。DQN 算法是深度强化学习的开山之作，首次将深度学习引入强化学习中，不过该算法并不能保证一直收敛。相关研究表明这种目标价值估计算法高估了一些情况下的行为价值，导致算法会将次优行为价值一致认为是最优行为价值，最终不能收敛至最佳价值函数。

4. 基于策略的强化学习

基于价值的强化学习能很好地解决行为空间离散的问题，但面对行为空间连续、观测受

算法：基于经验回放的DQN算法

Initialize replay memory $\mathcal{D}$ to capacity N
Initialize action-value function Q with random weights
for episode = 1, M **do**
    Initialise sequence $s_1 = \{x_1\}$ and preprocessed sequenced $\phi_1 = \phi(s_1)$
    for $t = 1, T$ **do**
        With probability ϵ select a random action a_t
        otherwise select $a_t = \max_a Q^*(\phi(s_t), a; \theta)$
        Execute action a_t in emulator and observe reward r_t and image x_{t+1}
        Set $s_{t+1} = s_t, a_t, x_{t+1}$ and preprocess $\phi_{t+1} = \phi(s_{t+1})$
        Store transition $(\phi_t, a_t, r_t, \phi_{t+1})$ in $\mathcal{D}$
        Sample random minibatch of transitions $(\phi_j, a_j, r_j, \phi_{j+1})$ from $\mathcal{D}$
        Set $y_j = \begin{cases} r_j & \text{for terminal } \phi_{j+1} \\ r_j + \gamma \max_{a'} Q(\phi_{j+1}, a'; \theta) & \text{for non-terminal } \phi_{j+1} \end{cases}$
        Perform a gradient descent step on $(y_j - Q(\phi_j, a_j; \theta))^2$
    end for
end for

图 7-14　基于经验回放的 DQN 算法流程

限、随机策略的学习等问题时显得力不从心，而自动驾驶过程中的车辆行为是连续的。基于策略的强化学习是解决该类问题的新方法。在基于策略的强化学习中，策略 π 可以用一个包含参数 θ 的函数表示：

$$\pi_\theta(s, a) = \mathbb{P}[a \mid s, \theta] \tag{7.4.37}$$

策略函数 π_θ 表示在给定的状态和一定的参数设置下，采取任何可能行为的概率，是一个概率密度函数。可以通过选择最大概率对应的行为或者以此为基础进行一定程度的采样探索。参数 θ 决定了策略的具体形式，而求解基于策略的学习问题就转变为了如何确定策略函数的参数 θ。可以通过设计基于参数 θ 的目标函数 $J(\theta)$，并通过相应的算法来寻找最优参数。强化学习中一个好的策略应该能让个体在与环境交互过程中获得尽可能多的累计奖励。对于特定的实际环境来说，策略决定了个体与环境的交互方式。设计的目标函数 $J_1(\theta)$ 为使用策略 π_θ 时初始状态价值，设定为初始状态回报的期望：

$$J_1(\theta) = V_{\pi_\theta}(s_1) = \mathbb{E}_{\pi_\theta}(G_1) \tag{7.4.38}$$

实际情况下，有些环境是没有明确的起始状态和终止状态，个体持续与环境进行交互。在这种情况下可以使用平均价值来构建策略目标函数：

$$J_{\text{av}V}(\theta) = \sum_s d^{\pi_\theta}(s) V_{\pi_\theta}(s) \tag{7.4.39}$$

式中，$d^{\pi_\theta}(s)$ 为基于策略 π_θ 生成的状态序列的静态分布。

目标函数与奖励相关，且试图通过奖励与状态或行为的价值联系起来。策略目标函数的值越大代表着策略越优秀，使用与梯度下降相反的梯度上升来求解最优参数，更新方法为：

$$\Delta\theta = \alpha \nabla_\theta J(\theta) \tag{7.4.40}$$

Actor-Critic 算法是另一种基于策略的强化学习算法。该算法包含一个策略函数和行为价值函数，其中策略函数充当演员（Actor），生成行为与环境交互，行为价值函数充当评委（Critic），负责评价演员的表现，并指导演员的后续行为动作。Critic 的行为价值函数是基于策略 π_θ 的近似：

$$Q_w(s, a) \approx Q_{\pi_\theta}(s, a) \tag{7.4.41}$$

Actor-Critic 算法遵循一个近似的策略梯度进行学习：

$$\begin{cases} \nabla_\theta J(\theta) \approx \mathbb{E}_{\pi_\theta} [\nabla_\theta \log \pi_\theta(s, a) Q_w(s, a)] \\ \Delta\theta = \alpha \nabla_\theta \log \pi_\theta(s, a) Q_w(s, a) \end{cases} \qquad (7.4.42)$$

Critic 在算法中充当着策略评估的角色，由于 Critic 的行为价值函数也是带参数 w 的，因此，也需要学习以便更准确地评估 Actor 的策略。具体算法流程如图 7-15 所示。

简单的 Actor-Critic 算法虽然不需要完整的状态序列，但是由于引入的 Critic 仍然是一个近似价值函数，存在着引入偏差的可能性。

强化学习需要与环境进行大量的交互试错才能较好地训练神经网络。然而，直接让车辆与实际环境交互，不断试错是不现实的，而且时间和金钱成本较高。一种解决方法是通过人类为智能车辆构建若干专家示教轨迹，来加速智能车辆初期的学习速度，从而避免一些无用的探索。类似于有监督学习，训练初期可以让智能车辆在特定状态下模仿人类的动作，即进行模仿学习。

算法：基于策略梯度的Actor-Critic算法

Initialize: θ, w; s from environment
Sample $a \sim \pi_\theta(s)$
for each step **do**
 Sample reward $r = R_s^a$;
 Sample transition $s' \sim P_s^a$.
 Sample action $a' \sim \pi_\theta(s', a)$
 $\delta = r + \gamma Q_w(s', a') - Q_w(s, a)$
 $\theta = \theta + \alpha \nabla_\theta \log \pi_\theta(s, a) Q_w(s, a)$
 $w \leftarrow w + \beta \delta \phi(s, a)$
 $a \leftarrow a', s \leftarrow s'$
end for

图 7-15　基于策略梯度的 Actor-Critic 算法流程

---

5. 模仿学习

模仿学习是强化学习的变形之一，即人类扮演老师的角色来教机器如何完成任务，而机器则通过老师的演示，进行模仿和学习。虽然模仿学习与强化学习一样都需要与环境进行交互，并且大多遵从马尔可夫决策过程，但是模仿学习属于监督式学习的范围，所演示的动作就是模仿学习的训练集。但是与一般的监督式学习不同的是，模仿学习所习得的是一个策略，要做的是一系列的动作，而非单独的动作。由于模仿学习遵循马尔可夫决策，因此沿用了马尔可夫决策中的符号，A 代表动作集，a_t 为 t 时刻的动作，S 为状态集，s_t 为 t 时刻的状态，π 为策略，π^* 为最优策略，θ 为策略参数，R 为奖励集，r 为其中的一个奖励。模仿学习认为演示中的动作即为最优动作，演示的策略即为最优策略。但在实际情况中，我们无法得到所有的状态 s_t，只能得到状态的一个观测子集，记作 o_t。模仿学习需要解决的问题就是得到一个由观测集映射到动作集的策略，表示为 $\pi_\theta: O \rightarrow A$。对于某个特定时刻来说可以表示为：

$$a_t = \pi_\theta(o_t) \qquad (7.4.43)$$

在当前状态 s_t，采取动作 a_t 后，由一定的概率可以达到某一状态 s_{t+1}。将状态变换的迁移函数记作：

$$s_{t+1} = T(s_t, a_t) \qquad (7.4.44)$$

在智能体到达一个新的状态后会得到相应的奖励 $r(s_{t+1})$，通过构建对比智能体策略所得的总奖励与演示总奖励之间的差距的损失函数 $L(\pi^*, \pi_\theta)$ 可以使得智能体的策略趋近于演示策略。

但是，仅靠演示策略来训练智能体往往会因为数据量太小而无法得到理想的策略，训练出来的策略与演示策略之间存在偏差。该偏差一方面是由算法本身的防过拟合机制导致的，另外一方面是因为演示者与智能体观测到的状态空间往往不一致导致的。实际情况下，演示者都是人类。人类观测到的状态与智能体通过其传感器观测到的状态存在着一些差异（图7-16）。此外，所控制的控制器与智能体之间也存在一定差异。因此在同样的场景下，演示者与智能体所做的决策会存在一定的差异。

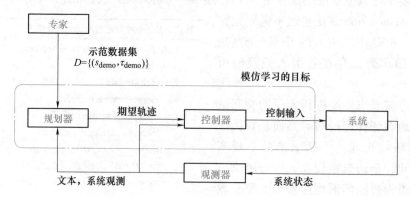

图 7-16　人类与智能体在观测与控制之间的差异

最终，模仿学习要得到的就是最优的策略参数，可以用如下公式表示：

$$\pi_\theta = \underset{\theta}{\arg\min}\, \mathbb{E}_{s \sim P(s \mid \pi_\theta)}\left[L(\pi^*(s),\, \pi_\theta(s))\right] \tag{7.4.45}$$

最简单的模仿学习就是行为克隆（Behavioral Cloning，BC）。驾驶问题中，行为克隆的演示者会记录下自己的轨迹。动作 a^* 和状态 s 都可以从轨迹中获得。因此可以将问题简化为一个回归问题，通过监督学习的方式就可以实现行为克隆，其训练的表达式为：

$$\underset{\theta}{\arg\min}\, \mathbb{E}_{(s^*,\, a^*) \sim P^*}\left[(a^*,\, \pi_\theta(s^*))\right] \tag{7.4.46}$$

但是该方法存在很多的问题，第一个问题是在使用监督式学习的时候就默认了采样的数据是独立的、同分布的。但是这样假设在自动驾驶中是不成立的。通常情况下，人们在拐弯状态下，方向盘是一直处于转向状态的，即上一个状态与下一个状态之间是连续的，互相有影响。但智能体的学习需要对转弯过程每一个时刻的角度进行独立的计算，从而会导致转弯动作的拟合效果较差。行为克隆存在的另外一个问题是由于训练集的数据的有限性和驾驶场景的无限性，在智能体驾驶过程中出现偏差后，车辆可能会被带入一个没有出现过的场景。这样的情况下，智能体就会不知道如何操作，最终导致严重的后果。为了解决上述问题，可以采用数据增广的方法（Dataset Aggregation，Dagger）。该算法的过程为：

1）从演示者的数据集 $D = o_1, a_1, \cdots, o_n, a_n$ 中训练出一个策略 $\pi_\theta(a_t \mid o_t)$。

2）运行策略 $\pi_\theta(a_t \mid o_t)$ 以获得数据集 $D_\pi = o_1, \cdots, o_m$。

3）对数据集 D_π 进行标记，以获得 $D_\pi(o_t, a_t)$。

4）数据融合：$D \leftarrow D \cup D_\pi$。

5）重复以上4个步骤。

Dagger 算法是通过将在线数据标记并作为训练数据的方法来避免在策略范围内出现没有见过的场景。但是该方法容易导致模型过拟合。

在模仿学习中，误差主要来自两个方面，一个是对于未见过数据的泛化误差，另一个是对于已见过的数据的拟合误差。行为克隆和数据增广的行为克隆 Dagger 算法都是在尽可能通过增加数据，减少第一种误差。在自动驾驶这个场景下，人类在标注数据进行决策的时候，考虑到的并不仅仅是当前这一帧的观测数据，而是根据过去的许多信息来做出判断的，对于同样一帧图像，可能由于前面的信息不同，人类会做出不一样的决策。对于这样的数据，算法在学习的时候是有可能产生混淆的，这导致算法对于数据的拟合效果不够好。针对这个问题，最直观的方法就是不只是把当前帧作为输入，而是使用过去若干帧作为输入并从中提取有用的信息。比如说我们可以用 RNN 或者 LSTM 去提取时序信息，这种做法带来的问题就是它需要更多的参数，从而使模型变得很大。

7.4.2　面向端到端无人驾驶的迁移学习

端到端的无人驾驶技术的输入包括激光雷达、毫米波雷达、摄像头、GPS 和 IMU 等各种传感器的数据，其输入的信息模态丰富、数据量庞大，这些底层输入将在神经网络的作用后直接映射到包括方向盘转角、加速制动的控制参数和行驶轨迹等精确的车辆控制命令和驾驶决策，不需要人为设计中间阶段或中间表示。但显而易见的是，这极大地增加了网络的学习难度，简单的神经网络难以应对这种极端复杂的学习任务。近年来，以 ChatGPT 为代表的生成式人工智能的出现为解决上述困难提供了契机。基于大模型开发的无人驾驶算法有望实现全部模块神经网络化。然而大模型在无人驾驶领域的落地应用仍存在几点困难：首先，大模型训练需要包括路况数据、传感器数据等在内的海量数据，一个良好端到端的无人驾驶算法至少需要 150 万条视频片段数据进行训练，但这类数据获取成本高，采集困难。其次，由于模型往往需要多个神经网络的共同参与，其参数量庞大，输入到输出的映射关系复杂，因此端到端的自动驾驶算法训练效率低下。最后，由于缺乏人为干预，端到端的自动驾驶算法难以保障极端情况下的模型输出的安全性，增加了错误风险和研发调试难度。为了解决上述问题，迁移学习被广泛应用于无人驾驶算法的研发中。

迁移学习（Transfer Learning）是一种机器学习方法，它将已经学习到的知识或模型的经验应用于新的、相关的任务中。利用源领域的知识，迁移学习技术能够加速模型在目标领域的学习过程并显著提高模型性能。该技术手段在端到端无人驾驶技术中发挥了重要作用。第一，无人驾驶领域需要大量的数据进行训练，但获取高质量的无人驾驶数据是昂贵和耗时的。利用迁移学习，可以通过在其他相关任务上训练的模型来提取特征，并将这些特征迁移到无人驾驶任务中，从而解决数据稀缺性的问题。第二，不同的无人驾驶场景可能存在差异，例如城市道路与乡村道路、日间行驶与夜间行驶等。利用迁移学习，可以将在一个场景下学到的知识和经验迁移到其他相关的场景中，从而提高系统在新场景下的性能和泛化能力。第三，利用迁移学习，可以使用在大规模数据集上预训练的模型来初始化无人驾驶任务的模型参数，从而加速收敛并提高模型的性能。这种预训练模型通常在图像分类或对象检测等相关任务上进行了训练，可以捕获图像的通用特征。第四，有些无人驾驶任务可能是特定和个性化的，而传统的通用模型难以直接适应这些特定任务。利用迁移学习，可以通过在相关任务上训练的模型来进行微调或调整，以解决特定的无人驾驶问题，一般来说迁移学习主要适用于四种场景，见表 7-1。

表 7-1　迁移学习的应用场景

数据集数量	应用相似度	模型训练方法
较大	较高	微调模型
较大	较低	微调或重新训练
较小	较高	模型自适应技术，对全连接层进行修改
较小	较低	重新设计，重新训练

面向端到端无人驾驶的迁移学习方法主要可分为微调技术、模型自适应技术，两者的主要区别在于调整程度上，微调技术一般不涉及新的模块和大范围的参数更改，其面对的源领域和目标领域相似度高，而模型自适应技术需要对模型进行较大程度调整，使得算法能够适应区别较大的新任务或数据分布。

1. 微调技术

微调是指将预训练好的大模型针对不同的下游任务进行参数调整，使其更加适配具体的任务。微调后的大模型在具体任务中通常表现出更好的性能。但是随着模型规模不断增大，微调所有参数变得十分困难，因此近年来出现了多种高效微调方法，包括香草微调（Vanilla Finetuning）技术、提示微调（Prompt Finetuning）技术，以及基于人类反馈的强化学习微调技术（Reinforcement Learning from Human Feedback，RLHF）等。

香草微调技术常见做法是仅更新网络最后几层参数，而保持其他参数不变。此外，也可在网络末端添加一个分类器，完成从预训练模型的输出特征到下游任务输出空间的转换，微调时仅更新末端分类器和预训练模型最后几层，而保持其他参数不变。这一做法的合理性在于，通常认为靠近末端的网络参数与领域知识的相关性较大，而前端的网络参数则反映了通识知识。GPT、BERT 在适配下游任务时，均使用了香草微调方法。

提示微调技术不修改模型参数，而是通过调整输入提示（Prompt）使预训练模型执行特定任务。输入提示包含多种类型，可以是一段对当前任务的描述，将其拼接在原有输入之前，一并输入网络；也可以是一段问答模板，将原输入和要完成的任务作为问题部分，答案部分作为掩码（Mask）部分，并将网络输出的掩码部分作为微调后的输出。为增加灵活性，并避免人工设计输入提示的烦琐，提示微调技术还可将输入提示作为可训练参数。因为提示微调技术只修改模型的输入，而不修改模型参数，因此比香草微调技术的计算成本更低。目前，提示微调技术在多种大模型中被广泛应用，例如自然语言处理（NLP）领域的 GPT-3、InstructGPT，以及强化学习领域的 Gato 模型等。

基于人类反馈的强化学习微调技术使用带有人类反馈的强化学习直接优化大模型参数，使得在一般数据集上预训练的模型能够和复杂的人类价值对齐。RLHF 微调分为两步，分别是训练奖励模型和用强化学习进行微调。训练奖励模型阶段需要训练一个网络，用于刻画大模型输出内容在人类视角下的生成质量，即奖励模型的输入是大模型输出内容，而奖励模型的输出是一个评价大模型输出内容质量的数值。训练这一奖励模型需要人工对大模型在同一输入下的不同输出排序，然后利用排序得到归一化后的奖励分数。强化学习微调阶段将预训练模型作为策略网络，输出内容作为动作，奖励模型的打分作为奖励，用强化学习算法微调预训练模型的参数。RLHF 非常适用于微调评价指标多样的大模型，例如在语言模型中，我们希望得到正确且有趣的回答，但由于文字的灵活性，往往难以定义适当的损失函数，而使用 RLHF 则能够与这一复杂的人类价值对齐。使用 RLHF 微调大模型具有较理想效果，例如在 InstructGPT、GPT-4 中均使用了这一微调技术。然而，RLHF 需要人工标记排序数据集，因此微调成本较高。

2. 模型自适应技术

模型自适应（Model Adaptation）技术的目标是使用源训练数据和目标数据来优化模型在目标任务上的表现。该技术一般需要利用丰富的源数据或训练数据训练好一个原始模型（Original Model），随后在应用阶段用额外的与任务高度相关的数据调整模型，得到适应后的模型（Adapted Model）来更好地适应目标任务或目标数据。然而，训练数据和测试数据之间存在较大的分布差异，通过少量的自适应数据使源模型泛化到目标任务仍然是一项非常艰巨的挑战。近年来出现了参数补丁、特征调整、元学习以及教师学生模型四类模型自适应技术。

（1）参数补丁（Parameter Patch） 这类方法的关键是在原始网络中插入一些参数或层次结构，我们称之为参数补丁。这些补丁模块能够转换模型输出，并根据目标域的数据训练或者调整补丁的参数，来达到自适应到目标任务的效果。这些新的参数或层次结构可以针对新任务或领域的特点进行设计，以提高模型在新任务上的性能。这些"补丁"参数通常需要在微调过程中根据新任务的数据进行再次学习或调整。

（2）特征调整（Feature Modulation） 这类方法假设在源域上学到的表示与目标域不在同一个特征空间，因此他们关注于如何使用目标域的数据对原有模型得到的特征表示变换到目标域空间中。变换方法主要可分为仿射变换（Affine Transformation）和条件归一化（Conditional Normalization）。仿射变换方法通过神经网络去学习一个缩放参数 α 和一个偏差参数 β，随后利用下述公式对诸如 CNN 学习到中间特征 F 进行变换：

$$F_{\text{affine}} = \alpha F + \beta \tag{7.4.47}$$

将该变换模块插入网络的隐藏层，这样中间特征都会映射到一个新的特征空间。条件归一化假设一个 batch 中包含不同类别的训练数据，放在一起做归一化不太妥当，因为不同类别的数据理应对应不同的均值和方差，其归一化的放缩和偏置也应该不同。针对这个问题，一个解决方案是不再考虑整个 batch 的统计特征，而是根据不同的条件做不同的归一化。

（3）元学习（Meta Learning） 元学习的核心思想可以概括为"教会模型如何去学习"，即利用以往的经验知识来指导新任务的学习。不同于传统深度学习方法，这类方法的目标是将任务（Task）视作样本，通过对多个任务的学习，以使训练好的模型能够根据少量数据快速适应到新的任务，从而进行准确的学习，目前此法主要应用在冷起动任务中。元学习可分为基于优化器的元学习和模型无关的元学习。基于优化器的元学习的目标是学习不同优化器的参数更新规则。由于传统神经网络主要是通过一个损失函数，不断通过梯度下降方法来最小化损失能量，通过梯度回传进行参数更新，那么如果能学习到优化器的参数更新规则，则有望在少量样本上学习到不同学习任务的内在规则。这类元学习网络可预测每次参数迭代的参数增量，其目标是使得损失函数最小，而不是仅仅使其值下降。模型无关的元学习往往假设所有任务都来自一个任务空间，网络可以在这个空间中学习到一个更加通用的表示，这种表示经过简单的微调和训练即可输出特定任务的目标。

（4）教师学生模型（Teacher Student Model） 在深度学习领域，教师学生模型是一种模型压缩技术，用于将一个复杂的神经网络（教师模型）压缩成一个更简单、更轻量级的神经网络（学生模型），同时尽量保留其性能。这种模型压缩技术的核心思想是利用大型、复杂的教师模型的知识来引导学生模型的训练。通常情况下，教师模型在训练过程中会产生一些辅助信息，比如软标签（Soft Labels）或者中间层的表示，然后学生模型通过这些信息来学习。软标签是对每个类别的概率分布，而不是简单的硬分类结果（即只有一个类别的概率为1，其余为0）。这种软标签提供了更丰富的信息，有助于学生模型更好地学习。在实践中，通常会使用一些技术来进一步提高教师学生模型的效果，比如知识蒸馏（Knowledge Distillation）、参数复制（Parameter Copying）等。知识蒸馏是指通过训练学生模型来拟合教师模型的输出，以便学生模型可以学习到教师模型的知识。参数复制则是直接将教师模型的参数复制到学生模型中，并在此基础上进行微调。教师学生模型在实际中通常用于需要在计算资源有限的情况下保持模型性能的场景，比如在移动设备或者边缘计算环境中。通过使用教师学生模型，可以在不牺牲太多性能的情况下减少模型的计算和存储需求，从而更适应于资源受限的环境。

扩展阅读：端到端无人驾驶案例——LMDrive。

尽管自动驾驶领域最近取得了重大进展，但当遇到长尾不可预见事件和具有挑战性的城市场景时，现代方法仍然很困难，可能会发生严重事故。一方面，大语言模型（LLM）显示出炫目的推理能力，接近"通用人工智能"。另一方面，以前的自动驾驶方法往往依赖于有限的格式输入（例如传感器数据和导航路线点），限制了车辆理解语言信息和与人类互动的能力。为此，下面介绍 LMDrive，一种语言引导、端到端的闭环自动驾驶框架。LMDrive 处理并集成多模态传感器数据与自然语言指令，在现实指令设置中与人类和导航软件进行交互。为方便基于语言的闭环自动驾驶的进一步研究，现公开发布相应的数据集，包括大约 64KB 的指令跟从数据片段，以及 LangAuto 基准，其可测试系统处理复杂指令和具有挑战性驾驶场景的能力。

本章小结

本章系统阐述了基于大模型的端到端无人驾驶系统的理论基础和技术路线。首先介绍了端到端大模型对无人驾驶技术发展的革命性影响。随后从生物学、认知科学、计算科学、决策科学和复杂性科学等多学科视角，全面阐释了大模型的科学基础。这些跨领域的理论为端到端大模型的设计、训练和应用提供了坚实的理论支撑。在模型结构设计方面，全面介绍了卷积神经网络、Transformer 和 ViT 等具有代表性的端到端模型架构，剖析了各层级模块的功能原理。重点论述了模型训练中的关键技术，如数据预处理、自注意力机制等。最后，系统阐释了面向端到端无人驾驶系统的算法设计方法，包括强化学习、迁移学习等先进技术的基本原理及模型训练策略。其中，深入探讨了微调技术和模型自适应技术在迁移大模型至无人驾驶领域的应用方法。

通过多学科视角的理论支撑、模型结构和算法设计的技术路线，本章为实现安全、高效的端到端无人驾驶系统奠定了系统的理论基础和技术方法，必将推动智能交通和自动驾驶产业的创新发展。

💡 **思考题**

1. 认知科学对大模型技术发展有哪些启发作用？注意力机制、记忆模块等是如何从认知科学理论中得到启发的？

2. 生物神经网络和人工神经网络有哪些相似之处？深度学习方法的发明是如何借鉴生物视觉系统的信息处理机制的？

3. Transformer 模型的自注意力机制相比 CNN 在处理序列数据时有什么优势？自注意力机制又是如何工作的？

4. 在无人驾驶场景下应用大模型时，微调技术和模型自适应技术分别是如何帮助模型适应新环境的？二者有何区别？

5. 端到端无人驾驶算法设计中的强化学习和迁移学习分别基于什么原理？在实际应用中各自存在什么优缺点？

参 考 文 献

［1］ ROSENBLATT F. Two theorems of statistical separability in the perceptron［M］. Washington，D. C.：United States Department of Commerce 1958.

［2］ MINSKY M，PAPERT S A. Perceptrons，reissue of the 1988 expanded edition with a new foreword by Léon Bottou：an introduction to computational geometry［M］. Cambridge：MIT press，2017.

［3］ HINTON G E，SEJNOWSKI T J. Learning and relearning in Boltzmann machines［J］. Parallel distributed processing：explorations in the microstructure of cognition，1986，1（282-317）：2.

［4］ RUMELHART D E，HINTON G E，WILLIAMS R J. Learning internal representations by error propagation［R］. California Univ San Diego La Jolla Inst for Cognitive Science，1985.

［5］ HUBEL D H，WIESEL T N. Receptive fields，binocular interaction and functional architecture in the cat's visual cortex［J］. The journal of physiology，1962，160（1）：106.

［6］ WURTZ R H. Recounting the impact of Hubel and Wiesel［J］. The journal of physiology，2009，587（12）：2817-23.

［7］ LECUN Y，BOSER B，DENKER J S，et al. Backpropagation applied to handwritten zip code recognition［J］. Neural computation，1989，1（4）：541-51.

［8］ BENGIO Y，LECUN Y. Scaling learning algorithms towards AI［J］. Large-scale kernel machines，2007，34（5）：1-41.

［9］ BROADBENT D E. The selective nature of learning［M］. Oxford：Pergamon Press，1958.

［10］ SKINNER J E. Central gating mechanisms that regulate event-related potentials and behavior［J］. Progress in clinical neurophysiology：attention，voluntary contraction and event-related cerebral potentials，1977，1.

［11］ MNIH V，HEESS N，GRAVES A. Recurrent models of visual attention［J］. Advances in neural information processing systems，2014，27.

［12］ COWAN N. What are the differences between long-term，short-term，and working memory？［J］. Prog brain res，2008，169：323-38.

［13］ RANGANATH C，RITCHEY M. Two cortical systems for memory-guided behaviour［J］. Nature reviews neuroscience，2012，13（10）：713-26.

［14］ MILNER P M. Brain-stimulation reward：a review［J］. Canadian journal of psychology/revue canadienne de psychologie，1991，45（1）：1.

［15］ MNIH V，KAVUKCUOGLU K，SILVER D，et al. Playing atari with deep reinforcement learning［J］. arXiv preprint arXiv：13125602，2013.

［16］ ROSENBLATT F. Principles of neurodynamics：perceptrons and the theory of brain mechanisms［M］. Washington，DC：Spartan books，1962.

［17］ REN M，KORNBLITH S，LIAO R，et al. Scaling forward gradient with local losses［J］. arXiv preprint arXiv：221003310，2022.

［18］ REJAIBI E，KOMATY A，MERIAUDEAU F，et al. MFCC-based recurrent neural network for automatic clinical depression recognition and assessment from speech［J］. Biomedical signal processing and control，2022，71：103107.

［19］ KITSON N K，CONSTANTINOU A C，GUO Z，et al. A survey of Bayesian network structure learning［J］. Artificial intelligence review，2023：1-94.

［20］ MOR B，GARHWAL S，KUMAR A. A systematic review of hidden Markov models and their applications［J］. Archives of computational methods in engineering，2021，28：1429-1448.

［21］ GOODFELLOW I，POUGET-ABADIE J，MIRZA M，et al. Generative adversarial nets［J］. Advances in neural information processing systems，2014，27.

［22］ DOSOVITSKIY A，BEYER L，KOLESNIKOV A，et al. An image is worth 16×16 words：transformers for image recognition at scale［J］. arXiv preprint arXiv：2010. 11929，2020.

［23］ OUYANG L，WU J，JIANG X，et al. Training language models to follow instructions with human feedback［J］. Advances in neural information processing systems，2022，35：27730-27744.

第 8 章

智能网联汽车的服务系统

章知识图谱

说课视频

8.1 引言

汽车服务是指从新车进入流通领域，直至其使用后回收报废各个环节所涉及的各类服务，涵盖了与汽车相关的一系列经济活动，包括车辆的驾驶、维修、保养、保险、救援等方方面面，不仅关系到汽车的性能和安全，更直接影响到车主的使用体验和满意度。

随着互联网、物联网、大数据与人工智能的快速发展，汽车服务正在经历一系列显著变化，服务效率显著提升，服务内容不断丰富。在智能网联技术不断迭代的大背景下，本章紧密结合汽车服务的发展前沿，主要介绍如下内容：

首先，本章将系统介绍汽车服务的类型和模式，尤其是在智能网联技术应用下，传统的汽车服务模式发生的重大变化。读者可以通过车联网的网络架构深入体会智能网联汽车服务系统的新模式，理解其如何高效率实现一系列的服务内容。

其次，本章将围绕用户的日常用车场景，介绍通过先进传感器和通信技术，实现车辆与互联网服务以及公共基础设施的智能交互，让乘客在旅途中享受音乐、新闻等多种娱乐内容，并且能够实时获取附近停车场和充电桩的空位信息。读者可以深入理解车载娱乐、智慧停车、智能充电等高效便捷出行体验背后的服务架构与关键技术。

再次，本章针对用户的日常养车场景，介绍通过物联网技术完成车辆状态、故障信息等数据的实时传输，通过车辆运行数据的收集和分析，实现远程监控、故障预警、健康管理等功能，同时为维修人员提供精准的诊断依据。读者可以详细了解车辆健康管理与基于驾驶行为的保险（Usage Based Insurance，UBI）服务的基本逻辑和框架。

最后，本章从车企的用户运营视角，介绍用户驾驶行为报告与驾驶行为评分的基本框架与评价方法。读者可以进一步了解用户运营对于车企保持竞争优势的重要性，以及如何通过用户运营 App 与海量用户保持紧密连接，为车企的产品创新、服务提升等多方面业务全面赋能。

为了加强读者对知识点的灵活运用，本章专门设计了驾驶行为报告的综合实践，通过该项实践，读者能够对本章内容有着更加深刻的理解。本章结尾还为读者设置了多个思考题，结合了当前的智能网联汽车智能服务系统发展现状，启发学生对于未来汽车服务的深层次思考。通过本章的学习，读者能够深刻认知智能网联环境下汽车服务的发展现状与未来趋势，开拓对未来汽车智能服务的想象空间。同时本章也为相关领域的研究提供参考。

8.2 汽车服务模式

汽车服务涵盖汽车销售、维修、保养、共享以及后市场服务等，通过车联网与车辆全生命周期互联，借助移动互联网与客户全过程互联，车辆制造商、汽车经销商、互联网科技公司、能源企业等参与方相互合作，为用户提供全方位智能便捷的汽车关联服务。

8.2.1 汽车服务分类

汽车服务从新车进入流通领域开始，直至其使用后回收报废，各个环节涉及各类服务，包括车辆销售、金融保险、日常出行、维修保养、事故救援、数据与信息服务等多个方面。下面重点介绍车辆销售、金融保险、日常出行以及维修保养四类服务及其新形态（图 8-1）。

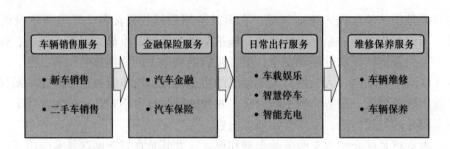

图 8-1　汽车服务分类

1. 车辆销售服务

车辆销售服务是由汽车厂商、经销商或第三方机构提供，可以分为新车销售和二手车销售两大类型。新车销售主体通常是汽车厂商或授权经销商，负责向用户提供汽车产品介绍，购买手续代办等服务性工作。二手车销售主体则包括二手车经销商、个人车主或二手车交易平台，提供汽车评估、信息服务、交易中介等服务。

（1）新车销售　新车销售始于客户的需求，通过调查和预测客户的需要，提供针对性的汽车产品与服务。新车销售的目的在于通过销售和服务与目标客户建立关系。一次交易只是构建与客户长久交易的一部分，企业或个人通过售前、售中、售后服务为客户提供满意的服务。在完成销售的同时，建立较持久的客户关系，获得客户忠诚。汽车销售服务主要包括以下工作内容：

汽车市场调查：撰写市场调查报告，开展市场趋势预测。

汽车市场分析：从环境、定位、品牌和价格等角度开展分析。

汽车销售技巧：营销人员的行为培训，提高销售话术与技能。

汽车客户服务：在售前、售中、售后各环节提升服务质量。

汽车营销策划：涉及汽车产品营销策划、实施、控制的全过程。

移动互联网的发展正在逐渐改变新车销售的方式，大型商场汽车体验店开始大批量出现，4S 门店的数量逐渐减少。在人流量高的大型商场，汽车体验店能够吸引更多的消费者参与体验。消费者在体验满意之后，可以在线上下单购买，并且可以实时查询订单的生产状态与物流状态。这种线下线上融合的销售方式比传统的 4S 门店销售方式给消费者带来更好的购买体验。同时，汽车厂商也能与消费者建立起更加紧密的连接关系，更好地了解和服务用户。

（2）二手车销售　二手车销售是专门为二手车买卖双方提供的各类服务，以确保二手车交易的安全可靠，以及买卖双方的合法权益得到保障，服务内容主要是二手车鉴定评估和二手车市场交易。

二手车鉴定评估一般是由具有执业资质的二手车鉴定评估机构和二手车鉴定评估人员接受各类市场主体的委托，遵循法定或公允的标准和程序，运用科学的方法，对经济和社会活动中涉及的二手车进行技术鉴定，评估基准日的二手车价值。目前，二手车鉴定评估方法有重置成本法和现行市价法。

1）重置成本法。重置成本法适用于继续使用前提下的二手车价值评估，指在评估基准日的当前条件下重新购置一辆全新状态的被评估车辆所需的全部成本，减去该被评估车辆的各种陈旧性贬值后的差额。也可以先将被评估二手车与其全新状态相比，测算出成新率，再进行评估。重置成本法的计算模型主要有以下几种：

模型一：$P = B - (D_S + D_G + D_J)$。

模型二：$P = B \times C$。

模型三：$P = B \times C \times K$。

模型四：$P = B \times C \times K \times \phi$。

式中，P 为被评估车辆的评估值；B 为重置成本；D_S 为实体性贬值；D_G 为功能性贬值；D_J 为经济性贬值；C 为成新率；K 为综合调整系数；ϕ 为变现系数。

2）现行市价法。现行市价法是通过比较被评估车辆与最近出售类似车辆的异同，并对类似车辆市场价格进行调整，从而确定被评估车辆价值的一种评估方法。基本原理是选择一个或几个与评估车辆相同或类似的二手成交车辆作为参照，分析车辆的结构、配置、功能、性能、新旧程度、地区差别、交易条件及成交价格等，找出参照车辆与评估车辆之间的差别以及差别所反映的价格差额，经过调整计算出二手车的评估价格。现行市价法要求充分利用类似二手车的成交价格信息，并以此为基础判断和估测被评估车辆的价值。运用已被市场检验的结论来评估，显然是容易被买卖双方当事人接受的。因此，现行市价法是二手车鉴定评估中最为直接、最具说服力的评估方法之一。现行市价法借助于参照车辆的市场成交价运作，一个发达活跃的二手车交易市场是现行市价法得以广泛运用的前提。

二手车交易是一种产权交易，是指实现二手车所有权从卖方到买方的转移过程。二手车交易必须完成所有权转移登记才算是合法、完整的交易。现阶段我国"互联网+二手车"产业主要发展模式有以下三种。

个人对个人（Consumer to Consumer，C2C）模式：个人直接通过网络平台进行二手车买卖，买卖双方直接进行交易，没有中间商或经销商参与。传统的 C2C 模式只提供平台，其余交给用户自行对接，旨在通过降低"卖方-商家-买方"之间的信息不对称来提升交易透明度，进而保障交易双方的利益。这种方式虽然去除了中间流通的过程，但是在交易的时效性方面，没有得到本质的提高，买卖双方匹配成交低效、用户体验差等弊端也逐渐凸显。因此，越来越多的 C2C 交易平台逐渐通过开设线下门店、拓展平台功能等方式，逐渐向

C2B2C 模式转型。

企业对个人（Business to Consumer，B2C）模式：通过"信息展示+获客导流"的方式帮助线下二手车商进行二手车交易。B2C 模式有两种类型，第一种是通过自己的电商平台帮助车商把车在网上卖给消费者，这种模式的主要盈利方式是向车商收取推广费用。第二种模式是自营车辆的交易平台，通过各种渠道直接买进车辆，整备后加价通过自己的门店和网络平台进行销售，盈利来自车辆的差价。B2C 模式的商业逻辑在于整合车商分散的货源，通过线上平台将消费者引导至线下交易。线上平台虽然能实现车源的集中展示，但并不能完全掌握每辆车的真实信息，在货源管理方面面临的挑战尤为突出。此外，平台在定价方面并不拥有绝对的主动权。由于平台需要收取服务费和交易佣金，汽车经销商有时会提高售价以维持利润，导致消费者流失。因此，B2C 平台需要在保证服务质量和货源真实性的同时，寻求与汽车经销商之间的合作平衡，以吸引并留住更多的消费者。

竞拍模式：分为企业对企业（B2B）和个人对企业（C2B）两种。竞拍模式是指先从个人、4S 店及汽车经销商处获取车源，再对预拍车辆进行标准化检测，检测完毕后，将车辆信息及检测报告分发给二手车商。二手车商根据检测报告或者实地看车进行出价。对于卖车客户来说，在竞拍的模式下，可以摆脱中介的困扰，既有利于自己的爱车高价成交，又有专业平台提供车辆交接服务，充分保证了交易安全性与便捷性。对于二手车商来说，有专业机构长期提供车源，且对每台车源都进行了检测，完全可以满足其对稳定货源供应、透明品质及合理成本的需求。

2. 金融保险服务

汽车金融保险服务包含了金融服务和保险服务。金融服务是指金融机构提供的汽车贷款、汽车租赁等服务，帮助车主获得购车所需的资金支持。保险服务是指保险公司提供的车辆保险、第三者责任险、车上人员责任险等多种保险产品，应对汽车使用过程中可能发生的意外损失和责任纠纷。

（1）汽车金融服务 汽车金融服务涉及汽车生产、流通与消费等多个环节，包括为客户提供消费贷款或融资租赁和为经销商提供批发性库存贷款等，具有资金量大、周转期长、运作稳定和价值增值等特点。汽车金融服务是汽车制造业、流通业与金融业相互结合渗透的必然结果，并与政府有关法律、法规、政策相互配合。在我国常见的汽车金融服务有汽车信贷服务和汽车租赁服务两种。

1）汽车信贷服务。汽车消费贷款面向申请购买汽车的借款人，银行或汽车财务公司向购买者一次性支付车款所需的资金提供担保贷款，并且联合保险、公证机构为购车者提供保险和公证。

2）汽车租赁服务。汽车租赁是汽车消费者与汽车经营者签订各种形式的付费合同，在约定时间内获得汽车的使用权。经营者通过提供车辆功能、税费、保险、维修、配件等服务实现投资增值。

在智能网联环境下，汽车信贷和租赁业务发生了显著变化，车辆信息变得更加透明，数据能够实时共享，从而提高了风险评估的准确性和效率。同时，远程监控等功能降低了运营成本，提升了租赁服务的便捷性和个性化水平，进一步创新了盈利模式，不仅提升了用户体验，也推动了汽车金融市场的快速发展。

（2）汽车保险服务 汽车保险服务是一种商业保险行为，以盈利为目的，旨在补偿交通事故导致的汽车损失或相关责任。它建立在合同基础之上，投保人与保险人需签订具有法律效力的保险合同，明确双方的权利与义务，确保合同的履行。汽车保险不仅是一种商业行为，更是一种风险转移机制，通过合同约定的损失补偿或保险金给付，帮助车主应对潜在风险。简而言之，汽车保险通过合同形式，实现了风险的经济转移，为车主提供了安全保障。

保险对象差异性：汽车保险的对象具有广泛性和差异性的特点。汽车保险不仅覆盖各种类型的汽车，包括私家车、货车、客车等，而且还可以根据车辆的使用性质（私用或商用）、驾驶人的驾驶记录、车辆的价值等因素，提供不同类型和条件的保险产品。这种广泛性和差异性确保了车主能根据实际需要找到合适的保险方案。

车辆出险频率高：汽车保险相对于其他财产保险而言具有出险率高的特点。可以从日常生活中每天都会发生大量的交通事故得到印证。影响汽车风险的因素通常有三个：一是汽车本身因素，二是驾驶外部因素，三是用户使用因素。

随着新能源汽车数量激增，车险规模巨大、有着广阔的发展前景。有意进入汽车全生命周期服务的新能源车企开始下场进军保险行业。新能源汽车具备智能驾驶功能，拥有各种传感器，可以对路况及驾驶人的驾驶行为进行记录，为基于驾驶行为的保险（Usage Based Insurance，UBI）提供了良好的土壤。UBI车险通过传感器和车联网等联网设备将驾驶人的驾驶习惯、驾驶技术、车辆信息和周围环境等数据综合起来，建立人、车、路多维度模型，并进行定价。

传统车险是保险公司基于历史出险数据制定普适的保费，这个法则不考虑驾驶人的驾驶习惯、车况路况等差异，所有人都支付同样的保费。UBI保险发挥了整车企业数据采集的天然优势。整车企业可以通过车辆本身所搭载的传感器与安全评分系统直接收集驾驶行为和行驶里程数据，进而在筛选投保人和制定保费的阶段更精准地进行风控。

 扩展阅读：特斯拉的UBI保险。

特斯拉是最早推广UBI车险的汽车公司。2016年，特斯拉与保险公司合作开发"品牌车险"，开始涉足汽车保险领域。2019年，特斯拉收购美国马克尔公司，获得了保险经纪牌照，推出了车险产品——Tesla Insurance，根据用户的车辆月度安全分数进行保险费用定价。2020年，特斯拉先后在香港和上海成立保险公司，开始全球化布局。2021年，特斯拉官网正式上线"实时驾驶行为"的保险产品，已经覆盖到了美国12个州。

特斯拉车险的最大特点就是安全评分系统。该系统根据驾驶人的行为习惯和车辆性能数据，为每个驾驶人提供个性化的保险服务。通过车辆安装的传感器，特斯拉记录了驾驶人每千英里非自动驾驶向前碰撞警告、紧急制动、激进转弯、不安全跟车、过度超速、深夜驾驶以及未系安全带七个驾驶安全系数指标，对用户的驾驶行为进行评估。面向投保客户，生成0~100的安全评分，并在用户的特斯拉App显示，分数高低决定保费的高低。安全评分标准是90分，如果客户达到了90分以上，则每月保费约为145美元，年保费约为1800美元。目前，美国大多数驾驶人平均分数是60~70分，换算下来，年平均保费大概在2300~2500美元。

特斯拉依据驾驶人驾驶习惯和风险等级，以月为单位制定保费并灵活调整，为安全驾驶的驾驶人提供优惠政策。接近平均安全分数的驾驶人可以节省20%~40%的保费，高安全评分的驾驶人至多可以免去60%的保费。从特斯拉UBI业务的情况来看，新能源汽车保险公司需要着重在三个方面下功夫，一是单车的数据采集，二是单车的数据分析，三是保险的售后服务。数据采集是UBI车险推出的基础，由于数据涉及车企和用户隐私，车企大数据的商业化一直进展较慢。如何将用户行车数据以更合理的方式采集是车企面对的重要问题。车企采集数据后，需要整合车辆数据、驾驶人行为数据、事故数据、车载消费数据等，评估客户的风险级别并建立档案，从而综合调整保费定价。保险的售后服务也很重要，新能源汽车出险频率、案均赔款显著高于传统燃油车，保险服务体系能否保持高效率运转，存在较大不确定性，这也将成为新能源汽车保险业务的挑战之一。

3. 日常出行服务

汽车日常出行服务主要是指车辆在使用过程中所需的各项便利和支撑服务，如车载娱乐等互联网服务、汽车充电服务及城市停车服务等。日常出行服务旨在为驾驶人提供更加便利、安全和舒适的出行体验，帮助驾驶人轻松应对各种驾驶场景和突发状况，让驾驶人能够更好地享受出行乐趣。

（1）车载娱乐 早期汽车驾驶座舱主要由机械式仪表板及简单的信息娱乐系统构成，随着汽车芯片、人机交互、汽车系统等软硬件技术水平的快速迭代，汽车座舱开始进入全面智能化阶段。智能硬件的持续拓展及升级，让座舱娱乐系统不断丰富，导航、游戏、生活类等多种应用逐步搭载在车载系统上，控制系统也从按键全面转向触控，加之语音交互技术的成熟，智能化座舱已然成为人们日常生活的延伸，是一个可移动的生活空间。

1）多媒体娱乐内容。智能网联汽车的车载娱乐服务提供了丰富多样的多媒体内容，包括音乐、视频、电台等。用户可通过车载娱乐系统轻松访问各类音乐平台、视频平台以及电台，并根据自己的喜好随时随地享受"影音盛宴"。

2）智能语音体验。车载语音助手作为一种在汽车中使用的语音交互系统，旨在为驾驶人提供与车辆之间的智能化交互体验，满足用户的功能需求甚至情感需求。它通过语音识别和语音合成技术，使驾驶人能够通过语音指令控制车辆的各种功能，从而避免因操作车载设备而分散注意力。

3）个性化推荐与定制。基于用户的偏好及行驶习惯，车载娱乐系统可提供个性化推荐服务，如根据用户的收听记录和历史偏好推荐音乐、视频等内容，或根据目的地推荐周边的景点、餐厅等信息，为用户提供定制化的娱乐体验。

（2）智慧停车 随着国内汽车消费能力及保有量水平的提高，房地产、城市基础设施建设等产业的快速发展，停车位数量增长远不及汽车保有量上涨速度，城市停车需求形成巨大缺口。与此同时，传统停车模式信息化水平低，停车场或停车位之间的数据信息无法互通，传统停车模式越来越无法匹配行业现实需求。智慧停车利用无线通信技术、移动终端技术、GPS定位技术、地理信息系统技术等实现停车位资源的实时更新、查询、预订与导航，从而达到停车位资源利用率的最大化和驾驶人停车服务的最优化。城市停车领域对智慧停车应用有着旺盛的需求，新场景、新技术层出不穷。根据信息化技术水平，智慧停车发展可分为三个阶段：

1）智慧停车1.0阶段：重点是实现无感支付和无人运营。采用移动支付和车牌识别等技术，使停车付费变得更加便捷，无须停车等待支付费用。同时，利用自动化系统实现停车场的无人管理和运营，提升停车的效率和便利性。

2）智慧停车2.0阶段：着重于车位智能化管理。通过传感器、摄像头等设备实时监测停车位的占用情况和空余时间，并将这些信息发布给驾驶人，让他们可以实时查看附近停车位情况，方便选择停车位置。同时，提供预约停车服务，驾驶人可以提前预订停车位，避免停车时的等待和寻找。

3）智慧停车3.0阶段：融合停车场与周边建筑物、道路等环境，实现高级别的自主代客泊车服务。通过车载传感器、高精度地图和人工智能等技术，车辆可以自主完成停车全过程，让驾驶人完全摆脱停车的烦恼，提升停车的便利和效率。

（3）智能充电 智能网联汽车充电是出行过程中必不可少的环节。根据电能的传递方式，目前充电技术主要分为传导充电方式、快速更换方式和无线充电方式。

1）传导充电方式：指通过有线连接将外部充电设备与车载储能装置相连，从而实现电能传输的方式。传导充电方式又分为交流充电和直流充电两种。交流充电是指通过交流充电桩为车载充电机提供交流电源，再由车载充电机将交流电转换为直流电从而给动力电池供电。交流充电技术已经发展成熟，设备结构简单、体积小、安装成本低，但需配置车载充电机，且功率受限于单相或三相交流供电。直流充电是指通过直流充电桩为动力电池直接提供直流电源的方式。直流充电桩不需要配置车载充电机，可根据需求调节输出功率和参数，但其设备体积大、造价高、运维复杂。

2）快速更换方式：指通过专用设备将车辆用完的电池组快速更换为充满电的电池组。快速更换方式可以实现短时间内完成电能补充，不仅节省用户等待时间，也可以解决动力电池的老化、回收、再利用等问题，但需建立统一的电池标准、接口协议、管理系统等，且设备投资大、运营成本高。

3）无线充电方式：指通过无线电磁感应或无线电波传输的方式，使外部充电设备与车载储能装置之间形成无线耦合，从而实现电能传输。无线充电方式不需要有线连接，其操作方便、安全性高，且可以实现动态充电，即在行驶过程中为车辆供电。但无线充电技术还不够成熟，存在效率低、干扰大、标准缺乏等问题。

4. 维修保养服务

汽车维修保养是为维持汽车技术状况或工作能力而进行的一系列工作。汽车行驶一定里程后，要按要求对汽车的各总成及附属设备进行清洁、检查、调整、润滑等作业，以消除各种隐患，保持和恢复汽车良好的技术性能，将可能出现的事故消除在萌芽阶段。

（1）车辆维修服务 车辆维修是车辆维护和修理的泛称，是对出现故障的车辆通过技术手段排查，找出故障原因，并采取一定措施使其排除故障并恢复达到一定的性能和安全标准。车辆维修包括大修和小修，大修是指用修理或更换车辆任何零部件的方法，恢复车辆的完好技术状况和完全或接近完全恢复车辆寿命的恢复性修理。车辆小修是指用更换或修理个别零件的方法保证或恢复汽车工作能力的运行性修理。

随着互联网技术和物联网（IoT）技术的发展，车辆维修服务正变得更加智能化。越来越多的汽车维修服务商开始将互联网与维修业务相结合，通过在线平台让维修服务更加灵活，为驾驶人提供更多选择和便利。通过在车辆上安装各类传感器，如温度传感器、油压传感器等，维修人员可以远程监测车辆的性能和运行状态。当检测到异常数据时，系统可以及时发出故障预警，提醒驾驶人提前采取措施。这种远程诊断技术不仅可以降低车辆故障的发生率，还能缩短维修时间，减少驾驶人的困扰。同时，车辆状态数据的收集与分析也可以帮助车辆制造商和维修服务提供商更好地了解车辆的运行状况，优化维修服务流程。

（2）车辆保养服务　车辆保养服务是指根据车辆各部位不同材料所需的保养条件，采用不同性质的专用护理材料和产品，对汽车进行全新的保养护理的工艺过程。现今的汽车养护涵盖发动机、变速器、底盘、冷却系统、燃油系统等的养护。

随着物联网和大数据技术的发展，车辆保养服务正朝着智能化和全生命周期管理方向发展。汽车智能保养是指通过车载传感器和智能设备，实时监测车辆的工况，提供相应的保养建议，比如，当动力电池工作温度偏高时，系统会建议驾驶人检查散热系统，清洗散热器等。当制动片磨损程度过高时，系统会建议驾驶人及时更换制动片。这种基于车辆状态的保养建议能够帮助驾驶人制订合理的保养计划，保证车辆的正常使用和安全行驶。此外，通过与厂家和维修站点的线上连接，用户可以事先预约保养。例如，当车辆需要更换机油或进行定期保养时，系统会自动提醒并主动帮助联系附近的维修站点为驾驶人预约维修，这将大大节省驾驶人的时间和精力，提高保养效率。

 扩展阅读：途虎养车。

途虎养车于2011年成立运营，深耕汽车后市场多年，是我国领先的线上线下一体化汽车服务平台之一。途虎养车致力于解决中国汽车服务业面临的关键问题，包括令人不满意的客户服务、复杂的供应链体系及低效的履约流程等。其成立之初仅为汽车产品线上零售平台，后逐步发展为由管理良好的门店及技师组成的线下网络。同时直接与汽车零配件供应商合作，通过强大的供应链和覆盖全国的物流网络，高效提供价格实惠的正品产品，逐步打造出一个包括驾驶人、供应商、服务门店和其他参与者在内的汽车服务生态系统。

其始终坚持"正品专业"理念，与众多国内外知名品牌建立合作，从产品采购源头确保正品，部分品牌已深入正品供应链维度，推出数字化解决方案，实现从工厂生产到终端消费的全过程溯源。此外，途虎养车还与华为云开启"云上"创新，推出基于华为云区块链技术的汽车配件溯源平台。通过华为云"一物一码"溯源方案，途虎养车为汽车配件在流通环节提供正品验真和防伪溯源认证服务。

基于与正品大牌的深度合作，途虎养车让官方直采模式闭环运转，消除中间环节、缩短供应链长度，实现正品直供。每逢全年重要出行节点，途虎养车都会推出形式多样、类型丰富的营销活动，不断强化"质高价优"的企业形象。

高密度线下网络覆盖率和高效供应链能力，则让便捷养车真正落地。自2016年在上海开设第一家工场店后，途虎养车工场店已覆盖全国大部分城市社区。公告显示，受益于下沉政策的推行，途虎养车2023年新增门店中超70%位于二线以及以下城市，新增覆盖的县与县级市达211个，全国范围内高密度门店覆盖，让养车服务加速融入"一刻钟便民生活圈"。供应链水平是产品服务能否落地的关键指标之一。途虎养车提速构建供应链能力，叠加智能备货等数字化解决方案，"当日达""马上装"极速物流服务正在越来越多城市推广运转。数据显示，途虎养车平台线上轮胎订单的当日或次日达占比约为60%，线上保养产品订单的当日或次日达占比更是达到80%。

作为我国较大的独立汽车服务平台，途虎养车凭借高密度线下网络覆盖以及数字化标准化服务水平，提供可靠、实惠、便捷的养车服务，与高度依赖本地化服务需求的传统线下汽车服务模式相比，其用户交互度显著提高。

8.2.2 智能网联模式

传统汽车售后线下服务模式的核心目标是为驾驶人提供全方位、高质量的维修、保养等服务，确保车辆的性能和安全。在这种模式下，汽车制造商、经销商、特约维修站、连锁店和小型维修店等各种服务提供商在不同程度上参与到售后服务体系中，形成了多样化的服务网络，主要包括四种主要形式：四位一体模式、特约维修模式、连锁经营模式和路边小店模式。

四位一体模式：又称为汽车4S店，集成了整车销售、零配件、售后服务、信息反馈的综合业务服务模式。汽车4S店的进入门槛相当高，需要具有相当规模的经销商才能进入，动辄几百万元至上千万元资金投入。该经营模式有一套完善、规范的销售和服务系统，可信度相当高。

特约维修模式：当地市场不足以支撑4S店的运营，经销商委托当地一家专业汽车维修企业，为自己经销的车型提供维护及修理服务。特约维修模式很大程度上能够保证售后服务的顺利进行，但其在专业化程度、零部件供应等方面会大打折扣。特约维修企业由于受厂家或经销商的约束较少，难免为了自身的利益而做出有损企业形象的事。

连锁经营模式：汽车售后服务专业厂商在全国各地以连锁店的形式提供售后服务，包括汽车美容、维护和修理等。服务厂商采用统一的品牌、服务体系和标准，服务人员接受统一的专业培训。连锁经营模式的服务网络分布广，专业化程度相当高，但要求企业对各款车型的美容及维修都具备专业、全面的知识，拥有一套严密、科学的服务体系，目前我国的汽车售后服务企业较少能满足。

路边小店模式：不隶属于任何厂商和连锁机构，独立运作，直接面对客户的汽车维修业户，它们之间互不联系。目前，我国绝大部分汽车售后服务市场被这种经营模式占据。其经营方式灵活多变，但专业化程度不高，缺乏统一的行业标准和制度保证。路边小店模式的服务价格低，但在配件质量、维修护理专业化程度、经营诚信等方面难以保障。

随着科技的不断进步和消费者需求的不断变化，新兴的汽车服务模式也在不断涌现，其中智能网联技术为汽车服务带来了全新可能性。智能网联服务模式通过物联网技术实现车辆远程监控、诊断和维护，实现车辆与车辆、车辆与用户以及车辆与服务提供商之间的实时互联，为用户提供更加便捷、个性化的汽车服务体验。让我们一同探索汽车智能网联服务创新模式，了解它们是如何改变汽车服务的方式，满足消费者日益增长的需求和期待。

1. 车联网的网络架构

车联网的架构精妙复杂，涵盖无线侧、有线侧及服务端。无线侧确保车辆与网络的实时通信，有线侧是稳固数据传输的桥梁，服务端提供强大的数据处理与存储能力。三者相辅相成，共同搭建起坚实的网络体系，让车辆与云端服务无缝对接，为智能交通时代奠定坚实基础。

（1）通信基石：无线侧　无线侧是连接汽车与外界的桥梁，负责车辆与外部系统的高效数据交换和通信，同时确保数据的安全性、稳定性和可靠性。通过数据加密、身份认证、数据压缩等技术，无线侧保障了通信的完整性和安全性。以下是无线侧的几个关键组件：

1）T-Box：又称为车载通信盒，安装在汽车内部，是车辆的智能通信枢纽，集成了通信、计算和控制功能，能够采集车辆数据，执行各种指令，与车内系统和云端进行实时通信，实现远程控制与监测。

2）4G/5G 网络：作为车联网的通信基础，4G/5G 网络提供了高速、低延迟的通信服务。从技术上讲，这里的 4G/5G 网络与我们日常使用的 4G/5G 蜂窝网络为同一网络，但运营商会为车联网提供专用的网络切片，针对不同的车辆和应用场景，提供定制的网络资源和优化配置，确保车辆之间的即时通信和数据传输至云端的高效性。

3）APN：4G/5G 网络连接通常需要配置 APN，即接入点名称，决定了车联网终端通过哪种接入方式来访问网络，通过对不同类型的流量进行识别和隔离，确保各类数据有自己独立的通道，提高了网络的安全性和可管理性。

4）P-GW（Packet Data Network Gateway）技术：P-GW 作为蜂窝网络的终节点，负责将车辆终端的数据与互联网或私有专网进行连接，扮演了数据传输的网关角色，确保车辆能够顺畅地与互联网服务进行通信。

（2）稳固支撑：有线侧　在深入探讨稳固支撑中的有线侧技术时，有必要详细分析 MPLS VPN 和 Internet 在车辆数据传输中所扮演的关键角色。

1）MPLS VPN：多协议标签交换虚拟专用网络，是一种在公共网络上构建私有、安全且高效的网络服务的解决方案。在车辆通信的领域中，MPLS VPN 为车辆控制数据的传输提供了一个私有的专网服务。这意味着车辆与车辆之间，以及车辆与基础设施之间的通信，都可以通过这个专网进行，无须担心数据泄露或被第三方截取，高效率确保了数据的实时性和准确性，这对于车辆控制来说是至关重要的。

2）Internet：通过 4G/5G 网络车辆能够轻松与移动运营商的互联网建立连接，从而访问互联网上的各种服务和资源。通过 Internet 也可以实现与云端服务的即时通信，车辆实时上传自身的状态数据，如位置、速度、电量等，供云端服务进行分析和处理。同时，云端服务也可以将分析结果或其他指令实时下发到车辆上，实现对车辆的远程控制。基于 Internet 的远程通信方式大大提高了车辆管理的灵活性和效率。值得注意的是，虽然 Internet 为车辆通信带来了诸多便利，但也存在一定的安全风险。因此，在利用 Internet 进行车辆通信时，必须采取有效的安全措施来保护数据的安全性和完整性。

（3）智能指挥：服务端　服务端负责接收来自网络层的车辆数据，通过对车辆数据的处理、分析和应用，提升驾驶体验和安全。作为车联网的智慧大脑，服务端承载着数据处理和管理的关键任务。为了更好地理解车联网的运作机制，我们将对汽车远程服务提供商（Telematics Service Provider，TSP）服务器、固件在线升级（Firmware Over The Air，FO-TA）服务器、娱乐服务三类业务进行梳理。

1）TSP 服务器：作为远程信息服务平台，TSP 服务器为车企和驾驶人提供了全面的车辆实时监控和控制功能。通过 T-Box、4G/5G 网络和 MPLS VPN，实现车辆与云端 TSP

Server 的实时连接，确保数据的稳定传输。T-Box 内置由运营商提供的 SIM 卡，通过蜂窝网络连接到边缘云，边缘云经由 MPLS VPN 与 TSP 服务器建立通信通道。驾驶人或车企可以通过手机 App 或其他远程终端设备，实时监控车辆的状态、位置和性能，甚至通过手机端 App 发送控制命令，TSP 后台发出监控请求指令到 T-Box，车辆获取到控制命令后通过 CAN 总线发送控制报文，最后反馈操作结果到用户的手机 App 上。这种远程交互不仅提升了用户体验，也为车企提供了更加丰富的数据支持，帮助车企更好地了解用户需求与优化产品设计。

2）FOTA 服务器：确保车辆软件始终保持最新状态的关键组件。利用 4G/5G 网络和 Internet，为车载主机提供远程固件升级服务。这种升级方式无须车辆到服务站进行物理升级，大大提高了维护的灵活性和效率。车辆通过蜂窝网络连接到边缘服务器，再通过 Internet 连接到 FOTA Server，确保连接的安全性和私密性。基于 FOTA 链路，车辆可以远程接收、下载并安装新的软件固件，从而实现整车系统的升级和性能优化。

3）娱乐服务：为驾驶人和乘客带来了前所未有的便利和乐趣。通过与互联网的连接，车辆可以访问各种在线娱乐内容，如音乐、视频流、社交媒体等。这不仅丰富了行车体验，还提供了更多元化的信息来源和社交互动方式。通过与第三方服务平台的合作，车联网的娱乐服务还可以不断扩展和更新，满足用户日益增长的需求。

车联网从集中式向分布式转变是智能网联汽车发展的重要趋势。分布式架构不仅极大地提升了汽车服务的实时性和智能性，还为用户带来了更安全、更稳定的出行体验。在集中式车联网架构中（图8-2），所有数据都集中在一个中心服务器进行处理。这种方式在处理少量数据时效率较高，但随着智能网联汽车数量的增加和数据的爆炸式增长，集中式架构逐渐显露出其局限性。首先，数据传输的延迟增加，影响服务的实时性；其次，中心服务器的处理压力增大，可能导致系统崩溃或性能下降；最后，数据安全风险随之增加，一旦中心服务器受到攻击，所有数据都可能面临泄露的风险。在分布式架构中，数据不再全部集中在中心服务器，而是分散在多个边缘节点进行处理。这种方式具有以下优势：

低时延：由于数据在边缘节点就近处理，减少了数据传输的延迟，使得服务更加实时。

高可靠性：分布式架构具有更强的容错能力，即使部分节点出现故障，整个系统仍能正常运行。

高安全性：数据分散存储和处理，降低了数据泄露的风险。同时，通过加密和认证技术，可以确保通信链路的安全性。

高扩展性：随着智能网联汽车数量的增加，可以方便地增加新的边缘节点，提升系统的处理能力。

从集中式向分布式转变的过程中，车联网还需要面对一些挑战，例如，如何保证数据的一致性、如何进行有效的资源调度等。展望未来，分布式车联网架构将成为智能网联汽车发展的主流趋势，将为用户带来更加智能、便捷、安全的出行体验，推动智能网联汽车行业的进一步发展。同时，随着 5G、人工智能等技术的不断发展，分布式车联网架构的功能和性能将得到进一步提升，为智能网联汽车的发展开辟更广阔的空间。

随着车联网的崛起，汽车已经不再是简单的机械交通工具，而是融入了先进的网络技术，成为一个智能、网联的移动空间。我们可以期待在未来看到更多智能、便捷、安全的汽车服务，为出行增添更多的乐趣。

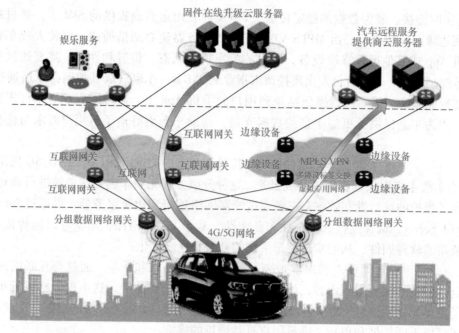

图 8-2　车联网系统架构

2. 车联网的服务内容

车联网可以涵盖车辆全生命周期的所有数据，能够面向个人、企业、政府等不同用户提供各种不同类型的服务。根据侧重点的不同，车联网服务可以分为以下几种类型（表 8-1）。

表 8-1　车联网的服务分类

服务类型	服 务 内 容
安全服务	自主式安全驾驶辅助、协同式安全驾驶服务、车辆安全监控和救援、远程控制、隐私安全等
节能服务	协同式节能驾驶、节能路径规划、驾驶行为分析和提醒、车辆状态监控、公共交通效率提升
信息服务	通信及网络服务、互联网内容服务、导航服务和移动位置服务、个人定制服务、企业数据服务、软件服务
保障服务	汽车维修、汽车配套服务（停车、加油、充电、保养等）、汽车金融和保险、汽车租赁和共享、汽车销售、其他用车相关服务（酒店预订、旅游、智能家居控制等）

（1）**安全服务**　安全服务旨在提高车辆的安全性和驾驶人的驾驶体验。它包括安全辅助驾驶功能，以便为驾驶人提供更高的安全性和舒适度。车辆安全监控则涵盖远程监测车辆状态、防盗报警系统等，确保车辆在任何时候都处于安全状态。远程控制功能使驾驶人能够通过手机或互联网远程控制车辆的部分功能，如锁车、解锁、空调控制等。

（2）**节能服务**　节能服务旨在优化汽车的能源利用效率。节能路径规划通过智能导航系统为驾驶人提供最优路径选择，以节省能源和时间。驾驶行为分析和提醒则监控驾驶人的行为，提供驾驶行为评估和改善建议，帮助降低油耗和环境影响。车辆状态监控通过实时监测车辆的能源消耗和状态，提供反馈和建议，帮助驾驶人做出节能的驾驶决策。

（3）**信息服务**　信息服务包括通信和网络服务，为驾驶人提供与外界通信的能力，还包括车联网内容服务（图8-3），为驾驶人提供丰富的娱乐和信息资源，如在线音乐、视频、新闻等，使驾驶过程更加丰富和便捷。

（4）保障服务　保障服务关注汽车的维修和配套服务，确保车辆的正常运行和驾驶人的舒适体验。通过远程监测车辆状态，进行远程故障诊断与维护等。汽车配套服务则包括停车场导航、加油支付等，提供全方位的便捷服务，满足驾驶人在行车过程中的各种需求。

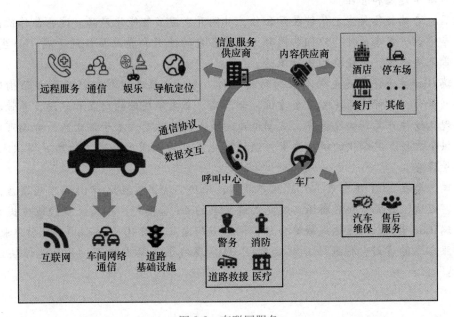

图 8-3　车联网服务

随着车联网的快速发展，汽车已经不再是简单的机械交通工具，而是融入了先进的网络技术，成为一个智能、网联的移动空间。我们可以期待在未来看到更多智能、便捷、安全的汽车服务，为出行增添更多的乐趣和便利。

 扩展阅读：奇瑞汽车的iCar生态。

　　智能技术的飞速发展正在驱使汽车从简单的出行工具向移动智能终端进阶，客户至上的核心理念正从"向车服务"转化为"向人服务"。在此种大环境下，奇瑞汽车基于"以用户为中心"的理念，推出了iCar生态，通过完善智能化、定制化的产品链，持续为客户提供多领域、多场景覆盖的全产品生命周期交互和服务。

　　首先，奇瑞iCar生态覆盖用户的全场景体验，为用户提供各种场景下的智能服务。例如，在用户家中，他们可以通过智能家居设备与车辆进行互动，如远程预热车辆、查询车辆状态等。在行车过程中，车载智能系统可以与用户手机的App实现无缝连接，提供导航、娱乐、安全驾驶等功能。在停车场或商业区域，车辆也可以通过物联网技术与周边环境进行互动，实现自动泊车、自动支付停车费等便捷功能。

其次，奇瑞iCar生态是基于场景的B端物联网生态深度融合。这意味着奇瑞将物联网技术与不同行业的场景需求相结合，为企业客户提供定制化的智能解决方案。例如，在物流行业，奇瑞可以利用车辆的智能化功能与物流企业合作，实现智能调度、追踪、监控等服务，提高物流运输效率和安全性。在智慧城市建设中，奇瑞iCar生态也可以与城市管理部门合作，利用车辆数据和智能化技术，提供交通管理、环境监测、智能停车等服务，助力城市建设和管理。

最后，奇瑞与各种生态伙伴展开合作，共同开发更多智能化产品。这些合作伙伴包括各种造车平台、售车伙伴，他们共同努力，将各自的技术和资源整合到奇瑞iCar生态中，为用户带来更丰富、更便捷的出行体验。

奇瑞iCar生态平台是走向未来的崭新平台，是一个基于世界级产业融合而构建的开放型共创平台，目标是实现客户全方位、全产品、全生命周期的交互和联动，并带动奇瑞品牌实现从硬件产品到软件服务、从制造商向服务商的转变。基于该生态，奇瑞可以围绕汽车提供全方位、定制化的解决方案，通过和生态伙伴的深度融合，为用户提供人、车、家全场景服务。

奇瑞汽车在2021年发布了iCar生态品牌，很快实现了重点城市6km单店覆盖，入驻了银泰、万达、吾悦等知名商场，改变之前买车的4S店模式，在人流多的地方提高曝光量。奇瑞iCar生态与阿里达成战略合作，网络布局遍及全国40个核心用户交付体验中心。用户按照自己的喜好，任意给车"变装"，可实现线上一站式购买，并且能像快递一样"次日达"。

8.3 智能出行服务

智能出行服务是指涵盖了智能充换电、智慧停车、车载娱乐等多项内容，利用定位与识别技术自动寻找并预约停车位和充电桩，还可以提供丰富的多媒体视听服务，为用户带来更加便捷、舒适的智能出行体验。

8.3.1 智能充换电服务

电动汽车不仅在动力性能方面超越燃油汽车，续驶里程也随着电池能量密度提升、电耗降低而提升到400km以上。交通能源领域需要进一步重构，高压快充、换电、加氢站等多样化的补能体系正在形成。无论是能源企业，还是汽车零部件企业、整车厂，各方都非常关注交通能源领域的变革，有的甚至直接成为新的交通能源服务商。当前，电动汽车的能源供应可分为插充和换电池两种模式。

1. 智能充电服务

智能充电服务是基于智能化技术和互联网连接的创新解决方案，为用户提供便捷、高效的充电体验。智能充电桩能够实现远程监控和智能调度，其中，充电预约服务可有效避免排队等待，实时监测与反馈系统让用户随时了解充电状态。下面介绍几种重要的充电设施：

（1）固定式充电桩 固定式充电桩是一种集成了充电、计费、身份识别、互联网服务等多项功能的智能充电设备。充电桩可以自动识别车辆类型、电池容量和剩余电量，根据车辆的需求和充电桩的状态，智能地调节充电速度和时间。还可以通过互联网与驾驶人和运营商进行数据交换，实现远程监控、预约、支付等功能。

根据安装条件，固定式充电桩可分为立式充电桩和壁挂式充电桩。立式充电桩可以单独放在地上，主要用于居住区的地面停车位和室外停车位。壁挂式充电桩与墙体固定，主要用于地下车库、室内停车场。

按照充电方式，固定式充电桩分为交流充电桩、直流充电桩和交直流一体充电桩。交流充电桩，俗称"慢充"，为电动汽车车载充电机提供交流电源。直流充电桩，俗称"快充"，为电动汽车动力电池提供直流电源，可以直接为电动汽车的电池充电。交直流一体充电桩，既可以直流充电，也可以交流充电，可以满足不同时段的充电需求。

为了更高效地满足电动汽车车主的充电需求，固定式充电桩的选址十分重要。电动汽车充电桩的智能选址过程是一个高度数据驱动和智能化的决策过程。通过收集和分析大量的客户、充电、车辆和地图数据，构建一个"人-车-桩-网"协同互动的数据融合体系。利用人工智能和大数据技术，可以建立一个精细的选址评估模型。该模型能够综合考虑多个关键因素，如潜在充电客户数量、周边充电设施密度、商业活动的繁荣程度、人流的密集度以及停车场的容量等。通过对每个候选地址的量化评估，进行最佳的充电桩布局，更加精准地匹配用户需求，提升充电服务的覆盖范围和服务效率，实现资源的有效配置和利用。

（2）移动式充电桩　移动式充电桩是集储能与充电为一体的充电服务设施，不仅可以更灵活地为新能源电动汽车充电，还可以降低基础设施建设的难度，具有容量大、体积小、操作移动便捷等特点。移动式充电桩的体积相当于一个课桌大小，桩体可储存约 200kW·h，可以满足 4 辆电动汽车的持续充电，几乎可以安置在任何有需求的应用场景，成为新能源电动汽车的储充一体化"移动充电宝"。

移动式充电桩因为具有灵活移动的特性，在充电基础设施仍不发达的应用场景中发挥着重要的作用，降低了充电基础设施建设的难度，更加灵活地为新能源汽车充电。作为充电桩智能管理系统的重要调配设施，移动式充电桩可以根据不同客户群体的充电需求，提供针对性应用场景的解决方案，提高设备运行效率，降低服务运营成本。

（3）无线充电技术　电动汽车无线充电技术通过地面下的供电导轨，以高频交变磁场的形式，将电能传输给运行在地面上一定范围内的车载能量接收组件，从而给车载储能设备供电。无线充电技术可以分为电磁感应式、磁耦合共振式和无线电波式。无线充电系统如图8-4 所示。

1) 电磁感应式充电：利用电磁感应原理，通过地面安装的充电机和车辆底部的接收器之间的电磁场耦合来实现充电。当车辆停放在充电垫上时，充电垫会向车辆发送电磁波，而接收器则将电能转换为电池可用的直流电。

2) 磁耦合共振式充电：将电能从电源传输到电路中，经过高频逆变后将所需频率的交流电传送到另一个用于发射的线圈。当发射线圈和接收线圈具有相同的谐振频率时，会产生共振效应。信号到达接收线圈后，经过整流和滤波处理，最终电池可以收集传送过来的电能，从而实现电能的无线传输。

3) 无线电波式充电：无线电波又称电磁波，利用无线电波进行电能传输。通过天线进行能量的转换与传输，发射装置将电能转换成电磁波并进行角度调整后传送出去，接收装置

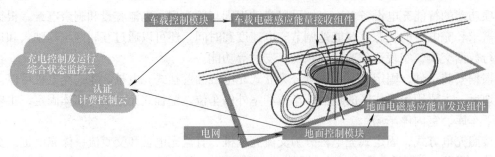

图 8-4　无线充电系统

接收到无线电波后再将其转化为电能。

上述三种无线充电技术对比见表 8-2。电磁感应技术相对比较成熟，适用于短距离充电需求，充电距离相对有限；磁耦合共振技术充电距离相对较远，对齐要求较低，能够实现一定范围内的无线充电，相比电磁感应式，效率稍低，需要复杂的调节和控制；无线电波技术充电距离较远，理论上可以实现更大范围内的无线充电，不受物体遮挡影响，但是需要面对安全性、对准精度和微波功率控制等挑战。因此，从传输距离和传输功率两个方面考虑，磁耦合共振式无线充电技术最具有未来应用价值。

表 8-2　无线充电技术对比

	电磁感应	磁耦合共振	无线电波
原理	电磁感应	磁耦合共振	电磁波辐射
传输功率	0~5W	数瓦到数千瓦	小于 100mW
传输距离	数毫米到数厘米	数厘米到数米	数米到数千米
优点	转化效率高	传输距离远、功率大	传输距离远
缺点	传输距离短	对线圈设计要求高	传输损耗大
应用	小型电子设备充电	未来电动汽车无线充电主流	智能家居领域

 扩展阅读：超级高速公路。

　　杭绍甬高速公路是我国第一条超级高速公路，全长 161km，采用双向六车道高速公路标准。作为连接杭州、宁波两大经济重镇的高速公路，其杭州段长约 9km，绍兴段长约 29km，宁波段长约 123km。杭绍甬高速公路充分吸收了德国等西方国家的先进经验，在时速设计上，有望突破 120km/h 的限速瓶颈。也就是说，如果条件具备，杭州至宁波开车 1h 就能到达，杭州到宁波的驾车时间将节省一半左右。

　　据悉，杭绍甬高速公路将构建大数据驱动的智慧云控平台，通过智能系统、车辆管控，有效提升高速公路运行速度。同时，还会构建人车路协同综合感知体系，以及路网综合运行监测与预警系统。可以说，这一点既是实现无人驾驶的关键核心，又是杭绍甬高速公路在全球范围内前瞻性、领先性的表现。

此外，杭绍甬高速公路还考虑到了能源补给问题。该"超级高速公路"将采用光伏路面，共分为三层：最表层为透光混凝土路面层，具有强度大、透光率高两大特点；中间层为光伏面板，光电转化，利用路面空闲时间吸收阳光发电；第三层为绝缘层，既有对光伏面板的物理保护作用，又防水防潮。同时，路面下还预留了电磁感应磁圈。超级高速公路近期的目标是通过太阳能发电、路面光伏发电，以及插电式充电桩电量的补充，为电动车提供充电服务。远期的目标是实现移动式的无线充电，一边开车一边充电。

2. 智能换电服务

电动汽车换电模式是指通过对大量电池集中存储、集中充电、统一配送，并在电池配送站内对电动汽车进行电池更换服务。换电模式能够充分满足车辆续驶里程长、补能效率高的需求。相比充电模式，换电模式具有如下优势：第一，换电模式一般可在几分钟内完成整个过程，补能效率与燃油汽车加油速度相当；第二，电池进行集中充电可采取慢充方式，避免快充而引起的电池寿命缩短；第三，电池进行集中充电管理可以充分消纳绿色新能源，还可以避免大规模电动汽车随机充电对电网稳定运行的影响。因此，换电模式是未来电动汽车补能的一种重要方式。

（1）换电站结构 换电站的结构主要包括换电单元、控制单元和供电单元三个关键系统，三个系统高效协同使换电站能够快速为智能网联新能源汽车更换动力电池，满足快速补能的需求。换电站结构如图8-5所示。

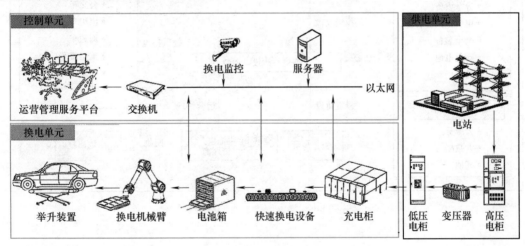

图 8-5　换电站结构

1）换电单元：由换电机器人、加解锁平台、码垛机、锁止机构、电池箱等组成，负责电池的拆卸、充电和安装，换电平台由换电仓和停车底座构成，用于车辆的停放与定位。

2）控制单元：包括充换电云平台系统、智能站监控系统、配电监控系统、烟雾/安保监控系统等，换电站通过控制系统实现各部分之间的协同工作，确保换电过程的高效与安全。

3）供电单元：包括高压电柜、变压器、低压电柜等，供电系统专注于更换电池的集中充电，通常采用交流慢充方式，确保充电过程的安全与稳定。

（2）换电服务组织 换电服务的主要参与方包括软硬件供应商、换电站建设与运营商、充电服务用户与电池回收商（图8-6），具体介绍如下：

1）软硬件供应商：由电池供应商、换电站基础组件供应商、配套充电系统供应商等组成，分别负责提供对应应用范围的动力电池和换电站设备、软件系统等，经过多次技术迭代，大部分厂商已经可以提供成套换电站设备。

2）换电站建设与运营商：主要为整车厂商和电池资产管理商、电站和国家电网负责换电站的建设和运营，面向市场提供换电服务；电池资产管理商对电池进行集中管理与租赁，构建了电池银行生态圈，很好地实现了消费者、新能源车企、电池银行的三赢。

3）充电服务用户与电池回收商：下游主要由换电服务用户和动力电池回收方组成，在当前的市场情况下，换电模式更符合网约车和出租车等B端用户的使用需求。由于这些用户注重车辆使用效率和成本控制，因此，他们更倾向于采用换电服务，以便快速、高效地完成电池更换，从而保持车辆的持续运营，并且更加灵活地管理成本。此外，在充电服务产业链下游也有电池回收企业负责对性能损耗较大的旧电池进行二次回收。

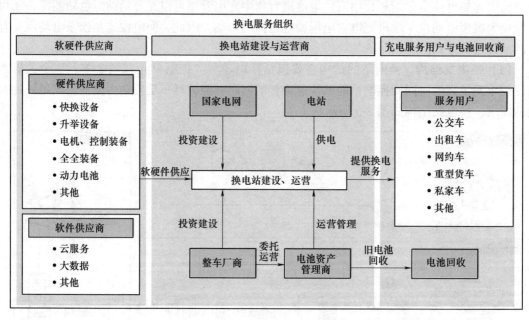

图8-6 换电服务的参与企业

8.3.2 智慧停车服务

智慧停车服务是以停车位资源为基础，通过运用无线通信、GPS定位、视频、大数据等多项技术和多种设备终端，对城市停车位进行采集、规划、管理，实现停车位资源的实时更新、查询、预定、导航等一体化服务。智慧停车是城市静态交通的重要构成，与传统停车场相比，智慧停车通过智能化技术统一管控和调度，有助于实现停车位资源配置最优化，提升城市交通资源利用效率，推进城市数字化治理进程。

1. 智慧停车服务框架

城市级智慧停车解决方案是以互联网、物联网、云计算、大数据、支付清算、场景金融技术为核心的城市级一体化静态交通体系，是围绕城市级智慧停车需求，整合路外、路内停车、城市诱导、智能充电一体化的服务平台。智慧停车服务框架如图 8-7 所示。

图 8-7　智慧停车服务框架

1）感知层：由停车业务前端的各类智能设备组成。路内停车设备包括地磁车检器和巡检收费 PDA。路外停车设备涉及类型较多，主要包括智能通道闸、车位显示屏、监控摄像头、自助缴费机、车位引导屏、智能寻车设备等。城市停车平台通过智能统一接入平台接入感知层终端设备，实现停车业务信息全方位采集和同步。

2）通信层：网络通信层，是感知层设备与平台系统连接的桥梁。感知层终端借助 NBIoT 物联网络、4G/5G 移动网络、WAN 广域网以及 ADSL 宽带网络，实现多样化终端通信需求，保证平台数据传输的实时性、便捷性和可靠性。

3）数据层：负责数据接入、存储、处理和交换，通过标准协议实现信息互联互通。接入系统处理交易和停车数据，包括城市停车诱导、智能充电及运维监控，同时接入用户支付和存量车场信息。根据时效性，采用磁阵、分布式和缓存存储，并使用高可用集群和读写分离。数据处理系统支撑计费、支付营销、清结算、充电诱导、运维监控和信息发布等服务，并且建立 API 开放接口促进第三方调用，实现城市停车平台与周边资源互联互通。

4）应用层：基于数据层提供的基础业务，应用层负责实现停车业务管理、运营管理、财务管理、运维管理等平台管理类功能需求。平台功能模块包括大数据一张图、地理信息系统综合监控、路内停车管理、路外停车管理、充电业务管理、诱导业务管理、财务结算管理、运营管理、运维管理和基础设置等板块。

5）用户层：用户层主要为用户端提供停车服务及平台管理的客户端功能。城市停车 App 和城市停车公众号为广大驾驶人提供便捷的停车服务，驾驶人通过移动端轻松查找停车场和车位信息，支持一键导航，按车牌或泊位缴费、自助充电等诸多便民功能。通过覆盖银行、银联以及支付宝、微信等的第三方支付平台，用户可以轻松在线上完成缴费。

2. 智慧停车服务功能

智慧停车服务引入车辆辅助定位系统和场库全域监控技术，为用户提供全方位的停车解决方案。车辆辅助定位系统利用视觉感知实现实时监控和持续跟踪，为驾驶人提供动态引导服务，优化停车效率。同时，场库全域监控系统通过5G高清视频数据实现远程监控，使管理人员能够及时了解停车场内的交通情况，提升管理效率和安全性。这些智能技术的整合为城市交通管理带来了创新，为用户提供了便捷、高效的停车体验。

1）车位动态监控：系统通过实时更新停车场车位的空满状态和相关信息，为用户提供了更加便捷的停车体验。它不仅能够及时反馈停车场的车位情况，还能根据用户的泊车需求提前规划并保留空闲车位，确保预留资源能够满足用户的车位需求。

2）车辆辅助定位：系统采用场端视觉感知定位技术，通过处理泊车用户的经纬度信息，向其提供在停车场（库）中的大致楼层及区域位置。用户可以迅速明确自己的位置，从而快速找到停车位，节省时间和精力。

3）渐进式引导：基于视觉感知，从路侧视角实现车位状态实时监控、车辆辅助定位及持续跟踪等功能，支撑根据车位空满程度及实时位置，提供动态的渐进式引导服务，实现对驾驶人的灵活引导，对停车整体效率的全局最优。

4）场库全域监控：系统利用5G高清视频数据实时获取停车场内的交通情况，实现远程监控。这种技术可以帮助管理人员及时了解停车场的实时情况，及时采取措施应对交通拥堵或其他紧急情况，提高停车场的管理效率和安全性。

3. 智慧停车服务流程

首先，用户进入停车场，车辆识别系统自动识别车牌或RFID标识，记录车辆信息。用户选择停车位后，系统显示停车位信息并自动导航至空闲停车位。在离开停车场时，系统确认用户身份，自动记录离开时间。停车费用根据停车时间和费率自动计算，用户选择支付方式后结算费用。最后，用户可以对停车服务进行评价和反馈，系统据此进行改进。

1）用户预约：用户可以利用手机应用程序或网站进行停车位预约。系统使用车牌识别或RFID技术获取车辆信息，并实时监测停车位的占用情况。通过这种方式，用户可以迅速找到空闲的停车位，提升停车效率。

2）车辆识别：利用多种先进的识别技术，包括车牌识别和RFID识别等，准确识别和跟踪停车场内的车辆。通过这些技术，系统能够自动获取车辆信息，包括车辆型号、所有者信息等，并实时监测停车位的占用情况。

3）离开支付：当用户离开停车场时，系统会确认用户的身份，并自动记录离开时间。停车费用将根据停车时间和费率自动计算，系统提供多种支付方式，包括手机支付、支付宝、微信支付等，从而实现快捷、便利的停车费用支付。

4）评价反馈：用户可以对停车服务进行评价和反馈，系统将根据用户的反馈意见进行改进和优化。通过收集用户的评价信息，系统可以及时了解用户的需求和意见，针对性地改善停车服务质量，提升用户满意度和停车体验。

8.3.3　车载娱乐服务

智能网联汽车可以连接互联网资源以及周边娱乐资源，借助智能推荐算法实现个性化的旅途娱乐服务。本小节将重点介绍在车载娱乐服务中的互联网资源以及车载服务推荐。

1. 互联网资源

车机端通过 T-Box 与 TSP 通信，将车辆与互联网紧密连接在一起，为用户提供丰富的互联网服务资源。下面将介绍一些主要的车载互联网服务资源。

1）媒体服务：从专业内容提供商（酷我音乐、喜马拉雅、抖音等）处获取媒体资源，支持账户登录与授权，实现车企和内容提供商的账户互通，共享用户在应用中的偏好和 VIP 权限，为用户提供个性化媒体内容。

2）导航服务：车载互联网导航服务通过车载系统连接互联网获取导航信息，从导航服务提供商（如高德地图、百度地图等）获取实时路况、地图数据和导航路径，帮助用户规划最佳路线、避开拥堵路段，提供实时导航指引。

3）信息查询：车载系统连接互联网向用户提供各种实时信息，从网络上获取最新的天气预报、新闻、交通资讯和其他实用信息。此外，车载信息查询服务还可以提供餐厅、加油站、停车场等本地服务的推荐，方便用户找到周围的资源。

4）微信互联：车载互联网的微信互联服务允许驾驶人在车辆中方便地使用微信功能，用户可以登录微信账号，在车载屏幕上查看消息、发送文字、语音消息、查看朋友圈等。这项服务通过安全授权和数据加密，确保用户信息的安全性和隐私保护。

2. 车载服务推荐

车载服务推荐基于环境感知、车辆感知、客户感知，为用户在特定时间、特定地点解决特定问题。通过综合分析车辆的当前状态、行驶环境以及用户的个性化需求，车载系统可以智能推荐一系列服务，包括但不限于娱乐和资讯、导航和天气预警、增值服务和维修保养以及旅游和美食等。

1）娱乐和资讯：通过记录和分析用户的喜好，系统智能推送喜爱的歌手、歌曲或电台等娱乐内容，同时根据用户的搜索习惯和偏好，推送当日热点新闻、股市信息等资讯，让用户在行车的过程中享受娱乐和获取有用信息。

2）导航与天气预警：智能导航服务根据用户日常偏好调整最佳规划路径，并且结合车辆状态智能推荐附近以及沿途的加油站或充电站等。此外，车载系统会根据用户查询天气的行为习惯，主动推送当地天气相关信息。

3）旅游与美食：节假日出行时，系统会根据用户日常出游喜好智能推荐附近景区，而且在异地行驶时会进行景区智能推荐。在出行过程中依据用户习惯、就餐时间智能推荐导航目的地排名靠前、用户喜好的美食。

8.4　智能维保服务

智能维保服务是利用物联网、大数据、人工智能等技术对汽车进行智能化维护和修理的服务，典型应用包括车辆健康管理、UBI 车险服务等，能够提高车辆保养和维修的效率和精度，延长车辆的使用寿命和提升可靠性。

8.4.1　车辆健康管理

车辆健康管理是指利用多种先进的传感器对车辆各个系统、子系统、部件甚至零件的工作状态进行实时跟踪监测、诊断和预测，以便汽车出现故障时对其进行故障检测与诊断，最终做出保障决策。车辆健康管理是一种"人-机"结合的动态优化管理，其通过数据分析和决策支持系统，提高车辆可靠性、安全性和经济性，是能够保障汽车在全生命周期中的技术性能健康完好的一种新型汽车管理模式。

车辆健康管理诊断流程主要包括以下步骤：

1. 数据采集传感器

采集的车辆传感器数据分为实时数据和历史数据两部分。实时数据包括车辆当前状态信息，如发动机状态、车速、转速和位置等，用于实时监控和诊断车辆运行状态。历史数据记录了车辆过去一段时间内的信息，如电池状态历史记录和电机温度历史记录，用于了解车辆长期的运行趋势和故障历史。常见汽车传感器有八种（表 8-3）：压力传感器、电流传感器、速度传感器、加速度传感器、角速度传感器、环境感知传感器、气体传感器、温度传感器。

表 8-3　智能网联汽车传感器

传感器类型	传感器用途
压力传感器	汽车安全管理系统中实现侧气囊调节；制动助力系统中检测真空度；电池管理系统中检测电池包压力，用于热失控报警
电流传感器	主要应用于电池系统管理、电机驱动控制、电源模块的三电系统；对汽车蓄电池，以及混合动力汽车动力蓄电池组，进行精确的电池管理
速度传感器	测量汽车电机旋转速度、行驶速度等
加速度传感器	应用于汽车安全气囊、防抱制动系统、电子稳定程序、电控悬架系统等
角速度传感器	决定新能源汽车导航系统精度的主要因素
环境感知传感器	实现辅助驾驶功能，分为车载摄像头（图像传感器）、超声波传感器、毫米波雷达、激光雷达
气体传感器	监测 PM、温湿度、二氧化碳、甲醛、VOC、氢气、CO 等多种物质
温度传感器	检测电池温度、监测电机的温度和用于电池冷却系统

2. 数据处理与分析

对于采集的车载数据（表 8-4）进行处理和分析，主要是从海量数据中提取出有用的信息，包括使用数据解析、格式转换、数据清洗和预处理等功能，以确保数据的准确性和完整性。该模块负责收集处理汽车各个关键部件的运行状态数据，包括但不限于制动、转向、轮胎等部件的数据，包括传感器测量到的参数，如动力电池温度、制动压力、轮胎压力等，以及与车辆状态相关的数据，如车速、里程、油耗、位置等。通过对采集数据的处理，可以全面了解车辆各个部件的运行状况，并用于故障诊断和预测。

表 8-4　汽车主要采集数据

汽车数据信息	数据主要内容
动力电池系统	电池电量、电池温度、电池电压、电池健康状态等
电机数据	电机转速、电机温度、电机功率输出、效率等
充电数据	充电状态、充电电流、充电电压、充电电量、充电模式、充电效率等
能源利用数据	行驶能耗（电能消耗和续驶里程）、能量回收情况、能源利用效率等

（续）

汽车数据信息	数据主要内容
驾驶行为数据	加速度、制动情况、行驶模式、转向角度、轮胎压力等
车辆健康数据	故障诊断码、车辆维护提醒
车辆状态数据	车速、续驶里程、瞬时油耗、车辆位置等

3. 故障诊断与预测

故障诊断通过比较当前车辆状态与历史正常状态来识别异常行为。根据传感器中的历史数据建立基准模型，同时将实时监测数据与基准模型进行比较，偏离较大的部分表明系统存在异常行为。通过机器学习、深度学习等技术，对异常行为进行诊断，预测车辆可能存在的故障类型和故障程度，并提出相应的维护措施，防止故障发生或减少故障对车辆运行的影响。

故障智能预测模型依赖于历史数据的训练和验证，确保模型的准确性和可靠性。故障诊断阶段结合车辆运行情况和维修历史，精确定位故障类型和位置，以提高诊断精度。预警和通知机制通过车载显示屏或远程服务平台向驾驶人和维修人员发送及时警报和处理建议。维修建议根据故障严重程度和紧急性，提供针对性的操作指南，确保故障得到及时处理。模型持续更新和优化，结合新数据和用户反馈，不断提升预测精度和用户满意度。

智能诊断算法基于大数据和机器学习技术，利用海量的车辆数据进行分析和学习，从历史故障信息中提取隐含的模式和规律，实现更精准的故障诊断。智能诊断算法从早期的基于统计模型（如线性回归、逻辑回归）到统计机器学习方法（如决策树、随机森林、支持向量机）和集成学习（包括 Bagging、Boosting 和 Stacking），再到目前主要采用的各种深度学习算法（如 CNN、RNN、LSTM）。

4. 健康评估报告生成

为了全面评估车辆的健康状态并生成详尽的健康报告，会依据故障事件类型精准定位问题根源，评估系统面临的风险级别，给出各系统的健康评分。车辆健康评估报告囊括车辆的基础信息、健康等级评估、电池系统状况、电机及动力系统实时状态、行车性能与能效评估以及车辆的维修历史与针对性的维修建议。通过健康评估报告，驾驶人可以清晰了解车辆的整体运行状况及性能表现，从而得到量身定制的维护指导，确保车辆始终处于最佳状态，进而延长其使用寿命。

基于车载系统积累的历史数据，分析车辆传感器和监控系统提供的关键数据指标，如发动机转速、油耗率、车速以及里程数等。同时，考量诸如制动系统性能、发动机输出功率以及悬架系统承载能力等车辆技术参数。为了更全面地评估车辆的健康状态，根据车辆的故障严重程度、影响范围以及紧急性等因素，将车辆健康状态划分为不同的等级，准确地了解车辆的整体状况，为驾驶人提供更加个性化的维护建议。

正常/良好：车辆各个系统和部件正常工作，没有发现任何故障或异常状况。这是理想状态，表明车辆处于良好的运行状态，车辆可正常行驶。例如，所有仪表指示正常，车辆行驶平稳，没有不正常的噪声或振动。

警告/注意：车辆存在轻微问题或异常，需要进行预防性维护，但不影响车辆的正常使用和安全性。例如，轮胎压力低，需要及时充气；机油需要更换。

待处理/建议维修：车辆存在问题或异常，需要尽快检查和处理，以防止影响到车辆的性能表现。例如，制动系统磨损严重，需要更换制动片；车辆故障灯亮起，需要诊断并解决问题。

紧急/立即处理：车辆存在严重故障或安全隐患，会对驾驶人和其他使用者的安全造成威胁，需要立即停车检修。例如，发动机温度过高，导致严重损坏；制动失效。

8.4.2　UBI 车险服务

UBI 模式车险是基于驾驶人驾驶行为以及使用车辆相关数据相结合的可量化的保险。通过 OBD 车载智能终端实时监控里程、油耗等车辆数据，结合驾驶人"三急"次数、违章次数等驾驶行为数据，通过大数据技术处理，评估驾驶人驾车行为的风险等级，通过风险等级指数为每位驾驶人提供定制化的保单，保费取决于驾驶人实际行驶里程、驾驶时间、行驶地点、具体驾驶行为等综合指标。例如，特斯拉为其驾驶人的驾驶行为打一个安全分，然后根据这一安全分每月给出不同的保费价格。普通驾驶人可以节省 20%～40% 的保费，驾驶习惯最安全的驾驶人可以节省 30%～60% 的保费。

1. UBI 车险发展历程

UBI 车险主要是基于驾驶人驾驶行为的差异化汽车保险产品，其核心理论在于：具有良好驾驶行为和风险较低的驾驶人应获得相应的折扣优惠，而风险较高的驾驶人应支付更高的车险费用。UBI 车险发展经过三代产品形态：第一代，PAYD（Pay As You Drive，现驾现付型），以行驶里程计算保费；第二代，PHYD（Pay How You Drive，驾驶行为付费），基于驾驶人驾驶行为进行车险定价；第三代，MHYD（Manage How You Drive，管理驾驶行为），基于车联网技术进行风险干预。

1997 年，美国 Progressive 公司推出了基于 PAYD 模式的保险方案，通过车载信息系统和 T-Box 设备，以里程作为保费计算依据，主要服务于年轻或开车较少的客户。PAYD 模式利用汽车里程表读数、GPS 记录和驾驶时间等因素来定价，其中"TripSense"是 Progressive 公司推出的领先全球的解决方案。然而，实际应用中发现，驾驶习惯和道路环境对事故的影响更为重要，PAYD 只是为传统车险提供了新方向，全面的 UBI 产品尚未真正发展起来。

2008 年，PHYD 模式应运而生，综合了里程数据、驾驶时段、道路环境和驾驶习惯等因素。该模式通过手机 App 和 OBD 设备实时采集驾驶行为数据，建立了驾驶人风险识别、评估和预测模型，将驾驶行为因素引入传统车险定价模型，为客户提供优惠。然而，尽管 Progressive 公司的"Snapshot"和 State Farm 公司的"DriveSafe&Save"产品能够最大限度地收集驾驶人的行为数据，但需要在车上安装 OBD 接口监测设备，用户体验不够简单方便。

2015 年，Clal 与 Mobileye 合作推出了基于新一代车联网技术 ADAS、前装硬件和后装智能化 OBD 的 MHYD 模式。该模式通过基础车联网和智能辅助驾驶技术，主动进行风险干预，实现对驾驶行为的事中干预，以直接缓解和规避风险，提升用户体验。

尽管国内的 UBI 模式车险仍在市场初探阶段，其推广已具备必要的基础条件。随着保险大数据公司的设立以及车险费率改革政策的实施，我国的车险业务得到了政策层面的支持。技术方面，大数据、云计算和车联网技术的发展为 UBI 车险业务提供了坚实的技术支撑。此外，前装和后装市场的发展以及智能 App 的普及，为 UBI 业务提供了丰富的数据资源，为其在我国的推广开辟了广阔的发展空间。

2. UBI 车险保费厘定方法

UBI 车险保费厘定综合考虑车辆、驾驶人因素和驾驶行为表现。通过 OBD 终端收集数据，评估驾驶行为，高评分者享低保费。基于 UBI 的车险费率厘定方法所厘定的车险保费制定主要包含两个方面：基准保费和费率调整系数，车险保费等于二者的乘积。其厘定流程如图 8-8 所示。

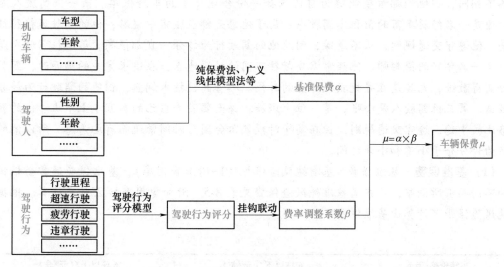

图 8-8　基于 UBI 的车险费率厘定方法

（1）基准保费　基准保费通常根据传统的费率因子来确定，这些因子包括车辆的车型、车龄、出产地、价格等，以及驾驶人的性别、年龄、驾龄、身体状况等。根据这些费率因子，使用传统的，如纯保费法或广义线性模型法等车险费率厘定方法，来计算车险的基准保费。费率因子的组合和权重会根据不同的保险公司和地区而有所不同，以反映当地的风险和赔付经验。

（2）费率调整系数　车险费率调整系数的确定基于驾驶行为评分模型，将驾驶人的驾驶行为评分与费率调整系数关联起来。具体步骤如下：

1）确定基准安全评分分值 P 及基准评分区间。基准评分分值 P 是衡量驾驶行为安全程度的临界点，基准评分区间是在基准分值上下一定范围内确定的。建立驾驶行为评分与事故率、赔付率的关联关系，根据大数原则，确定基准评分分值 P 和浮动分值 c。

2）确定评分分值区间 $P_i(i=1, 2, \cdots)$。将具有相似风险的驾驶行为评分归入同一类，通过分析事故风险与驾驶行为评分的关系来确定评分分值区间 P_i。

3）确定费率调整系数 $\beta_i(i=1, 2, \cdots)$。以基准安全评分区间的费率调整系数为 1，然后根据评分分值区间在费率调整系数浮动范围内给予对应的费率调整系数。通过建立评分区间与费率调整系数的关联关系，得到费率调整系数，从而构建费率调整系数表。

（3）车险保费　驾驶人的最终车险费用等于基准保费与费率调整系数的乘积，由于不同驾驶人的驾驶行为存在差异，根据驾驶行为评分得到的费率调整系数也不同，据此得到不同投保人的差别化的车险保费。

案例分析：基于UBI的车险保费计算。

　　有三位不同风格的驾驶人，每天驾驶着自己的车辆穿梭在拥挤的道路上。他们的驾驶风格各不相同，但他们都希望能够为自己选择一份合理公平的车险保单。第一位驾驶人是小王，他是一名经验丰富的出租车驾驶人。由于他每天都在城市中巡游，他的驾驶风格稳健与安全。他遵守交通规则，从不急躁，因此他的驾驶行为评分一直都很高。第二位驾驶人是小李，是一名年轻的摄影师。他经常需要赶往不同的拍摄地点，在追求完美的画面时，驾驶风格会变得激进，尤其是在寻找拍摄灵感的时候。尽管驾驶技术娴熟，但他的驾驶行为评分相对较低。第三位驾驶人是小张，是一位上班族，每天驾驶着自己的私家车上下班。他的驾驶风格比较平稳，遵守交通规则，但在高峰时段偶尔会因为时间紧迫而有些着急，所以他的驾驶行为评分介于小王和小李之间。

　　（1）基准保费　基准保费=基准纯风险保费/（1-附加费用率），基准保费通常会根据地区的不同而有所调整，广东省基准纯风险保费见表8-5。附加费用率按25%来计算。根据基准纯风险保费可计算出基准保费。

表8-5　广东省基准纯风险保费

车辆价格/万元	6座以下/（元/年）	6座以上/（元/年）
5	414.79	383.50
10	589.00	540.15
15	681.85	611.65
20	741.66	659.10
30	837.20	737.75
50	1004.90	878.80
100	1307.80	1144.00
150	1502.27	1313.76
200	1669.08	1459.63
300	1992.69	1742.62
500	2619.90	2291.09

　　（2）费率调整系数　根据车辆驾驶行为确定的驾驶人综合评分与车险费率挂钩联动，也就是根据驾驶人的驾驶行为评分来决定费率调整系数的大小。UBI车险费率调整系数见表8-6。

表8-6　UBI车险费率调整系数

驾驶行为评分区间	费率调整系数
$g < 5$	1.15
$5 \leqslant g < 6$	1.10
$6 \leqslant g < 7$	1.05

（续）

驾驶行为评分区间	费率调整系数
$7 \leq g < 8$	1.00
$8 \leq g < 8.5$	0.90
$8.5 \leq g < 9$	0.80
$9 \leq g$	0.70

根据不同驾驶人的综合评分可求出对应的费率调整系数。根据三名驾驶人的综合评分查询费率调整系数（表8-7）。

表8-7　驾驶人综合评分对应的费率调整系数

驾驶人	加速	制动	转弯	变道	速度	车距	偏移	综合评分	费率调整系数
D1	9.1	7.8	7.4	7.5	8.5	9.0	6.8	8.01	0.9
D2	8.4	8.1	6.2	5.9	7.3	5.3	7.5	6.96	1.05
D3	8.5	7.3	5.9	9.2	8.0	6.4	7.0	7.47	1.0

（3）保费价格　保费价格=基准保费×费率调整系数，依照前面的基础保费和费率调整系数可以计算出每年最终的保费价格（表8-8）。

表8-8　基于 UBI 驾驶行为对应的保费价格

驾驶人	车辆价格/万元	基准纯风险保费	基准保费	费率调整系数	保费价格
D1	15	681.85	909	0.9	818.1
D2	30	837.20	1116	1.05	1171.8
D3	20	741.66	989	1.0	989

8.5　用户运营服务

用户运营服务是围绕汽车产品战略，针对目标用户展开的运营活动，包括活动、功能、内容、服务等。其目标是引流新用户、留住老用户，促使用户转化和消费，并激励用户传播。通过提供安全、便利、个性化的服务，汽车用户运营服务旨在提升用户的汽车使用体验、满足其个性化需求，并为用户提供便利的汽车生活解决方案。最终目标是让车企数据库中的静态车主数据"动"起来，实现高频有效的互动，形成私域流量池，达到用户和车企的双赢。

8.5.1　用户运营模式

汽车用户运营 App 是一个专注于提升用户体验、促进用户参与的车企私域平台，提供了全面的车辆管理、行车记录、违章查询、维修保养以及驾驶行为分析等服务，以满足汽车用户的日常需求。

1. 用户连接

1）社区互动：用户不仅可以通过 App 管理自己的车辆，还能参与到社区生活中，分享驾驶经验、交流车辆知识，增强用户之间的联系与互动。

2）新闻资讯：实时更新汽车行业的新闻动态、技术进展和优惠活动，让用户随时掌握最新信息，增加用户黏性。

3）个性化推荐：基于用户的偏好和行车数据，App 能够提供个性化的服务推荐，如适合的维修保养方案、合适的汽车配件等。

2. 驾驶分析

1）行车数据记录：详细记录每一次行车的路线、速度、油耗等信息，为用户提供全面的行车数据报告。

2）驾驶行为评估：通过数据分析，评估用户的驾驶习惯，提供改进建议，帮助用户提升驾驶技能，降低安全风险。

3. 商品销售

1）配件商城：用户可以在 App 内直接购买到汽车配件、装饰品等商品，还可以延伸到水杯、手环、服装等生活用品。定期推出各类优惠活动，如满减、折扣等，激发用户的购买欲望。

2）维修保养预约：用户可以直接在 App 上预约维修保养服务，节省时间，享受专业的服务体验。

汽车用户运营 App 不仅为用户提供了全面的车辆管理服务，还通过数据处理与分析来优化用户服务、增强用户连接，并且通过商品销售实现运营平台的商业价值。用户运营平台能够更好地满足用户需求，提升用户体验，促进用户参与，从而增强车企私域平台的竞争力和影响力。

8.5.2　用户驾驶报告

驾驶行为报告通过车辆上安装的传感器和监控设备，对驾驶人的驾驶行为进行监测和记录，并生成报告。车辆驾驶行为报告包括驾驶操作特征（如急加速、急减速、紧急制动、频繁变道、长时间连续驾驶）和日常统计特征（如行驶里程、常用路线）。驾驶行为报告揭示了驾驶人的技巧、习惯和适应能力，帮助评估驾驶风险、改进驾驶技术，并优化汽车设计、开发驾驶辅助系统。

1. 驾驶操作特征

驾驶操作特征主要关注驾驶人在驾驶过程中的操作行为，如急加速、急减速和急转弯等。这些行为特征通过车载 OBD 终端记录的数据进行收集，可以用来评估驾驶人的驾驶技术水平和驾驶风险程度。除了这些基本操作特征，还可以考虑其他行为特征，如超速行为、长时间连续驾驶（疲劳驾驶行为）、频繁变道、违章行为等。这些特征不仅反映了驾驶人的驾驶平稳性和安全性，还为驾驶人提供了改善驾驶习惯的参考依据，从而有助于提高整体的驾驶安全水平。

（1）急变速行为　急变速行为是指突然性地猛烈收紧节气门会使发动机在单位时间内的喷油量以及转速急剧上升。急减速同急加速往往是正相关的，驾驶过程中的急加速结束后往往会进行急减速，同样急减速操作结束后往往会进行急加速操作。车辆速度变化绝对值大

于或等于 $2m/s^2$，且持续 $0.25s$ 以上即为急变速。

（2）急转弯行为 急转弯行为容易造成车辆侧翻等交通事故，严重影响行车安全性，是一种不规范的操作习惯。急转弯次数利用横向加速度值对急转弯行为进行识别。当横向加速度的绝对值超过 $2m/s^2$ 时为一次急转弯行为。对每一次急转弯行为加和获取到急转弯次数。变速行为识别判定条件见表 8-9。

表 8-9 变速行为识别判定条件

行 为	加速度	事件持续时间
急加速	$a \geqslant 2m/s^2$	$0.25s \leqslant T \leqslant 3s$
急减速	$a \leqslant -2m/s^2$	$0.25s \leqslant T \leqslant 3s$
急转弯	$\|a\| \geqslant 2m/s^2$	$T > 3s$

（3）疲劳驾驶行为 疲劳驾驶行为是指驾驶人在长时间连续行车后，产生生理、心理机能失调而出现驾驶技能下降的现象。当连续行车时间超过 4h 且休息时间少于 20min 为单次疲劳驾驶事件，一天之中累计驾驶时间超过 8h 为当天累计疲劳驾驶事件。

（4）急变道行为 急变道行为是指驾驶人在行驶过程中，突然切换车道的行为。其与急变速相似，属于行驶过程中的一种应激反应，往往发生于超车、避让、堵车时切换车道等情形，也属于一种不安全的驾驶行为。变道持续时间 $T \leqslant 10s$ 且恢复变道时方向角偏转 $D \leqslant 5°$ 时，判定为急变道行为。

2. 日常统计特征

日常统计特征主要涉及驾驶人的日常行车习惯和行驶数据统计，除了日均行驶里程、常用行驶路线、驾驶时间段、每日出行频次，还包括驾驶速度分布、停车次数和时长、驾驶人使用车辆的时间分布等特征。这些特征不仅反映了驾驶人的出行习惯和行车偏好，还进一步揭示了驾驶人的工作和生活规律，为个性化的驾驶建议提供基础。这些数据主要通过车载设备或车险公司的应用程序进行收集和分析。车主报告内容见表 8-10。

（1）日均行驶里程 日均行驶里程是指驾驶人每天平均驾驶的里程数。通过记录每天的行驶里程，可以了解驾驶人的日常出行频率和行驶强度。例如，高日均行驶里程可能意味着驾驶人经常需要长途驾驶，需要注意疲劳驾驶的风险。

（2）常用行驶路线 常用行驶路线是指驾驶人在日常行驶中经常使用的行车路线或道路。通过识别出驾驶人常用的行驶路线，可以了解驾驶人的通勤习惯、工作范围或日常活动区域。例如，一些驾驶人往返于家和工作地点之间，通常选择一条固定的通勤路线。

（3）驾驶时间段 驾驶时间段指的是驾驶人每天的行车时间段分布，将每天的行驶时间划分为不同的时间段，如早晨频繁用车、周末频繁用车、节假日用车等，有助于分析驾驶人在不同时间段的驾驶行为和习惯，例如，是否在高峰期行驶、是否频繁夜间驾驶等。

（4）每日出行频次 每日出行频次指的是驾驶人每天出行的次数，即每天起动车辆的次数。通过记录每日出行频次，可以了解驾驶人的出行活动频率，有助于进一步进行交通流量管理和路网规划。

表 8-10　车主报告内容

车主信息	姓名
	联系方式
	车辆牌照号码
	报告日期
行驶行为统计	总行驶里程：1000km
	平均每次出行时间：30min
	平均车速：60km/h
危险驾驶行为次数统计	超速行驶：10 次
	急加速：5 次
	紧急制动：3 次
	急转弯：2 次
驾驶习惯评分	平均评分：7.5/10
	驾驶风险等级：中等
行驶时间分布	早上（6：00—10：00）：20%
	中午（10：00—14：00）：15%
	下午（14：00—18：00）：35%
	晚上（18：00—22：00）：20%
	夜间（22：00—6：00）：10%
危险驾驶行为详细统计	
超速行驶	次数：10 次
	平均超速速度：20km/h
	最高超速速度：40km/h
急加速	次数：5 次
	平均加速时间：2s
	最大加速度：$2.5m/s^2$
紧急制动	次数：3 次
	平均制动时间：1.5s
	最大制动力度：$2m/s^2$
急转弯	次数：2 次
	平均转弯速度：30km/h
	最大转弯角度：60°
驾驶行为建议和改进措施	1. 控制车速，避免超速行驶，尤其在城市道路和弯道处 2. 减少急加速和紧急制动次数，保持平稳的驾驶习惯，以减少对车辆和乘客的冲击 3. 在转弯时减速，确保安全通过路口
数据分析与趋势	1. 行驶时间：主要集中在下午和晚上，占据总行驶时间的 55%。这段时间交通流量较大，容易发生超速和紧急制动等危险行为，建议驾驶人在此时间段内特别注意驾驶安全 2. 危险行为频次：超速行驶的次数较多，且平均超速速度较高，驾驶人在行驶过程中存在较大的安全隐患。急加速和紧急制动次数虽然相对较少，但仍需引起重视

8.5.3　驾驶行为评分

受信用评分模型启发，智能网联汽车从 2017 年起首次引入评分模型，根据预先定义的标准评估驾驶行为。首先需要收集车辆行驶数据，通过选取车辆驾驶相关指标，根据每个指标项的报警参数值确定每个指标项的评分，其次确定各个指标的权重，最后根据各指标的评分和权重确定综合的驾驶行为评分。

1. 驾驶评价维度

驾驶行为评价主要包括操作规范、行车安全、经济节能、车辆健康和驾驶经验。具体来说，可以进一步细分为超速次数、急转弯次数、急加速次数、急减速次数、碰撞时间（Time to Collision，TTC）及危险接近预警时间（Time to Hazard Warning，THW）值过低次数、动作持续时长超限次数、转向灯使用不规范次数、故障次数、发动机高转速次数、故障行驶次数、平均油耗、长怠速次数、转速不匹配次数和发动机高水温次数。驾驶行为综合评价结构如图 8-9 所示。

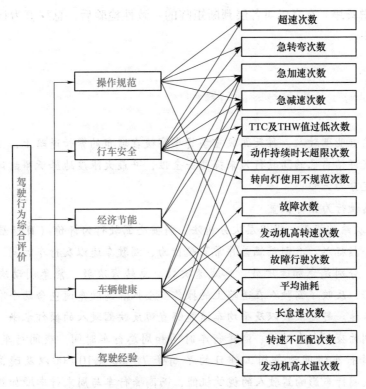

图 8-9　驾驶行为综合评价结构

2. 驾驶评价方法

在构建驾驶行为评分模型时，首先，需要获取包含评分形式的车辆行驶数据，涵盖与车辆驾驶密切相关的各项指标。其次，根据每个指标项的报警参数值确定其对应的评分。在确定了各指标的评分后，下一个重要步骤是明确每个指标的权重。指标权重的设定是评分模型中的关键一环，其合理性直接影响到最终驾驶评分模型的科学性和有效性。为了合理设定各指标的权重，通常采用层次分析法（Analytic Hierarchy Process，AHP）进行计算。层次分析法能够帮助分析各个指标之间的相对重要性，并据此确定各指标在评分模型中的权重分配。

层次分析法主要步骤如下：

（1）建立层次结构模型 将复杂决策问题划分为多个层次和准则，层次结构由三个基本要素组成：目标层、准则层和方案层。目标层为安全驾驶行为评分，准则层和方案层为影响驾驶评分的危险驾驶行为。

（2）构造判断矩阵 使用判断矩阵比较各个准则或因素之间的相对重要性。判断矩阵是一个方阵，其中每个元素 a_{ij} 表示准则 i 相对于准则 j 的重要性比较结果。通过专家的判断或调查问卷来构造各个危险驾驶行为之间的重要性程度矩阵。

（3）计算权向量并且进行一致性检验 根据重要性判断矩阵计算各驾驶行为指标权重向量，为确保判断矩阵的合理性和一致性，AHP 模型引入一致性检验方法。一致性指标 CI 用于评估判断矩阵中的一致性程度。若符合检验要求，则说明给出的判断矩阵是在合理范围内的。

（4）层次总排序 在完成对各层判断矩阵的一致性检验后，总权值为指标层权值与准则层权值的乘积。

 案例分析：安全驾驶评分案例。

小明是一名专业驾驶人，每天驾驶重型货车穿梭在城市的繁忙道路上，他深知安全驾驶的重要性，决定评估自己的驾驶行为来提高安全性，并最大限度地降低事故风险。其安全驾驶行为评分确定分为三步：

（1）计算驾驶行为指标权重

1）计算层次结构模型。根据层次分析法，将安全驾驶行为评价（目标层）划分为三个准则层和十二个指标层。准则层涵盖异常驾驶行为、驾驶车速以及行车时间。异常驾驶行为包含七个准则，分别是急加速次数、急减速次数、急转弯次数、紧急制动次数、急变道次数、车距和偏移，反映了驾驶人在道路上的操作安全性。驾驶车速包含两个准则，分别为超速次数与平均车速。超速次数以及平均车速能够直观反映驾驶人的操作水平。行车时间包含三个准则，分别为夜间行车时间、高峰行车时间和周总行车时间。夜间行车时段为 22：30至 06：30，高峰行车时间为每周工作日的早高峰 7：00 至 10：00 以及晚高峰 17：00 至20：00，其中夜间行车影响驾驶人的视觉机能，而高峰行车与周末行车增加驾驶人的情绪波动，从而影响驾驶行为。驾驶行为层次结构见图 8-10。

2）构建判断矩阵。由于准则层与指标层中各个准则或者指标的权重不同，因此需要进行权重的设置。首先将与决策有关的元素分解成目标、准则、指标等层次结构。在此基础上，对同一层次指标的重要性两两比较，得到判断矩阵 $\boldsymbol{B}=(a_{ij})_{m\times n}$。其中 a_{ij} 是指标 x_i 与 x_j 的比值，比值一般采用 satty1~9 标度法，具体见表 8-11。最终根据判断矩阵确定各指标的权重。

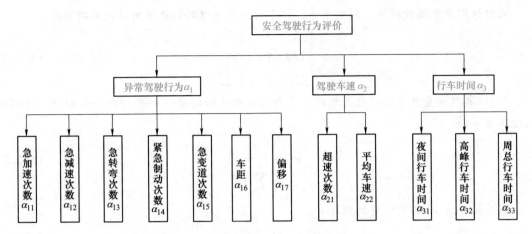

图 8-10　驾驶行为层次结构

表 8-11　satty1~9 标度表

标度	含义（x_i 与 x_j 相比）
1	两个指标具有同样的重要性
3	指标 x_i 与 x_j 另一个因素稍微重要
5	指标 x_i 与 x_j 明显重要
7	指标 x_i 与 x_j 非常重要
9	指标 x_i 与 x_j 极端重要
2，4，6，8	上述两相邻判断的中值
倒数	指标 x_i 与 x_j 比值为 a_{ij}，则指标 x_j 与 x_i 比值 $a_{ji} = 1/a_{ij}$

根据层次结构模型，为最大限度地降低主观因素带来的影响，依据表 8-11 标度，得出层次模型的各准则层和目标层的判断矩阵。

根据异常驾驶行为七个指标（急加速次数、急减速次数、急转弯次数、紧急制动次数、急变道次数、车距和偏移）构建的准则层判断矩阵如下：

$$\begin{bmatrix} 1 & 1/2 & 1/3 & 1/4 & 2 & 1/3 & 1/2 \\ 2 & 1 & 1/2 & 1/2 & 2 & 1/2 & 1/3 \\ 3 & 2 & 1 & 1/2 & 3 & 2 & 3 \\ 4 & 2 & 2 & 1 & 4 & 3 & 3 \\ 1/2 & 1/2 & 1/3 & 1/4 & 1 & 1/2 & 1/4 \\ 3 & 2 & 1/2 & 1/3 & 2 & 1 & 1/3 \\ 2 & 3 & 1/3 & 1/3 & 4 & 3 & 1 \end{bmatrix} \qquad (8.5.1)$$

类似地，分别根据驾驶车速的两个指标和行车时间的三个指标分别构建判断矩阵：

$$\begin{bmatrix} 1 & 3 \\ 1/3 & 1 \end{bmatrix} \qquad (8.5.2)$$

$$\begin{bmatrix} 1 & 2 & 2 \\ 1/2 & 1 & 2 \\ 1/2 & 1/2 & 1 \end{bmatrix} \qquad (8.5.3)$$

同时根据异常驾驶行为、驾驶车速、行车时间三个准则构建准则层的判断矩阵：

$$\begin{bmatrix} 1 & 4 & 3 \\ 1/4 & 1 & 1/2 \\ 1/3 & 2 & 1 \end{bmatrix} \qquad (8.5.4)$$

3）计算权向量并进行一致性检验。首先对判断矩阵的每一列进行归一化操作，得到权值矩阵 $\overline{w} = (\overline{w}_{ij})_{n \times n}$。

$$\overline{w}_{ij} = \frac{a_{ij}}{\sum_{i=1}^{n} a_{ij}} \qquad (8.5.5)$$

然后按行求 w_{ij} 的均值得到矩阵 w：

$$w_i = \frac{1}{n} \sum_{j=1}^{n} \overline{w}_{ij} \qquad (8.5.6)$$

再将矩阵 A 与矩阵 w 相乘，得到矩阵 Y：

$$Y = Aw = \begin{bmatrix} a_{11} & a_{12} & \cdots & a_{1n} \\ a_{21} & a_{22} & \cdots & a_{2n} \\ \vdots & \vdots & \ddots & \vdots \\ a_{n1} & a_{n2} & \cdots & a_{nn} \end{bmatrix} [w_1, w_2, \cdots, w_n]^{\mathsf{T}} = [y_1, y_2, \cdots, y_n]^{\mathsf{T}} \qquad (8.5.7)$$

最后计算判断矩阵的最大特征根：

$$\lambda_{\max} = \frac{1}{n} \sum_{i=1}^{n} \frac{y_i}{w_i} \qquad (8.5.8)$$

根据公式计算得到权向量，准则层权重为：

$$\boldsymbol{\alpha} = [\alpha_1, \alpha_2, \alpha_3]^{\mathsf{T}} = [0.6232, 0.1373, 0.2395]^{\mathsf{T}} \qquad (8.5.9)$$

异常驾驶行为各项指标权值为：

$$A_1 = [\alpha_{11}, \alpha_{12}, \alpha_{13}, \alpha_{14}, \alpha_{15}, \alpha_{16}, \alpha_{17}]^{\mathsf{T}}$$
$$= [0.0655, 0.0967, 0.2071, 0.2892, 0.0510, 0.1183, 0.1722]^{\mathsf{T}} \qquad (8.5.10)$$

驾驶车速各项指标权值为：

$$A_2 = [\alpha_{21}, \alpha_{22}]^{\mathsf{T}} = [0.7500, 0.2500]^{\mathsf{T}} \qquad (8.5.11)$$

行车时间各项指标权值为：

$$A_3 = [\alpha_{31}, \alpha_{32}, \alpha_{33}]^{\mathsf{T}} = [0.4905, 0.3119, 0.1976]^{\mathsf{T}} \qquad (8.5.12)$$

一致性检验首先依据公式计算 CR 的值，判断矩阵是否合理：

$$CR = \frac{CI}{RI} \qquad (8.5.13)$$

式中，CI 为一致性因子；RI 为随机一致性参数（表8-12）。CI 通过以下公式可以求出：

$$CI = \frac{\lambda_{\max} - n}{n - 1} \qquad (8.5.14)$$

表8-12　RI 取值表

矩阵阶数	1	2	3	4	5	6	7	8	9
RI	0	0	0.52	0.89	1.12	1.25	1.36	1.41	1.46

然后通过公式计算，当 $CR<0.1$ 时，认为判断矩阵 A 符合一致性检验；当 $CR \geqslant 0.1$ 时，需要对矩阵进行适当调整，直至满足检验条件。

异常驾驶行为各项指标计算得 $CR=0.0622<0.1$，即通过一致性检验。

行车时间各项指标计算得 $CR=0.0517<0.1$，也通过一致性检验。

4) 层次总排序。将准则层权重与指标层权重相乘，则得到最终权重，结果见表8-13。

表8-13　权重结果

α	$\alpha_1(0.6232)$	$\alpha_2(0.1373)$	$\alpha_3(0.2395)$	权重
α_{11}	0.0655	—	—	0.0408
α_{12}	0.0967	—	—	0.0603
α_{13}	0.2071	—	—	0.1291
α_{14}	0.2892	—	—	0.1802
α_{15}	0.0510	—	—	0.0318
α_{16}	0.1183	—	—	0.0737
α_{17}	0.1722	—	—	0.1073
α_{21}	—	0.7500	—	0.1030
α_{22}	—	0.2500	—	0.0343
α_{31}	—	—	0.4905	0.1175
α_{32}	—	—	0.3119	0.0747
α_{33}	—	—	0.1976	0.0473

（2）构建驾驶评分模型　针对车辆日常驾驶中的驾驶行为，依据百分制规则，给定驾驶人驾驶行为指标评分细则见表8-14。通过判断驾驶人异常驾驶行为发生次数设定不同的分值档次，记为 $K=[k_1, k_2, \cdots, k_n]$。利用集成赋权法计算得出的指标权值 w，进而得出驾驶人得分的评估函数公式：

$$\text{score} = w_1 k_1 + w_2 k_2 + w_3 k_3 + \cdots + w_n k_n \tag{8.5.15}$$

表8-14　驾驶行为指标评分细则

评分指标	备选项	得分/分
急加速次数、 急减速次数、 急转弯次数、 急变道次数/次	$[0, 20)$	100
	$[20, 50)$	80
	$[50, 70)$	60
	$[70, 100)$	40
	$[100, +\infty)$	10

（续）

评分指标	备选项	得分/分
紧急制动次数/次	$[0, 10)$	100
	$[10, 20)$	80
	$[20, 40)$	50
	$[40, +\infty)$	10
车距/m	$\lambda \geq 0.99$	100
	$0.9 \leq \lambda < 0.99$	90
	$0.8 \leq \lambda < 0.9$	80
	$0.65 \leq \lambda < 0.8$	60
	$0.5 \leq \lambda < 0.65$	40
	$\lambda < 0.5$	20
偏移次数/次	$P = 0$	100
	$0 < P \leq 5$	80
	$5 < P \leq 10$	60
	$10 < P \leq 20$	20
	$P > 20$	0
超速次数/次	$[0, 10)$	100
	$[10, 50)$	80
	$[50, 100)$	60
	$[100, 250)$	40
	$[250, +\infty)$	10
平均车速/(km/h)	$v < 35$	100
	$35 \leq v \leq 45$	80
	$45 \leq v < 60$	60
	$v \geq 60$	10
夜间行车时间/min	$t < 30$	100
	$30 \leq t < 60$	70
	$60 \leq t < 120$	40
	$t \geq 120$	10
高峰行车时间/min	$t < 120$	100
	$120 \leq t < 180$	80
	$180 \leq t < 300$	60
	$300 \leq t < 420$	40
	$t \geq 420$	20
周总行车时间/h	$t < 6$	100
	$6 \leq t < 10$	80
	$10 \leq t < 20$	60
	$t \geq 20$	20

(3) 驾驶行为评分确定 使用层次分析法可以计算得出驾驶行为影响因子权重。驾驶行为各项分值与驾驶行为影响因子权重相乘的结果为驾驶人最终的驾驶得分。驾驶人小明在一周内异常驾驶行为信息如下：一周内驾驶数据共 72398 条，其中急加速行为发生 15 次，急减速行为 90 次，急转弯行为 8 次，紧急制动行为 26 次，变道行为 53 次，前车距离为 0.85m，偏移 0 次，超速行为 327 次。该驾驶人一周内行车平均速度为 34.6km/h，夜间行车时间为 53min，高峰行车时间为 169min，周总行车时间为 5.3h。使用本书提出的驾驶行为评分模型对该驾驶人进行评分，得分统计见表 8-15。

表 8-15 驾驶人驾驶得分统计

评价指标	指标权重	次数/时间/距离	得分	加权得分
急加速次数	0.0408	15 次	100	4.080
急减速次数	0.0603	90 次	40	2.412
急转弯次数	0.1291	8 次	100	12.910
紧急制动次数	0.1802	26 次	50	9.010
急变道次数	0.0318	53 次	60	1.908
车距	0.0737	0.85m	80	5.896
偏移	0.1073	0 次	100	10.730
超速次数	0.1030	327 次	10	1.030
平均车速	0.0343	34.6km/h	100	3.430
夜间行车时间	0.1175	53min	70	8.225
高峰行车时间	0.0747	169min	80	5.976
周总行车时间	0.0473	5.3h	100	4.730
总分		70.337		

从表中可以看出，驾驶人小明存在急减速、超速、紧急制动等不良驾驶行为，其中超速行为最为严重，应该立即改善。通过模型的构建，可以将驾驶评分结果与人员本身驾驶习惯结合，分值高低反映驾驶人的行车规范和道路安全意识的强弱，上述驾驶评分表明该驾驶人在一定程度上应加强驾驶安全意识。

本章小结

本章系统性地介绍了汽车服务在智能网联技术的推动下所发生的重要变化和创新。首先深入探讨了智能网联汽车服务系统的四种服务类型，并结合奇瑞汽车的 iCar 生态展示了智能网联的组织模式。随后通过具体案例如充换电服务、停车服务和娱乐服务，展示了智能网联技术如何高效率地实现各项汽车服务内容。同时分析了物联网技术在车辆健康状态、故障预期诊断等方面的重要性。最后，从用户运营视角出发，探讨了用户驾驶行为报告与评分的基本框架与评价方法，强调了用户运营对于车企竞争优势的重要性，以及通过用户运营 App 与海量用户保持紧密连接，为车企的产品创新和服务提升赋能的实践意义。总而言之，本章从出行、维保、用户运营角度全面而深入地阐述了智能网联技术在汽车服务行业的影响和推动作用。

💡 **思考题**

1. 智能网联模式对传统的汽车服务产生了哪些重大影响？结合本章内容和日常观察，说一说你的看法。

2. 在完全无人自动驾驶情景下，汽车服务会发生哪些重大变化？结合本章介绍的汽车服务内容，谈一谈你的想法。

3. 智能网联模式下，车企与用户之间建立了直接的信息沟通渠道，各大车企都在用户运营方面加大投入，建设私域平台。谈一谈车企在用户运营方面面临的主要挑战。

参 考 文 献

[1] QI W, ZHANG Y, ZHANG N. Scaling up electric-vehicle battery swapping services in cities：a joint location and repairable-inventory model [J]. Management science，2023，69 (11)：6855-6875.

[2] 李志恒. 电动汽车健康管理 [M]. 北京：人民交通出版社股份有限公司，2020.

[3] 孟显海. 电动汽车充电过程故障智能诊断专家系统研究 [D]. 南京：南京邮电大学，2021.

[4] 王子惠. 基于 UBI 驾驶行为评分的车险定价研究 [D]. 长沙：湖南大学，2019.

[5] 余剑方. 基于自然驾驶数据的驾驶行为研究 [D]. 合肥：合肥工业大学，2020.

[6] 彭江琴. 基于 GID 的车联网保险 UBI 费率与驾驶行为评分研究 [D]. 南京：南京邮电大学，2016.

　　汽车作为不可或缺的交通工具，不仅缩短了地理距离，加快了人类活动速度，更在社会经济和生产管理中发挥着至关重要的作用。智能网联汽车，作为21世纪汽车产业的一次革命性发展，继承并扩展了20世纪汽车发明所带来的深远影响。随着人工智能与信息通信技术的深度融合，智能网联汽车正推动人类进入一个更加安全、更加高效和万物互联的全新的交通时代。

　　作为新一代信息技术与汽车深度融合的产物，智能网联汽车标志着传统汽车工业向数字化、网络化、智能化的转变。智能网联汽车通过集成先进的传感器、控制器、执行器等装置，并融合现代通信与网络技术，使车辆具备复杂环境感知、智能化决策与控制功能，实现安全、节能、环保和舒适行驶。这种转变不仅极大地丰富了汽车的功能，还彻底革新了汽车的设计结构、形态和使用方式。智能网联汽车不再仅仅是一种交通工具，它已经演变为一个高度集成的智能互联移动平台，在构造上展现了其独特的特点。了解智能网联汽车的构造需要从系统工程的角度对智能网联汽车这一高度复杂系统进行解构，并提供一个可以整合汽车工程、计算机科学、电子工程、通信技术等多个学科的知识和技能的框架。

　　本书以智能网联汽车的构造为主线，从系统工程的角度出发，对智能网联汽车的构造进行了细致的分析和讨论。本书融合管理科学与工程、汽车工程、计算机科学、电子工程、通信技术等跨学科知识，结合编者多年研究成果和实践经验，不仅介绍了智能网联汽车的基础理论知识，还结合前沿技术扩展了端到端技术和大模型等技术趋势，力图让读者比较系统地了解智能网联汽车的架构全貌，以及主要构成的相关理论和技术。

　　本书第1章追溯了智能网联汽车从传统汽车到智能网联技术实现的历程，展示了人类对出行工具安全、可靠、舒适、节能和智能的需求，以及材料、电力电子、机械等领域的科技进步是如何推动这一领域发展并革新汽车制造和管理的。接着，第2章详细介绍了智能网联汽车的总体架构，包括硬件平台和软件架构，为读者提供了一个宏观的视角来理解智能网联汽车的构造关系。第3章介绍了智能网联汽车的动力源泉——智能动力系统。通过对动力电池的构成、类型、性能以及电池管理系统的解构，使读者了解智能动力系统的核心技术和应用场景。智能座舱是驾驶人、乘员与智能网联汽车交互的主要空间。第4章分析了智能座舱系统的技术架构和软硬件基础，展示了如何通过智能化提升驾驶人和乘员的舒适度与安全性。第5章深入探讨了智能网联汽车的"大脑"——智能控制系统的工作原理，包括车辆底盘控制系统、辅助驾驶控制系统和云控系统三大部分，使得读者了解三大部分的特定功能并掌握车辆智能驾驶的核心技术体系。第6章结合自动驾驶的最新进展，重点介绍了自动驾驶系统的组成、感知识别技术、决策规划控制技术，阐明了感知、决策和控制各个环节的理论基础和技术方法。第 7 章探讨了端到端大模型的科学基础、结构设计以及其在无人驾驶系统中的算法设计，并展望了未来自动驾驶技术的发展趋势及潜在影响。第 8 章则从汽车服务在智能网联技术的推动下所发生的重要变化和创新视角，系统介绍了汽车服务的类型和模式，使读者通过车联网的网络架构体会智能网联汽车服务系统的新模式，理解如何高效率设计并实施。通过对智能网联汽车各构成的介绍，有助于读者理解每个部分在智能网联汽车的作用，以及它们如何系统工作，共同提供安全、舒适和高效的驾驶体验。

当前，以新一代信息技术为代表的技术革命正在持续快速演进，深刻而广泛地影响智能网联汽车。作为一种智能互联产品，智能网联汽车逐步与人类生活场景共同构建了一类全新的智慧新型泛生活形态，改变着人类的出行方式、生活方式和工作方式。同样，作为一种正在快速发展的全新产品，智能网联汽车面临着经济、社会和国家安全等各个方面的问题和挑战。本书鼓励读者深入思考和探索这些发展趋势和挑战，并为智能网联汽车产业的可持续发展提供思路。

1. 智能网联汽车与智慧新型泛生活的共融生态发展

智能网联汽车，作为智慧生活的新载体，不仅重塑了人们的出行方式，更在未来智能化、互联化、自动化生活中扮演着核心角色，它无缝融入日常生活的每一个角落，与人类的生活场景交织，共同孕育出一种全新的智慧新型泛生活方式。智能网联汽车作为智慧交通泛生活的重要组成部分，实现车与车、车与路、车与行人、车与云端等的智能信息交换共享，逐步实现万物的互联互通。然而，作为一个高度集成的技术系统，以智能网联汽车为载体实现万物互联生态的构建，需要解决不同技术平台和系统之间的整合问题，同时确保技术的兼容性和互操作性，最终实现跨系统融合操作。

在智慧城市这一智慧泛生活版图中，智能网联汽车可能会扮演除交通工具外更多维的角色。如何基于智能网联汽车这一泛生活载体，实现多种数据的采集与分析、提升交通效率、增加生活安全、降低环境影响等，并探索其在未来工作、生活、娱乐等的多种功能，需要读者发挥想象力去探索。在共融生态发展趋势下，随着智慧泛生活版图的延伸，未来的车企可能不再局限于汽车的生产和销售，而是转型成为智慧城市和智慧生活解决方案的提供商，包括提供集成的交通管理系统、智能出行服务，以及与其他城市基础设施和服务的无缝连接。如何顺应发展趋势，找准生态位置，是企业需要思考的一个重要问题。作为智慧新型泛生活的重要技术和服务提供商，互联网企业、科技公司等新兴力量重塑了各个行业，尤其是汽车行业的传统竞争格局。这些新进入者带来的创新技术和商业模式，为传统行业注入了新的活力，且有可能成为生态圈中的重要一员。在这一转变下，车企不仅需要适应行业的变化，还需要具有开拓新的市场和业务领域的能力，为用户提供更加丰富和高质量的服务。

2. 智能网联汽车与新一代信息技术的双向互动发展

汽车行业不仅是信息技术创新和应用的前沿领域，更是一个不断进化的技术生态系统，在采纳、验证和优化新技术方面具有独特的行业属性。通信网络技术、计算机技术、智能技术、量子技术等新一代信息技术，为智能网联汽车的创新提供了关键支撑。这些技术不仅在汽车上得到应用，而且在实际的车辆操作和交通环境中得到验证和优化，从而加速了技术的成熟过程。同时，智能网联汽车又是新一代信息技术创新的重要驱动力，自动驾驶系统的计算需求促进了车规级大算力芯片的研发，复杂的车载系统和高级别自动驾驶功能则对汽车电子电器架构的进一步发展提出了要求，海量的车载数据、环境数据、用户数据等则进一步推动了数据安全技术和大数据分析应用技术的进一步发展。在推动已有技术发展的过程中，新的技术和理论，如车辆网技术、车载高密度电池等技术也随智能网联汽车需求应运而生并发展完善。

在双向互动发展的过程中，如何提炼新一代信息技术与汽车产品融合的规律，如何设计新一代信息技术融入的最佳路径，如何发现并解决新的技术问题，如何突破技术行业壁垒等，是管理学界面临的新问题。如何定位自己在技术生态系统中的位置，如何根据技术趋势发展构建技术研发体系，如何布局技术创新生态等，是智能网联汽车与新一代信息技术双向互动发展过程中企业所面临的新挑战。

3. 智能网联汽车的智能制造技术与工程管理技术深度融合

智能网联汽车及其制造过程是先进制造技术和现代管理技术深度融合的复杂集成系统。在智能网联汽车制造的全过程中，先进制造技术和现代管理技术始终交织在一起，相互促进，循环推动，共同构成了智能制造系统技术。智能制造系统技术贯穿于高端装备设计、生产、运维、服务的全过程，涵盖智能设备、产线、智能工厂、供应链和制造生态等多个层次。面对数字化、网络化、智能化带来的制造技术和制造方式的时代性变革，如何使智能制造各个系统之间能够在制造全生命周期中无缝衔接、有效协同，需要从智能制造系统技术视角分析智能制造系统的复杂结构和运行特征。智能制造系统技术为分析和认识制造系统复杂性提供了一类重要的思想方法，也是智能制造系统的过程集成、系统融合、资源聚合、要素协同的分析方法和系统设计工具，还是对制造过程的所有活动进行计划、组织、协调、指挥、控制，实现制造活动目标的关键技术。

4. 智能网联汽车及其制造过程的信息支撑平台技术

智能网联汽车的开发与制造过程，离不开新一代信息技术的支撑与推动。在这一技术与管理深度融合的复杂工程中，信息支撑平台技术发挥了关键作用，为汽车产业的智能化转型提供了强大的数字化基础。智能网联汽车的制造过程涉及大量复杂的技术需求与资源配置，信息支撑平台技术通过高度集成化的管理系统，使各环节的生产过程实现信息化和透明化。信息支撑平台还在智能网联汽车的售后服务和车联网功能中扮演重要角色。通过收集和分析车辆运行数据、驾驶行为、环境信息等，平台不仅可以提前预测潜在的故障风险，还能为用户提供个性化的服务。通过整合通信网络技术、计算机技术、人工智能等多项先进技术，信息平台通过提供高效的数据流转与存储、精准的生产监控、跨部门协同以及优化决策功能，大大提升了生产效率和产品质量，同时有效降低了生产成本。

智能网联汽车及其制造过程中的信息支撑平台技术虽然为汽车产业带来了前所未有的变革，但在这一过程中，涉及的跨部门协作、技术融合、数据安全、质量控制、风险管理等一系列管理与工程问题亟待解决。企业需要通过优化信息平台设计、加强跨部门协作、完善技术标准、加强数据安全保护以及创新技术研发等手段，来应对这些挑战，确保智能网联汽车的高效生产与创新发展。

纵观历史，科学技术的发展一直是推动人类社会向前发展的强人动力，它不仅塑造了新的生产和生活方式，也引领了全新的发展理念，助力人类文明攀登至更高峰。特别是 18 世纪中叶工业革命的兴起，科学技术的突破性发现，如蒸汽机的发明，不仅引发了技术革命，也催生了工业和社会的深刻变革。这些变革引领人类社会经历了从"蒸汽时代"到"电气时代"，再到"信息时代"的连续跃迁。然而，这种进步并非全无代价，它同时带来了一系列挑战和危机。互联网和大数据的普及虽然为人们带来了便利，但也伴随着网络安全和隐私保护的问题。再者，人工智能的快速发展，虽然为人类带来了巨大的潜力，但也存在失控或被滥用的风险，可能对人类安全构成威胁。此外，全球科技发展的不均衡分布，导致了国际间的利益和发展失衡，加剧了全球贫富差距和不平等，确保科技进步真正造福人类，是现代社会面临的重要课题。

当前，随着生物技术、互联网、人工智能等前沿科技的飞速发展，我们已迈入了被誉为第四次工业革命的新时代。这一次工业革命的技术进步和普及速度，以及其对人类社会所产生的深远影响，均超越了前三次工业革命的规模和范畴。这场革命正以前所未有的速度重塑着全球的经济结构、工作方式、教育模式乃至日常生活，预示着一个智能化、网络化、绿色化的未来社会图景。智能网联汽车作为汽车产业的未来方向，不仅代表着技术的飞跃，更是人类文明进步的象征。未来，随着技术的不断进步和政策的持续支持，智能网联汽车的发展前景将更加广阔。

编者编写《智能网联汽车构造原理》这本书的出发点，不仅仅是希望以构造和技术为载体，为读者提供智能网联汽车的技术原理和构成的技术理解，更重要的是启发读者认识到高端装备和复杂产品的技术趋势，鼓励读者思考如何确保科技进步，特别是智能网联汽车的发展能够安全、可持续地造福人类，并鼓励读者思考如何在智能网联汽车领域进行创新，以应对现有挑战并抓住未来发展的机遇。